华东政法大学文化产业政策
与法制研究基地资助出版

GUIDANCE OF COPYRIGHT PRACTICE FOR AUDIOVISUAL MEDIA

严波 主编

视听媒体版权
实务指南

知识产权出版社
全国百佳图书出版单位

图书在版编目（CIP）数据

视听媒体版权实务指南 / 严波主编 . —北京：知识产权出版社，2019.1

ISBN 978-7-5130-5965-7

Ⅰ . ①视… Ⅱ . ①严… Ⅲ . ①视听传播—版权—中国—文集 Ⅳ . ① D923.414-53

中国版本图书馆 CIP 数据核字（2018）第 265926 号

内容提要

本书分为理论篇、实务篇、案例篇，汇集了知名学者、资深法官、优秀律师以及行业一线视听版权实务专家撰写的 22 篇专业文章。本书涵盖了视听版权业务工作的前沿理论与重要实务问题，案例点面结合，不但有学理上的独到分析与见解，更凝聚了视听行业一线专家最为宝贵的实践经验成果，对业界热点争议问题提出了建设性的解决对策或方案，为版权实务工作者提供了实证方面的指导和启示，对版权实务工作具有较大参考价值和借鉴意义。

责任编辑：李陵书　　**责任校对：**谷　洋
书装设计：研美文化　　**责任印制：**刘译文

视听媒体版权实务指南
严波　主编

出版发行：知识产权出版社有限责任公司　　**网　址：**http://www.ipph.cn
社　址：北京市海淀区气象路 50 号院　　**邮　编：**100081
责编电话：010-82000860 转 8165　　**责编邮箱：**lilingshu_1985@163.com
发行电话：010-82000860 转 8101/8102　　**发行传真：**010-82000893/82005070/82000270
印　刷：三河市国英印务有限公司　　**经　销：**各大网上书店、新华书店及相关专业书店
开　本：787mm × 1092mm　1/16　　**印　张：**28.25
版　次：2019 年 1 月第 1 版　　**印　次：**2019 年 1 月第 1 次印刷
字　数：450 千字　　**定　价：**88.00 元

ISBN 978-7-5130-5965-7

序一

视听节目的版权不仅是受知识产权法保护的重要客体类型，也是广播影视乃至视听新媒体行业的核心资产。根据世界知识产权组织的一项研究表明，在版权产业对世界经济贡献的排名中，广播电视产业排名第三，其版权经济总产值是音乐产业的2倍，电影产业的3倍。但是，随着数字、网络技术的快速发展，一方面，我国广播电视行业得到了长足发展和新的市场拓展，媒体融合发展方兴未艾；另一方面，广播电视行业的知识产权保护也在网络环境下面临着严峻的考验，广播电视的品牌、内容和表现形式被剽窃、非法使用、被改头换面“克隆”甚至被恶意篡改的现象屡有发生，传媒机构之间不正当竞争日渐显现。对于广播电视等视听媒体而言，在媒体融合发展过程中加强视听节目的版权管理、运用和法律保护实是刻不容缓。

党的十八大以来，以习近平同志为核心的党中央高度重视知识产权工作，将其作为我国科技创新和文化繁荣发展的基本保障。党的十九大报告指出，要“倡导创新文化，强化知识产权创造、保护、运用”。在2018年4月10日博鳌亚洲论坛开幕式上，习近平总书记发表了题为《开放共创繁荣　创新引领未来》的主旨演讲并着重强调，“加强知识产权保护是完善产权保护制度最重要的内容，也是提高中国经济竞争力最大的激励”。在2018年8月28日“一带一路”知识产权高级别会议上，习近平总书记在致会议的贺信中更是强调，中国坚定不移实行严格的知识产权保护，依法保护所有企业知识产权，营造良好营商环境和创新环境。可见，加强知识产权工作不仅是党和国家的战略部署，也是当前加快建设创新型国家的紧迫要求。具体而言，以知识产权法律制度为基础，在媒体融合发展的大背景下，如何防微杜渐，做好视听节目版权资产的管理和运营工作，并加强版权的法律保护与维权，是摆在整个视听行业面前的大课题，亟须从理论上对视听媒体的版权实务工作加强指导，并通过行业一线的实务经验反哺学术理论在研究上的不足。基于此，由严波同志主编的《视听媒体版权实务指南》的出版恰逢其时，在一定程度上弥补了这一领域的空白。

《视听媒体版权实务指南》既是一本严肃的学术著作，又是一本难得的实务方面的指导性书籍。全书汇集了各位优秀的学者、法官、律师以及视听版权实务工作者撰写的22篇专业文章。这些文章涵盖了视听版权业务工作的理论与实务问题，不但有学理上独到的分析与见解，更凝聚了一线工作者宝贵的实践经验成果，殊为难得。严波曾在华东政法大学攻读知识产权专业博士学位，并在广播电视版权业务的实践岗位上深耕易耨十余载，业务功底扎实。严波在勤勉工作的同时善于思考，勤于动笔，十分难得。我在欣慰之余，也希望这本书的出版能够给视听媒体行业的版权利用、保护工作带来一些启发和推动，从而为我国文化事业的繁荣发展作出更加突出的贡献。

最后，我引用习近平总书记的一席话作为结尾，与诸位读者共勉："在农耕时代，一个人读几年书，就可以用一辈子；在工业经济时代，一个人读十几年书，才够用一辈子；到了知识经济时代，一个人必须学习一辈子，才能跟上时代前进的脚步。如果我们不努力提高各方面的知识素养，不自觉学习各种科学文化知识，不主动加快知识更新、优化知识结构、拓宽眼界和视野，那就难以增强本领，也就没有办法赢得主动、赢得优势、赢得未来。"①

是为序。

中央电视台分党组副书记、副台长、高级编辑

魏地春

2018.10.26

①见习近平总书记《在中央党校建校80周年庆祝大会暨2013年春季学期开学典礼上的讲话》（2013年3月1日）。

序二

实践是思想的真理。——车尔尼雪夫斯基

理论从来都是实践的眼睛。——邹韬奋

本书的构思始于2016年夏季与知识产权出版社编辑李陵书老师的一次喝茶聊天。当时因工作需要，我查阅了已出版的各类版权书籍，发现其中学术理论著作居多，版权实务方面的书籍却很少，而为视听媒体行业版权实务工作提供参考的书籍更是少之又少，这让笔者萌生了编辑出版一本视听媒体行业版权实务参考书的想法。听到我的这一想法后，李陵书老师不但没有笑话我，反而提出了具体的意见和建议，鼓励并最终说服我将这个想法付诸行动。因为没有相关经验，当我带着忐忑的心情将出版计划发给我所尊敬的各位版权领域的学者、法官、律师以及同行并请求约稿时，竟无一例外收到了肯定的答复，这让我深为感动。

本书分为理论篇、实务篇、案例篇，共计22篇专业文章，作者包括我的授课老师、深受行业尊敬的华东政法大学王迁教授，拥有法国埃克斯—马赛大学和华东政法大学双博士学位、年轻而才华横溢的于波老师，上海市崇明区人民法院院长、知识产权审判专家朱丹博士，曾任江苏省高级人民法院知识产权庭庭长、现为审判委员会委员、对视听媒体行业知识产权问题有着深入见解的宋健法官，“首都十大杰出青年法学家”、学术造诣深厚的北京知识产权法院芮松艳法官，北京市海淀区人民法院知识产权庭副庭长、年轻的知识产权审判专家曹丽萍法官，国际保护知识产权协会（AIPPI）中国分会版权委员会主席、北京韬安律师事务所首席合伙人王军律师，全国律师协会知识产权专业委员会委员版权分会负责人、上海融力天闻律师事务所高级合伙人、视听媒体版权保护和维权诉讼方面的专家翁才林律师，年轻、富有才气并具备专业精神、在视听媒体版权领域有着丰富咨询和诉讼经验的北京嘉润律师事务所高级合伙人朱晓宇律师；作者中还有我的同行、欧广联（EBU）知识产权部主任黑约·罗森纳尔斯先生，华东政法大学博士后、上海广播电视台（SMG）版权资产中心副主任姚岚秋博士，电视版权和法律事务专家、重庆广播电视集团（总台）办公室副主任兼法律事务部主任邹峥嵘老师，陕西广播电视台的版权实务专家、在音乐付酬谈判方面经验丰富并勤于学习和思索的毛武群老师，视听媒体资产版权回溯清理以及确权清算方面的实务专家秦颖、倪晓娜两位老师，央视索福瑞 CSM 融合传播研究部的资深研究员辛悦老师，版权管理系统的资深设计师和咨询专家张永来先生，台北大学法律硕士、就职于国家广播电视总局广播影视发展研究中心的王德慧老师，在中国传媒大学受众研究中心（ARC）研究深造的王云云硕士等。作者（含译者）中还包括我的几位一起在版权一线战斗过的部门同事，其中包括中央电视台版权和法律事务室的正高级编辑、翻译专家张钊老师，综合组组长、合同审理方面的业务专家陈丽梅老师，前同事、现在英国留学深造的冯微、鲁佳老师，以及现供职于今日头条、从事版权引进与合作相关工作的祝秀老师。他们无不是我国版权学术领域的翘楚或版权法律实务方面的专家。正是他们在百忙的工作和教学任务中抽出宝贵时间进行创作，才为视听媒体行业带来这样一道丰盛的版权营养大餐。请允许我在此对本书的所有作者辛勤的创作和付出致以深深的谢意。

感谢之余，作为在电视媒体行业工作 25 年、从事电视版权管理和法律事务工作 13 年的“老版权”，我也想谈几点对视听媒体行业版权实务工作的理解和体会。随着当今数字和网络媒体技术及其产业化的快速发展，视听媒体的版权管理、使用与运营正在遭遇前所未有的挑战，同时也面临宝贵的关键机遇期。在媒体融合发展的时代路口，版权对于视听媒体行业的重要性可以用“木之根本”“水之源头”来比拟。世界知识产权组织总干事高锐曾指出，新闻出版影视领域是知识最密集的领域。在知识经济中，版权是最活跃的部分。[①]无论传统的电影、电视还是新兴的网络视听媒体，其产业发展基础与核心竞争力均在视听节目版权。近年来，随着数字、网络技术的高速发展，视听媒体进入融合发展的关键机遇期。eMarketer

①阎晓宏：“关于版权经济价值的三个认识”，载《现代出版》2014 年第 5 期。

数据表明，2018 年全球范围内 65.1% 的互联网用户定期观看视频，近 23.8 亿人通过任意一种设备至少每月观看流媒体视频或下载的数字视频内容，其中 18.7 亿人使用手机观看数字视频，较 2017 年增长 11.9%。[①]随着全媒体时代的来临，媒体传播渠道的稀缺性资源优势逐渐丧失，视听媒体之间内容版权的竞争必将进一步加剧。伴随而来的则是电影、电视以及数字视频之间的内容边界进一步模糊，视听节目跨媒体、跨平台、跨终端、跨行业、跨国界的发行和传播将变得更加容易和频繁，版权交易形式也逐渐趋于多样化。从这个发展趋势可以看到，一方面，伴随着多媒体融合的竞争与发展，版权在视听媒体产业发展中所起到的基础与核心作用必将进一步凸显；另一方面，视听媒体行业所面临的版权问题也必然愈加突出，版权实务工作亟待加强。

当然，要想把视听媒体版权工作做好并不容易。行业普遍的共识是，版权业务有三难：理论门槛较高、实务经验欠缺、信息掌控复杂。

版权业务之难首先难在理论门槛高。版权业务的工作基础在著作权法，专业难点也在著作权法。离开了著作权法及其相关法律法规的保驾护航，版权业务也就失去了基础和依据。但是，著作权法在知识产权法律体系中本就相对复杂，要想熟悉和掌握著作权法理论和制度有不小难度。另外，我国著作权法制度很大程度上都还是舶来品，这导致我国版权制度和版权实务之间仍存在不小的间隙以及模糊的灰色地带，产业实践中遭遇的各种版权问题在法律制度上却难以找到答案，给版权实务工作带来不小的困惑。克服版权入门难问题并无捷径可走，理论学习和经验借鉴是必经的路径。笔者认为，在实务基础上带着经验和问题去学习和理解著作权法的理论和制度往往比在学校课堂里的学习更易于接受和掌握。本书的理论篇文章（例如《电视行业发展中突出的著作权问题》《影视作品的表现形式、创作本质与独创性分析》《电视节目的著作权归属研究——以电视综艺类节目为视角》等）和案例篇文章（例如《论电视节目的版权使用、保护与维权——以广电行业典型版权诉讼纠纷案分析为视角》《导演聘用合同纠纷案件的裁判思路——

①详见“Global Digital Video Viewers: eMarketer's Estimates and Forecast for 2016–2021, with YouTube and Mobile Video Numbers”，来源：eMarketer，发表于 2018 年 2 月，网址：https://www.emarketer.com/Report/Global-Digital-Video-Viewers-eMarketers-Estimates-Forecast-20162021-with-YouTube-Mobile-Video-Numbers/2002185.

以电影〈杀戒〉导演聘用合同纠纷案为分析样本》《与时事新闻有关的著作权问题》《从央视“春晚”看综艺节目知识产权的司法保护》等）很大程度上就是希望帮助版权实务工作者克服版权入门难问题，让读者更好地理解并跟进视听媒体版权业务中突出的基础、前沿或焦点争议问题，探析有关版权纠纷司法案件的审判思路和方法。只要循序渐进，遵循理论的指导，借鉴同行的经验，著作权法理论由入门到精通并非难事。另外，本书中还包括对实务中凸显的问题进行分析并上升到理论高度的优秀作品，例如《版权侵权惩罚性赔偿制度的法理与实践》《戳穿谜底：为什么每个人受益于广播组织条约？》《电视节目模式法律保护路径及实务探析》《电视台音乐作品版权管理法律与实务探析》《博弈・破冰・共赢——从广播电视版权付酬透视著作权集体管理制度建设》《综艺晚会电视节目的著作权性质——央视“春晚”维权典型案例分析》《试论我国电视节目模式研发中的“创新依赖”与“版权疏松”症候及其对策》等。

其次，版权业务之难在于我国视听媒体行业的版权实务工作起步时间不长，经验缺乏积累，在处理具体版权事务时常感力不从心。加之媒体版权工作在一定程度上具备跨学科的综合业务性质，这意味着从业者不仅需要熟知著作权法及相关法律法规，还需要横向了解和学习媒体、商务、技术等多方学科的知识和内容，具备与节目制作、发行传播、对外经营、技术支持等部门合作沟通的起码的知识面和常识，这让版权实务工作更具挑战性。“他山之石，可以攻玉”。我们需要不断借鉴和吸收媒体同行的版权实务经验，优化版权管理的工作方法和流程，以便让版权实务工作更加科学高效、事半功倍。本书中，《关于广电媒体版权管理机构设置的几点思考》《节目制作与版权处理》《电视节目版权合同的管理》《库存节目的版权确权及清算业务研究》《库存节目资料对外许可使用的法律分析》《电视与新媒体的版权冲突与协调》等文章就是版权实务专家宝贵经验的凝结和分享。

第三，版权业务还难在对海量版权信息和复杂工作流程的掌控上。版权业务涉及视听节目的制、播、存以及后续版权交易及衍生品开发的全流程，版权和相关权的主体和客体众多，信息量庞大，对复杂版权信息的掌控以及相关规定和流程的制定都相对比较困难。其实，借助当今数字和信息时代，掌握和使用高新技术手段就是科学高效开展视听媒体版权业务的金钥匙。离开技术手段的支撑，版权业务将难免事倍功半，缓不济急。技术对于视听媒体版权业务的重要作用主要表现在三个方面：一是视听媒体机构所涉及的版权信息极其庞大驳杂，版权管理操作专业化程度也越来越高，很大程度上需依赖计算机软件来实现版权管理各项业务功能。以电视台为例，一部电视节目的版权信息平均不少于 10 条。如果按照一个电视台 10 个频道、一个频道平均每天新播出 20 部节目来简单计算，则每天新产生的版权信息将达到 2000 条，每年将产生 73 万条版权信息。视听媒体版权业务所产生的海量版权信息数据离不开符合版权业务需求的以计算机数据库技术为基础、以多维度权利模型为核心的版权管理系统。二是视听节目的经济价值往往较高，版权交易和版权保护业务亟须先进技术来完成视听产品的版权标识的植入、版权交易的追踪、盗版侵权行为的监测以及版权存证、版权取证等业务功能。三是从视听媒体行业未来发展来看，建立在全行业技术标准化基础上，视听版权交易将更加依赖于数字版权保护系统（DRM）的建立。本书中，《视听媒体版权管理系统的设计与实现》《数字版权管理技术（DRM）在视听行业中的应用》等专业文章将很好地帮助读者了解版权技术性管理的两大关键内容。

雄关漫道真如铁，而今迈步从头越。[①]我国著作权法制度起步较晚，现行著作权法制度尚处于修法进程中而未尽完善，法律保护的漏洞和灰色地带仍然很多。而伴随着数字网络技术的快速发展，盗版技术成本更加低廉，方式也更为隐蔽，视听媒体行业正因日益严峻的盗版侵权行为而蒙受巨额损失。据艺恩统计，2017 年我国网络视频的损失高达 136.4 亿元，是网络文学所遭受盗版损失的 1.8 倍，是数字音乐损失的 4 倍。[②]盗版让视听媒体的版权经济发展举步维艰。例如，易观发现，我国网络剧的盗版情况泛滥，可能会蚕食视频平台付费模式，版权问题仍然是视频平台始终绕不开的重点之一。[③]但我们也应该看到，全社会的正版意识正在逐步增强，知识产权保护的力度越来越大，逐渐形成了一股强有力的鼓励创作和投资、坚决打击盗版、维护版权权益的正义力量。版权制度和版权产业二者从来都是相互依存、相互促进的关系。对于视听媒体而言，要想保护昂贵的创作和投资，版权保护已无退路可走。从事视听媒体版权业务的工作者应勇于通过理论研究结

①引自毛泽东诗词《忆秦娥・娄山关》，1935 年。

②耿耀：“盗版损失创四年来新低 网文正版化生态初见成效”，来源：艺恩网，发表时间：2016 年 6 月，网址：http://www.entgroup.cn/news/Exclusive/1047819.shtml.

③“泛娱乐生态下的中国网络剧市场洞察 2018”，来源：易观，发表时间：2018 年 2 月，网址：http://www.useit.com.cn/thread-18079-1-1.html.

合实践探索去伪存真，努力推动我国著作权法理论、法律制度以及司法保护的不断完善，进而推进我国版权经济的可持续发展。

本书有幸邀请到我的博士导师，华东政法大学知识产权学院教授、博士生导师、前院长何敏教授担任副主编。在本书编辑出版过程中，曾得到华东政法大学、知识产权出版社、上海融力天闻律师事务所、杭州赛智投资有限公司的大力支持，Kantar Media Audience 中国区资深数据科学家郑维东先生对本书的出版给予了无私的帮助，国家广播电视总局广播影视发展研究中心的王德慧女士帮助我分担了大量编辑工作，在此一并表示衷心的感谢。最后，向我的主管领导、中央电视台分党组副书记、副台长魏地春台长为本书作序致以诚挚的谢意。正是有了他的支持和鼓励，才让我得以在版权事业上进行不断的求索和进步。真心希望本书能够为从事视听媒体版权实务工作的人士提供一些有益的参考和帮助。由于水平所限，加之时间仓促，错漏之处在所难免，还请广大读者批评指正。

严波

2018 年 12 月 1 日

目　录

视听媒体版权实务指南

01
理论篇

002　电视行业发展中突出的著作权问题
王迁

028　影视作品的表现形式、创作本质与独创性分析
严波

055　电视节目的著作权归属研究——以电视综艺类节目为视角
于波

082　电视节目模式法律保护路径及实务探析
王军

110　戳穿谜底：为什么每个人受益于广播组织条约？
［瑞士］黑约·罗森纳尔斯 / 著　张钊 / 译

137　版权侵权惩罚性赔偿制度的法理与实践
朱丹

02 实务篇

关于广电媒体版权管理机构设置的几点思考 168
邹峥嵘

节目制作与版权处理 183
冯微

试论我国电视节目模式研发中的“创新依赖”与“版权疏松”症候及其对策 201
祝秀

库存节目资料对外许可使用的法律分析 218
姚岚秋

电视与新媒体的版权冲突与协调 233
秦颖

电视节目版权合同的管理 252
陈丽梅

电视台音乐作品版权管理法律与实务探析 267
鲁佳　王德慧

视听媒体版权管理系统的设计与实现 285
张永来

库存节目的版权确权及清算业务研究 306
倪晓娜

数字版权管理技术（DRM）在视听行业中的应用 321
辛悦　王云云

博弈·破冰·共赢——从广播电视版权付酬透视著作权集体管理制度建设 337
毛武群

案例篇

03

案例篇

352 论电视节目的版权使用、保护与维权——以广电行业典型版权诉讼纠纷案分析为视角
翁才林

379 与时事新闻有关的著作权问题
芮松艳

393 导演聘用合同纠纷案件的裁判思路——以电影《杀戒》导演聘用合同纠纷案为分析样本
宋健

407 综艺晚会电视节目的著作权性质——央视“春晚”维权典型案例分析
朱晓宇

421 从央视“春晚”看综艺节目知识产权的司法保护
曹丽萍

01

理 论 篇

电视行业发展中突出的著作权问题

王迁

王迁，华东政法大学教授、博士生导师，享受国务院政府特殊津贴。入选国家百千万人才工程，并被授予“有突出贡献中青年专家”称号，入选教育部“长江学者奖励计划”青年学者项目和“新世纪优秀人才计划”，被评为“全国知识产权保护最具影响力人物”“上海市优秀中青年法学家”“全国知识产权领军人才”和“中国版权卓越成就者”。

电视台在制作和传播电视节目的过程中，经常需要利用他人的作品、表演、录音录像制品和广播信号，并由此涉及《著作权法》为权利人规定的一系列权利，如复制权和广播权等。《著作权法》的基本原则是“先许可、后使用”，也就是说，除非对作品等受著作权法保护的客体的使用属于法定的限制与例外范围（包括合理使用和法定许可），否则以复制、广播等受专有权利控制的方式进行使用，应当先经过权利人的许可，否则将构成对他人的侵权行为。

一、避免对著作权的错误认识

著作权当然是“权利”。但是，作为知识产权的一种，著作权与人们在日常生活中对权利的理解存在一定差异。如果电视台在业务活动中未能形成对著作权的正确认识，就可能侵害他人的著作权，也不能适当地保护自己的权利。对著作权常见的误解有以下几项。

（一）误认为只要创作了作品，该作品就不可能侵权

电视台制作的许多节目都是其独创的作品。有人误以为只要电视台制作的节目有独创性，构成了作品，受《著作权法》保护，电视台使用他人作品等受保护成果的行为就不会构成侵权，自然也无须事先获得许可。例如，曾有电影著作权人起诉某电视台，原因是该电视台在影评节目中未经许可播放了较长的电影片段。该电视台则抗辩称：影评节目中不仅有电影，还有对电影的解说和评论，足以使影评节目形成新的作品，因此自己的行为不构成侵权。

这种观点是不成立的。实际上，独创性只能用于判断一种成果是否构成作品，

而不能直接判断该成果是否为侵权作品。即使一种成果具有独创性、属于新作品，也不能成为侵权诉讼中的抗辩理由。一种成果可能既属于受《著作权法》保护的作品，又是侵权作品。假设一位漫画家将小说《围城》画成了一套漫画，完整地展现了小说的情节，该套漫画显然是符合独创性要求的作品，但如果未经许可出版这套漫画，则仍然构成对小说著作权的侵权。同样，在“琼瑶诉于正案”中，由于正创作的剧本《宫锁连城》和根据该剧本拍摄的电视剧均因具备独创性而构成作品，但因其中情节与琼瑶的作品《梅花烙》实质性相似，仍然被认定为侵权作品。

根据《著作权法》的规定，对侵权作品的认定遵循“接触 + 实质性相似”的公式。在被告曾接触过原告作品，其被控侵权成果又与原告作品存在实质性相似的情况下，除非存在合理使用等法定免责理由，否则被控侵权成果与原告作品相比是否具有独创性，只影响对侵犯何种具体权利的判断，而不影响对侵权的认定。如果被控侵权成果与原告作品相比，不具有独创性，说明被控侵权成果只是原告作品的复制件，此时应认定被告侵犯了原告的复制权。如果被控侵权成果与原告作品相比，具有独创性，则被控侵权成果可能构成原告作品的演绎作品，此时应认定被告侵犯的是原告的改编权等演绎权。由此可见，创作完成作品并取得著作权，并不因此获得了利用作品的通行证。如果创作作品的过程中复制或演绎了他人作品等受保护的成果，原则上仍然需要经过他人许可。

因此，电视台不能因自己制作的节目构成作品，就认为对该节目的播出和其他使用不会侵权。电视台仍然应当仔细审视在制作节目时，是否存在未经许可使用他人作品（如音乐、图片和视频等）的情况，以及这些使用是否属于合理使用。如果难以确认未经许可的使用构成合理使用，电视台仍然应当向权利人寻求许可。

（二）误认为侵权作品不受著作权法保护，可以随意使用

另一种与上述误解相联系的观点是，如果他人作品属于侵权作品或违法作品，该作品就不受《著作权法》的保护，因此电视台在利用该作品制作和传播节目时无须经过他人许可，也无须承担侵权责任。

该观点同样是不成立的。著作权的作用在于使权利人能够阻止他人未经许可利用作品等受保护的成果，而不在于使权利人享有利用其作品或其他成果的自由。

因此，虽然侵权作品和违法作品的权利人不能自行利用作品，但仍然可以阻止他人未经许可利用其作品。上文曾提及《宫锁连城》的剧本被法院认定为侵权作品，根据该剧本拍摄的同名电视剧当然也因此成为侵权作品。但这并不意味着电视剧《宫锁连城》就不受我国《著作权法》保护。电视剧《宫锁连城》仍然属于符合独创性要求的“电影作品和以类似摄制电影的方法创作的作品”，制片者对其享有包括复制权、发行权、广播权和信息网络传播权在内的专有权利。其他电视台未经许可播放将构成对该剧著作权的侵权。当然，如上文所述，由于该剧属于侵权作品，制片者自行利用的行为也会侵害《梅花烙》作者琼瑶的著作权。

（三）误认为著作权法只要为电视台规定了某项权利，电视台就可以实施某种行为

目前，我国《著作权法》正在进行修改，许多电视台向立法机关提出了很有价值的修改建议。但其中也有一些属于对著作权的不当认识。例如，有电视台认为，电视台应当有权使用自己播出的整频道节目提供 IPTV 限时回看服务，也就是让观众能够在节目播放后的两天至三天内通过 IPTV 机顶盒点播该节目，从而使错过节目播放时间的观众有机会看到该节目。为此，他们建议应当在《著作权法》中为电视台规定“信息网络传播权”。

电视台有关法律应允许其提供整频道节目用于 IPTV 限时回看的观点有一定道理，但要求《著作权法》为电视台规定“信息网络传播权”以实现这一目的，明显是对著作权作用的误解。建议者误认为电视台只要有了“信息网络传播权”，就有权对自己播出的整频道节目进行信息网络传播，也就是在限定的时间内使观众能够点播（回看）。然而，“信息网络传播权”是一项著作权法规定的专有权利。专有权利的作用，从来都不是给予权利人为某种行为的自由，而是使权利人能够控制他人未经许可实施的特定行为。例如，即使一国根本不保护著作权，或者《著作权法》没有规定“复制权”“发行权”和“表演权”，只要作品内容和作者的行为方式不违反其他法律，作者也可以自行对作品进行复制、发行和表演，因为这原本就是作者的自由。可以想象，在尚无著作权观念和著作权法的清朝，曹雪芹对其创作的《红楼梦》可以以手抄或印刷等方式进行复制，可以通过书商出版发行，也可以将其改编成戏剧后演出。上述活动可能需要符合有关作品内容审查和传播的规定，但并不需要以《著作权法》规定作者享有“复制权”“发行权”

和“表演权”为前提。但是，在没有著作权法的时代，作品一旦公之于众，作者就无法依靠自己的力量阻止他人对作品的复制、发行和表演，也无法从中获得报酬。而如果著作权法规定了“复制权”“发行权”和“表演权”，对作品的复制、发行和公开表演行为就会分别受到“复制权”“发行权”和“表演权”的控制。他人在未经著作权人许可，也缺乏法律依据（“合理使用”“法定许可”）的情况下实施这三种行为，就会构成著作权侵权，应承担相应的法律责任。可见，“专有权利”是著作权人阻止他人对作品为特定行为的依据。将“专有权利”从正面理解为著作权人有对作品为特定行为的自由是毫无意义的，而只能将其从反面理解为他人不得擅自对作品为特定行为。正因为如此，著作权法上的“专有权利”与“排他权利”是同一用语。“专有权利”译自英文“exclusive right”，“exclusive”的含义就是“排他”。

“信息网络传播权”作为专有权利，作用在于使权利人能够控制他人实施的交互式传播行为。即使《著作权法》为广播组织（广播电台、电视台）规定了“信息网络传播权”，电视台也只能凭借该权利阻止他人未经许可将其创作的作品或拍摄的录像以交互式手段向公众传播，与电视台能否将自己播出的整频道节目以交互式手段向公众传播毫无关系。相反，如果这些节目中有他人创作的作品或拍摄的录像，电视台对自己播出的节目信号享有“信息网络传播权”并不可能使电视台未经节目权利人许可，以交互式手段（包括 IPTV 回看）向公众提供节目的行为合法化。要在立法上实现电视台不经节目权利人许可就能合法提供整频道节目回看服务的目的，应当建议在《著作权法》中为电视台增设对他人权利的限制与例外，而不是建议为电视台规定“信息网络传播权”。

二、电视台播放影视作品需要注意的问题

在电视台播出的各类节目中，电影作品和以类似摄制电影的方法创作的作品（本文以下简称影视作品）占了很大比例。根据《著作权法实施条例》的定义，影视作品是指摄制在一定介质之上，由一系列有伴音或无伴音的画面组成，并借

助适当装置放映或者以其他方式传播的作品。影视作品的特征之一在于：它是由上下相关的一系列画面构成的，在通过机器设备进行播放时，能够给观众以画面中的人或事物在运动的感觉。也正因为如此，电影也被称为“活动影像”（motion pictures）。一套幻灯片虽然也能被连续放映，而且上下两张之间也有一定关联，但只要在放映时无法给人以运动的感觉，仍然不能构成影视作品。连续的影像虽然也是借助机器设备拍摄和制作的，但只要具备了著作权法意义上的独创性，是个人美学观点和智力创造的结晶，就可以构成影视作品。反映故事情节和传递思想感情的连续影像，以及具有独特效果的连续影像本身，都可以形成影视作品。前者如各种影视剧，后者如《动物世界》等许多纪录片。

由于影视作品的著作权人享有广泛的专有权利，其中与电视台相关的是广播权（以无线方式传播作品和对无线传播的转播等）以及其他权利（通过有线电缆或网络实时传播）。因此电视台传播影视作品当然需要经过著作权人的许可。但是，影视作品的著作权归属与行使是一个特别复杂的问题。它涉及小说、戏剧等作为影视作品基础的原作品与影视作品的关系，又涉及组织、安排影视剧拍摄的人，即制片者与参与影视作品创作的人如编剧、导演、摄影师、剪接师和作词、作曲者之间的关系。那么，电视台要合法地播放影视剧，应当经过谁的许可？如果因电视台播放影视剧而产生了针对电视台的侵权诉讼，谁才有资格起诉电视台？

（一）根据原作品改编拍摄的影视作品是特殊的演绎作品

拍摄影视作品往往需要先将原先就存在的小说或戏剧改编成影视剧本，再根据剧本拍摄。为此，制片者应当取得小说或戏剧作品作者以及编剧的许可，否则会构成对其摄制权的侵权。由此形成的影视作品属于小说或戏剧的“演绎作品”。

根据我国《著作权法》第 12 条的规定，演绎作品的著作权归属和行使遵循“双重权利、双重许可”的规则：在演绎作品之上存在着原作品作者和演绎作品作者的双重权利，他人如需利用演绎作品，应当经过原作作者与演绎作品作者的双重许可。例如，哥伦比亚作家马尔克斯用西班牙语创作的《百年独孤》被译成中文后，中译本就是原作的演绎作品（翻译作品），出版社如要出版中译本，应当经过马尔克斯和中文译者的双重许可。《著作权法》中对影视作品著作权归属作出专门规定的第 15 条仅规定影视作品的著作权属于制片者，在影视作品与原作品（小说、戏剧等）的关系上，《著作权法》并没有作出特别规定。如果将影视作品视为普通的演绎作品，适用上文所述的“双重权利、双重许可”的规则，即意味着在约定不明的情况下，对影视作品的任何利用都需要经过原作品著作权人与影视作品著作权人（制片者）的双重许可，由于影视作品的创作可能经过许多中间环节，这种许可机制会对影视作品的传播造成极大的法律障碍。因此，在司法实践中，我国法院已参考许多发达国家的做法，对影视作品的许可机制适用了一种较为合理的解释。

1. 将影视作品改编为其他作品形式加以利用适用“双重权利、双重许可”规则

影视作品作为原作品（小说、戏剧等）的演绎作品，确实存在“双重权利”，要将影视作品改编成其他艺术形式，如改编成漫画书出版，或改编成戏剧上演，需要经过原作品著作权人和影视作品著作权人（制片者）的双重许可。《伯尔尼公约》第14条之一第（2）款对此也作出了明确规定：要将由文学或艺术作品派生而来的电影作品改编为其他任何艺术形式，除了要经过电影作品作者的许可之外，还要经过原作品作者的许可。因此，对影视作品的改编需要同时经过原作品著作权人和影视作品著作权人的许可。

例如，台湾作家白先勇创作了小说《谪仙记》，并许可上海电影制片厂将其拍摄为电影《最后的贵族》。如果要将该电影再改编成舞台剧演出，应当同时经过小说作者白先勇和电影制片者上海电影制片厂的许可，否则构成侵权。[①]这是因为将电影改编成舞台剧，已经不属于对电影本身的直接利用，而是将电影改编成其他艺术形式进行利用，此时应适用“双重权利、双重许可”的规则。电视台如果要录制该舞台剧并播放录像，除了应取得舞台剧著作权人和电影制片者的许可之外，还要取得小说作者的许可，或者要求舞台剧著作权人证明，其已经取得了电影制片者和小说作者的同意，有权许可电视台播放舞台剧的录像。

2. 利用影视作品自身只需经过制片者许可

根据原作品改编拍摄的影视作品虽然是演绎作品，但属于特殊的演绎作品。

①参见上海市第二中级人民法院民事判决书（2014）沪二中民五（知）初字第83号。

其特殊性体现在：为了便利影视作品的传播，只要影视作品的创作已经过原作品权利人许可，利用影视作品自身（即排除将其改编成其他艺术形式的利用方式）的权利，完全属于制片者。对影视剧的复制、发行、放映、网络传播或进行配音、对其字幕进行翻译等，只需要经过影视作品制片者许可，而无须经过原作品著作权人的许可。《著作权法》第46条的规定反映了上述特殊性。该条的内容是：电视台播放他人的电影作品和以类似摄制电影的方法创作的作品、录像制品，应当取得制片者或者录像制作者许可，并支付报酬；播放他人的录像制品，还应当取得著作权人许可，并支付报酬。该条对电视台播放影视作品和录像制品进行了区分——播放录像制品适用“双重权利、双重许可”规则，即需要同时取得被录制的作品著作权人，以及录像制作者许可；播放影视作品不适用“双重权利、双重许可”规则，只需要取得影视作品制片者许可，无须取得在先作品著作权人许可。

例如，在著名的“《世纪人生》案”中，富有传奇色彩的上海锦江饭店创始人董竹君撰写了一部自传作品《我的一个世纪》，并将作品的“电视连续剧拍摄权”独家转让给某影视公司。该影视公司根据《我的一个世纪》拍摄了电视连续剧《世纪人生》，除许可电视台播放之外，还许可出版社将《世纪人生》制成光盘发行。董竹君去世后，其继承人董某起诉该影视公司侵权，其理由是董竹君仅许可影视公司使用《我的一个世纪》拍摄电视连续剧，影视公司仅能将《世纪人生》作为电视节目在电视台播映，并不能将该电视连续剧制作成光盘销售或以其他方式发行。因此影视公司将改编、摄制而成的电视连续剧《世纪人生》许可他人制作光盘并出版、发行，超越了原作品作者许可使用的方式和范围，构成侵权。对此一、二审法院均认为：经《我的一个世纪》作者许可后改编并摄制而成的电视连续剧《世纪人生》已成为一个独立的作品，即以类似摄制电影的方法创作的作品，该作品的著作权由摄制该电视连续剧的制片人所享有。虽然《合同书》所涉及的拍摄权是针对电视连续剧的，但并不意味着拍摄而成的电视连续剧只能作为“电视节目”在电视台播映，将其制作成光盘销售也是电视连续剧作品著作权人实现其著作财产权的一种方式。在原合同并未限制改编、拍摄的电视连续剧的发行方式的情况下，作为《我的一个世纪》文字作品的著作权人或者与该著作权有关的权利人，除了可以对署名权及相关合同约定之报酬主张权利外，无权再限制电视连续剧作品的具体使用方式，故以光盘方式出版、发行电视连续剧《世纪人生》并不存在超越与原著作者所签合同的许可方式和范围问题。[①]

由此可见，电视台播放他人的影视作品，只需要经过其制片者许可，无须再经过作为其拍摄基础的小说、戏剧等原作品著作权人的许可。当然，这是以影视作品对原作品的改编与拍摄经过了原作品著作权人许可为前提的，否则，电视台播放未经原作品著作权人许可而改编和拍摄的影视剧仍然构成侵权行为。在“琼瑶诉于正案”中，因于正的剧本《宫锁连城》被法院认定为侵权作品，导致根据该剧本拍摄的电视剧也成为侵权作品，电视台播放该部电视剧的行为即使经过了电视剧制片者的许可，也属于侵权行为，最终该剧被禁播。[②]为了避免因影视作品的此类问题给电视台造成损失，电视台在与影视作品的著作权人签订许可合同时，应明确约定：许可方（影视作品的著作权人）承诺该影视作品对他人作品或其他受著作权法保护的内容的使用均已经过适当许可或符合法律规定。因他人认为电视台播出该影视作品侵犯其权利而引发纠纷的，许可方应予以解决。给电视台造成经济损失的，许可方应予以赔偿。

（二）多人参与创作的影视作品是特殊的合作作品

影视作品的创作往往需要许多人共同参与，包括编剧、导演、摄影、作词与作曲等，因此此类影视作品也是合作作品。如果对其适用《著作权法》第 13 条规定的合作作品的著作权归属和行使的规则，影视作品的著作权应由对影视作品的创作付出了独创性劳动的全体合作作者共同享有。这就意味着对影视剧的利用需要经过全体合作作者的共同许可，这势必会带来影视作品在利用方面的诸多纷争和极大不便。为此，《著作权法》第 15 条作出了特别规定，电影作品和以类似摄制电影的方法创作的作品的著作权由制片者享有，但编剧、导演、摄影、作词、作曲等作者享有署名权，并有权按照与制片者签订的合同获得报酬。[③]可见，该条将影视作品的整体著作权直接赋予制片者，而不是按照普通合作作品的著作权归

①参见上海市高级人民法院民事判决书（2004）沪高民三（知）终字第 137 号。

②参见北京市第三中级人民法院民事判决书（2014）三中民初字第 07916 号；北京市高级人民法院民事判决书（2015）高民（知）终字第 1039 号。

③《著作权法》第 15 条。

属规则由共同参与影视作品创作的作者们共享影视作品的著作权。编剧、导演、摄影和词曲作者等影视作品的合作作者只能对影视作品享有署名权，并按照与制片者的合同获得报酬。这意味着当影视作品作为一个整体被使用时，只能由影视作品的著作权人——制片者去行使权利，参与影视作品创作的人在这种情况下是无权行使权利的。

《著作权法》虽然没有明确规定影视作品中的表演者（演员）对影视作品的表演者权也归属于制片者，但《著作权法》对邻接权（广义著作权）的保护水平不可能超越作者权（狭义著作权）。根据“举重以明轻”的法律解释方法，既然受到较高保护水平的编剧、导演等影视作品的作者都不能对影视作品保留除署名权之外的著作权，那么受到较低保护水平的表演者也不可能对影视作品保留除署名权之外的著作权。

上述规则对于电视台利用影视作品具有重要意义。当电视台因播放影视作品引发纠纷，参与影视作品创作的编剧、导演、摄影、作词、作曲等作者或演员起诉电视台侵权时，电视台可以以其不能对作为整体的影视作品享有著作权或表演者权为由提出抗辩，否认其享有诉权。例如，在“《天仙配》案”中，著名黄梅戏艺术家严凤英作为主演和主唱参与了黄梅戏电影《天仙配》的摄制，其继承人发现某音像出版社发行了电影的光盘，但未经其许可并支付报酬，因此，起诉该音像出版社和销售商侵犯了严凤英对唱腔曲调的著作权和对表演的表演者权。法院则认为：由上海电影制片厂拍摄的《天仙配》属于电影作品。即使严凤英在该片中的唱腔设计因具有独创性而形成了新的作品，但由于电影作品的整体著作权属于制片人，当发生电影作品著作权被侵权的情形时，也只能由制片人作为著作权人对外主张权利。电影作品的作者和表演者无权向该侵权人主张权利，本案中被告出版发行黄梅戏电影《天仙配》光盘的行为，是对电影作品整体的使用，因此，本案原告无权向其主张权利。同时，严凤英在电影作品《天仙配》中并非固定在舞台表演，而是场景多变，并运用了大量电影专有的拍摄及演出方法，属于专为拍摄电影作品而进行的表演，电影演员对为完成电影拍摄所进行的表演除享有获得报酬的权利以外也不再享有其他经济权利。[①]同样，在“高健诉梅赛德斯－

①参见广东省深圳市南山区人民法院民事判决书（2006）深南法知初字第 10 号；广东省深圳市中级人民法院民事判决书（2009）深中法民三终字第 86 号。

奔驰（中国）汽车销售公司案”中，演员高健参加拍摄了宣传奔驰二手车销售的广告片，后起诉奔驰公司在其网站上传播该广告片侵害其表演。法院指出：该广告片属于以类似摄制电影的方法创作的作品，高健作为该作品中的表演者，其所从事表演部分的权利已经被吸收，在享有表演者人身权的同时，仅享有依据合同获得报酬的权利，而不再享有其他经济权利，无权对其在广告片中的表演单独主张表演者权。[1]

与此同时，如果电视台制作的节目构成影视作品，则电视台为制片者，参与节目制作的自然人不能对该节目享有除署名权之外的著作权。

（三）正确认识影视作品中“可被单独使用的作品”

在许多情况下，电视台播出的节目并不是一部完整的影视剧，而是其中的片段，如将带有音乐的一段编入《影视金曲》栏目。对此，电视台应当获得谁的许可？《著作权法》第 15 条规定，电影作品和以类似摄制电影的方法创作的作品中的剧本、音乐等可以单独使用的作品的作者有权单独行使其著作权。据此，如果一种被影视剧所体现的作品属于“可以单独使用的作品”，如果他人希望获取使用许可，该作品的作者“有权单独行使其著作权”，即单独发放许可。换言之，他人要单独使用影视作品中“可以单独使用的作品”，应请求该作品的作者给予许可，而不是请求制片者给予许可。

在有些情况下，何为影视作品中“可以单独使用的作品”，以及何种行为属于单独使用该作品是非常清楚的。例如，当出版社希望出版影视剧本，或唱片公司希望将电影插曲在由其聘用的歌星演唱后制成录音制品发行，应当分别经过编剧和词曲作者的许可，而非经过电影制片者许可，因为这明显属于对影视剧本和电影音乐的单独利用，并非对影视作品整体的利用。

在另一些情况下，对这一问题则可能产生争议。如上面提及的电视台在《影视金曲》栏目播放影视剧中带有插曲的画面片段。该行为是否属于对影视剧中音乐作品的单独使用？是否只需要经过音乐作品著作权人许可，还是只需要经过影

①参见北京市朝阳区人民法院民事判决书（2013）朝民初字第 23148 号；北京市第三中级人民法院民事判决书（2014）三中民终字第 03453 号。

视剧制片者许可，或者需要同时经过双方的许可？

有一种观点认为，此时只需要经过音乐著作权人的许可，因为《影视金曲》栏目意在传播音乐，观众收看也是出于欣赏音乐的目的，该观点恐怕难以成立。《著作权法》第 15 条中的“单独使用”是指对剧本、音乐等作品在脱离影视作品的情况下进行使用。换言之，这种使用仅针对剧本、音乐等，而不涉及影视作品本身。根据《著作权法实施条例》的定义，影视作品是指摄制在一定介质之上，由一系列有伴音或无伴音的画面组成，并借助适当装置放映或者以其他方式传播的作品。[①]从该定义可以看出，影视作品的本质是有伴音或无伴音的连续画面。因此，如果在使用影视作品中音乐或剧本的同时，使用了影视画面，则这种行为并非对音乐或剧本的“单独使用”。在上例中，电视台在《影视金曲》栏目中播放带插曲的影视剧片段，由于使用了影视剧中连续的画面，因此使用了影视作品本身，而不是对其中音乐的“单独使用”。同样道理，如果电视台对一些影视剧的片段进行了剪辑，编成“电影经典对白”并播放，由于播出的并非单纯的文字对话，而是附有影视剧画面，这种使用也并非对其中剧本片段的“单独使用”。

虽然《著作权法》第 15 条只将“剧本、音乐”明确列举为影视作品中“可以单独使用的作品”，但由于该列举并非穷尽式的，后面还有“等”字，说明影视作品中包含的其他作品也可能像剧本和音乐一样“可以单独使用”。根据上文的分析，只要这种使用没有涉及电影作品本身，即有伴音或无伴音的连续画面，就可能属于对此种作品的单独使用。例如，聘请舞蹈演员将影视剧中出现的舞蹈重跳一次，或者复制影视剧中出现的雕塑，都不需要再现影视剧的画面，因此属于对影视作品中的舞蹈作品和立体美术作品的单独使用。相关行为无须经过制片者许可，只需要经过舞蹈作品和立体美术作品著作权人的许可。

需要注意的是，影视剧制片者的著作权意识在不断提高，因此往往会要求许多作品的作者将著作权转让给他们，其中比较典型的就是动漫电影中的美术形象。如果影视作品的制片者通过合同取得了这些可单独使用作品的著作权，当然有权单独向他人发放许可。电视台如果需要将影视作品中可单独使用的作品提取出来单独使用，需要向制片者确认这些作品的著作权归属。如果制片者称其享有这些

① 《著作权法实施条例》第 4 条第（11）项。

作品的著作权，电视台应当要求其出具证明文件并在合同中承诺其真实性，以及明确相关的法律责任。

三、电视台播放录像制品时需要注意的问题

我国《著作权法》是区分影视作品和录像的，两者的区别在于前者独创性较高，后者独创性不足。《著作权法实施条例》将录像制品界定为“电影作品和以类似摄制电影的方法创作的作品以外的任何有伴音或者无伴音的连续相关形象、图像的录制品”，也就是影视作品之外的连续影像。在电视台播放的节目中，有相当一部分是不构成影视作品的录像，如现场演唱会的录像和名人访谈等，因此了解与录像制品有关的著作权问题对电视台而言是非常重要的。

（一）只有连续影像的首次制作者才享有录像制作者权

在实务中，经常发生对何为录像制品的误解。假设一家音像出版社根据与电影公司签订的普通许可合同，将电影公司拍摄的电影制作成 DVD 发行，某电视台购买该 DVD 后未经许可播放，音像出版社起诉该电视台侵权，试问音像出版社能否胜诉？有人认为音像出版社对其制作的 DVD 享有录像制作者权，而电视台未经许可的播放行为侵害了该录像制作者权。该观点是不能成立的，录像制作者权属于邻接权，邻接权与狭义著作权之间的区别在于客体，著作权法只将对作品之外的其他客体享有的权利定为邻接权。在该假想例中，音像出版社只是经电影著作权人许可，将已经拍摄完成的电影作品复制到光盘这种物质载体上，并没有制作出不同于已有电影作品的连续影像，因此没有形成录像制品。《著作权法实施条例》规定，录像制作者，是指录像制品的首次制作人，[1]同时还将录像制品定义为“电影作品和以类似摄制电影的方法创作的作品以外的任何有伴音或者无伴音的连续

① 《著作权法实施条例》第 5 条第（5）项。

相关形象、图像的录制品”。[①]结合上述两个定义，录像制品必须是“首次”制作出的，且不同于影视作品的连续影像。仅将电影复制到新的载体上，当然不可能“首次”制作出有别于已有电影的新影像。因此，在上述假想例中，音像出版社的法律地位并不是录像制作者，而是电影作品的普通被许可人。在未得到电影公司特别授权的情况下，音像出版社无权起诉电视台侵权。当然，电影公司作为制片者，对电影作品享有著作权，可以以著作权人的身份起诉电视台侵权。

（二）对录像制品的利用适用“双重权利、双重许可”规则

录像制品与影视作品一样，都受到《著作权法》保护，录像制作者对录像制品享有邻接权，其中与电视台业务最为相关的是许可电视台播放的权利，也就是广播权。根据《著作权法》第 46 条的规定，电视台播放他人的录像制品，应当取得录像制作者许可，并支付报酬。据此，电视台播放录像制品应取得录像制作者许可。

如前所述，根据小说等在先作品拍摄的影视作品属于特殊的演绎作品，对此类影视作品的使用不适用“双重权利、双重许可”规则。那么，对于录制作品形成的录像，是否也不适用“双重权利、双重许可”规则呢？例如，中央电视台（简称央视）的《百家讲坛》节目组在专家现场演讲时，都会用摄像机进行全程录制，由此形成的录像由于画面的独创性不足，不属于影视作品，只能构成“录像”。该录像中包含了专家创作的作品——事先撰写的演讲文字。央视在经过该专家许可，制作 DVD 出版后，另一家电视台购买了该 DVD 并准备播放，此时该电视台是只需要经过作为录像制作者的央视许可，还是也需要经过专家许可？

对此问题的回答是明确的。《著作权法》第 46 条规定，电视台播放他人的电影作品和以类似摄制电影的方法创作的作品、录像制品，应当取得制片者或者录像制作者许可，并支付报酬；播放他人的录像制品，还应当取得著作权人许可，并支付报酬。从该规定可以看出，对于影视作品不适用于“双重权利、双重许可”规则，但对于录像制品适用这一规则。电视台播放录像制品，应当取得录像制作者和著作权人的“双重许可”。这意味着：对于承载有作品的录像制品，作品的

① 《著作权法实施条例》第 5 条第（3）项。

著作权人仍然享有权利，并不因为作者同意使用其作品制作录像制品，就丧失了对该录像制品后续利用的控制权。电视台要播放载有作品的录像制品，如前所述载有专家演讲的录像、现场演唱会的录像等，需要同时经过录像制作者和作品著作权人的许可。

前面还曾提及，由于《著作权法》对邻接权的保护力度不可能超越狭义著作权，同时编剧、导演、摄影、作词和作曲等影视作品的合作作者都不能对作为一个整体的影视作品保留除署名权之外的其他著作权，根据“举重以明轻”的法律解释方法，电影演员作为表演者，自然也不能对作为一个整体的影视作品保留财产权利。那么，录像制品中的表演者能否对含有其表演的录像制品保留其财产权利呢？

回答是肯定的，《著作权法》并未明确规定表演者的权利应属于或被推定为转让给了录像制作者，同时也无法采用“举重以明轻”等法律解释方法从其他条文中推出这一结论，因此，表演者仍然可以对含有其表演的录像制品行使表演者权。换言之，如果他人要对“录像制品”进行复制、发行和网络传播，就必须经过表演者的许可。

例如，在“郭德纲等诉飞乐影视制品公司案”中，相声演员郭德纲等在某电视台参加了相声节目的视频录制，但并未许可出版音像制品。而飞乐影视制品公司经过该电视台许可，出版发行了载有原告相声表演的DVD。法院审理后认为：郭德纲作为表演者享有许可他人复制、发行录有其表演的音像制品，并获得报酬的权利。任何人未经其许可，不得擅自使用其表演复制、发行录像制品。在郭德纲没有许可电视台使用其相声表演出版音像制品的情况下，电视台也就无权授权飞乐影视制品公司使用郭德纲的相声表演出版音像制品。因此飞乐影视制品公司的行为侵犯了郭德纲的表演者权。[①]

需要注意的是，由于表演者并不享有除现场直播权之外的广播权，电视台播放载有表演的录像制品，并不需要经过表演者的许可，只需要经过录像制作者和其中作品著作权人的许可。

①参见北京市朝阳区人民法院民事判决书（2006）朝民初字第18477号。

四、电视台制作节目时需要注意的问题

电视台播出的节目中，有相当一部分是自己制作的，而制作节目往往需要利用他人的作品和其他受著作权法保护的成果，此时就需要注意一系列著作权问题。

（一）制作节目时应当取得的许可

近年来，电视台播放和以其他方式利用自制节目引起了不少纠纷，需要引起重视。

首先，将他人的作品、表演和录音录像制品用于综艺节目并在电视台播出，涉及复制权（将这些作品、表演和录音录像制品录制到存储介质中）、广播权（按照节目时间表以无线方式传播作品和录像制品，但请注意表演者和录音制品制作者无广播权）或“兜底权利”（按照节目时间表直接通过有线电缆传播作品和录像制品，但请注意表演者和录音制品制作者无此项权利），因此应当获得其权利人相应的许可。

其次，如果在播出节目之后，还要将节目自行或许可音像出版社制成光盘出售，或者上传至网站供用户点播，还要获得作品著作权人、表演者和录音录像制作者有关将载有其成果的节目进行再次复制、向公众以销售的方式提供载有节目的光盘，以及以交互式手段使公众在其个人选定的时间和地点获得该节目的许可，也就是复制权、发行权和信息网络传播权的许可。需要特别注意的是，正如上文“郭德纲等诉飞乐影视制品公司案”所述，如果这些成果的权利人仅许可电视台为播出节目而进行复制和广播，电视台在没有另行获得许可的情况下，不能将该节目许可其他电视台播出，或者自行或许可他人将节目制成光盘销售或上传至网站供公众点播。

最后，在取得许可时，应当注意取得所有权利人的许可，不能遗漏权利人。要将演绎作品用于制作，不但应当取得演绎者的许可，还要取得原作品作者的许可。要使用录像制品制作节目，不但应当获得录像制作者的许可（复制权、广播权），还要获得其中作品作者的许可（复制权、广播权）和表演者的许可（复制权，注意除非是现场直播，否则无须取得广播权许可，因为表演者没有对已录制的表演的广播权）。例如，电视台要制作并播出一个以二胡演奏的《梁祝》，就应当获得以下许可：①小提琴协奏曲《梁祝》作者的许可（复制权、广播权）；②二胡《梁祝》改编者的许可（复制权、广播权）；③二胡《梁祝》演奏者的许可（复制权）；④二胡《梁祝》演奏现场录制者的许可（复制权）。

（二）为制作节目组织演出时应取得的许可

近年来，许多电视台都为制作节目，特别是收视率较高的综艺节目而组织演出，如许多大型选秀节目。其中也有不少著作权问题值得注意。

首先，电视台对于公开表演应负责取得许可。许多为制作节目而进行的演出，并不是在无观众在场的录制棚中进行的，而是面向观众的。一些大型的选秀节目尤其如此，从初赛到决赛都会吸引大量观众入场欣赏，这往往涉及对作品的公开表演。由于作品的著作权人享有表演权，他人公开表演其作品，除非属于合理使用，也就是未向观众收取直接或间接费用，也没有向表演者支付直接或间接费用，否则应当经过著作权人许可。电视台为制作节目而组织的表演往往具有商业性质，有时向观众售票，有时通过植入广告而获得收入，因此很难构成合理使用。

其次，由谁负责获得作品著作权人的许可呢？是由参加表演活动（如唱歌选秀比赛）的个人，还是由作为组织者的电视台？在电视台组织表演的情况下，个人参加表演活动是由电视台策划、安排的，要求个人直接取得著作权人对表演权的许可是不公平和现实的。为此，我国《著作权法》第37条规定，使用他人作品演出，表演者（演员、演出单位）应当取得著作权人许可，并支付报酬。演出组织者组织演出，由该组织者取得著作权人许可，并支付报酬。这是较为合理的。例如，沙宝亮在某电视艺术节开幕式和某国际服装节开幕式上，未经歌曲《暗香》的词曲作者许可，演唱了《暗香》。词曲作者起诉沙宝亮侵犯其对歌词享有的表演权。法院认为：沙宝亮虽在他人组织的开幕式上演唱了歌曲《暗香》，但就该表演行为征得著作权人许可的责任在于涉案演出的组织单位，沙宝亮本人无须承担侵权责任。[①]由此可见，在电视台组织演出的情况下，电视台应负责取得所有被

①参见北京市第二中级人民法院民事判决书（2004）二中民终字第1923号。

表演作品的著作权人的许可。

（三）直播节目应当取得的许可

电视台播出的节目中，有许多是直播节目，也就是电视台对现场活动进行基本同步的播出。如果现场活动是对作品的表演，如音乐会、演唱会和相声表演等，电视台就需要获得被表演作品的著作权人和表演者的双重许可，这是因为作品的著作权人享有广播权，而表演者享有现场直播权。例如，对音乐会的现场直播，就需要取得音乐作品著作权人的许可和乐团成员（表演者）的许可。

如果该表演活动本身就是电视台组织的，电视台当然可以直接获得著作权人和表演者的许可。但许多情况下，表演活动是他人组织的，电视台往往是取得了组织者的直播许可。在这种情况下，为了避免因组织者本身未能获得作品著作权人和表演者许可而给电视台导致的风险，电视台在许可合同中应明确约定：许可方（表演组织者）承诺，所有被表演的作品著作权人和表演者均已同意电视台进行现场直播，并由表演组织者向电视台发放许可。因作品著作权人和表演者认为电视台的现场直播侵犯其权利而引发纠纷的，许可方应予以解决。给电视台造成经济损失的，许可方应予以赔偿。

五、与电视台有关的合理使用与法定许可的问题

电视台使用他人作品或其他成果原则上应当经过许可，但也有例外。有时是因为相关成果的权利人并不享有控制电视台行为的专有权利。比如电视台播放一张音乐 CD 无须经过表演者和录制者许可，也不需要向两者支付报酬，因为表演者对已录制的表演不享有广播权或获得报酬权，录音制作者也没有广播权或获得报酬权。有时则是因为著作权法规定，在该情形下的使用无须经过许可或付酬，或者仅需要付酬，但无须经过许可。前者常被称为“合理使用”，后者被称为“法定许可”。电视台应合理地利用这些规则以保护自己的合法利益。

（一）有关“适当引用”应注意的问题

电视台制作与播出节目时，正确认识《著作权法》对“适当引用”的规定非常重要。所谓“适当引用”是指“为介绍、评论某一作品或者说明某一问题，在作品中适当引用他人已经发表的作品”。[①]“为介绍、评论某一作品”而引用，意味着对作品的引用与该作品直接相关，也就是对作品本身的介绍和评论。例如，在影视评论栏目中，在解说中往往需要播放影视剧的片段，以使观众理解评论员有关影视剧成功之处或缺陷的评价。“为说明某一问题”而引用，则意味着对作品的引用与该作品并不直接相关，这就是用作品去说明其他问题。例如，邵氏兄弟电影公司的创办者之一邵逸夫先生去世时，某电视台制作了专题节目回顾他的生平，其中展示了邵氏兄弟电影公司拍摄的经典电影片段，这比单纯地用文字播报这些电影的名称更能说明邵氏电影事业的成功。再如，在历史题材的专题片中，为了对某一历史人物或事件加以说明，往往会配上电影中的一些相关镜头。虽然引用电影片段可能并非为说明这一问题所必需的，但这并不意味着这种引用就一概侵权。《伯尔尼公约》第 10 条第（1）款规定：对于已合法公之于众的作品，允许进行引用，只要这种引用符合公平惯例，且不超出达到目的正当需要范围。可见该条没有将引用的目的限于对被引用作品本身的介绍或评论。

“适当引用”意味着应当在自己的创作过程中引用合理长度的作品片段，而不允许完全或主要以他人作品代替自己的创作。因此，将他人作品中的内容加以拼接的行为并不是创作中的适当引用。“引用”的目的应当限于“介绍、评论和说明”，而不是单纯地向读者展现被引用的作品本身，导致新作品与原作品在市场上形成竞争。例如，为了在影评栏目中让观众理解评论员有关某影视剧成功之处的评价，可以播放相关画面。但将一部电影的精华部分剪接在一起，制成三十分钟的连续画面播放，其中只配有不到一分钟的解说，导致观众看完这三十分钟剪辑之后，就了解了主要剧情，不再需要观赏全片，这种使用显然不构成“合理使用”，而应当取得作者许可。

那么，引用作品中多少量的片段才是“适当引用”呢？仍然以电视台的影视介绍栏目为例，如果未经许可播出了电影的全片，无论配以多少介绍、评论或说

① 《著作权法》第 22 条第 1 款第（2）项。

明之辞，都不可能构成合理使用，因为这种使用显然会替代经过授权的电影播放或光盘销售市场，会不合理地损害著作权人的利益。与此形成对比的是，如果在介绍、评论或说明之中，电影镜头一闪而过，则不大可能被认定为侵权。问题在于，对处于两个极端之间的情形应当如何判断呢？实际上，并不存在一个绝对的数量或比例的规则，如短于 15 分钟或低于 10% 就不侵权。这是因为引用作品的情况非常复杂，有时引用全部作品也是合理的，有时使用较小的比例也是侵权。例如，要对一首短诗进行逐字逐句的评论就需要对该诗的全文进行引用，这种全文使用并不侵权。但在美国发生的“《福特回忆录》案”中，被告将尚未发表的美国前总统福特回忆录中的引言部分（也是该书最为吸引人的部分之一）抢先发表，却被美国最高法院认定为侵权。[①]正因为对引用长度并不存在绝对化的规则，《伯尔尼公约》自 1967 年的斯德哥尔摩文本之后，在允许“引用”的条款中，删除了“引用”之前“简短”的定语。[②]由此可见：允许引用作品的长度和比例，应取决于介绍、评论或说明的合理需要。

在判断引用是否为“适当引用”时，应特别注意对原作品的使用是否构成“转换性使用”，以及“转换性”的程度。所谓“转换性使用”，是指对原作品的使用并非为了单纯地再现原作品本身的文学、艺术价值或者实现其内在功能或目的，而是通过增加新的美学内容、新的视角、新的理念或通过其他方式，使原作品在被使用过程中具有了新的价值、功能或性质，从而改变了其原先的功能或目的。例如，文学评论家为了评论一首 20 字的古体短诗而在 1000 字的论文中引用了短诗全文。虽然这种引用构成对短诗的“复制”，但原作——短诗在新作品——评论文章中的作用却发生了一种富有建设性的转换。新作品不是为了单纯地展示这首短诗的艺术价值和魅力，让读者仅仅欣赏短诗本身，而是将短诗作为引子，使读者更好地理解文章对短诗的评价。评论文章的主要价值和功能，不在于它所引用的短诗本身，而在于对短诗的评论部分。如果评论文章获得了良好的社会评价并为作者带来了利益，并不是因为文中引用了短诗，而是因为对短诗的评论在创作

① HAPPer & Row Publishers, Inc. v. Nation Enterprises, 471 US 539 (1985).

②见《伯尔尼公约》1948 年布鲁塞尔文本、1967 年斯德哥尔摩文本和 1971 年巴黎文本的第 10 条第（1）款。布鲁塞尔文本只允许“简短引用”，而后两个文本均删除了“简短”一词。

上是成功的。

相反，对作品进行“改编”，如电视台的编剧将一部小说改编成舞台剧后播放，通常并不是“转换性使用”。尽管编剧投入的大量创造性劳动是舞台剧价值的来源之一，但这种“改编”毕竟只是以舞台剧的形式讲述了小说中的故事，小说中的主要内容——人物与人物之间的关系、故事情节等，均在舞台剧中得以体现，并且是舞台剧价值和功能的组成部分。换言之，原作品的艺术价值和功能在新作品中并没有发生建设性的转换，而是以另一种表现手法被展示和实现。新作品的艺术价值和功能同时来源于小说作者和舞台剧编剧的创造性劳动。如果舞台剧受到欢迎，并不仅仅是因为舞台剧的改编很成功以及表演引人入胜，还因为它描绘的是小说中的故事。

对原作品的使用越是具有“转换性”，越有可能构成“合理使用”，甚至商业性地使用原作品也可因此而构成“合理使用”。这是因为“转换性使用”推进了著作权立法促进文艺发展的终极目标。在高度“转换性使用”形成的新作品中，原作品对于新作品在价值和功能上的贡献并不大，要求新作品作者获得许可和支付报酬并不合理，反而影响对作品的创作。相反，如果原作品并未被新作品加以“转换性”地使用，或“转换性”程度不大，则新作品的价值和功能很大程度上直接来源于原作品，此时要求新作品作者获得许可和支付报酬就是公平的。因此，将以“评论”为目的适当引用认定为“合理使用”的重要法理基础就在于：这种适当引用是对原作品的“转换性使用”。

例如，对于以“讽刺性模仿”（parody）这种通过对原作品进行模仿，以达到嘲讽效果的评论形式而言，其特殊的创作方法就决定了其需要以“模仿”的方式使用原作品中大量内容、甚至是核心内容，使受众想起原作品表达的立场、观点和思想感情，由此树立起批判的靶子，并通过对原作品在模仿基础之上的改造，达到对原作品的嘲讽效果。如果“讽刺性模仿”对原作品的使用甚少，根本无法让人将新作品与原作品联系起来，则不可能实现嘲讽目的。只要引用的内容是实现讽刺目的所需要的，就可以构成合理使用。

（二）有关“时事新闻报道合理使用”应注意的问题

在电视台播出的节目中，新闻报道占重要地位。《著作权法》规定，为报道时事新闻，在报纸、期刊、广播电台、电视台等媒体中不可避免地再现或者引用已发表的作品属于合理使用。①

该规定允许在进行新闻报道时附带性地使用他人作品，以保障公民对时事新闻的知情权。例如，电视台要制作并播出某演唱会的新闻，就需要对现场情况有选择地加以录制、剪辑和播出，其中不可避免地会将歌手演唱的实况片段纳入新闻节目中播出，这必然涉及对音乐作品的复制和广播。只要这种行为没有超出报道时事新闻的必要限度，就可以构成“合理使用”。但是，如果电视台未经许可而将演唱会中歌手对一首歌曲的演唱完整地录制下来并播出，就不再是“合理使用”，而是构成侵权行为了。

需要注意的是，《著作权法》第 22 条在规定此种合理使用时，使用了“不可避免地再现或者引用”的限制，这会导致一个法律解释上的问题：电视台可以完全不引用作品进行新闻报道，只是效果不佳。换言之，是否只要在报道时事新闻时存在一种“避免再现或引用”作品的方法，新闻媒体对该作品的再现或引用就是侵权的？试举一例，某艺术馆举行“中国当代画家精品展”，当地电视台为进行新闻报道，用摄像机拍摄了几幅精品画作的特写镜头，并配上解说在新闻节目中播放。该行为属于对美术作品的复制（拍摄）和广播，但未经过著作权人许可，其是否构成著作权侵权行为？显然，即使在电视新闻中不给出美术作品的特写镜头，而只是给一个画展的全景镜头，或者根本不拍摄任何画面，仅凭解说也能对画展进行新闻报道。那么以特写镜头对美术作品的使用是否不构成“合理使用”？

回答是否定的。“不可避免地再现或者引用”不能解释为“只要不再现或者引用就无法报道”。在报道时事新闻时，许多情况下对作品的再现或引用都非绝对意义上的“不可避免”。如电视台要报道演唱会的新闻，即使不录制演唱会现场的歌声片段，仅让播音员进行解说，也能对该新闻进行报道，只是这样的报道不够生动而已。如果在报道时加入几个配有演唱会现场声音的实况画面，不属于“不可避免地再现或者引用”作品，那就意味着只要不再现或引用作品也能对时事新闻进行报道，无论这样的报道多么乏味无趣，对作品的再现或引用都不属于“合理使用”。如此一来，该条“合理使用”的规定就几乎丧失存在价值了，因为绝大多数时事新闻都可以用简单的文字描述加以报道。

---

①《著作权法》第 22 条第 1 款第（3）项，《信息网络传播权保护条例》第 6 条第（2）项。

我国《著作权法》在规定为报道时事新闻而进行的合理使用时，参考了《伯尔尼公约》的规定。该规定的内容是：本联盟成员国的立法可以规定在何种条件下，准许为时事报道并在为提供信息所需的合理范围内，以摄影、摄制、向公众进行无线广播或有线传播的方式，复制和向公众提供在事件发生过程中看到或听到的文字或艺术作品。[①]世界知识产权组织编写的《伯尔尼公约指南》对此指出："时事新闻报道的主要目的是让公众有一种参与其中的感觉"。[②]显然，如果在报道演唱会时不使用一小段现场录音，或在报道画展时没有一两个画作的特写镜头，很难使听众或观众有"参与其中"的感觉。实际上，《伯尔尼公约指南》就列举了以下实例：如果在一名著名作曲家的塑像揭幕式上，演奏了他若干作品的片段，就可以将这些片段纳入广播电视的新闻报道之中，不必征询作曲家继承人的意见。同样，在画展开幕式上，可以将其中陈列的绘画（但不能是所有绘画）纳入新闻报道，因为这些正是在新闻事件发生过程中听到或看到作品的情形。[③]

由此可见，《伯尔尼公约》的该条规定充分尊重了新闻报道的规律和要求，它允许将在新闻事件发生时出现的作品纳入新闻报道。我国《著作权法》第22条中"不可避免地再现或者引用"的用语，也应当按照这一立法目的进行合理解释。"不可避免"并非指在不再现或引用作品的情况下，就无法以任何其他方式报道时事新闻，而是指如果不再现或引用作品，就无法使公众身临其境地了解新闻事件的内容。这就意味着如果作品本身出现在了新闻事件之中，在进行新闻报道时附带性地再现或引用作品，应被认定为"合理使用"，如在报道演唱会时附带现场的一段歌声，或报道画展时给两幅画以特写镜头等。相反，如果再现或引用作品与报道新闻事件没有直接关系，相关使用作品的行为，至少不能以时事新闻报道为由认定"合理使用"。例如，一部新电影上映后引起热烈反响，票房收入创出新高，为报道这一时事新闻，电视台可以给出影院中全场座无虚席的画面，以及影院当时正在播放的几秒钟片段，以使观众切身感受到该电影在影院热播的场景。但是，如果电视台随后又制作并播出了一个专题节目，将能够较完整反映电影中主要情

①参见《伯尔尼公约》第10条之二第（2）款。

②刘波林译：《保护文学和艺术作品伯尔尼公约（1971年巴黎文本）指南》，中国人民大学出版社2002年版，第51页。

③同上。

节的大量精彩片段串联在一起，用画外音解说电影片段之外的内容。这种利用电影作品的行为，与报道电影热播的时事新闻无关，不能构成报道时事新闻的“合理使用”。同时，观众观看该节目的后果，就是不再需要欣赏全片，由此产生了市场替代效果，这显然会影响电影著作权的授权市场、损害著作权人的合法利益，因此不能构成适当引用的“合理使用”。

（三）对法定许可应注意的问题

在《著作权法》规定的法定许可中，有两种是专门为广播电台、电视台设计的，分别为“播放作品法定许可”和“播放录音制品中作品的法定许可”。《著作权法》第 43 条第 2 款规定，广播电台、电视台播放他人已发表的作品，可以不经著作权人许可，但应当支付报酬。《著作权法》第 44 条规定，广播电台、电视台播放已经出版的录音制品，可以不经著作权人许可，但应当支付报酬。当事人另有约定的除外。这两种法定许可均是对广播权的限制，只是后者适用于录制在已出版的录音制品中的作品，前者适用于其他已发表的作品。从立法政策上看，这两种法定许可是为了在不影响作者发表权和其经济利益的情况下，促进作品通过广播在更大范围的传播。电视台应当注意用好这两种法定许可，既避免不必要的许可，也避免因误解法律规定而侵害他人权益。

对于“播放作品法定许可”应注意以下几个问题。首先，该法定许可不适用于电视台播放电影作品和录像制品。因为《著作权法》第 46 条明确规定，电视台播放他人的电影作品和以类似摄制电影的方法创作的作品、录像制品，应当取得制片者或者录像制作者许可，并支付报酬；播放他人的录像制品，还应当取得著作权人许可，并支付报酬。因此，电视台播放影视作品时，应取得制片者的许可。播放录像制品时，应同时取得录像制作者和被录制的作品的权利人许可。因此，如果一位诗人已发表了他创作的 10 首诗歌，电视台可以不经这位诗人的许可，就在《诗词鉴赏》栏目让播音员朗诵这些诗歌并播出。但是，如果这位诗人对这 10 首诗歌的朗诵被一家音像公司制成了 DVD（录像制品）发行，购买了这张 DVD 的电视台就不能未经诗人和录制者许可而播出该 DVD。同时，该项法定许可也不适用于播放录制于录音制品中的作品，因为对于该行为应适用《著作权法》第 44 条关于“播放录音制品中作品的法定许可”的特别规定。

其次，“播放作品法定许可”只适用于播放作品本身，包括为了播放而必须进行的录制和表演。如前面提到的电视台在《诗词鉴赏》栏目中让播音员朗诵这些诗歌，在录制后播出。如果仅将他人作品作为素材创作其他作品或其他电视节目，仍然应当经过许可。例如，某电视台为制作电视广告，聘用歌手演唱他人的音乐作品，并将其录制为广告的背景音乐。对电视台播出该电视广告的行为，不能适用“播放作品法定许可”。

最后，电视台利用该项法定许可播放作品时，不应侵害著作权人的其他权利。该项法定许可仅针对广播权，以及为播放而必须进行的复制等行为，但不能用于限制其他权利，特别是人身权利。因此，电视台在播放作品时，必须尊重作者的署名权，而且不得歪曲、篡改作品。例如，在一起著作权纠纷中，贾志刚创作了《说春秋》系列作品，某广播电台在两年时间内每天由其播音员播放《听世界春秋》节目，其内容与该系列作品相同之处达到 80% 以上，其余为新增的语句，播放时只在最后一期的末尾提及“春秋的故事说完了，在这里，要特别感谢《说春秋》系列故事的作者，贾志刚先生”。贾志刚认为广播电台未经许可播放其作品构成侵权，广播电台则认为对该行为应适用“播放作品法定许可”。法院认为：法定许可是对著作权人专有权利的一种限制，这种限制不能以损害著作权人的根本利益为前提。因此，广播电台对于作品的使用应当尽量尊重原作。即便有改动，也应该是为了满足广播电台播放要求，适应播放特点的适当改动，且改动不应增加已有作品中没有的内容而产生新的作品，而本案中广播电台新增加的内容属于对原作品的改编。同时，法定许可本身蕴含了署名的要求，署名是构成法定许可的要件之一，广播电台在两年时间内的播放，没有以听众能够知悉的适当方式提及创作者，表明作者身份。法院据此认定对广播电台的行为不适用“播放作品法定许可”，该行为构成对作者改编权和署名权的侵权。[①]

对于“播放录音制品中作品的法定许可”，也应注意以下问题。

首先，“播放录音制品中作品的法定许可”允许广播电台、电视台不经作品著作权人的许可而播放录有作品的录音制品，比如音乐 CD 和有声读物等，但该项法定许可针对的是作品著作权人的广播权，而不是表演者和录制者的权利。因此“广播电台、电视台播放已经出版的录音制品，可以不经著作权人许可”，是

①参见北京知识产权法院民事判决书（2015）京知民终字第 122 号。

指不经录音制品中作品的著作权人许可。由于《著作权法》没有给表演者和录音制品制作者规定针对已录制的表演和录音制品的“广播权”，广播电台、电视台播放录音制品，本来就不需要经过表演者和录制者许可。

其次，国务院颁布的《广播电台电视台播放录音制品支付报酬暂行办法》规定，广播电台、电视台播放录音制品，可以与管理相关权利的著作权集体管理组织约定每年向著作权人支付固定数额的报酬；没有就固定数额进行约定或者约定不成的，广播电台、电视台与管理相关权利的著作权集体管理组织可以根据该《办法》列举的各种计酬方式之一为基础，协商向著作权人支付报酬。《广播电台电视台播放录音制品支付报酬暂行办法》为此列举了以广告收入或播放时间为基础的各种计算报酬的方式。目前，央视等已经与音乐著作权集体管理组织——中国音乐著作权协会签订了付酬协议。然而需要注意的是，虽然在录音制品之中，多数是音乐作品的录音制品，但文字作品、口述作品也经常被录制为录音制品并由电视台播放，如小说连播和老师授课的录音等。目前如何向这些著作权人支付法定许可费的问题尚未解决。同时，《广播电台电视台播放录音制品支付报酬暂行办法》对应的是《著作权法》第 44 条，即播放录音制品中作品的法定许可的规定。但电台、电视台根据《著作权法》第 43 条的规定，还可以不经著作权人许可，播放已发表的作品。对这部分著作权人获酬权的保障，还没有出台可操作的付酬办法。对于电视台而言，对于音乐作品的使用，目前比较现实的做法是，在与中国音乐著作权协会协商许可费时，不仅针对播放音乐作品的录音制品付酬，还要对其他播放音乐作品的行为付酬。同时，如果电视台播放的文字作品较多，如小说连播或老师授课录音，还可以考虑与中国文字著作权协会联系，就播放文字作品的法定许可费的支付达成协议，以最大限度地减少寻找著作权人支付许可费的成本。

影视作品的表现形式、创作本质与独创性分析

严波

严波，英国诺丁汉特伦特大学传媒研究专业文学硕士，华东政法大学知识产权专业法学博士。现任中央电视台版权和法律事务室副主任、亚广联（ABU）知识产权和法律委员会主席，是媒体影视行业的资深版权实务专家，在业界有着较大的影响力和号召力。

独创性是作品构成要件，是狭义著作权保护的前提条件，其重要性不言而喻。然则，如学者所言，作品独创性问题的复杂性和不确定性一如其重要性一样显著和突出，独创性程度高低问题却又如同哥德巴赫猜想般难解。[①]不同类型作品中，影视作品[②]因其综合艺术性及集体创作等特征，其独创性分析较其他作品越加复杂，甚至有学者感叹，影视作品的著作权问题“苟无法律与文艺科技等多方面之专门知识融会贯通，不宜窥其堂奥”。[③]

笔者以为，影视作品独创性问题之所以复杂，一方面固然是由于作品独创性的概念和标准本身尚存争议，另一方面也在于我国著作权法理论对影视作品表现形式和创作本质的研究十分不足。本文认为，分析和认定影视作品的独创性，必须紧紧围绕其表现形式和创作行为的本质特征（本文以下简称创作本质）来进行，否则其独创性分析将难免产生偏差甚至误判。也因此，分析什么是影视作品的表现形式和创作本质，是研究其独创性问题的前提和关键之所在；掌握了影视作品的表现形式和创作本质，才能真正掌握影视作品独创性分析的路径与方法。

一、什么是影视作品的表现形式

表现形式是著作权法中作品的基本分类方法。[④]影视作品的表现形式既是其定

①刘辉：“作品独创性程度‘三分法’理论评析”，载《知识产权》2011 年第 4 期，第 65 页。

②为简约起见，本文将我国现行《著作权法》下的“电影作品和以类似摄制电影的方法创作的作品”一律简称为“影视作品”。

③杨崇森：“《电影著作权》序言”，见甘龙强：《电影著作权》，中国电影出版社 1991 年第 1 版，第 2 页。

④王迁：《知识产权法教程》，中国人民大学出版社 2014 年第 4 版，第 77 页。

义中不可或缺的基本要件，也是区别于其他形式作品外在表达的本质因素。

大部分作品的表现形式比较好理解，例如，文字作品是指“小说、诗歌、散文、论文等文字形式表现的作品”，口述作品是指“即兴的演说、授课、法庭辩论等以口头语言形式表现的作品”，舞蹈作品是指“通过连续的动作、姿势、表情等表现思想情感的作品”。[①]但影视作品的表现形式却不是很清晰，原因在于一方面，影视作品可以容纳多种其他表现形式的作品（如文字、音乐、美术、舞蹈、戏剧等），其他类型作品的表现形式有时被一并纳入影视作品的表现形式当中，更因此有误解认为影视作品要求有不同于其他作品形式的“较高独创性”[②]标准；另一方面，我国《著作权法》“以类似摄制电影的方法创作的作品”概念中的“摄制要件”误导了法官对于影视作品表现形式的正确理解，并加剧了学者和法官对于影视作品独创性分析和认定问题上的争议。为厘清问题，本文将国际条约、各国立法与我国著作权法进行比较分析，并对我国《著作权法》下影视作品的表现形式进行归纳。

（一）国际条约及各国和地区立法关于影视作品表现形式的比较

早在 1908 年，《伯尔尼公约》的柏林修订版即将影视作品（cinematographic works）归于著作权保护的对象。与我国著作权法相比较，无论国际条约还是其他各国和地区著作权法，其影视作品[③]定义均主要从其表现形式着手，而没有限定任何“类似电影的”创作方法或手段。

1. 国际条约中影视作品的表现形式

《伯尔尼公约》在第 2 条第 1 项规定受保护的文学艺术作品包括

①参见《著作权法实施条例》第 4 条。

②例如，有法院认为，影视作品“是凝聚了剧本编写、演员表演、导演执导以及摄像、配音、配乐、剪辑等大量前期创作和后期处理的综合性智力成果，其对独创性具有较高的要求。”参见（2009）海民初字第 9477 号；（2011）一中民终字第 5129 号。

③目前部分国际条约以及许多国家的著作权法已逐步以有着更为宽泛概念的视听作品（audiovisual works）代替影视作品（cinematographic works）概念。本文中为避免赘文，一律统称为“影视作品”。

"cinematographic works to which are assimilated works expressed by a process analogous to cinematography",[①]国内翻译大多为"电影及以类似摄制电影的方法所创作的作品"或"电影作品或以与电影摄影术类似的方法创作的作品",[②]易被错误理解为影视作品的构成包含类似电影创作的工艺方法。有学者指出，对《伯尔尼公约》下的"cinematographic works"的正确翻译应是"电影以及以类似电影的方法'表现'的作品"，强调的是"表现"的概念，即指表现形式上类似于电影的作品，并不对摄制的方法或工艺有任何限定性要求。二者翻译和理解的不同直接造成了"影视作品"法律定义的不同，并进而造成作品保护范围的大相径庭。[③]其实，世界知识产权组织（WIPO）编写的《伯尔尼公约指南》明确指出：对此类作品的定义并不考虑电影创作的"种类、长度、制作方式、工艺方法、用途如何"，"不论在哪种情况下，屏幕上所显示的都应当受到同样的保护"。[④]因此，对《伯尔尼公约》的正确理解是，**影视作品的定义应主要从其表现形式着手，而不能限定任何创作上的方法或手段。**

虽然《伯尔尼公约》并未就什么是影视作品的表现形式进行具体定义，但根据《视听作品国际注册条约》规定："本条约所称'视听作品'意指由一系列相关的固定图像组成，带有或不带伴音，能够被看到的，并且带有伴音时，能够被

① Berne Convention for the Protection of Literary and Artistic Works, of September 9, 1886, completed at PARIS on May 4, 1896, revised at BERLIN on November 13, 1908, completed at BERNE on March 20, 1914, revised at ROME on June 2, 1928, at BRUSSELS on June 26, 1948, at STOCKHOLM on July 14, 1967, and at PARIS on July 24, 1971, and amended on September 28, 1979; from: WIPO; URL: http://www.wipo.int/treaties/en/text.jsp?file_id=283698.

②曲三强："论影视作品的著作权"，载《中外法学》2006年第2期，第187页。另见《伯尔尼公约》，来源：人民网，网址：http://ip.people.com.cn/GB/11178623.html.

③胡云红："著作权法中电影作品的界定及作者精神权利的保护——以中日著作权法制度为中心"，载《知识产权》2007年第2期，第26页。

④刘波林译：《保护文学和艺术作品伯尔尼公约（1971年巴黎文本）指南》，中国人民大学出版社2002年版，第15页。引用于刘鹏：《电影作品构成及著作权归属问题研究》，华东政法大学硕士学位论文，2010年，第5页。

听到的任何作品。”[①]可见该条约是以更为宽泛的“视听作品”取代“影视作品”概念，并从“由一系列相关的固定图像组成，带有或不带伴音”并且“能够被看到的”“能够被听到的（有伴音时）”这一表现形式着手加以定义。

2. 各国和地区著作权法下“影视作品”定义中表现形式的比较与归纳

比较各国和地区著作权法，大多国家和地区采纳了以更宽泛的“视听作品”（audiovisual works）概念取代“电影及类电影作品”的立法模式，并主要通过表现形式加以定义。下文将通过对各国和地区关于影视作品法律定义的比较研究，试图抽象和归纳出影视作品的表现形式。

《英国版权法》第5B条第（1）项规定原文是：“‘Film’ means a recording on any medium from which a moving image may by any means be produced.”[②]笔者认为应翻译为：电影（作品）是指通过任何手段创作并固定于任何媒介上的活动图像。[③]我们可以注意到，《英国版权法》下的“电影（作品）”定义中采用的是“moving image”，即活动图像这一表现形式来定义，既非静止图像，更非文字、美术、音乐、舞蹈音乐等其他表现形式。另外，该定义特别强调了电影（作品）可“通过任何手段创作”，并不限定“以类似电影的摄制方法创作”。

与其他国家不同的是，《美国版权法》同时保留了“视听作品”和“电影作品”

①《视听作品国际注册条约》（Treaty on the International Registration of Audiovisual Works），1989年4月18日生效。来源：北大法宝（【法宝引证码】CLI.T.8555），网址：http://v5.pkulaw.cn/fulltext_form.aspx?Db=eagn&Gid=100671851.

②See: United Kingdom Copyright, Designs and Patents Act 1988 (Chapter 48)，from WIPO, URL：http://www.wipo.int/wipolex/en/text.jsp?file_id=127294.

③《十二国著作权法》的翻译为：“能够通过任何手段再现运动图像的任何媒介上的录制品”，笔者以为不妥。原文中“be produced”译为“再现”一词不妥，应译为“创作”更为准确；另外原文中“recording”译为“录制品”亦不妥，易与我国著作权法下的“录像制品”概念发生混淆；从原文看，“recording on any medium”其本意是指“固定于任何媒介”。参见《十二国著作权法》翻译组译：《十二国著作权法》，清华大学出版社2011年6月第1版，第569页。

两个概念。《美国版权法》将“视听作品”[①]定义为“由系列‘相互关联’的图像构成的作品，这些图像的制作旨在使用器械或装置（如放映机、观察仪或电子设备）与配音（如有声音）一同播放，无论其载体（如胶片或磁带）的性质如何”，[②]而将“电影作品”定义为“由系列‘相互关联’的图像组成的作品，这些图像与配音（如有声音）一起连续播放会产生一种动感”。[③]其中“产生一种动感”（原文是“impart an impression of motion”），有学者认为应翻译为“使人产生动态的印象”，并认为这是《美国版权法》中“电影作品”区别于其他形式“视听作品”的关键点。[④]可见，《美国版权法》将电影作品与其他视听作品做了区分，但其表现形式均可归纳为“系列相互关联的图像”，区别只在于连续播放是否会“产生一种动感”或“使人产生动态的印象”。

《法国知识产权法典》第L112—2条第6款规定，有声或无声的电影作品及

①《十二国著作权法》将原文“audiovisual works”翻译为“音像作品”不妥。“音像”在中文释义一般为“录音和录像”，英文为“phonotape and vediotape”，默认意思是“音像制品”，易引发歧义。本文统一以“视听作品”作为“audiovisual works”的翻译。这也和此次著作权法第三次修订的《送审稿》及全国人大法工委于2018年初颁布征求意见的《修改稿》中的定义名称一致。

②原译文是“由系列相连的图像构成”，笔者认为“consist of a series of related images”翻译为“由系列‘相互关联’的图像构成”更为准确。参见《十二国著作权法》翻译组译:《十二国著作权法》，清华大学出版社2011年6月第1版，第718页。原文:“Audiovisual works”are works that consist of a series of related images which are intrinsically intended to be shown by the use of machines or devices such as projectors, viewers, or electronic equipment, together with accompanying sounds, if any, regardless of the nature of the material objects, such as films or tapes, in which the works are embodied. See: [circular92] Copyright Law of the United Statesand Related Laws Contained in Tutle 17 of the United States Code, October 2009, p2.

③《十二国著作权法》翻译组译:《十二国著作权法》，清华大学出版社2011年6月第1版，第720页。原文:“Motion pictures” are audiovisual works consisting of a series of related images which, when shown in succession, impart an impression of motion, together with accompanying sounds, if any. See: [circular92] Copyright Law of the United Statesand Related Laws Contained in Tutle 17 of the United States Code, October 2009, p4.

④卢海君:“‘电影作品’定义之反思与重构”，载《知识产权》2011年第6期。

其他由连续画面组成的作品，统称视听作品。[①]但有学者认为这一条应翻译为：“电影作品和其他由一系列活动画面组成的作品，无论有声或无声的，统称为视听作品。”[②]其中的关键区别在于“连续画面”和“一系列活动画面”，后者增加了“活动”二字，在中文表述上是有明显差别的。如果我们查阅《法国知识产权法典》原文，[③]我们可以发现原文中的相应表述是“des séquences animées d’images”，其正确的翻译应该为“一系列活动画面”，[④]《十二国著作权法》显然在这一重要定义的翻译中遗漏了“animées”（活动的）。以上可见，《法国知识产权法典》采用“视听作品”来统一“电影作品”和其他“由一系列活动画面组成的作品”，并直接以表现形式来界定“视听作品”的定义，简洁有效地采用“一系列活动画面”这一文字表述，十分值得我国著作权法修法时参考。

《西班牙著作权法》第86条规定，电影或其他视听作品是指由一系列相关联的影像表现的作品，无论是否有与之合成一体的音乐伴随，作品本质上是为了通过放映设备或其他公开通讯手段向公众放映影像、声音，而不论该作品的物质载体本身的形式。本条所指的作品在下文都被称为视听作品。[⑤]可见《西班牙著作权法》采用的是“电影或其他视听作品”的一揽子概念的提法，将“电影作品”和“其他视听作品”合并在一个概念里加以定义，这个模式与《美国版权法》中将“视听作品”与“电影作品”分开定义的方式十分不同，且其定义也是从表现形式着手，并归纳为“一系列相关联的影像表现的作品”。

---

①《十二国著作权法》翻译组译：《十二国著作权法》，清华大学出版社2011年6月第1版，第64页。

②孙国瑞、刘玉芳、孟霞：“视听作品的著作权保护研究”，载《知识产权》2011年第10期；亦见黄璐：“浅析以电影作品为客体的著作权条款演变”，载《参花（下）》2013年第8期。

③该条款原文为：“Les oeuvres cinématographiques et autres oeuvres consistant dans des séquences animées d’images, sonorisées ou non, dénommées ensemble oeuvres audiovisuelles”；See: France Code de la Propriété Intellectuelle (version consolidée au 1 octobre 2010)，URL: http://www.wipo.int/wipolex/en/text.jsp?file_id=179120.

④ des 一些；séquences 一组、序列；animées 活动的；d’:de 缩写，介词，表示所属、限定；images 画面、画像。参见法语法国词典（网站），网址：http://fayufaguo.com/.

⑤孙国瑞、刘玉芳、孟霞：“视听作品的著作权保护研究”，载《知识产权》2011年第10期。

《荷兰著作权法》规定，电影作品指由一系列活动影像组成的作品，无论是否有声，当其被固定时，与其固定形式无关。[①]可见荷兰保留了“电影作品”的概念而非“视听作品”，但没有强调任何“类似摄制电影的创作方法”，也与固定形式无关，并以“一系列活动影像”这一表现形式作为电影作品概念的构成。

《日本著作权法》第 2 条第 3 款：本法所称的电影作品，包括采用类似电影效果的视觉或者视听觉效果的方法表现并且固定在某个客体上的作品。[②]可见《日本著作权法》在表述影视作品时，也是着眼于“类似电影效果的视觉或者视听觉效果”这一表现形式。

《俄罗斯著作权法》第 1263 条关于视听作品的定义为：由一系列定影的彼此相联的(有伴音或者无伴音的)影像组成,借助适当装置可供视觉和听觉(有伴音的)感知的作品系为视听作品。视听作品包括电影作品和以类似于电影手段表现的一切作品（电视片、录像片及其他类似作品），而不论其首次或者随后的定影方式如何。[③]可见《俄罗斯著作权法》中归纳的影视作品的表现形式是“由一系列定影的彼此相联的（有伴音或者无伴音的）影像”并且“可供视觉和听觉（有伴音的）感知”。

中国台湾地区的“著作权法”第5条第7款明确使用了“视听著作”的概念,与“视听作品”意思相同。在中国台湾地区 1992 年公布的“著作权法第 5 条第 1 项各款著作权内容例示”第 2 条中规定：视听著作，包括电影、录像、碟影、计算机屏幕上显示之影像及其他借机械或设备表现系列影像，不论有无附随声音，而能附着于任何媒介物上之著作。[④]该定义可见影视作品的表现形式为显示或表现的“系列影像”。

将上述国际条约及各国和地区影视作品定义进行抽象分析，我们可以总结出如下表格（见表 1）。

①黄璐：“浅析以电影作品为客体的著作权条款演变”，载《参花（下）》2013 年第 8 期。

②《十二国著作权法》翻译组译：《十二国著作权法》，清华大学出版社 2011 年 6 月第 1 版，第 365 页。

③《俄罗斯著作权法》第 1263 条第 1 款，参见《十二国著作权法》翻译组译：《十二国著作权法》，清华大学出版社 2011 年 6 月第 1 版，第 435 页。

④孙国瑞、刘玉芳、孟霞：“视听作品的著作权保护研究”，载《知识产权》2011 年第 10 期。

表 1 国际条约及各国和地区影视作品"表现形式"的比较与抽象

国家 / 地区 / 国际条约	概念名称	表现形式
英国	影片	运动影像
美国	视听作品	系列相互关联的图像
	电影作品	系列相互关联的图像，这些图像与配音（如有声音）一起连续播放会产生一种动感
法国	视听作品	一系列活动画面组成，无论是有声或无声的
西班牙	电影或其他视听作品	一系列相关联的影像表现，无论是否有与之合成一体的音乐伴随
荷兰	电影作品	一系列活动影像组成的作品，无论是否有声
日本	电影作品	类似电影效果的视觉或听觉效果的表达
中国台湾地区	视听著作	系列影像，不论有无附随声音
《视听作品国际注册条约》	视听作品	一系列相关的固定图像组成，带有或不带伴音，能够被看到、能够被听到（如有声音）

根据表 1 关于国际条约及各国和地区影视作品（包括"视听作品"和 / 或"电影作品"）定义的比较我们可以看到，无论是法国的"一系列活动画面"、西班牙的 "一系列相关联的影像"、美国的"系列相互关联的图像"、荷兰的"一系列活动影像"、日本的"类似电影效果的视觉或听觉效果"乃至上述《视听作品国际注册条约》中采用的"能够被看到的一系列相关的固定图像"等，各国和地区著作权法及国际条约无不是通过表现形式来定义影视作品，其文字描述也十分接近，且均不对影视作品的创作工艺方法有任何限定。

（二）我国《著作权法》下影视作品表现形式的分析与归纳

我国《著作权法》中关于影视作品的表现形式表述并不准确。另外，我国《著作权法》中关于影视作品的定义名称中包括“类似摄制电影的方法创作”的限定，在很大程度上误导了司法实践中对于影视作品独创性的分析与认定。

首先，我国《著作权法》下影视作品定义中的表现形式要件“由一系列有伴音或者无伴音的画面组成”[①]未能准确表达影视作品本质的表现形式。其中，“由一系列有伴音或者无伴音的画面组成”是其表现形式要件，但却缺乏影视作品应给人留下“活动的、动态的印象”的表述，可能被误读为可由相互并无关联的一系列画面组成（如 PPT 系列演示图片，或相互并无关联的幻灯片等），没能准确描述影视作品的表现形式。从中文原意可知，“画面”可以是静止的，也可以是活动的。例如，美术作品画幅里或者是摄影作品的形象均可称为“画面”。对于影视作品而言，其中的任何一帧也均可称为“画面”。而影视作品中的所谓“画面”其实是利用视觉暂留原理，由一系列连续画面组成且须在连续播放后产生一种逼真的活动影像。因此，影视作品中的“画面”首先必须是“活动画面”。再者，影视作品的活动画面（如镜头）之间必须是相互关联的。如若将毫无关联的活动画面拼凑连接在一起并不能构成影视作品。由此可见，我国现行《著作权法》下的“由一系列画面组成”尚不能准确描述影视作品的表现形式，既缺乏对“活动画面”这一影视作品最本质的表现形式的描述，又没有强调活动画面之间“相互关联”这一必要条件。《德国著作权法》虽将电影作品的表现形式确定为“活动的图片”（bewegte bilder），但强调了时间上先后的衔接，是“一连串在时间上先后衔接的图片”。[②]参考美国立法例，《美国版权法》第 101 条将“电影作品”定义为“由系列‘相互关联’的图像组成的作品，这些图像与配音（如有声音）一起连续播放会产生一种动感”，[③]既强调了“由系列‘相互关联’的图像组成”（consisting of a series of related images），又强调播放时产生

①我国《著作权法实施条例》第 4 条规定，电影作品和以类似摄制电影的方法创作的作品，是指摄制在一定介质上，由一系列有伴音或者无伴音的画面组成，并且借助适当装置放映或者以其他方式传播的作品。

②[德]M. 雷炳德著：《著作权法》（2004 年第 13 版），张恩民译，法律出版社 2005 年版，第 152~153 页。

③《十二国著作权法》翻译组译：《十二国著作权法》，清华大学出版社 2011 年 6 月第 1 版，第 720 页。原文见：[circular92] Copyright Law of the United Statesand Related Laws Contained in Title 17 of the United States Code, October 2009, p4.

的“动感”（impart an impression of motion），十分贴切。基于此，显然中文里采“活动画面”比单纯用“画面”来描述影视作品的表现形式更能准确描述其播放时产生的“动感”或“动态印象”。综上所述，根据上文关于影视作品定义中表现形式的比较分析，本文认为，我国《著作权法》下影视作品表现形式要件应归纳为“**一系列相互关联的有伴音或者无伴音的活动画面**”。

其次，表现形式应作为我国《著作权法》下影视作品定义的核心构成要件。影视作品的定义包括表现形式要件、固定要件和内容要件。[①]其中固定要件、内容要件（指“具有独创性”的智力成果）是任何形式作品的构成要件，并无须在影视作品定义之中重复描述，因此，表现形式要件才是影视作品区别于其他形式作品的关键构成要件。参考国外立法例，《法国知识产权法典》以表现形式（“一系列活动画面”）简洁有效地对“视听作品”进行定义的方式，[②]十分值得我国著作权法参考。综上，本文认为，我国《著作权法》下影视作品的定义其实可简单概括为：“**由一系列相互关联的有伴音或者无伴音的活动画面组成的作品**”。由此可见，表现形式才是影视作品的核心构成要件，影视作品的独创性分析如果游离于其表现形式之外，也就偏离了影视作品的概念范畴，独创性分析与认定的结果难免成为无源之水、无本之木，不可取信。

第三，我国《著作权法》中的“类似摄制电影的方法创作”这一限定条件不但错误表述了影视作品的法律概念，更对其独创性分析造成极大误导。我国对《伯尔尼公约》下的影视作品概念在理解上与世界大多数国家立法均有所不同，从立法一开始就受到“电影摄制方法”要件的制约，认为“凭借技术设备加以摄制”是影视作品的构成要件，[③]甚至认为影视作品是“如同拍摄电影那样由诸多作者共同创作，并以拍摄电影的步骤制成的电视片、录像片”。[④]上述“电影摄制方法”

①胡云红：“著作权法中电影作品的界定及作者精神权利的保护——以中日著作权法制度为中心”，载《知识产权》2007 年第 2 期，第 26 页。

②《法国知识产权法典》第 L112—2 条第 6 款规定，有声或无声的电影作品及其他由连续画面组成的作品，统称视听作品。参见《十二国著作权法》翻译组译：《十二国著作权法》，清华大学出版社 2011 年 6 月第 1 版，第 64 页。

③曲三强：“论影视作品的著作权”，载《中外法学》2006 年第 2 期，第 186~199 页。

④胡康生：《著作权法释义》，北京师范学院出版社 1990 年 11 月第 1 版，第 12 页。

的限定错误地理解了影视作品的概念，忽略了“表现形式”对于影视作品定义的本质意义。更严重的是，时至今日，这些误区仍然在很大程度上干扰着我国司法中对影视作品独创性的分析与认定。

二、什么是影视作品的创作本质

基于我国《著作权法》，创作是指直接产生文学、艺术和科学作品的智力活动。而由于不同作品的表现形式存在本质上的区别，创作这一智力活动也必然会根据作品表现形式的不同而存在本质上的差异。创作行为的存在与否对决定独创性的有无意义重大。而要使创作行为的要件在作品独创性判断中发挥应有的作用，首先要明确创作行为的含义。①对于影视作品而言，随着技术和产业的发展，影视作品的概念和范畴早已远远超出电影本身，发展到电视剧、纪录片、动画片、Flash动画、音乐电视（MTV）乃至尚颇具争议的电视直播类节目、电子游戏等表现形式类似于影视作品，但创作方法、技巧、步骤、手段却与电影不同的各类视听客体。显然，对于影视作品的独创性问题而言，我们应拨开“以类似摄制电影的方法创作”的迷雾，去探寻什么是影视作品的创作本质。也只有把握住了影视作品的创作本质，我们才有可能进一步对影视作品的独创性进行科学的分析和认定。

（一）透过传统电影的发展演变看影视作品的创作本质

苏联电影大师普多夫金曾言，每一种艺术都具有它自己独特的、有效地表现其素材的方法，电影也当然如此。②分析影视作品的独创性，显然需要先了解和掌握属于影视作品所独有的、本质的创作与表达。问题在于，基于我国《著作权法》，

①卢海君：《版权客体论》，知识产权出版社 2014 年 11 月第 1 版，第 153~154 页。

②［苏］普多夫金著：《论电影的编剧、导演和演员》，何力译，中国电影出版社 1980 年，第 13 页。

影视作品的创作到底是指剧本编写、演员表演、导演执导，还是摄像、配音、配乐、剪辑等前期创作和后期处理，又或者是这些创作行为的全部？这一问题在我国法学界存有理解上的较大分歧，并在很大程度上影响到司法中对影视作品独创性的分析与认定。

英国版权法委员会主席沃尔曾言："著作权法从产生之日起就一直不断地对录音、摄影术、电影摄影以及广播领域的革新做出相应的反应。"[①]如果追溯电影创作的发展史我们可以清晰地看到，电影的本质化创作特征体现在镜头及其剪辑的创作当中。而让电影这门艺术"超越其他一切艺术表现手段"的"蒙太奇"[②]其实是剪辑的艺术化代名词。

1. 早期电影创作不足以构成影视作品

回溯电影的诞生过程，我们不难发现，电影不过是将一系列连续拍摄的静止的照片连续播放所产生的活动画面。[③] 1895 年 12 月 28 日，法国人卢米埃尔兄弟在巴黎第一次用自己发明的放映摄影兼用机放映了《火车进站》影片，标志电影的正式诞生。[④]但这些最早诞生的影片在当时技术条件限制下其创作水平十分单一，几乎只是最基本的机械录制。卢米埃尔兄弟当年拍摄的影片《火车进站》，画面

①转引自冯晓青、胡梦云："技术变革与著作权法之间的关系"，2011 年，来源：北大法宝，网址：http://www.pkulaw.cn/fulltext_form.aspx?Gid=335611373.

②电影具有独自的特征，在艺术表现力上不但具有其他各种艺术的特征，又因可以运用蒙太奇（法语：Montage）这种艺术性突跃的电影组接技巧，具有超越其他一切艺术的表现手段。参见百度百科，网址：https://baike.baidu.com/item/%E7%94%B5%E5%BD%B1/31689?fr=aladdin.

③ 1872 年，为了证明马奔跑时蹄子是否都着地，英国摄影师麦布里奇连续拍摄了 24 张马奔跑时的照片，无意中发现，当连续牵动连在一起的 24 张照片时，静止的马叠成一匹运动的马。这个发现启迪并促使了电影摄影机的研制与发明。参见"'电影'的由来 电影是怎么发明出来的？"，来源："趣历史"网站，网址：http://www.qulishi.com/news/201505/35452.html.

④路易斯·卢米埃尔，法国电影发明家，为人类电影事业的进步迈出了关键的一步。他和兄弟奥古斯特·卢米埃尔发明了电影摄影机，1895 年卢米埃尔兄弟在巴黎放映了世界上公开售票的第一场电影。来源同上。另见：http://baike.baidu.com/view/8067880.htm.

只是一个固定机位机械记录了火车进站的全过程。[①]其实，无论是IMDb认证的人类历史上第一部电影《朗德海花园场景》（1888），还是《沙皇尼古拉二世的加冕》（1896）、《里昂戈德里埃广场》（1895）、《水浇园丁》（1895）、《工厂的大门》（1895）等早期电影，受当时摄制技术的限制，这些电影的创作既不分镜头，也不进行剪辑。因此，最早期创作的这些影片没能体现出影视作品的创作本质，在当代著作权法理论下因缺乏独创性从而不能被认定为影视作品。

2. “镜头”是电影创作的基本单元

“镜头”是指在电影从开机到关机过程中拍摄下来的一段活动画面，也是指两个剪接点之间的活动画面片段。早期电影并无“镜头”的概念，大多是固定机位的机械录制。直至1903年鲍特在拍摄影片《一个美国消防员的生活》（*Life of an American Fireman*）时才发现了“电影镜头”作为电影基石的奥秘，并指出镜头才是构成电影创作的基本单位，此后才形成了电影剪辑的基本原则。[②]

1908年，《伯尔尼公约》柏林修订版在其第14条中首次为影视作品提供著作权保护。[③]值得注意的是，在1908年电影才刚开始在“镜头”的创作中出现景别变化。对电影发展作出巨大贡献的著名导演大卫·格里菲斯（D.W.Griffith）通过电影《伊诺克·阿登》（*Enoch Arden*）的创作在电影史上首次为观众展示出一个场景可以分为远景、中景和近景，首次实现特写镜头在电影创作中的运用，从此电影创作者才逐渐开始领悟镜头景别的区分及其组合的奥妙。[④]

电影镜头“景别”的概念与美术作品在画框中构图的概念类似，电影中的所

① 参见“火车进站——世界第一批影片”，网址：http://baike.baidu.com/subview/1973869/15415936.htm.

② [美]路易斯·贾内梯著：《认识电影》，富澜、丁海嘉、张扣林等译，中国电影出版社1997年12月第1版，第6页。

③ Article 14 of Berne Convention for the Protection of Library and Artistie Works (Berlin Version 1908). 参见曲三强：“论影视作品的著作权”，载《中外法学》2006年第2期，第186页。

④ [美]肯·丹西格著：《电影与视频剪辑技术：历史、理论与实践》（第5版），吴文汐、何睿译，清华大学出版社2012年8月第1版，第4页。

有活动画面都被圈定在“镜头”固定大小的画框之内进行设计和摆放。随着不同年代艺术大师对电影镜头创作的经验积累和理论深入、系统化，当代电影艺术理论下已经可以对镜头景别大致划分为大全景、全景、全身镜头、中景、特写、大特写六大类，同时还有拍摄角度、明暗、色彩等不同区分。[①]电影镜头的画面构图和设计充满着创作的手法与风格，正如画家所面对的画框，如何在一个矩形的平面上安排形状、色彩、线条和构图，有些导演喜欢采用平稳构图（如巴斯特·基顿这样的古典导演），有些古典传统之外的导演则更喜欢不对称或偏离中心的构图。[②]镜头是电影的基本组成单位，是一种原始素材，它们的排列顺序可以创造出任意一种想要的结果。正如诗人用词语来洞察现实，电影导演则把镜头作为它的原始素材。[③]影片里面的每一个镜头，对于电影导演来说，其作用也正和诗句中的单字对于诗人一样。[④]

作为电影创作的基本单元，“镜头”的发现对于电影而言是具有划时代意义的。因为“镜头”的出现，电影才有了“镜头”景别的变化、“剪辑”的创作，才出现了风格和流派的划分，并衍生出“蒙太奇”的概念和创作理论。而在电影里通过镜头创作历年的经验积累，最终产生了影视“镜头语言”[⑤]这一系统的创作理论。从影视创作的专业视角，任何影片经由摄影机所拍摄出来的画面即可看出拍摄者的意图，可从拍摄的主题及画面的变化去感受拍摄者透过镜头所要表达的内容，这就是所谓“我的镜头会说话”。[⑥]

①［美］路易斯·贾内梯著：《认识电影》，富澜、丁海嘉、张扣林等译，中国电影出版社1997年12月第1版，第6页。

②同上，第32~33页。

③［美］肯·丹西格著：《电影与视频剪辑技术：历史、理论与实践》（第5版），吴文汐、何睿译，清华大学出版社2012年8月第1版，第12页。

④［苏］普多夫金著：《论电影的编剧、导演和演员》，何力译，中国电影出版社1980年，第9页。

⑤“镜头语言”是指在影视作品的创作中，将镜头像语言一样去表达创作者的构思和意图。参见百度百科：“镜头语言”，网址：http://baike.baidu.com/view/1018626.htm?fr=aladdin.

⑥参见百家号“影视分享君”文章“我的镜头会说话，你要来听吗？镜头语言的故事”，发表于2009年11月16日，网址：http://baijiahao.baidu.com/s?id=1550501394858678&wfr=spider&for=pc.

综上可见，镜头是电影创作的基本单元。**镜头对于电影而言如同字词对于小说、色彩对于绘画、音符对于歌曲般意义重大。**影视作品往往通过镜头语言的运用和创作来表达作者的构思和意图。

3. “剪辑”体现着电影创作的本质

剪辑是指将电影创作中所拍摄的镜头素材经过选择、取舍、分解与组接，最终完成一个连贯流畅、含义明确、主题鲜明并有艺术感染力的作品。从美国导演格里菲斯开始，电影的创作逐渐采用了分镜头拍摄的方法，然后再通过镜头组接，[①]继而产生了影视剪辑艺术。正如电影大师普多夫金总结的，电影不是拍摄成的，而是剪辑成的，是由它的素材即一段一段的胶片剪辑成的。[②]

历史上，剪辑也有随着技术的进步不断发展演变的过程。最早在鲍特的影片《一个美国消防员的生活》（*Life of an American Fireman*）中通过内外景镜头交切的方式使得整个故事充满动态感，并首次证明了，相比于单独的镜头，镜头的交叉重叠才能更好地创造出新的现实。[③]随后在格里菲斯的电影《独孤的别墅》（*The Lonely Villa*）当中，导演在绝望的家族、破门而入的暴徒和赶回家解救家人的丈夫三者之间进行镜头交切（即三者镜头之间的反复切换），并通过节奏的变化用越来越短的镜头来提高戏剧的张力，有力地制造了悬念。[④]

“剪辑”体现着影视作品创作的本质。首先，影视作品只有通过剪辑创作才能构建出叙事的连贯性，无缝的、流畅的剪辑是影视作品创作的首要目标。[⑤]其次，剪辑节奏的变化也引导着观众对电影产生情感反应，例如，更为快速的节奏意味着紧

---

① “镜头组接”是指将单独的镜头活动画面有逻辑、有构思、有意识、有创意和有规律地衔接连贯在一起。参见百度百科：“镜头组接”，网址：https://baike.baidu.com/item/%E9%95%9C%E5%A4%B4%E7%BB%84%E6%8E%A5/3544390?fr=aladdin.

②［苏］普多夫金著：《论电影的编剧、导演和演员》，何力译，中国电影出版社 1980 年，第 10 页。

③［美］肯·丹西格著：《电影与视频剪辑技术：历史、理论与实践》（第 5 版），吴文汐、何睿译，清华大学出版社 2012 年 8 月第 1 版，第 3 页。

④同上，第 4~5 页。

⑤同上，第 331 页。

张感，而较慢的节奏则相反。[①]第三，剪辑决定着镜头画面的长度以及所需要展现的视觉信息量，例如，远景镜头比特写镜头有更多视觉信息，且一般会在屏幕上保持更长的时间以便观众吸收信息。[②]第四，最重要的是剪辑让电影得以产生“时间偏离”，戏剧故事的时间开始代替真实的时间并作为剪辑的标准。[③]电影大师精彩的讲解也许更有助于法律学者理解“剪辑”在影视作品创作中的本质含义。如普多夫金指出，在每一种艺术里首先必须有素材，其次是组织这种素材的方法，而这种方法必须特别适合于这种艺术。音乐家是以音响和旋律作为素材，按着时间把它们组织起来。画家的素材是颜色，在画布上按着空间把颜色配合起来。而**电影的素材则是影片的片段，而构成的方法则是按照一种特殊的、被创造性地发现的次序把片段接连起来。**电影艺术并不开始于演员的表演和各个不同场面的拍摄，这些不过是准备素材的阶段而已。在导演开始把各种不同的片段连接起来的那一刻，电影艺术才算开始。由于把片段按照各种不同的次序和各种各样的组合剪辑起来，导演就得到各种不同的结果。[④]法国新浪潮电影导演戈达尔也认为，剪辑才是电影创作的开始。[⑤]以上观点清晰地说明，电影的创作本质很大程度上体现在镜头画面组接这一智力活动所形成的表达。这一点在德国著作权法理论中也得到印证。[⑥]

4. “蒙太奇”是“剪辑”的艺术代名词

“蒙太奇”是法语“montage”的译音，原是法语建筑学上的一个术语，意为“构

---

①［美］肯·丹西格著：《电影与视频剪辑技术：历史、理论与实践》（第5版），吴文汐、何睿译，清华大学出版社2012年8月第1版，第339页。

②同上，第341页。

③同上，第341页。

④［苏］普多夫金著：《论电影的编剧、导演和演员》，何力译，中国电影出版社1957年1月第1版，第15页；引用于贾磊磊：“解构大众文化批评领域的‘文学化’取向”，2010年9月6日，发表于中国作家网，网址：http://www.chinawriter.com.cn/bk/2010-09-06/47032.html.

⑤参见百度百科：“剪辑”，网址：http://baike.baidu.com/view/15443.htm?fr=aladdin.

⑥雷炳德指出：按照德国著作权法，电影作品的表达形式体现在图片衔接与声音衔接的构思方面。［德］雷炳德著：《著作权法》（2004年第13版），张恩民译，法律出版社2005年版，第152~153页。

成”和“装配”。后被借用过来，引申用在电影上就是剪辑和组合，表示镜头的组接。简言之，蒙太奇就是根据影片所要表达的内容，和观众的心理顺序，将一部影片分别拍摄成许多镜头，然后再按照原定的构思组接起来。一方面，“蒙太奇”是影视作品“剪辑”这一创作活动的代名词，是把分切的镜头画面组接起来的手段；另一方面，“蒙太奇”也是影视艺术的象征，是电影创作的主要叙述手段和表现手段。①

“蒙太奇”理论最大的贡献在于，镜头之间的不同组接可以借助人们的心理效应表现出完全不同的情感表达。历史上著名的“库里肖夫效应”②是蒙太奇心理效应的最好诠释。在电影发展历史中蒙太奇也从最初基本的镜头剪辑与组合逐步发展出一套完善的蒙太奇创作理论，并构筑成为影视艺术创作的基础理论。例如，谢尔盖·爱森斯坦（Sergei Eisenstein）的剪辑理论就总共由五部分组成，分别是长度蒙太奇、节奏蒙太奇、音调蒙太奇、协调蒙太奇、理性蒙太奇。但无论蒙太奇理论多么复杂，其本质上仍然是将各个镜头画面进行组接的创作。因此，“蒙太奇”是电影“剪辑”的艺术代名词，“剪辑”这一创作行为因为有了“蒙太奇”艺术理论的指导，体现着电影创作的本质。

（二）关于影视作品创作本质的分析与归纳

影视作品的核心构成要件是表现形式而非摄制方法。那些表现形式同于电影但摄制方法却可能并不相同的其他影视作品，无论电视剧、纪录片、动画片、新闻专题片、MTV 抑或电视直播节目乃至颇有争议的电子游戏画面等，因其表现形式与电影并无不同，其创作也均是以镜头语言和镜头组接为其本质特征。从方法

①［美］肯·丹西格著：《电影与视频剪辑技术：历史、理论与实践》（第 5 版），吴文汐、何睿译，清华大学出版社 2012 年 8 月第 1 版，第 331 页。

②库里肖夫效应是一种心理效应，是指库里肖夫这位苏联电影工作者在十九岁的时候发现的一种电影现象。库里肖夫由此看到了蒙太奇构成的可能性、合理性和心理基础，他认为造成电影情绪反应的并不是单个镜头的内容，而是几个画面之间的并列；单个镜头只不过是素材，只有蒙太奇的创作才成为电影艺术。参见百度百科“库里肖夫效应”，网址：https://baike.baidu.com/item/%E5%BA%93%E9%87%8C%E8%82%96%E5%A4%AB%E6%95%88%E5%BA%94/1103273?fr=aladdin.

论角度，影视作品的独创性分析不仅要基于其表现形式，更要紧紧围绕其创作本质进行。

1. 影视作品的创作本质须是基于其表现形式上的创作，而非其他

影视作品的特殊性在于其可容纳多种作品形式，有学者认为影视作品都是编剧、导演、美术、音乐创作等人员的劳动于一体的产物。①也有法院认为，影视作品是凝聚了剧本编写、演员表演、导演执导以及摄像、配音、配乐、剪辑等大量前期创作和后期处理的综合性智力成果。②笔者认为，这样多角度解析影视作品创作这一观念的形成恰恰是受到现行著作权法下“电影作品及类电影作品”中存在的“摄制方法”构成要件的干扰，形成影视作品的独创性必须满足在剧本、演员、拍摄、剪辑以及美术、服装、化妆、道具等多个角度达到类似于电影的“较高独创性标准”要求的理解误区。

事实上，如德国学者雷炳德所指出，把影视作品单列出来作为一种特殊的作品类型，应是以“图像部分”以及“声音部分”作为该作品的组成单位。③虽然影视艺术可以容纳多种作品形式，但是在影视作品独创性分析和认定上却还需回归到“一系列有伴音或者无伴音的活动画面”这一表现形式上。道理其实很简单，影视作品可以没有剧本，可以没有演员，甚至可以没有导演执导，但一定不可能没有“一系列有伴音或者无伴音的活动画面”这一表现形式。例如，我们显然不能因为王家卫的电影没有剧本④、《动物世界》节目没有演员就否定其影视作品的性质。影视作品的创作本质是基于其表现形式之上的创作，在于如何通过镜头讲

①房鹏：“电影作品和以类似摄制电影的方法创作的作品与音像制品的比较研究”，载《山东审判》2007 年第 3 期。

②参见（2009）海民初字第 9477 号；（2011）一中民终字第 5129 号。

③［德］M. 雷炳德著：《著作权法》（2004 年第 13 版），张恩民译，法律出版社 2005 年版，第 152~153 页。

④比如，著名电影导演王家卫拍戏就不用剧本。“圈内人早就知道，王家卫拍戏不用剧本，这是从每位演员在访问中谈到这点时总结所得。……王家卫拍戏，真的没有剧本！他没有的，是白纸黑字写出来的剧本。那么，剧本在哪里？套用一句古龙的对白——在心中！”参见“文隽：王家卫拍戏有没有剧本？”，2004 年 6 月 3 日，来源：《南方都市报》，网址：http://ent.sina.com.cn/r/2004-06-03/1540407348.html.

故事，无论是叙述虚构的故事还是描写正在发生的事实。

2. 影视作品的创作本质可以归纳为镜头语言和镜头组接的表达

通过本文对传统电影创作本质的分析可以看到，“镜头”是电影创作的基本单位，而“剪辑”则体现着电影创作的本质。虽然“蒙太奇”让电影的创作真正步入艺术的最高殿堂，但从创作本质而言，“蒙太奇”不过是剪辑的艺术代名词，并没有脱离“剪辑”这一创作行为的范畴。更重要的是，随着技术的发展，由电影演变发展而来的创作理念早已不局限在电影本身，而是已经拓展到其他各类以活动画面为表现形式的影视作品当中。以动画片为例，镜头同样也是动画片中构成视听语言的要素，同样是通过不同镜头之间的组接把动画片段用蒙太奇的艺术手法整合在一起，组成有条不紊、跌宕起伏的完整故事。[①]可见动画片虽不像传统电影那样采用“镜头”拍摄，也不像胶片时代的电影一样需要用剪刀在不同镜头画面之间进行剪接，但动画片的创作本质仍然是体现在镜头语言及镜头组接上。再以电视直播节目为例，以当前的电视摄像机和电视机屏幕的高清晰度分辨率，即使以一台摄像机全景拍摄综艺或体育节目，观众也能看得十分清晰。然则，几乎无一例外，所有电视直播节目均采用多机位拍摄，每一部摄像机都有属于自己的镜头语言，而导演正是利用不同镜头画面的组接，最终创作成为一部反映现实却超越现实的、带有个人创作思想与情感表达的电视直播节目。其他类型的影视作品，无论纪录片、电视专题片、MTV还是Flash动画同样如此。换言之，只要表现形式同于电影，且在镜头语言和镜头组接的表达上体现了创作者的个性、创作意图或思想感情，就应认可其独创性已满足影视作品的要求，若通过剧本、演员等其他创作元素去考察影视作品独创性则属“画蛇添足”，脱离了影视作品的创作本质。

归纳起来，影视作品的创作本质主要体现在以下两个方面：一是“镜头语言”，即在每个镜头活动画面上的创作与表达。从独创性分析角度，镜头语言虽然和其他形式作品的诸如文字、色彩、音符等表达方式不同，但目的是一样的，只要用镜头画面进行了表达，不管用何种镜头方式，都可称为镜头语言。二是“镜头组接”，即将单独的镜头活动画面通过创作行为衔接连贯在一起后形成的新的表达，

①赵忠波：“浅析动画片中镜头的运用”，发表于中国论文网，浏览时间：2018年4月7日，网址：http://www.xzbu.com/7/view-7338235.htm.

德国著作权法将其称为活动画面的“衔接”。[①]镜头语言的创作与表达既是影视作品创作的基石，又是其素材和源泉；镜头组接的创作与表达则是影视作品所独有也是最本质的创作特征。

3. 影视作品的独创性分析应围绕其创作本质进行

著作权法下，任何形式的作品，其独创性分析均应围绕其创作本质进行，影视作品也不能例外。以达・芬奇的美术作品《蒙娜丽莎》为例，虽然其创作包含的时代背景、故事内涵、人物情感、艺术价值、创作技法不胜枚举，乃至一幅画成了“一项法则”“一门科学”，[②]但在著作权法下，美术作品的创作本质仍然在于其创作在画幅上的线条和色彩的表达。反之，若离开了画幅上线条和色彩的表达，其他诸如背景、内涵、情感、价值、技法乃至法则、科学等的一切因素都不可能作为美术作品独创性分析的判定依据。同理，影视作品的独创性分析与认定须围绕其创作本质，即镜头语言及镜头组接上的创作与表达进行。其他任何非本质创作行为，无论剧本的编写、演员的表演、音乐的表现有多么高的成就，这些都不属于著作权法下影视作品独创性分析与认定的范畴，更不能因为缺乏这些非基于影视作品表现形式的创作从而否定其可版权性。

综上，影视作品的独创性分析应围绕其创作本质进行。只有把握住影视作品的创作本质，才能把握住复杂如“哥德巴赫猜想”般难解的影视作品独创性分析问题的关键。任何类似影视作品“一系列相互关联的有伴音或者无伴音的活动画面”这一表现形式的智力成果，只要在镜头语言及镜头组接上进行了独立地创作与表达，反映了作者的个性、创作意图或思想感情，则完全可以认为达到影视作品的独创性标准。这就是影视作品表现形式和创作本质对于其独创性分析与认定的本质关联，也是澄清影视作品独创性标准的真正含义、摆脱影视作品“较高独创性”标准[③]困扰之关键所在。

①电影作品的表达手段是“一连串在时间上先后衔接的活动图片”，［德］M. 雷炳德著：《著作权法》（2004 年第 13 版），张恩民译，法律出版社 2005 年版，第 152~153 页。

②刘娟：“浅谈《蒙娜丽莎》的艺术特征及其影响”，载中国论文网，浏览时间：2018 年 3 月 17 日，网址：http://www.xzbu.com/7/view-5822056.htm.

③部分法院认为影视作品“对独创性具有较高的要求”。参见（2009）海民初字第 9477 号；（2011）一中民终字第 5129 号。

三、影视作品独创性分析的路径与方法

本文写作目的重在如何通过科学的路径与方法来分析和认定影视作品的独创性。正所谓提纲挈领、寸辖制轮，如果我们能够抓住影视作品的表现形式和创作本质这两个关键因素，著作权法下的影视作品独创性分析与认定问题将变得更加清晰而易于把握。下文中，笔者将依循“作者导向型分析”（the author-focused analysis）与“作品导向型分析”（the work-focused analysis）[①]两条不同路径去考察影视作品独创性的分析方法。

（一）影视作品独创性的作品导向型分析路径与方法

所谓作品导向型分析，顾名思义，是指独创性分析是基于作品创作的客观表达之上。对于独立作品，应主要分析和考察该智力成果的表达本身是否达到独创性标准；而对于演绎作品、汇编作品等非独立创作的作品，还需要将作品同已存在的作品或处于公共领域的材料进行比较，分析和考察其可区别程度或创新性能否达到独创性标准，即所谓“可区别性变化测试法”。[②]当然，世界上其实并不存在完全独立于现存智力成果而创作的作品，因此即使是独立创作的智力成果其独创性分析都有一个比较已存在作品或处于公共领域智力成果的必经路径。

理论上讲，独创性的作品导向型分析是作品独创性分析和认定的应有之义和必经路径。这是因为著作权法对作品的认定只论表达，而不论思想和创作过程，即无论以何种思想，通过何种过程、方法创作的智力成果，只要其客观表达能够达到著作权法的独创性标准，满足作品构成要件，就应该得到著作权保护。但实际上，仅靠作品导向型分析往往并不能有效解决作品的独创性分析与认定问题。正如学者指出，“可区别性变化测试法”确实存在一定的魅力，但该标准存在的

①Urszula Tempska, "Originality" after the Dead Sea Scrolls Decision: Implications for the American Law of Copyright, 6 Marq. Intell. Prop. L. Rev. 119, 125（2002）. 引用于卢海君:《版权客体论》，知识产权出版社 2014 年 11 月第 1 版，第 152 页。

②卢海君:《版权客体论》，知识产权出版社 2014 年 11 月第 1 版，第 156 页。

一个潜在问题是如何确定“可区别性变化”的含义，具备什么条件的变化构成“可区别性的变化”。如若只有质变才会导致独创性作品的产生，那么什么程度的量变才能转化为质变？是具体的变化还是抽象的变化可以达到质变？显然，这种区分的意义都是相对的。[①]

对于影视作品的独创性分析而言，目前大多法院所采其实都是作品导向型分析路径，即通过智力成果客观表达中体现的独创性来分析和认定是否满足影视作品独创性标准。但著作权法下所缺失、法官所困惑的也正在于如何确定影视作品独创性从“量变”到“质变”的区间。基于上文分析，从作品导向型分析路径出发，本文认为：影视作品的独创性主要体现在其创作本质上的表达，亦即镜头语言和镜头组接上的表达。任何以“一系列相互关联的有伴音或者无伴音的活动画面”为表现形式的智力成果，其创作者在镜头语言和镜头组接上进行了独立的创作，表达了作者的个性、创作意图或思想感情，满足了著作权法下作品独创性所要求的最低限度的创新，[②]即可认定该智力成果满足影视作品的独创性标准。具体而言，笔者认为，影视作品独创性标准应同时满足如下两个条件。

第一，镜头语言和镜头组接的表达不带有自动程序性或强制逻辑性。例如，该视听内容从头至尾只有一个固定镜头，并无镜头活动画面以及组接上的变化和创新性的表达，又或者该视听内容有着多机位的镜头拍摄和切换，但镜头组接却是由机器或软件程序自动控制，并无任何自然人的个性化表达，则不能满足影视作品的独创性标准。

第二，镜头语言和镜头组接的表达要略高于人们常见的或普通人能轻易达到的、哪怕是最低程度的创新性。例如，某智力成果只要其镜头组接的表达采用了蒙太奇手法，或者在众多镜头中进行选择和取舍，表达了作者的个性或思想感情，拥有了高于普通人能轻易达到的最低程度的创新性，则可认定该智力成果满足影视作品独创性标准。又如，在智力成果中虽只有单一镜头，并无镜头组接，但该镜头采用了多种镜头语言，表达了作者的个性或思想感情，拥有了高于普通人能轻易达到的最低程度的创新性，则同样可认定该智力成果满足影视作品独创性标

①卢海君:《版权客体论》，知识产权出版社 2014 年 11 月第 1 版，第 157 页。

②笔者称之为作品独创性的“最低限度创新”标准。参见严波:《现场直播节目版权问题研究》，法律出版社 2016 年 6 月第 1 版，第 116~118 页。

准。反之，普通观众采用手机录像功能简单记录现场的单一画面则因为没能达到“略高于人们常见的或普通人能轻易达到的、哪怕是最低程度的创新性”则不能满足影视作品的独创性标准。

由上可见，采作品导向型分析路径，只要抓住影视作品的表现形式和创作本质，则可将独创性标准订立在相对容易把握的标准上，帮助法官相对客观地对作品独创性进行分析和认定，且不易为主观态度或背景知识的局限性所影响。但同样需要承认的是，作品导向型分析路径和方法对于法律工作者而言是一个十分难以把握的课题。笔者曾以学者王坤在作品独创性界定方法上的研究成果“增量要素分析法”①为基础，对影视作品的“最低限度创新”标准解析为表层独创性、中层独创性和深层独创性进行了十分详细的阐述和量化。②但至今笔者仍然认为这一量化标准并不足够完善，要想科学、系统、精练地对这一标准进行解释并由司法系统采纳仍需更多的研究和探索。毕竟，确定量变到质变的区别标准从来都是相对的，也是随着社会的演变、技术的发展而不断变化着的，影视作品尤其如此。也因此，笔者建议法院可尝试引入作者导向型分析路径和方法，更多地通过创作的事实来分析与认定相对复杂的影视作品独创性，而不必局限于作品导向型分析这唯一方法。

（二）影视作品独创性的作者导向型分析路径与方法

作品独创性的作者导向型分析即是在分析和认定独创性时，考察和分析作者的身份、作者的主观创作意图以及创作行为、投资等事实性因素，而非通过对智力成果的客观表达去分析和认定。著作权法似乎有一个悖论：既然作品是通过“创作”这一智力活动直接产生，③那么，是否只要有“创作行为”就一定能产生作品呢？目前大多数观点认为答案是不确定的，这里的逻辑是，即使有了创作行为，但创作产

①王坤：“论作品的独创性——以对作品概念的科学建构为分析起点”，载《知识产权》2014年第4期，第16页。

②严波：《现场直播节目版权问题研究》，法律出版社2016年6月第1版，第168~173页。

③我国《著作权法实施条例》第3条规定，我国著作权法所称的“创作”是指“直接产生文学、艺术和科学作品的智力活动”。

生的智力成果达不到作品独创性标准，则该智力成果仍然不具有可版权性。这样的推理逻辑将独创性的分析与认定路径又返还给了作品导向型分析。因此有学者认为，作者导向型分析路径中最有意义的是确定创作行为的有无，但作者的身份（脑力劳动者还是体力劳动者）、作者是否具有主观的创作意图，对于作品独创性认定虽然有一定指导意义，但不能成为决定性因素。[①]笔者推断这也是为何目前法院系统一般均采取作品导向型分析路径来对独创性进行分析和认定的主要原因。

但笔者认为，大量的司法案例足以表明，仅凭作品导向型分析路径实难真正解决法官所困惑的作品独创性标准问题。作品导向型分析方法的缺陷就在于缺乏独创性标准“量”的精确定义，不同时代背景、不同技术条件、不同作品类型以及不同法官的主观态度等各种变量性因素都会导致独创性标准的浮动和变化，为司法判决增添诸多不可控制的变量，导致作品独创性分析与认定始终徘徊在“哥德巴赫猜想”般的难解之题中。反之，若我们设定合理条件和考察因素，对作者的身份、创作意图、创作行为以及创作投入（如投入的经济成本、物质条件、时间精力等）等事实性因素进行合理地分析与考察，将可同样有效地帮助法官对作品独创性进行分析与认定。

更重要的是，依据创作行为事实作为作品独创性分析的判定依据，对于独创性标准十分模糊的影视作品而言意义尤其重大。若采作者导向型分析路径，在我们澄清了影视作品的表现形式和创作本质及其与独创性之间的本质关联之后，通过作者导向型分析路径，以事实为依据，能够更加科学、准确地帮助法官在司法中完成独创性的分析与认定。独创性在著作权法下的法律功能是作品的界定标准，也是著作权保护范围的标尺，因此作品独创性标准必须是确定性的、不以个人意志为转移的，本应以事实为依据。当智力成果的创作行为事实已经产生，其独创性已经存在，法官在分析与判定独创性是否满足作品标准时，所需考量和判断的主要根据绝不能够是主观、非确定的“独创性高低”甚或艺术或美学价值高低。在以知识为市场要素的产业利益诉求下，[②]当创作行为已经产生并具备了独创性，

①卢海君:《版权客体论》，知识产权出版社 2014 年 11 月第 1 版，第 153 页。

② 李琛教授认为，知识产权制度的主要功能是确认、分配知识的市场化所产生的利益，知识产权制度的产生是知识成为市场要素的结果，支撑该制度的核心利益诉求不是来自创造者，而是来自以知识为市场要素的产业。见李琛:《知识产权法关键词》，法律出版社 2006 年 6 月第 1 版，第 4~32 页。

著作权制度就应当给予保护，而无须再论其“独创性高低”。正如刘春田教授指出，一件文学艺术领域的成果，只要具备独创性，就已经具备了作品的品质，即为作品。在质上已经回答了是与非的问题。至于说独创性高低，那既是一个非本质问题，也是一个见仁见智的主观感觉问题，没有客观标准。拿独创性高低这个主观的、难以确定的概念为标准，作为给不给著作权保护的尺度，这种理论本身就值得怀疑。我们常说的以事实为根据，以法律为准绳，一个是指客观存在，不以人的意志为转移，另一个是讲主观判断，决断纯粹来自主观认识。这个主客观逻辑关系，千古不易。是否构成作品，本是一个事实问题。事实所注重的是确定性而非不确定性。我们交给法律去判断的事实必须是确定的，而非有争议的。以“独创性高低”这个有争议的、不确定的判断标准为前提，再做主观判断，不符合法律逻辑。[①]学者纷纷指出，作品本身的质量和品质并不影响作品著作权的取得。[②]李琛教授指出，美学上的“独创”包含了对艺术价值的判断，这种判断超越了法律的能力。[③]独创性本是法律概念，和艺术价值无关。但正因为独创性既是版权概念，又是社会概念，因此人们很容易将著作权法意义上的独创性与社会概念中的独创性发生混淆。[④]因此，著作权法意义上的独创性分析，其实质不是分析和判断作品的创作水准抑或艺术美学价值高低，而是因为作者有了创作行为，只要其独创性满足了著作权法所要求的最低限度创新要求，就有了法律上保护作者精神权利和财产权利的正当要求，无论其表达的艺术价值有多么的粗俗浅陋、水准低下。因此，对于影视作品独创性的分析路径与方法而言，若司法中采用作者导向型分析路径与方法并围绕影视作品的表现形式和创作本质进行，通过创作行为事实完全可以对影视作品的独创性进行充分的分析与认定，并且其判定结果因为排除了主观因素的干扰从而将更加客观公正。

实际上，作者导向型分析与作品导向型分析虽然路径不同，但殊途同归，相

①引自刘春田教授于 2017 年 6 月 21 日在北京大学举办的第二届中美娱乐法高峰论坛上的发言，并经本人审阅。

②骆电、胡梦云：“作品独创性对著作权司法的影响”，载《人民司法》2010 年第 21 期，第 14 页。

③李琛：《知识产权法关键词》，法律出版社 2006 年 6 月第 1 版，第 26~27 页。

④卢海君：“论作品的原创性”，载《法制与社会发展》2010 年第 2 期，第 80 页。

互之间并无本质的区别，只有方法和路径的不同，二者是相互结合、相互补充的关系，应当结合起来对作品独创性进行分析。[①]影视作品独创性分析采作者导向型分析路径与方法，其最大意义在于其对影视作品独创性的分析与判定所依据的是创作行为事实，较之作品导向型分析方法中所需的“量变”到“质变”的相对主观的分析更加易于为司法所掌握，将可有效防止表现形式和创作本质同于电影且经济价值较高的视听类智力成果（如独创性“高度”饱受争议的体育赛事直播节目、央视“春晚”等）因为作品导向型分析中的主观局限性而被排除在影视作品保护范围之外。

①卢海君:《版权客体论》，知识产权出版社 2014 年 11 月第 1 版，第 159~161 页。

电视节目的著作权归属研究

——以电视综艺类节目为视角

于波

于波，法国埃克斯—马赛大学法学博士，华东政法大学知识产权专业法学博士。华东政法大学知识产权学院讲师，上海市“青年东方学者”，中国科学技术法学会理事。主要从事网络知识产权法、文化产业政策与法制、知识产权基本理论等领域的教学和研究。

电视节目历经半个多世纪的发展，从内容到形式、从观念到样态都发生了巨大的变化。在当前全民娱乐时代，随着综艺节目收视率提升所带来的显著经济效益和品牌效应，电视综艺节目在电视节目中的分量显著增加。但由于缺乏明朗的法律法规政策保障，制播双方以及节目参与者之间在运行机制、资源整合和利益分配上的矛盾愈发突出，法律关系日趋复杂，围绕综艺节目的著作权侵权纠纷也日益增多。

本文试以央视“春晚”为代表的综艺晚会类节目和真人秀节目为对象，在对电视节目的汇编作品与影视作品的性质进行分析的基础上，借鉴外国法律制度和文献中关于综艺节目性质的界定规则和判断标准，并结合综艺节目的制作过程，对节目性质和权利归属进行探讨。一方面为司法机关准确界定电视节目的性质进而判断权利主体的权利行使，解决电视节目侵权纠纷提供明确的法律依据；另一方面实现电视节目制片人和参与者之间的利益平衡，促进电视产业的发展和作品的流通与传播。

一、著作权界定的基础：明断电视节目的作品性质

关于电视节目的作品性质究竟是汇编作品还是影视作品，[①]我国学术界和司法界一直未有定论。这一分歧在央视“春晚”系列案件中体现得最为明显。一种观

①“影视作品”是电影作品和类电影作品的简称。由于“影视作品”的称谓源于《伯尔尼公约》，其概念表述较为陈旧且容易使人误解新型视听类作品没有被涵盖，因而不少国家不再使用“影视作品”概念，转而使用外延更广的“视听作品”概念。尽管在著作权法第三次修订草案送审稿中使用的也是“视听作品”概念，但是由于草案争议较大，新法正式修订尚有时日，因而本文仍然使用“影视作品”概念。

点认为“春晚”的作品性质为影视作品。[①]例如，在1999年陈佩斯、朱时茂诉中国国际电视总公司侵犯著作权纠纷案中，北京市第一中级人民法院认为“春晚”属于电视作品（也即现在的影视作品）。另一种观点则认为“春晚”属于汇编作品。[②]比如，2009年央视国际公司诉土豆网一案和2011年央视国际公司诉鸿波信息公司侵害著作权一案中，法院均把“春晚”定性为汇编作品。

要解决这一分歧，就须首先明晰汇编作品和影视作品这两种作品类型之间的理论关系。在著作权法上，独创性是区分不同作品类型的关键，也是探讨作品间相互关系的核心视角。因而，有必要对汇编作品和影视作品的独创性分别进行分析，进而厘清该两种作品类型的理论关系，并在此基础上对综艺节目的作品性质进行界定。

（一）汇编作品是对信息的独创性选择与编排

在创作汇编作品的过程中，汇编者并未在内容层面创作出一个新的表达，而是将已有信息或者材料进行选择和编排，并在整合的过程中形成了能够独立表现的思想或艺术美感，从而受到《著作权法》的保护。对于任何现有的作品或者数据来说，它们作为信息都能被公众合理化使用，并通过公众个性化的主观判断，将信息重新加以组合和编排，呈现出新的展现汇编者一定智力高度的作品。

从美国最高法院对Feist案的判决开始，汇编作品的独创性标准已从“额头流汗”标准正式转变为“最小限度独创性”，它在一定程度上鼓励人们在编撰汇编作品时对数据的筛选要经过创造性选择，而排除简单的辛勤劳动。对现有信息的取得过程中付出的辛勤劳动只是获取信息的手段和方式，它无法表现汇编者的观点和想法，而在选择或编排过程中只有达到一定程度的独创性，将汇编者的想法通过整理现有作品、数据融入其中，付出创造性劳动，该选择与编排的信息才能构成汇编作品。

汇编作品具备独创性必须符合以下两个条件：其一，作者独立创作，这主要

①代表性文章参见严波:“论春晚的影视作品性质——基于著作权法下的作品独创性视角”，载《现代传播》（中国传媒大学学报）2015年第6期。

②代表性文章参见王迁:“论‘春晚’在著作权法中的定性”，载《知识产权》2010年第4期。

是为了排除作者在汇编作品的时候没有经过自己的思考，是剽窃、抄袭得来的；其二，作者对数据、材料的筛选主要是经过大脑有意识的思维，具有和别人不同的特点，能反映出作者自己的个性。[①]汇编者对汇编作品的创作并不是要把心血倾注在新作品的构成表达上，而是通过其自身的想法，将现有信息通过异于常人的编排与选择，体现汇编者的个性，独立表现思想或文学艺术美感，从而产生新的价值。

（二）影视作品是在汇编作品基础上的再创作

汇编作品本质上是信息的集合，而影视作品制作过程中对素材和材料也进行了创造性地选择和安排，因而影视作品也具有汇编作品的特征。但从影视作品的独创性来看，其不单单在于独特的创作手段，更重要的是其创作的结果改变了原有信息的表达形态。影视作品在汇编作品的基础上增加了新的创造性表达，通过动态画面的方式展现故事情节，使观众能真切感受和体会到导演想通过影视作品所传达的主题，并产生共鸣。然而，这正是一般的汇编作品所不能具备的，即它所体现的作品的创造性要远远高于汇编作品。

影视作品作为科技与艺术相结合的产物，是一门声画兼备、时空相符的综合艺术，它的完成往往建立在已完成的剧本、小说之上。从这个过程来说，文学作品与影视具有紧密的关系，文学作品不仅是影视作品的基础，还作为其题材的重要灵感来源而存在；而影视作品的改编及演绎，则是对文学作品思想及内涵的表现及延伸，是影视作品与作为基础的文学作品在情节设定、人物刻画等方面保持互动，相互依存发展的最直接纽带。[②]影视作品通过对小说、剧本的改编，演员对角色形象的表演，将人物冲突和场景冲突立体化地呈现在观众面前，使观众更为真切地感受到剧情的转折与变化，从而更加深刻地刻画出文学作品中的内涵和深意。

影视作品的再创作不仅仅是对剧本、小说等文字作品的改编，更反映在影片拍摄之后对镜头的组合和衔接上。一方面，在影视作品的拍摄过程中，摄影师利用长短镜头、快慢镜头等拍摄技术手段对故事细节进行刻画，对人物场景冲突进

①兰振国:《汇编作品的独创性研究》，华中科技大学 2012 年硕士学位论文。

② 邱广宏:“文学作品与影视作品的互动研究”，载《东南传媒》2012 年第 2 期（总第 90 期）。

行描绘，对剧情节奏进行引导和变化，使观众通过运动画面领悟到整部作品的表达主旨和思想情感；另一方面，后期制作人员在影片拍摄完成后，根据影片主题和情节设置，将个人的想法融入影片的剪辑之中，使影片呈现出不同于文学作品的新表达。在剪辑过程中，不仅需要按照无缝性原则对镜头画面进行处理，更为重要的是，需要根据影片所要表达的内容，通过运动画面的剪辑和组合，对镜头进行衔接，以表达作品的艺术情感。

同时，影视作品也是导演思维演绎的体现。制片人虽然被视为创作过程中的重要组成部分，但他通常不被认为是电影背后的创造性动力。正如英国通过“创作——创造性二分法”区分法律作者和美学作者从而认为电影的大部分创造性源泉来自导演一样，[①]导演在影视作品中具有十分重要的地位。导演通过其自身对该作品的理解，结合其自己的情感生活经历，通过不同的叙事手法、镜头语言、画面语言，对作品中的人物进行更饱满地刻画，对原有作品思想及内涵更深入地进行表现和延伸，从而使原有作品，特别是原有的文学作品立体化地呈现给观众。因此，可以说，导演对原有作品进行了创新性地演绎和表达，并使最终的影视作品得以形成。

因此，一方面，影视作品包含了汇编作品，通过对现有作品或素材的选择和编排，实现信息的集合；另一方面，影视作品在汇编作品的基础上进行创造性表达，通过剧情设置、桥段、台词、声影灯光、画面音效等将已选择的信息融入其中，并最终通过“运动的感觉”呈现表达出制作人的个性化特征以及独特的思想情感。因而，影视作品是在汇编与演绎基础上对运动画面的衔接与组合。

二、域外借鉴：电视节目与“雇佣作品”的关系

对综艺节目的作品性质及节目归属进行研究前，需要对节目参与者进行简单地界定。真人秀节目的核心是“人”，即节目的参与者，他们作为节目的主体必

① Jordan S. Hatcher, Are Auteurs Really all that Special? An Argument against the Special Position of Film/Video Directors under UK Law, B.C. Intell. Prop. & Tech. F. 100401(2006).

须是“真实的人”或者说非角色扮演的真实状态下的人。[①]但只有那些能够引起受众的兴趣和注意，引起社会群体共鸣和反响的具有典型代表的人才能成为包括真人秀节目在内的叙事作品的主角，才能成为综艺节目的成员或者嘉宾。在参与节目的过程中，他们根据节目场景的设置做出最真实的反应很大程度上决定了节目的质量和效果。

本文将对法国和美国法院界定综艺节目参与者的法律地位进行探讨，同时对节目参与者应当被认为是独立的合同方还是制作公司的雇员这一问题进行研究。

（一）法国司法实践认定节目参与者为雇员

法国综艺节目中真人秀电视节目参与者的法律地位问题是在《诱惑岛》的法国版本“L'île de la Tentation”这一节目参与者提出的要求中首次出现的。[②]参与者在法国法院面前辩称，和制片公司达成的协议应当被认为是劳动合同。如果他们被视为雇员，在制作公司未能遵守相关雇佣规定时，他们就有权延长合同年限并获得赔偿。

1. 参与者提供通常由雇员提供的服务

关于上述案件，法国上诉法院认为即使该节目的某些元素是有脚本的，一些场景在拍摄前确实经过彩排，参与者事实上也受到一系列规制行为准则的具体约束，但他们不是在表演一个艺术作品，因为“一个演员的专业性在于阐述一个任务而非他 / 她本人”。法院同时说道：“参与者没有表演角色也没有说台词，他们只被要求去做他们自己，并在面临各种场景时表达他们的反应。”[③]最后，法院明确表示，让参与者面临预定的“人为”情况并不完全使他们的表现符合表演者的要求。

①尹鸿、陆虹、冉儒学：“电视真人秀的节目元素分析”，载《现代传播》2005 年第 5 期。

②Julie Jacob & Didier Poulmaire, Décryptage de l'affaire de L'île de la Tentation (ou les leçons à tirerdurAPPel à l'ordre du juge aux acteurs du monde de l'entertainment [Decoding the Case of L'île de la Tentation (or Lessons Learned from the Call to Order of the Judge to Actors in the World of Entertainment)], 73 REVUE LAMY DROIT DE L'IMMATÉRIEL [R.L.D.I.] 55 (2011) (Fr.).

③ CA Versailles, 6e ch., Apr. 5, 2011, JurisData 2011-005515 (Fr.).

因此，通常认为参与者并非专业的表演者。

根据法国司法实践中的做法，制片方和参与者之间的关系性质并不取决于双方签订合同时的意图。在该案中，当事人双方在签订合同时并没有建立雇佣关系意图的说法被法院认为并不相关，因为通常根据《法国劳动法》，“劳动关系的存在并不取决于缔约当事人之间的表述或者他们赋予其协议的名称，而取决于劳动者履行义务时的实际条件”。①

2. 参与者满足雇员“三重检验法”

法国法院用于确定参与者是否为雇员的测验是三重检验法，三个条件必须被满足：①提供服务；②依靠报酬；③存在从属关系。在此案件中，法院宣布这三个条件能被满足。

第一个要素，法院认为参与者提供了服务，因为在参与和其私人生活记录无关的具有强加性质的活动中，他们确实产生了某些经济价值。

第二要素，可以确定参与者将会收到报酬。

第三个要素从属关系，通常承认在个人依据雇主的权威提供服务时，这种连接的关系是存在的，即一个人有权利下达命令和指示来控制他们的执行，并对任何破坏或者分裂这种从属关系的个人进行惩处。②依据这些条件，法院认为这种连接通过考虑不同的要素建立：①存在制片公司建立的上述指导原则，包含每天的事件次序以及法院视为“制作圣经”的不同活动；②存在彩排和规定的场景；③规定的采访，在采访中参与者会被问一些主要的问题，这样他们就能给予制片人想要从他们那得到的答案；④制片人在参与者的服装和打扮上有最终的话语权；⑤精确的时间表，包括睡眠时间；⑥在任何地点居住并停留在某个地点的义务；⑦如果未能遵守制片人的指示或在参与者于拍摄结束之前离开节目的情况下，将会受

① Bernard Edelman, Quand “L’lle de la tentation” ne séduit pas le droit [When “L’lle de la Tentation” Does Not APPeal to the Right], D. 2009, 2517 (commenting on Cass. soc., June 3, 2009, D. 2009 A.J. 1530, obs. Serna) (Fr.).

② Stéphane Prieur, Le participant à unjeu de “télé-réalité” n’est pas un artiste-interprète, mais un salarié [The Participant in a Reality TV Game Is Not a Performer, but an Employee], Gaz. Pal. 2013, 156-157 (commenting on Cass. soc. Nov. 13, 1996, No. 94-13187) (Fr.).

到惩处。因此，法国上诉法院宣布制片人应当向参与者支付加班费、交通费和制片人终止雇佣义务造成的损害赔偿。

（二）美国司法实践支持将参与者认定为雇员

在美国两个典型的参与者起诉制片方的案件中，分别以《美国人权法》和《美国反就业歧视法》作为起诉依据。

1. 参与者身份是责任划定的决定性要素

2012 年 4 月，两名《黄金单身汉》的前节目参与者代表其他具有类似境遇的人向美国广播公司等提起诉讼，声称没有一个重要角色被分配给有色人种：在《黄金单身汉》的 16 季和《单身女郎》的 7 季节目当中，每期节目的重要角色的参与者均为白人。[①]

根据诉讼，参与者的肤色受到了歧视，因为参与者的肤色在相同机会下受到了否认，由于他们的种族和 / 或肤色，另一方白人赢得了《黄金单身汉》和《单身女郎》的角色。原告寻求禁令和宣告性的救济以及惩罚性赔偿。这个案子具有双重关联性：①该诉讼案子违反所谓的美国人权法，而不是美国反就业歧视法；②诉讼被驳回，因为节目制片人做出的决定被认为是受到美国宪法第一修正案保护的。美国法院发现“角色分派的决定是电视节目背后的创意过程的一部分，包括在这里有问题的节目。因此，获得美国宪法第一修正案的保护，这一程序不适用反歧视法规”，并且“角色分派和由此产生的娱乐作品是不可分割的，因而必须得到保护来确保制片人的言论自由不被削弱”。[②]

2. 参与者满足美国劳动法上“雇员三要素”

综合上述案件，可以发现为了使真人秀节目的参与者处于美国劳动法的保护

---

① Class Action Complaint for Damages, Claybrooks v. Am. Broad. Cos., No. 3:12-cv-00388 (M.D. Tenn. Apr. 18, 2012), available at http:// www.hollywoodreporter.com/thr-esq/the-bachelor-lawsuit-racial-discrimination-313734.

② Claybrooks v. Am. Broad. Cos., 898 F. Supp. 2d 986, 993, 999 (M.D. Tenn. 2012).

伞下，必须证明真人秀节目的参与者有资格成为制片方的“雇员”。根据《美国劳动法第三次重述》，必须满足三个要素才能将其定义为雇员。[①]第一，如果个人至少部分地为了雇主的利益而工作，则他可能会被认为是雇员。第二，雇主必须认可雇员的服务。第三，雇主控制着服务的执行方式和行为，使个人不能作为独立的合同缔约方提供服务。

第一个要素，为雇主的利益行事，相对容易被满足。[②]虽然参与者都拥有参与真人秀节目的理由，但他们能否参与到节目中是基于他们能为这种利益服务的程度。因此，真人秀节目的参与者参加节目是为节目制作者的利益而服务的。

第二个要素，要求雇主认可雇员的服务，也是满足的。参与者在被选上参加真人秀节目之前需要经过几次访谈和选择过程。制片公司有目的地从一系列的角色分派中选择他们，一旦被选中出现在节目上，受试者通常需要和制片方参与合同签订过程，包括签署由制作公司准备的冗长复杂的合同。[③]因此，可以推断制作者是认可最终参与者的。

第三个要素，雇员并不是独立的合同主体，同样满足。一旦参与者被真人秀节目选中，制片方往往将他们移动到某个集中点——通常是参与者在节目拍摄期间的住所。一般情况下，参与者几乎是不间断地被拍摄，在拍摄期间几乎没有喘息。

3. 全面分析法确定参与者是雇员

在确定参与者是雇员还是独立的合同方时，美国法院通常采用的另外一种方法是全面分析法。[④]大多数的美国法院在确定个体是雇员还是一个独立的合同方时会考虑如下的因素：①雇主对工作的控制程度；②完成工作所需要的技能；③该雇员是否从事不同的业务或职业；④工作是在雇主的指导下还是在没有监督的情

---

① RESTATEMENT (THIRD) OF EMPLOYMENT LAW § 1.01 (2008).

② Amy Kaufman, Reality TV-Who's Vetting the Contestants? THE WRAP, Sept. 21, 2009, http://www.thewrap.com/television/article/reality-tv-whos-vetting-contestants-7524.

③ Sam Brenton & Reuben Cohen, Shooting People: Adventures in Reality TV 138(2003).

④ Oshiver v. Levin, Fishbein, Sedran & Berman, 910 F. Supp. 225 (E.D. Pa. 1996), order af'd, 96 F.3d 1434 (3dCir. 1996).

况下进行，以及这是否是常见的；⑤谁提供工具、器具和工作场所；⑥雇佣的时间；⑦支付报酬的方式；⑧工作是否构成了雇主的常规业务；⑨个体和雇主是否认为他们形成了雇主和雇员关系。具体分析如下。

①雇主对被雇佣的人所要完成的工作的控制程度，是确定被雇佣的是雇员还是独立的合同方最为重要的因素。[①]雇主对工作细节控制越多，表明存在雇佣关系的可能性就越大。[②]真人秀节目参与者不应被视为独立合同方。虽然美国法院会根据具体情况考虑几个因素，但在这些因素中起决定作用的通常是雇主的控制权。由于真人秀节目的参与者处在作为雇主的制片人的不间断控制中，参与者与制片方之间存在雇佣关系，而不应将参与者视为独立合同方。

②完成工作所需要的技能，是多重因素检验法中确定为独立的合同缔约方还是有雇员关系存在的另一个因素。需要的技能越多，被雇佣的个体成为独立的合同方的可能性就越大。[③]在真人秀节目中，参与者并不需要高超的技能。事实上，很多真人秀节目中一个普遍存在的特点是他们通常由普通人担任主角。

③美国法院将会考虑被雇佣的个人是否从事不同的工作或职业。如果这个问题的答案是肯定的，被雇佣的个人被认为更像是独立的合同方。真人秀节目的典型特征在于成员是由和观众相关的非表演者组成，即真人秀节目的参与者往往并不从事表演工作。尽管对于所有的真人秀节目来说并不都这样，但大多数情况下是如此。由于某些真人秀节目的流行，节目参与者在真人秀电视节目之外频繁地获得可观的财富、名声以及事业。因此，一开始并不是表演者的真人秀节目参与者，在参加节目以后可能拥有了更多的就业机会和选择。然而，在他们被聘请之初，大多数的真人秀节目参与者事实上只是普通人。

④美国法院会关注工作是否需要在雇主的指导和监督下完成，以及这样的指导监督情况在综艺节目大环境中是否普遍存在。在雇主的指导和监督下完成的工作指向的是一种雇员关系。真人秀节目成员每一天的活动都受到监视。和控制因

① See Morante v. Am. Gen. Fin. Ctr., 157 F.3d 1006 (5th Cir. 1998); Campbell v. Keystone Aerial Surveys, Inc.,138 F.3d 996 (5th Cir. 1998); Conasauga River Lumber Co. v. Wade, 221 F.2d 312 (6th Cir. 1955); G.E. Tignall & Co., Inc. v. Reliance Nat. Ins. Co. (D. Md. 2000).

② See 19 Williston on Contracts § 54 (4th ed. 1999).

③ See Ascoli v. Hinck, 256 S.W.3d 592, 594 (Mo. Ct. APP. 2008).

素相类似，参与者要受制片方的支配。他们要受到持续的监视，并且除了真人秀节目非脚本的性质外，制片方事实上有能力做任何决定。

⑤如果雇主提供工具、器具和工作场所，这种关系更可能被描述为雇佣关系。[①]最近的真人秀节目中，制片方通常提供工作环境或者场所，而参与者则被送往固定的场所或者变换不同的地点进行拍摄。在这些场景中，制片方会为参与者提供他们需要的所有资源。而在成员自己家中进行拍摄的这类真人秀节目，通常提供场地和器具这一因素将指向独立的合同缔约关系，因为在这类节目中，成员提供他们自己的“工具、器具和工作场所”。因此，这个因素在独立合同承包商和雇员之间的区别存在着交叉，取决于真人秀节目的性质、拍摄的地点以及谁提供活动场地和资源等。

⑥在确定某个人是否为独立的合同缔约方时，美国法院也会考虑雇佣的时间。雇佣的时间越长，该个体就越有可能被认为是雇员。[②]如果此人只被雇佣了很短的、特定的一段时间，他更有可能被认为是独立的合同方。该因素在真人秀节目参与者的背景下往往支持独立的合同缔约方关系，因为他们通常被雇佣为某个特定的时间段或者项目。但是，如果真人秀电视节目的同一成员跨越多个季度并且有很长的合同期限，则可能指向雇佣关系。

⑦支付报酬的方式。如果参与者是按小时、周或者月收取单位给付报酬的，这是对雇佣关系的描述。相反地，如果参与者被一次性支付一个项目或者完成委托的费用，则更可能具有独立缔约关系的特点。在真人秀节目合同中，很多参与者根本没有得到报酬或者被一次性地少量支付。[③]尽管一些真人秀节目的做法有所不同，但这个因素更支持独立的合同缔约方关系。

⑧美国法院也通常会考虑工作是否构成了雇主的常规业务。如果被个人完成的工作构成了雇主的常规业务，被雇佣的人更可能在扮演雇员的角色。当此项工作和雇主的常规业务不一样时，独立的合同缔约方会更频繁地被聘请。在这种分析下，真人秀节目的制片人参与真人秀节目业务，制片公司雇佣成员的主要目的

① Harris v. Vector Mktg. Corp., 656 F. Supp. 2d 1128, 1135 (N.D. Cal. 2009).

② See 19 Williston on Contracts § 54 (4th ed. 1999).

③ See Edward Wyatt, On Reality TV: Tired, Tipsy, and Pushed to Brink, N.Y. TIMES, Aug. 2, 2009, at Al.

是制作不同类型的真人秀节目。因此，在真人秀节目的情况下，该因素也往往更多地指向雇佣关系。

⑨美国法院将会考虑个人和雇主是否认为他们存在雇佣关系。如果是这样，法院更有可能实施双方的意图。但是，描述一种雇员关系还是独立的合同承包关系的书面合同并不令人信服。[①]相反，雇员和雇主关系的实际情况控制着该决定。[②]尽管制片人试图把关系归属为独立的合同缔约关系，但参与者认为他们是雇员还是独立的合同方的想法往往是不明确的，特别是很多参与者很可能并不会从头到尾地仔细阅读整份合同。

综上所述，在真人秀节目背景下指向雇佣关系的因素包括制片人对完成工作的控制程度、完成工作需要的技能、大多数参与者并不从事不同的业务或职业的事实、参与者的工作需要制片人的指导以及工作构成了雇主常规业务的事实。支持独立的合同方关系的因素包括支付报酬的方式以及雇佣的期限。同时，工具、器具和工作场所的提供以及个人和雇主是否认为他们形成了雇佣关系这两个因素，取决于真人秀节目的性质，既可以指向雇佣关系，也可以指向一个独立的合同缔约关系。大多数的因素，包括最重要的因素——雇主对雇员工作的控制程度，往往表明制片方和参与者之间存在雇佣关系。而美国法院通过这种关系类型的规定，能为节目成员提供更多保障性权益，也为规制制片方的责任提供了有效的途径和方法。

三、殊途同归：电视节目著作权应归属制片方

（一）综艺节目是影视作品：权利归属于制片方

前面已经从独创性角度对影视作品与汇编作品的关系进行了分析，下面将对

① Morante v. Am. Gen. Fin. Ctr., 157 F.3d 1006 (5th Cir. 1998).

② MacDougall v. Weichert, 677 A.2d 162 (NJ 1996).

以央视“春晚”为代表的晚会类综艺节目是否达到了一定的智力创作高度，具备独特的视觉效果和美感，体现了创作者的个性化制作，满足影视作品的独创性要求进行探讨。

1. 央视“春晚”属于影视作品

（1）制播分离新模式下的央视“春晚”。

在制播分离的新形势下，“春晚”一方面保留着一些其自身的特色，即它通常是由央视自己制作拍摄的，保留了“春晚”最大程度的原创性。另一方面，在制播分离模式下，“春晚”的制作也呈现出与时俱进的特点，比如“春晚”导演团队实行公开竞聘机制，如2014年“春晚”由冯小刚担任总导演，在分会场由当地电视台负责节目的安排与统筹，每个省、市、自治区需要向“春晚”推荐一个春晚节目，这些都表明“春晚”在制播分离新形势下做出的改变，在保留原有制播合一模式的基础上，吸收制播分离的优势和特色，促进节目的创新。

（2）央视“春晚”符合影视作品的构成要件。

结合影视作品的独创性要求和“春晚”在制播分离新形势下的制作过程，“春晚”完全满足影视作品的构成要件。

首先，从“春晚”的节目内容角度来看，基于“春晚”“过年”这一主题以及结合当年的时事热点，央视的制作团队需要择优选择符合“春晚”主题、节目效果好的作品，在各节目的内容和现场表演的视听效果入选“春晚”之前已经基本确定的情况下，制作团队还需根据节目的彩排效果、节目内容的质量要求，结合节目的舞美设计、灯光摄影等，对节目进行筛选、编排、串词。在节目的选择、内容的编排方面均体现出“政治性、民族性、国际性、群众性、娱乐性及艺术性”等特点。[①] 因而在节目内容的组织、审查、选择和编排过程中，“春晚”内容经过了长期复杂的创作过程，是制作团队独特的智力成果的展现，具有一定的创造性高度。

其次，从“春晚”现场直播拍摄的角度看，[②]“春晚”的每一个镜头的选择和

①刘岭：“电视综艺娱乐节目的作品属性认定——‘非诚勿扰’信息网络传播权纠纷案评析”，载《科技与法律》2013年第5期。

②严波：“论春晚的影视作品性质——基于著作权法下的作品独创性视角”，载《现代传播》2015年第6期。

构图都无不经过创作者精心的构思和艺术处理，表明“春晚”节目创作者的智力劳动和艺术构思，具备较高程度的独创性艺术表达。从这个意义上来说，“春晚”的独创性程度并不低于一般的影视作品。

最后，从“春晚”整体内容的呈现效果来看，由于“春晚”有整台节目的文字脚本、分镜头剧本，导播室有导播导演就那些镜头的切换进行编辑，制作过程不亚于电视剧的拍摄，[①]整个制作团队对“春晚”节目融入了大量的个性化特征，并且每年“春晚”根据导演团队的不同，对节目的艺术表达方式也具有明显的个人烙印。电视观众在欣赏整台“春晚”时，通过汇集中华民族各种艺术形式的最高水平的节目的表演、灯光舞美的配合，对“春晚”主题的表达，感受到的是一场经过精心制作，具有浓厚过年气氛的视听盛宴。

因此，“春晚”是呈现在电视机前的声音与画面的组合和衔接，节目制作者利用全景、特写等镜头，通过画面的选择与构图，将自身对节目主旨思想的把握、艺术细节的处理以及个人情感的表达融入其中，为电视观众呈现一部体现创作者思想情感和个性特征的作品。从这个意义上来说，“春晚”是在对已有的单个作品进行选择编排的基础上进行的更高层次的创作，并且在这创作过程中发生质的转变，即“春晚”已经构成影视作品。

2. 央视“春晚”属于影视作品符合利益平衡机制

第一，晚会类综艺节目的权利归属符合市场交易规律。在影视作品的条件下将晚会类综艺节目的整体著作权归属于电视台，对于电视台或者制片人与节目的参与者来说，是在市场经济条件下实现双赢的必然选择。一方面，晚会的整体著作财产权归属于电视台能够实现对单个作品的资源整合，制作出一部内容充实、展现主题的综艺晚会，以提高电视观众份额，促进节目的传播；另一方面，单个节目的著作权人许可制片人对其作品进行利用，并不必然表示其放弃对该作品的著作权，通过晚会对其作品的播出，单个节目的著作权人仍可以在不妨碍整台晚会的情形下，对该作品在后续过程中单独加以使用，进一步扩大该作品的影响力。

①北京市高级人民法院：“北京市高级人民法院关于审理综艺节目著作权案件相关问题的调研”，载《中国版权》2015 年第 3 期。

第二，晚会类综艺节目的权利归属能够实现利益平衡。从节目制片人和单个节目的作者关系，也就是电视台与单个节目的作者之间的关系来看，影视作品的权利行使方面的概述，对二者有关“春晚”及单个作品的使用都做了明确规定，在此不加赘述。从节目制作者和社会公众的关系来看，将晚会类综艺节目的整体著作权归制片人所有，而不是导演、编剧等参与节目的作者都享有著作财产权，很大程度上是考虑到当第三人需要利用此节目时，只需要和制片人进行协商，不再需要依次经过各个作者的许可同意。这能有效促进作品的传播和流通，实现著作权法的基本目标。同时，该晚会的作者也并不因此丧失了权利，作者仍可以通过和制片人的协商分享该节目的收益。因此，将“春晚”等晚会类综艺节目定性为影视作品，将其著作权归属于制片人所有，能够充分实现制片人、单个节目的作者、导演编剧等节目的作者以及社会公众等多方主体之间的利益平衡。

（二）综艺节目不是合作作品：权利归制片方

国外部分学者认为综艺节目是合作作品，其主要立足点是版权转移终止制度。该制度建立的理由主要表现在两个方面：作者在谈判中的弱势地位和对作品成功不确定性风险的承担。然而，如果将综艺节目认定为合作作品，不仅使制片方巨大的投资和贡献无法得到公平的对待，还会变相增加参与者获益的风险。

1. 合作作品的立足点是版权转移终止制度

作为综艺节目是合作作品观点的代表性学者 Britton Payne 认为[①]，大多数综艺节目涉及不同程度的脚本化，但在作为合作作品的综艺节目中的许多元素是非脚本的。[②]在不同程度上，这些综艺节目类型在签署原创放弃声明或其他表演合同 35 年后具有终止权。转移终止制度设计的目的在于，“减少作者在有公平机会

① Britton Payne, Copyright Your Life: the Implications of Works Made for Hire and Termination of Transfer in Non-scripted Entertainment,15 U. Balt. Intell. Prop. L.J. 171 2006–2007.

② See, e.g., Erickson v. Trinity Theatre, Inc., 13 F.3d 1061, 1064 (7th Cir. 1994).

了解其作品产品的真正价值之前做出的不明智和无报酬的后果”。[①]无论出现什么解决办法，都应当适当给予表演者“第二次机会”。[②]支持者们认为将综艺节目认定为制片方和参与者的合作作品符合版权法“鼓励进行作品创作”这一终极目标，因为参与者将获得更多谈判的权利和机会，而授予制片人版权的合同通常不明确地将一个表演者看作雇佣作品的贡献者。

（1）美国版权转移终止制度。

早在1909年法案建立的美国版权制度中，作品经过28年的保护之后，版权可以由作者进行续期。如果作者已经转让了他对作品的权利，在续订期间，他有对作品宣誓主权的二次机会。如果在28年之后，对作品的利用仍有价值，那么则允许作者重新讨价还价。[③]

转让终止并不适用于《美国版权法》第101条所定义的雇佣作品。[④]1976年美国版权法包含的“雇佣作品”的定义有两个组成部分。第一部分规定，“雇员在他或她的职务范围内完成的作品”是雇佣作品。定义的第二部分提供了在“特别订购或委托”用于另一作品时被推定为雇佣作品的作品类型列表。这些作品包括对集体作品、编辑作品以及音像作品最相关的贡献。一方面，雇佣作品的版权所有者就是雇主或是委托方，雇员即使作为创作者也无法行使转移终止权。另一方面，制度制定的一个理由是为了保护相对弱势的作者一方，而作为另一方的往往是经济实力和地位都非常占优势的企业组织，也就没有必要对它们进行版权保护。

（2）节目不是参与者独创作品的演绎作品。

转移终止制度存在一项例外情况——允许演绎许可证持有人继续根据授予

① Mills Music, Inc. v. Snyder, 469 U.S. 153, 172-173 (1985), see also Ashok Chandra， Crisis of Indefinite Consequence: How the Derivative Works Exception and the Lanham Act Undercut the Remunerative Value of Termination of Transfers, 16 Fordham. Intell. Prop. Media&Ent. L.J. 241,262-263 (2005).

② See Margo E. Crespin, A Second Bite of the APPle: A Guide to Terminating Transfers under Section 203 of the Copyright Act, Authors Guild Website, at 1 (2005), available at http://www.authorsguild.org/?p=10401.

③ See Statute of Anne, Copyright Act of 1790, Copyright Actof 1909.

④ 17 U.S.C. § 203.

条款利用之前产生的演绎作品。[1]在面临终止时，权利拥有者将试图把他们的作品作为原创表演的衍生物。然而在大多数情况下，这似乎并不是一个可论证的据点。

表演者在节目制作前都签署了书面文书，文书中的条款详细表明表演者放弃了他们与作品的关系。如果这些放弃表明“该作品将被视为雇佣作品”，则他们将不受转让终止规定的约束。然而，尽管这些合同有扩展性语言，合作作品的支持方认为他们不一定就是关于作品是“雇佣作品”的语言。客座表演者的放弃声明的范本将制片方确立为“节目和表演相关的所有版权和其他权利的独家所有者”。合同将未付费的非脚本演出与被归类为呈现表演者付费“素材”的“附加服务”的基本脚本演出区分开来。[2]来自附加服务的材料被明确认为是“雇佣作品”，因此不受转让终止的限制。放弃声明中的非脚本表演部分被完全不同地精心设计过，“使得参与者是作为一名客座表演者”，而并非一名服务提供者。维持一定的特权对“新闻和纪录片”节目来说十分必要，但是这就表明不存在任何雇佣关系。[3]

（3）合作作品的认定存在矛盾。

在创意非暴力社区诉利德案中，[4]为了确定雕塑的权利，法院必须确定它是否是一个法定的雇佣作品。[5]因为雕塑不是“雇佣作品”定义的第二部分中列举了“特别委托作品”之一，所以这一决定的答案取决于雕塑家利德是一个雇员还是一个独立的合同方。[6]法院认为应当根据与代理相关的法律做出决定。[7]法院基于以下几个因素进行考虑：①雇佣方有权利控制产品被完成的行为和方式；②需要的技能；③工具和设备的来源；④工作地点；⑤合同各方关系持续的时间；⑥雇佣方是否有权利分配额外的项目给被雇佣方；⑦被雇佣方在工作时间和完成时间上决策的

---

①17 U.S.C. § 203 (b)(1) (2000).

②17 U.S.C. § 203 (a)(3) (2000).

③Cmty. For Creative Non-Violence v. Reid, 490 U.S. at 751-752 (1989).

④Cmty. For Creative Non-Violence v. Reid, 490 U.S. at 733 (1989).

⑤Cmty. For Creative Non-Violence v. Reid, 490 U.S. at 737 (1989).

⑥Cmty. For Creative Non-Violence v. Reid, 490 U.S. at 738 (1989).

⑦Cmty. For Creative Non-Violence v. Reid, 490 U.S. at 742-743 (1989).

范围；⑧支付方式；⑨被雇佣方在助理的雇佣和工资支付中的作用；⑩作品是否是雇佣方常规工作的一部分；⑪雇佣方是否仍在营业；⑫雇员福利条款；⑬被雇佣方的税务处理。

根据这些因素，Britton Payne 结合综艺节目的情况进行逐一分析，承认存在可能将参与者认定为雇员的因素，但更多的因素会将其认定为原创表演的作者，一名独立的合同方。

以 Britton Payne 为代表的合作作品支持者最重要的考虑是作者在谈判过程中的弱势地位，将综艺节目认定为合作作品可以使为作品做出了独创性贡献的参与者获得更多的利益。但是在分析上述 13 个“利德因素”中的设备和工具的来源、工作时间、工作地点以及对助理的选择和付酬上，她却认为参与者对这些因素都具有比制片方更大的控制权，并能使他们成为独立的合同方，这与综艺节目行业的实际普遍情况以及该观点主要立足点之间均存在矛盾。美国和法国司法实践中将综艺节目中参与者认定为雇员更符合实际情况和双方利益的情况。

2. 综艺节目合同不是显失公平的合同

将对综艺节目作出了独创性贡献的参与者认定为合作作者可能与版权基本目的——“鼓励进行作品创作”[①]相一致。如果被确认是合作作者，就需要在合作作者之间进行利益分配，终止转让将使两位作者有权利用他们认为合适的作品。并且转移终止制度带来的新的所有权会赋予作品新的活力，甚至可以鼓励作品的两个利用者进行良性竞争。但是目前的案例法表明，合作作者并非如此轻易获得。[②]而且制片方与参与者签订的合同并不是显失公平的合同，结合综艺节目行业特有的环境，应将其认定为雇佣作品，由制片方享有整体版权。

（1）显失公平应同时满足程序性和实质性不合理。

当制片人对真人秀电视节目参与者的责任通过合同进行限制时，制片方采取的态度是“没有合同规定他们不能进行起诉，而只是能阻止他们不能胜诉”。[③]大众媒体和学者因关注于合同语言的模糊程度、约束力、长度以及复杂性而认为这

① See, e.g., Childress v. Taylor, 945 F.2d 500, 506 (2d Cir. 1991).

② See, e.g., Childress v. Taylor, 945 F.2d 500, 506 (2d Cir. 1991).

③ Brian Lowry, Be Sure to Read the Fine Print, L.A. TIMES, Aug. 20, 2002, at Fl.

类合同显失公平，但是这些观点均存在不同程度的缺陷。一种评论认为真人秀节目合同要求参与者被迫放弃所有公开的权利，因此应当是无效的。①另一篇文章对真人秀合同的法律问题进行了总结，并认为法院能够并应该论证地发现这些合同是显失公平的。②其他文章和评论，尽管指出了合同具有显失公平的可能性，但未能彻底地深入研究这个问题。③

Arthur Allen Leff教授列出了显失公平的检验法，把其分为两个组成部分：实质性的不合理——涉及协议的实际条款，以及程序上的不合理——关乎协商的过程。在大多数州中，只有合同的程序性和实质性的不合理都被发现，才能作为一个整体认为存在显失公平。④

程序性不合理由“缺乏有意义的选择”构成，对于法院来说，常见的确定方式是通过确定合同是附和合同来发现程序性不合理。⑤法院同样会考虑一方的相对协商能力，包括是哪一方起草的合同，条款是否向弱势一方解释过，以及在合同中的变化是否是有可能的。合同达成一致的方式对于确定是否缺少有意义的选择来说十分重要。法院因此会考虑弱势一方当事人是否存在合理的机会来理解条款。⑥

实质性不合理要求关注合同本身的条款，发现这些条款是否会不合理地对更强势的一方更有利。法院在决定一个合同是否是实质性不合理时需要考虑的因素包括但不限于：商业环境、议价能力、要求更多的保护的主体以及给予权利或特权或是获得利润的主体。这个因素促使检验法产生了一种滑动的尺度，使原告证

① See, e.g., Lin Burress, The Bachelor Contract, Telling It Like It Is (March 7, 2010).

② Katie Hopkins, Staff Article, Unique Legal Considerations in Reality Television, 13 U.PITT. J. TECH. L. & POL'Y 1, 9-16 (2012).

③ See, e.g., Melody Hsiou, Harsh Reality: When Producers and Networks Should Be Liablefor Negligence and Intentional Infliction of Emotional Distress, 23 SETON HALL J. SPORTS & ENT. L. 187, 218-219 (2013).

④ See, e.g., Soltani v. Western & Southern Life Ins. Co., 258 F.3d 1038, 1042 (9th Cir.2001); Scovill v. WSYX/ABC, 425 F.3d 1012, 1017 (6th Cir. 2005); Andersons, Inc. v. Horton Farms, Inc., 166 F.3d 308, 322-323 (6th Cir. 1998).

⑤ Armendariz v. Found. Health Psychcare Servs., Inc., 6 P.3d 669, 689 (Cal. 2000) (citing Neal v. State Farm Ins. Cos., 188 Cal. APP. 2d 690, 694, 10 Cal. Rptr. 781 (1961).

⑥ See Nagrampa v. Mail Coups, Inc., 469 F.3d 1257, 1282 (9th Cir. 2006).

明不合理的举证责任高度依赖于有关权利的重要性。当合同被发现是显失公平或者违反公共政策时，便是无效或者可撤销的。尽管违反公共政策和显失公平严格来说，使合同或者条款无效是两个不同的理论，但它们是相互关联的。而且，因为违反公共政策而使合同或条款无效的想法适合于对不合理性原则的更广泛的理解，特别是在实质性不合理的概念中。当法院在确定一项条款是否不合理时，他们通常要把实质性和程序性检验法整合为一个整体进行分析。

（2）综艺节目合同不构成显失公平。

综艺节目合同是在自己的一套非常规的行业惯例下运作的，再加上基本的经济供需，尽管一些参与者会认为他们没有选择而可能处于绝望的境地，但他们仍可以自由地离开合同。事实上，大多数参与者签字是因为他们在寻求成名的机会。[①]除此以外，由于参与者并不是非常必要的，因而制片人似乎不太可能逼迫参与者在合同上签字。[②]除了看起来不平等的议价能力和综艺节目双方签订的合同较为极端的性质以外，证明这类合同显失公平并非理所当然。[③]在确定合同条款是否不合理地有利一方，法院将会考虑条款是否具有明示的性质。[④]

正如辛吉斯案的法院所指出的，对合同的分析要对商业背景以及贸易的需求等条件进行审视。[⑤]没有制片方强迫任何人参加综艺节目，并且很多节目都会为参与者提供机会做出明智的决定，要么通过由制片人提供的或者他们自己的律师进行咨询，要么通过知情的第三方当事人。因此，在关注协议的性质后可以发现，允许上诉人放弃权利以换取出现在节目中的机会并获得好处，使制片方获得许可授权来降低与节目有关的侵权责任并不令人感到震惊或不可预料。因此，对公共

① See Andrea L. Press & Bruce A. Williams, Fame and Everyday Life: The "Lottery Celebrities" of Reality TV, in the Blackwell Companion to the Sociology of Culture 176 (Mark D. Jacobs & Nancy Weiss Hanrahan eds., 2005).

② Sue Collins, Making the Most out of 15 Minutes: Reality TV's Dispensable Celebrity, 9 TELEVISION & NEWMEDIA 87 (2008).

③ See 8 Willston on Contracts § 18 (4th ed. 1999).

④ Luna v. Household Fin. Corp. III, 236 F. Supp. 2d 1166, 1175 (W.D. Wash. 2002).

⑤ Higgins v. Disney/ABC Int'l Television (Higgins II), No. BC 338017, 12 (Cal. Super. Ct.Apr. 20, 2007) citing American Software v. Ali, 54 Cal. Rptr. 2d 477 (Cal. Ct. APP. 1996).

权力或者其他权利的豁免以换取在节目中的出现是“明确合法的”。[①]

在考虑实质性不合理时，值得强调的另一部分争议是制片方承担了所有的风险。像好莱坞这样的娱乐圈是一个充满竞争、风险和不确定性的地方。那些投入大量资金的投资人需要对任何可能在节目中出现的风险进行防范以保护自身。直到节目播出前，也几乎无法预测它的成功——沉没成本和失败的风险代价高昂。制片公司和电视台承担着整个节目的成本，制片方投入了巨大的人力、物力和财力，在前面的分析中我们也可以确定，例如导演、演员、主持人、音效师、灯光师、摄影师等节目中的主创人员，均是制片方的工作人员或者是雇佣人员。[②]节目的参与者仅仅是以名誉表演的风险换取制片公司提供的机会和报酬。正如在合同法的其他大多数领域，在合同中承担金融风险的一方值得更多的保护。更重要的是，如果制片方必须和参与者分享这部作品未来可能成功的投机性利益，很有可能导致一开始和参与者签订合同时向其支付较低的价格，反而增加参与者获益的风险。

（三）综艺节目是雇佣作品：权利归制片方

美国版权法意义上的作者通常是指“实际创作作品的人，即将思想转化为固定的、有形的表达的人”。例外的是，在涉及雇佣作品的情况下，雇主或者委托人被法律拟制为作者，享有作品的所有权利。换言之，人们不需要使受版权保护客体的作者成为版权的所有者，也可以在与作者存在“雇佣作品”关系的背景下获得所有权。通过分析可以认定综艺节目为雇佣作品，而在雇佣关系范围内完成的作品，其权利归属于制片方。在确认作品权利归属后，不仅能减少责任和潜在的挫折，而且有助于同时降低当前和未来的生产成本。

1. 视听娱乐行业需要“雇佣作品”原则

“雇佣作品”是指受版权法保护的作品，基于版权法的目的，雇主或委托方被认为是该作品的作者，除非双方对此有明确的其他书面约定，由雇主或委托方

① Higgins v. Disney/ABC Int'l Television, Inc. (Higgins III), No. BC B200885, 2009 WL692701, at 12-13 (Cal. Ct. APP. Mar. 18, 2009).

②韩笑：“浅析春节联欢晚会的著作权归属”，载《山东人大工作》2013 年第 7 期。

享有该作品的全部版权。[①]《美国版权法》第 101 条中，雇佣作品的定义必须符合两个组成要件之一：①雇员在他或她的职务范围内创作的作品是雇佣作品；[②]②被列举的作品存在“特别订购或委托”的贡献并有明确书面协议时，该作品应被视为雇佣作品。[③]雇佣作品的特征是，作品必须属于九种法定列举种类中的一种或多种，对集体作品的贡献、电影或其他视听作品的一部分、翻译、补充作品、汇编、教学文本、测试、测试的答题材料、地图册，[④]并且雇佣关系必须存在有双方书面签署的证据证明。这两项规则的运用并不重合，每项规则应进行单独分析。如果一件受美国版权法保护的作品是雇佣作品，那么作品的初始所有权属于雇主或委托方，而雇员或合同相对方将无法享有任何属于作者的合法权益或利益。

（1）“雇佣作品”原则产生初期受到质疑。

在今天，雇佣作品在美国版权行业中无处不在，尤其是在视听娱乐节目中占主导地位。但是，雇佣作品原则并非一直是美国知识产权所有权概念的一部分。早在 1909 年，美国版权法上并不存在明确的雇佣作品原则。[⑤]自 19 世纪中期，美国法院开始承认雇主可以拥有由其雇员创作的作品权利。[⑥]到了 19 世纪末，雇主可以对其雇员的作品拥有所有权的概念已经根深蒂固。

赋予雇主享有由雇员创作的作品权利的想法已经在 1909 年的美国版权法中得到了体现。在起草该法案时，国会不仅仅是将版权分配给雇主，更是使雇主成了作品的作者。这一决定有很多原因，但最重要的是雇主想要获得由作者享有的续

① See 17 U.S.C. § 201 (b) (2006).

② See 17 U.S.C. § 101 (2000) (emphasis added).

③ See 17 U.S.C. § 101 (2000) (emphasis added).

④ Stephen P Koch & Josephd.YAO, Drafting Confidentiality Agreements, INTELLECTUAL PROPERTYLAWIOI IPAGREEMENTS (Texas BarCLE 2011).

⑤ see generally Catherine L. Fisk, Working Knowledge: Employee Innovation and the Rise of Corporate Intellectual Property, 1800–1930 (2009). See also Catherine L. Fisk, Authors at Work: The Origins of the Work for Hire Doctrine, 15 YALE J. L. & HUMAN. 1 (2003) [hereinafter Fisk, Origins].

⑥ See, e.g., Root v. Borst, 36 N.E. 814, 815 (N.Y. 1894) ;Lawrence v. Dana, 15 F.Cas. 26, 34 (C.C. Mass. 1869).

约权。即使在1909年法案起草期间，仍然存在关于将作者身份授予雇主而不是作品真正的创作者的合宪性的担忧。[1]随着1976年美国版权法中雇佣作品范围的扩大，这种担忧被加剧了。法院并未对雇佣作品原则是否违反了宪法的问题进行解释。[2]有评论认为这一原则并不是违反宪法的，因为该原则并非强制性，创作者和雇主也允许一定范围内签订合同。[3]这个论点的反驳也是有效的：一方面，没有雇佣作品原则，员工仍然可以将其作品的全部权利交给雇主。由于在视听娱乐行业进行创作工作的员工的谈判地位普遍较弱，可以假设这种合同安排会激增。另一方面，人们有理由认为，技术发展可以显著提高创意艺术家获得更有利工作条件的能力。但是，在没有雇佣作品原则存在的情况下想要获得电影和电视作品是困难的：雇佣作品原则非常适合并深深扎根于娱乐节目行业。

（2）"雇佣作品"原则可在多方面促进行业发展。

雇佣作品在美国许多知识产权行业都是不可缺少的一部分，而这个原则也同样适用于视听娱乐行业。接下来讨论三个特别重要的元素：①雇佣作品解决了有许多创造性贡献者的作品的版权归属问题；②它使视听艺术家的原始角色仅仅是雇员；③它代表了对由生产和分配带来重大运营和经济挑战的艺术形式的理性经济反应。

电影中版权所有权的确定具有复杂性。电影必然是大量创造性贡献的产物。至少，导演和编剧都可以对电影创作拥有权利。[4]此外，还有包括演员、摄影师、场景设计师和编辑人员在内的其他一些个人的贡献可以被表征为创造性贡献。在没有雇佣原则的情况下，默认的做法是将电影看作合作作品。[5]雇佣作品原则的支持者认为，这样的默认做法是非常不合实际的。当一项知识产权需要大量的创造

① See Oren Bracha, The Ideology of Authorship Revisited: Authors, Markets, and Liberal Values in Early American Copyright, 118 YALE L. J. 186, 263 (2008).

② See Cmty for Creative Non-Violence v. Reid, 490 U.S. 730 (1989).

③ See Melville B. Nimmer & David Nimmer, Nimmer on Copyright § 1.06[C] (2011).

④ See, e.g., Ian Scott, In Capra's Shadow: the Life & Career of Screenwriter Robert Riskin 6-7 (2006).

⑤ See F. Jay Dougherty, Not a Spike Lee Joint? Issues in the Authorship of Motion Pictures Under U.S. Copyright Law, 49 UCLA L. REV. 225, 228 (2001).

性投入时，雇佣作品可以促进对所涉作品的经济利用，即“将所有权集中给一个单一实体，并需要为拥有雇佣作品所有者的特权付费，相应地奖励做出创造性贡献的作者，使消费者以最低的成本获得娱乐和信息产品，并全面推进版权系统的目的”。[①]然而，应该指出的是，像法国和西班牙这样以“艺术家权利”为本位的国家，已经设法分配视听权，而不执行雇佣作品原则。

雇佣作品在视听娱乐行业发展得如此迅速的第二个原因具有历史性。早期的电影与在美国流行文化中发挥重要作用的电影几乎没有什么相似之处。这些娱乐电影非常简短，只涉及最简单的故事。现代电影的剧情、表演和其他特征被认为是不重要的：卖点是技术的新颖性。即使在早期阶段也存在“剧本作家”，他们负责撰写能为默片提供对话的插页。这些早期的作家通常是新闻记者或其他专业人士，为了赚取外快，他们受到每个项目制片方的雇佣以充实他们的想法。因此，在电影制作之初，制片方就是具有突出贡献的，编剧和其他创作者都只是雇员。

虽然电影在接下来的几十年间迅速发展，但作为雇员的编剧和作为雇主的制片方之间的关系从未发生较大的改变。向有声电影转变所需要的高额成本导致了从 20 世纪 30 年代到 60 年代主导好莱坞的工作室系统。[②]工作室系统进一步强化了创作者仅仅只是员工的这一概念：编剧、导演和演员签署了长期合同，只有基于工作室的意志才能终止。

即使在工作室系统解体之后，编剧仍然只是雇员。[③]工作室系统的解体标志着创作型人才长期合同的终结。编剧和其他创作主体第一次成为自由职业者，理论上可以创作出有他们自己保留版权的影视作品。这种可能性出现之始，编剧们再一次放弃了可以拥有他们自己创造性表达的权利。1954 年，编剧们成立了美国编剧工会（WGA）。编剧在加入工会时明确表明，他们不是独立的创作个体，他们

---

① See United States Copyright Office and Sound Recordings as Work Made for Hire: Hearing Before the Sub common Courts and Intellectual Property of the H. Comm. on the Judiciary, 106th Cong. 137 (2000).

② See Michael J. Haupert, the Entertainment Industry 106 (2006).

③ United States v. Paramount Pictures, Inc., 334 U.S. 131, 143 (1948).

是工作人员，其受雇条件受到工会代表他们达成的集体谈判协议的约束。[①]

对创作者而言，意识到存在许多因素促成了 WGA 和接受被雇佣状态是一种积极的发展非常重要。一方面，当时编剧的酬劳和待遇都是非常微薄的。[②]另一方面，他们缺乏以雇主提供的健康和养老金计划为基础的基本医疗和经济保护。但作者愿意放弃作品中任何版权声明的最重要的原因是一个基本的经济问题：即使他们保留了所有权，生产和分配的高昂成本意味着个人作家缺乏利用自己作品版权的手段。影视作品存在的生产和分配经济壁垒是雇佣作品原则非常适合视听娱乐行业的第三个原因。

视听娱乐行业中的雇佣作品原则存在的最大理由：没有这一原则，工作室将无法获得对生产和经营巨额投资成本进行的适当补偿。影片制作和发行所涉及的成本远远超出了艺术家提供的创作型贡献。当成本由工作室承担时，集团还必须承担投资无法回收的巨大风险。[③]由于大部分影视作品都无法收回与开发、制作和发行相关的成本，因此娱乐业依赖于少数成功的“压倒性”利润。随着电影和电视预算的增加，维持这种商业模式越来越难。现代工作室因此寻求通过许可，利用替代娱乐媒体来充分利用其版权作品。

2. 将综艺节目定性为雇佣作品可以简化节目权利归属

综艺节目的一般生产过程可以分为五个部分[④]：想法产生、概念开发、生产、排练和表演。

（1）参与者在节目生产过程中引发权属问题。

综艺节目的生产过程复杂，涉及的人员种类及数量繁多，而在生产过程中也产生许多属于参与者的独创性贡献。

---

① See 2008 Theatrical and Television Basic Agreement, Writers Guild of America, 8 (Feb.13, 2008).

② See Nancy Lynn Schwartz, the Hollywood Writers' Wars 18 (1982).

③ See Tim Wu, the Master Switch: the Rise and Fall of Information Empires 219–227 (2011).

④ Brian Knowlton, Intellectual Property Issues Within the Live Entertainment Production Process, 3Intell. Prop. Brief 8 2011–2012.

想法产生阶段，制片方负责提出目标和领导头脑风暴，随后各部门内部及各部之间通过正式的会议或正式对话，在规定的会议时间内，也可以是任何灵感涌现的时刻进行主题讨论。换言之，最终节目的想法可能来自参与者。

在为创意发展阶段雇佣或联系设计师时，制作人也需要考虑设计师如何获得设计人员的服务和使用从他人处获得的资产。例如，根据与制片人的转让协议，由于他们的雇佣关系，设计者有义务转让与作品成果相关的知识产权；然而，如果他们分包给更多的设计师，而不从这些分包商处转移版权所有权，作者身份将把知识产权赋予分包商，设计人员不能将不属于他们的权利转让给制片方。

在排练阶段，在排练过程中出现的另一个有趣的且基本上是非诉讼的问题，是任何潜在的作者身份可能是由导演做出的创造性决定或演员的投入而引发的。通过这种方式创造的作品可能会上升到衍生作品或者可以创造联合作者的作品的水平，因为这一层次生产可以过度依赖于导演的才能，从一个欠发达的剧本创造成一个连贯的节目。

（2）制片方作为作者可最大化节目效益。

在综艺节目市场中，作品的创作和传播往往通过制片方组织不同分工环节的创作者合作完成。节目的制作流程复杂，分工细致，必须由许多创作者分工一起进行，从而使固定成本变得十分昂贵。制片方既需要承担前期投入的风险，又必须关注市场的需求，其承担的工作已经成为综艺节目制作过程中非常关键的环节。如果将综艺节目认定为合作作品，由于作品本身涉及的分工极其复杂，合作作品性质产生的权利主体众多，在搜寻交易对象、估量客体价值、协商交易条件与监督交易履行等诸多方面均会花费成本，权利变动频繁必然增加交易成本和降低交易安全。相反，如果将综艺节目认定为雇佣作品，意味着制片方不再需要花费大量的精力与作出独创性贡献的参与者为权利归属进行协商，使交易成本最小化，降低后续交易中效益的损失，综艺节目在一个较低的交易成本上即可实现成功。

四、结语

综艺节目不仅具备汇编作品所要求的独创性选择与编排，更是“镜头”与“衔接”相融合的运动画面。因此，认为综艺节目属于汇编作品的观点不够全面和准确。作品类型界定上的不科学，将会直接导致著作权归属上的不合理和不公平，进而会导致制片方和节目参与者之间利益失衡，不利于电视行业的健康发展。

真人秀节目作为在制播分离新形势下出现的节目类型，它区别于以往节目的类型，节目参与者和制片方的复杂关系反映了这类节目制作过程中多方参与的重要性。版权转移终止制度虽然给予作者较强的保护，但节目不是参与者独创的演绎作品，将真人秀节目认定为合作作品与综艺节目行业的实际情况和版权转移终止制度之间存在矛盾；通过雇员“三重检验法”、全面分析法等界定标准，节目参与者为雇员，真人秀类综艺节目属于雇佣作品，作品整体著作权归属于制片方。

因而，不管是以央视“春晚”为代表的综艺晚会类节目还是真人秀类综艺节目，其著作权均应归属于制片方。综艺节目著作权归属制片方，一方面能保证节目参与者的合法权益和法律地位；另一方面也能体现节目制片方付出的高昂投资和承担的巨大风险，对提升综艺节目的经济效益、品牌效应和文化价值具有重要意义。

电视节目模式法律保护路径及实务探析

王军

王军，北京韬安律师事务所首席合伙人，国际保护知识产权协会（AIPPI）中国分会版权委员会主席。2013～2018年度连续获评“钱伯斯亚太地区领先的TMT（科技传媒与影视文化）律师”；2015年度汤森路透ALB中国15佳诉讼律师，2016年度汤森路透ALB中国15佳知识产权律师。

一、行业背景：电视节目模式的背景概述

（一）国际电视节目模式发展概况

近年来，电视节目模式成为愈来愈炙手可热的文化产品。早在电视产业出现初期，电视节目模式便诞生于美国。自2000年起，电视节目模式在国际上的发展进入繁荣时期，“真人秀”类型的节目更呈空前蓬发之势。随着电视节目模式交易产业成为国际电视交易产业中最欣欣向荣的一部分，电视节目模式跨国流动和全球交易速度亦迅猛提高。现今衡量一档电视节目是否成功、受欢迎的标准之一，就是要看其节目模式是否能被输出到30个以上的国家。[①]在当今电视节目模式全球交易格局中，输出方面虽然依旧由欧美等老牌电视节目创意生产国家主导着，例如英国多年至今仍稳居世界创意中心和电视节目模式出口第一大国的宝座，但日韩和以色列等国家作为电视节目模式输出的新兴力量也已不容小觑，例如以色列已是美国好莱坞第三大电视节目模式进口国。以色列近年生产电视节目模式成功的案例包括《一站到底》《中国正在听》《国土安全》和《谁想成为百万富翁？》。[②]因热档电视节目高收视率所带来的巨大经济收益与社会效益，围绕电视节目创意与内容的侵权争议也日益多发。

为规范国际电视节目模式的发展以及应对电视节目模式的盗版问题，国际电视节目模式认证与保护协会（FRAPA）于2000年成立，其为独立的非营利组织，由来自世界各国的100多名会员组成。该协会的主要职责是促进相关主体例如电视播出机构、节目制作公司和节目销售公司对电视节目模式的认可，为此协会于

①张建珍、彭侃：“电视节目模式国际贸易发展简史”，载《新闻春秋》2013年。

②“以色列成好莱坞第三大电视模式进口国”，来源：http://cn.timesofisrael.com/，最后访问日期2017年1月26日。

2001年制定了国际电视节目模式书面登记机制。该登记机制的亮点在于，电视节目模式创作者向协会登记系统提交能够说明其模式细节的方案、脚本、故事大纲或者视频文件，注册后当发生剽窃该模式的争议时，创作者可以利用FRAPA提供的调解机制保护自己的权益。[①]尽管这种调解不具有法律效力，但不妨碍调解目前已成为FRAPA保护电视节目模式最有力的手段，提交到FRAPA的争议80%已经能够通过调解协商签署解决方案。在2010年，FRAPA与世界知识产权组织仲裁和调解中心合作，世界知识产权组织仲裁和调解中心认可FRAPA的调解结果，对于提交到FRAPA的电视节目模式争议，将依据2009年11月通过的《WIPO电影和媒体调解和快速仲裁规则》快速处理。国际电视节目模式的发展开始走上规范和法治轨道，各国电视节目模式的相应发展成为其与国际市场接轨、良性竞争的重要一步，对于整个行业来说不失为一种福音。

近年来，节目模式争议处理存在一种“和解”的现象。和解可能取决于多种因素，但不可否认，和解是一种较为便利的处理方式。试想，如果中国电视行业协会设立节目模式专业委员会，由具有资深行业经验的专家从中协调或调解，相关争议解决进程极有可能朝着积极的方向推进。并且，结合司法确认制度的发展，未来行业调解的执行得以保障，相关参与调解的主体将可得到及时有效的解决方案或结果。同时，行业协会也可发挥其他积极作用包括制定行业自律规则、切实维护行业秩序，提供可供参考的授权文本，协助协会组织成员对外维权，指导节目模式开发方制作宝典及对外授权等。行业人士也希望能通过行业组织的力量为节目模式交易提供更为多样化的保护。

（二）中国电视节目模式发展概况

通常，一个国家电视节目模式的发展都会经历引进、原创和输出三大阶段，中国当今尚处于大规模引进向自主研发原创转变的过渡阶段。引进海外节目模式在国内早有先例，央视的《幸运52》《开心辞典》等均采用模式引进方式。在1998年，央视引进法国大型体育节目“Intervilles”，中国版本称为《城市之间》。2004年湖南卫视推出的现象级节目《超级女声》则是“借鉴”了《美国偶像》。在2010年，东方卫视引进英国节目“Britain's Got Talent”，推出中国版本的《中

①此处有关FRAPA的内容主要参考自FRAPA官方网站，https://www.frapa.org/.

国达人秀》，中国快速进入国外电视节目模式的引进热潮。2013年，迎来了所谓“模式引进井喷年”，据当年引进节目名单统计[①]，2013年中国各大卫视引进的节目约有49个，比2012年增长了250%。产生引进热潮的主要原因在于，国外尤其是欧美国家成熟的电视节目模式，有着成熟的创意规则、严密的流程安排和环节设置，并已经过当地受众的检验，通过引进获得国外成功的电视节目模式，无疑可成为短期内提高卫视收视率的强劲手段。中国早期引进来源国几乎都是欧美国家，从2013年起，引进类型和引进来源国也开始增多。近年来对于韩国的综艺真人秀类电视节目模式的引进异军突起，例如，2013年湖南卫视的开年之作《我是歌手》和另一档现象级节目《爸爸去哪儿》均引进自韩国。

为遏制引进过度狂热和天价引进费等不良发展趋势，2013年10月原国家新闻出版广电总局下发《关于做好2014年电视上星综合频道节目编排和备案工作的通知》，规定“每家卫视每年新引进的国外版权模式节目不得超过一档”。并自2016年6月起实施《关于大力推动广播电视节目自主创新工作的通知》，规定“各电视上星综合频道每年在19:30~22:30开播的引进境外版权模式节目，不得超过两档。每个电视上星综合频道每年新播出的引进境外版权模式节目不得超过一档，第一年不得在19:30~22:30播出”。由此，行业监管部门表明了其限制引进、鼓励原创的决心。

根据2016年实际播出的节目统计，引进国外模式的节目已迅速减少至仅有《谁是大歌神》《看见你声音》《我们的法则》和《我们战斗吧》这4档。我国电视节目模式引进“消”、原创“涨”的趋势渐露，节目原创已经越来越受到中国电视媒体的重视。有经验的韩国制片人认为：“中国做出自己风格的综艺，是早晚的事。”[②]《中国诗词大会》《见字如面》《挑战不可能》等原创电视节目无一不体现了深厚的中华文化底蕴，引人入胜的节目赛制、高质量的制作水准，已经成为当今综艺收视新的风向标，中国原创电视节目向海外的输出，必将成为现实。一档优秀电视节目的研发拍摄，背后要付出巨大的努力，《中国诗词大会》监制

①蒋凯警、谢璇：“国内电视综艺节目发展报告（2016）”，网址：http://mt.sohu.com/it/d20170109/123851466_465245.shtml/, 最后访问日期 2017 年 1 月 27 日。

②网页来源：http://ent.qq.com/a/20150515/002914.htm, 最后访问时间 2017 年 2 月 14 日。

梁红在接受采访时透露，《中国诗词大会》从研发到播出，整个团队奋战了608天，舞美方案多达12稿，赛制经历了数十次的推翻和打磨。①

（三）电视节目模式典型案例分析

一个电视节目模式的成功，取决于其内含元素或内容的细致设置和充实安排。从观众的角度，不同电视节目模式的区别也须由不同节目最终播出时呈现的不同特色和风格而体现。例如，综艺类型的电视节目俗称以“玩游戏”为主，每档节目游戏玩法不同其实源于其背后不同的电视节目模式。纵观我国近年来成为“爆款”的真人秀类电视节目，虽然大多引进自韩国，但其中国版也呈现出特色越来越鲜明的趋势，以下便以两个例子（见表2、表3）简析其对应电视节目模式的内含元素。

表2 两档电视节目模式的内含元素对比分析

内含元素	中国版《奔跑吧兄弟》	韩国“Running Man”
节目定位和理念	两者相同。通过明星户外竞技“跑起来”传播正能量，常常在历史性和公益性的主题下，体现和传达国家的核心价值观	
节目流程和环节	两者相同。固定成员（6男1女）和每期嘉宾首先需要前往各个任务点进行前期任务，其胜出者将获得对最终任务有利的提示或条件。最后以最终任务决出每期的获胜者，获胜者获得诱人的奖励或可免于残酷的惩罚。任务设置强调有趣性和竞争性，节目全程由摄像机360度跟拍	
节目参与者遴选	演员，平均年龄约30岁	演员、歌手和主持人平均分布，平均年龄约40岁
节目角色要点	两者基本相同。均有队长（邓超）、大力者（李晨）、女神兼女汉子（杨颖）、弱者（王祖蓝）等角色。但由于中国版季播四季的成员不固定，使剩余3位固定成员角色不鲜明	节目周播长达7年，成员固定，各位固定成员角色鲜明，且每人有两个以上鲜明的角色，角色间的相互作用也更加多元

①濮思：“专访《中国诗词大会》监制梁红：原创，我们有这个智慧”，微信公众号“传媒+”2016年6月30日。

表3 两档电视节目模式的内含元素对比分析

内含元素	中国版《了不起的挑战》	韩国《了不起的挑战》
节目定位和理念	舍弃韩版一些浓厚的综艺色彩，更着重展现明星在各种各样环境生存和在各行各业劳动。通过寻求挑战中人性情感的爆点，以传播中国文化和主流价值观	节目周播超过10年，主题综合多元，例如有体验不同职业特辑、音乐节特辑和商社特辑等。成为彰显韩国勇于挑战精神的一个代表性节目
节目流程和环节	两者相同。固定成员（6男）和每期嘉宾依据每期节目设置的不同主题和情节完成挑战。挑战设置强调体验性和励志性，挑战过程比挑战结果更重要，着重体现挑战者在每个成功或失败时的思考和感悟。节目全程由摄像机360度跟拍	
节目参与者遴选	演员和主持人，平均年龄约35岁	演员和主持人，平均年龄约45岁
节目角色要点	两者基本相同。每个角色鲜明，且呈现的优缺点明显。例如，中国版的撒贝宁对应韩版刘在石的角色，角色是兼具理性管理者和调皮捣蛋者	

二、版权保护的正当性：节目模式法律保护及版权保护的历史和现状

（一）近年来国内电视节目模式纠纷案例

电视节目模式版权问题由来已久。2001年，由北京怡通广告中心和北京电视台联合制作的大型游戏节目《梦想成真》，是日本东京放送（TBS）的王牌家庭电视节目《幸福家庭计划》的中国版本。但据称很快被国内其他电视台克隆，《梦想成真》节目的制作方就此向国家知识产权局和国家版权局申请电视节目形态专利和版权保护。但国家知识产权局认为，电视节目不受专利法的保护，不应被授予专利权。而国家版权局亦认为，除了对节目的图

案可以申请保护之外，其他如游戏方法、规则、节目形式等创意性的东西不能直接以著作权法保护。通常认为，著作权保护的是作品的表达方式与内容，而不延及作品的思想与创意。

近年来也经常发生国外原始节目版权方起诉国内公司侵权的案例，如2002年，BBC国际模板交易公司与ECM制片公司起诉上海东方卫视有关“The Weakest Link”节目模式涉嫌著作权侵权；2002年，伦敦某电视公司诉深圳电视台有关“Go Bingo”节目模式涉嫌侵权；2004年出现ECM制片公司诉山东电视台有关“Go Bingo”节目模式涉嫌侵权。2005年，湖南卫视《超级女声》的旋风席卷中华大地，但这档红遍一时的标志性节目也曾卷入版权风波。据报道，英国的电视节目“Pop Idol”的制作公司Fremantle Media起诉了湖南卫视和天娱公司。但节目模式一般都被法院认定为思想的范畴，无法受到著作权法的保护，这些官司最终都不了了之。①

在尝试性地启动节目模式版权诉讼的同期，有制作公司试图另辟蹊径防范节目模式被抄袭。2006年，《传奇故事》的制作方试图用版权登记的方式来防范抄袭。随后陆续涌现了一系列的纠纷：2006年世熙传媒与上海文广就“Strictly Come Dancing”节目模式发生纠纷；2007年江西卫视与湖南卫视就《红歌会》节目模式著作权及商标问题产生纠纷；2008年江苏卫视与湖南卫视就“Who Dares Sings”节目模式发生著作权纠纷。2010年湖南卫视认为江苏卫视《非诚勿扰》剽窃了其娱乐节目《我们约会吧》，并向原国家广电总局提起了口头申诉。②

毫无疑问，经典节目模式在游戏规则创意与内容上的核心竞争力是模仿不来的，需要在中国的节目市场中确立“正版”的市场竞争标签，中国的节目制作方也纷纷去国外抢购热门节目的版权。中国行业内节目模式的版权意识逐渐增强。2013年四川卫视成功制作了中国版的《两天一夜》，但到了2014年，该版权被转给了东方卫视，四川卫视将名字改成《明星家族的两天一夜》后继续播出而被指责。四川卫视称《明星家族的两天一夜》是台内团队和韩国一个团队联合研发的新节目，

① “比‘滚’字更撕！超级女声这些年的IP纠纷”，http://www.buildbook.com.cn/n/30659，最后访问日期2017年1月20日。

② “湖南卫视诉《非诚勿扰》剽窃《我们约会吧》”，http://ent.sina.com.cn/v/m/2010-03-31/09422914917.shtml, 最后访问日期2017年1月20日。

跟之前的《两天一夜》没有任何关系。但在节目宣传时，又看到了很多“第二季《两天一夜》”的说法，一时间，有关这个节目版权之争的口水战不断上演。[①] 2015年6月，MBC与央视就《无限挑战》中国版的合作签署了正式合约。7月17日，MBC点名东方卫视正在热播的《无限挑战》从名字、内容、节目创意、镜头切换、字幕位置等方面都涉嫌抄袭。

2016年的“好声音”之争甚嚣尘上。2012年起，浙江卫视的《中国好声音》播出了四季，获得了一致的好口碑和高收视率。但在《中国好声音》节目授权到期后的2016年，Talpa将节目版权授予了唐德公司。而节目原制作方灿星公司和世纪丽亮公司依旧继续开始制作第五季，因此，唐德公司将其告上法院，并向法院申请诉前保全，责令灿星公司和世纪丽亮公司在节目制作宣传等活动中停止使用《中国好声音》的名称与商标。北京知识产权法院作出了诉前禁令。该案后续发生了一系列始料未及的变化。[②]

（二）国外节目模式司法保护发展状况

对于节目模式的版权保护问题，国外的相关司法判例也经历了一个探索的过程。

1. 西班牙

1994年，西班牙当地某电视台在未经授权的情况下制作了和Endemol公司制作的节目模式 “Love Letters” [③]类似的节目，西班牙法院判定构成侵权。这个案例是在西班牙著作权法修改之前所确立的判定标准，在西班牙著作权法修改之后，西班牙法院在节目模式可版权性的问题上，仍然持肯定态度。2009年在

① “‘两天一夜’陷版权纠纷，四川卫视：没侵权”，http://ent.sina.com.cn/v/m/2010-03-31/09422914917.shtml，最后访问日期2017年1月20日。

② “中国好声音更名新歌声 版权之争事件全回顾”，http://news.21cn.com/social/shixiang/a/2016/0707/14/31255579.shtml，最后访问日期2017年1月20日。

③ Spain: Maradentro Producciones S.L. v Sogecable, S.A., See FRAPA Report 2011, p.26. Resource: FRAPA, https://www.frapa.org/services/frapa-report-2011/,2009.

“Epitafios”节目模式著作权侵权争议案[①]中，西班牙上诉法院提出节目模式在符合一定条件的情况下是可以受到西班牙著作权法保护的，因为：①著作权是保护蓝图、计划、模式、模型或者结构的；②著作权是保护脚本和故事情节的；③如果节目模式可以比作脚本或者故事情节，那么肯定也是可以保护的；④要使节目模式获得保护，就必须与概括性概念相比有一个质的飞跃，需要有细节描述和正式的结构，是有一定复杂性的成果。本案中，上诉法院所确立的节目模式可版权性标准一直指引着西班牙关于节目模式案件的审理，在“What Kids Really Think”节目模式著作权侵权案中，法院也有类似的表述，如果节目模式由个人创作，通过一定的媒介表达并且具有独创性，节目模式是可以受到保护的。而且，如果节目模式可以与脚本或者故事情节类比，那么它定当受到保护。就节目模式的独创性而言，法院认为，如果节目模式由一系列有序的、有组织的、特定方式编排的元素构成，每个元素自身不需要具有独创性，但是他们组合在一起成为一个整体，就应该受到保护。

2. 荷兰

2000 年，荷兰“Survive！”著作权争议案[②]确认了节目制作宝典（format bible）若具备独创性，而且将节目形式的细节描述得足够清楚，则节目制作宝典即作为节目模式的有形形式受到保护。该案中，荷兰法院认可“Survive！”的节目模式是由 12 个特定元素组成的独创的联合体。荷兰法院认为，如果将“Survive!”的 12 个元素组合在一起，确实足以构成独创性。

---

① 2010, Spain: Atomis Media, S.A & Outright Distribción Ltd v Televisión De Galicia, S.A. & CTV, S.A., See FRAPA Report 2011, pp.28–29. Resource: FRAPA, https://www.frapa.org/services/frapa-report-2011/, last visited at August 31st, 2015.

② 2000 – 2004, the Netherlands: Castaway Television Productions Ltd & Planet 24 Productions Ltd v Endemol Entertainment & Jon De Mol Productions, See FRAPA Report 2011, pp.17–18. Resource: FRAPA, https://www.frapa.org/services/frapa-report-2011/.

3. 巴西

2004 年，在巴西的 Endemol 公司诉 SBT 电视台侵犯“Big Brother”节目模式著作权案①中，首先证明了原被告节目有接触，第二步原告以专家证人作证的方式，证明原告的“Big Brother”节目模式有许多个性化的细节构成，包括氛围营造、机位设置、剪辑、音乐风格等，这些区别于其他节目形成了自己的独创性。而两节目在这些方面具有极高的相似程度，巴西法院最终判决支持原告。

4. 印度

2007 年 *Urmi Juvekar Chiang v. Global Broadcast News Limited* 中，原告称被告“Summer Showdown”抄袭了自己的节目“Work in Progress”。该案中，印度法院认可了原告拥有节目作为文字作品的版权，并认可了印度电影作家协会对该文字作品的登记效力。印度法院认为：节目“Work in Progress”是由原告最初的创意记录、进一步发展的创意记录、项目计划等形成的，相关内容受到印度著作权法保护。②

5. 加拿大

在 1992 年的加拿大，法院并不保护节目模式的版权。在 Hutton 诉加拿大广播公司侵犯其节目模式“Star Chart”著作权案③中，加拿大法院认为，节目模式实质上只是提出向一名观众播放音乐片的想法，不属于加拿大著作权法保护客体。而2013年的*Cinar Corp. v. Robinson*案中，加拿大法院认可原告根据具体节目脚本、梗概以及宣传材料就节目“Curiosity”所获取的该节目文学作品版权登记的证明效力。该案对如何评估作品的“实质性部分”是否被复制以及版权案件中专家证人的作用等方面具有指导意义。加拿大法院认为，从复制的大量细节，包括主角的

① 2004, Brazil: TV Globo & Endemol Entertainment v TV SBT, FRAPA Report 2011, See FRAPA Report 2011, p.21. Resource: FRAPA, https://www.frapa.org/services/frapa-report-2011/.

② India, Urmi Juvekar Chiang v. Global Broadcast News Limited, 2007.

③ Canada, Hutton v Canadian Broadcasting Corporation, See FRAPA Report 2011, p.42. Resource: FRAPA, https://www.frapa.org/services/frapa-report-2011/.

视觉呈现，嘉宾的人设，重复出现的节目布景等各种细节的整体作用效果可以得出，被告复制了原告作品的实质或重要部分，被告应被认定存在侵权行为。[①]

三、维权框架和定位：以著作权法为核心的节目模式保护路径

（一）综艺节目和节目模式

1. 综艺节目

综艺节目，主要是指以娱乐性为主的综合性视听节目，包括但不限于婚恋交友类、才艺竞秀类、文艺汇演类等类型。综艺节目可以区分为现场综艺活动和综艺节目影像。[②]

一个引人入胜的优秀的综艺节目一般具备“人造情境＋自由时空＋真实记录”这三个特征。[③]人造情境是指综艺节目制作者把握节目总体样式和大方向的基本依赖，其通过任务安排和规则设计预先伏设、铺陈节目走向，让参与者按照规则去完成特定任务。这其中“奖励优胜、淘汰落后”的竞争机制是基础，绝大部分的游戏竞技类综艺节目都以此为基础，而非竞赛类的综艺节目往往通过打破日常生活秩序的任务设置来营造“戏剧冲突”。再加上可以任意设定的时空，以及不同于影视作品的真实感，经过观众反馈进行一次次打磨，一个成功的爆款综艺节目便诞生了。

如果一个综艺节目具有独创性，其独创性内容完整、具体地表达了节目的整体性创意和内容，则属于我国著作权法定义下的作品。有学者认为，综艺节

① Canada: Cinar Corp. v. Robinson, 2013.

②参见《北京市高级人民法院关于审理涉及综艺节目著作权纠纷案件若干问题的解答》。

③参见苗棣、毕啸南:《解密真人秀——规则、模式与创作技巧》，中国广播影视出版社2015年2月第1版，第60页。

目属于汇编作品（如华东政法大学王迁教授认为，央视“春晚”属于“汇编作品”）；也有司法观点认为，与其他电视节目相比，综艺节目更适合被归入我国著作权法定义下的“以类似摄制电影的方法创作的作品”。我们倾向性同意后一种观点，综艺节目更类似于电影作品，节目导演、摄影、演员（节目角色人物）、剪辑师的经验和能力高低，是决定一档娱乐节目品质的重要因素，节目最终呈现在电视观众之前，经过了类似电影素材剪辑合成般的复杂创造性后期工作，绝非简单的“现场录制”“录播”。综艺节目本身除可以受到著作权法保护外，其具有可识别性的节目名称、标识可以申请特定品类的注册商标加以保护；节目中可以被单独使用和清晰识别的元素，如舞美设计、化妆、道具、文字脚本、音乐等，符合作品构成要件的，也可以作为独立的作品分别给予著作权法保护。

2. 节目模式

仅仅对构成综艺节目组成部分的独立元素给予作品的著作权法保护，远远不足以体现综艺节目整体的市场价值，无法有效规范现有综艺节目市场。无论是授权许可，还是侵权维权，节目模式都独立于节目本身被提及和探讨。在综艺节目的市场和交易中，节目模式本身才是核心和焦点，凝聚了一定的商业价值、艺术价值和法律价值。

1960 年，美国作家协会给“电视节目模式”（television program format）做出定义：电视节目模式为系列电视节目框架的书面材料，其规定主角做什么，并且在每一集中哪些因素将不断重现。[①]这是最早关于电视节目模式的定义。意大利作者和编辑协会对电视节目模式的定义为：电视节目模式是一种思想作品，它有自己的独创性结构，这一结构组织并支撑了每期电视节目，它还由明确的标题，叙事化的背景，舞台或布置场景，以及其他的固定元素构成。在 1990 年，英国广播电视法修订草案就对电视节目模式下过定义：模板可以解释为电视模板的计划，或者解释为模板化的准节目，即同时拥有固定和不固定元素的可开发为系列节目的节目框架。

① Robin Meadow."Television Format : the search for protection", Cal, Rev . (1970), 1169.

这个定义承认了固定元素和非固定元素都可以得到保护。荷兰法院对电视节目模式给出的定义为电视节目模式由一些不受保护的元素组成，这些元素结合在一起形成了独特的拥有版权的模式。很明显，这个定义更加侧重于电视节目模式的整体性，强调电视节目模式是一个完整的由各个元素组成的主体。

目前世界各国对电视节目模式尚没有统一的定义，但从各国对电视节目模式不同的描述中可以总结出一些电视节目模式的共性，即节目模式是在系列性电视节目中每期节目都会出现的固定元素，它们体现这档节目的独创性和主题，给予节目以性格和骨架，形成节目框架，这个框架未必会具体到每一个角色的动作、语言、姿态，但是它却作为一个可识别的要素，使普通观众基于自身的欣赏体验也能明确看出两档电视节目之间的区别，或者明确感知其他节目中使用了该节目模式的识别要素。

（二）节目模式受著作权法保护的路径

1. 节目模式的法律属性

关于节目模式到底是属于思想还是表达，是否应当受到著作权法保护，学界存在多种观点。

有观点认为节目模式是抽象的，文字化的“节目脚本”不能等同于节目模式。节目模式应当是一个开放的框架，每一期都在不断扩展创新，是动态的、抽象的、概括的，很多风格套路的形成、表现手法的运用并非在事先就预设安排妥当，而是在节目制作过程中通过不断地摸索、尝试才逐渐稳定积累下来。语言文字很难把它表现得完整和准确。

也有观点认为，节目模式应当属于表达，是可以进行有形形式复制的，可以类比剧本的保护。节目模式的有形形式包括节目制作宝典、制作大纲、流程、拍摄脚本、道具、舞美设计等。综艺节目中的节目文字脚本通常就是体现综艺节目模式的有形表达，即如果该文字脚本体现了综艺节目模式的核心内容，则可以认为综艺节目模式即构成作品。“脚本本身因为是文字作品，而且具有独创性，是能够得到著作权的保护的，而且从某种角度来说，保护脚本的著作权已经在很大程度上保护了节目模式创作者的利益。如同脚本的著作权保护原理，节目模式中特有的背景音乐、舞台设计、节目风格以及主持人特有的主持语言等也可以分别作为音乐作品、美术作品和文学作品受到著作权的保护。”①

还有观点认为节目模式是一种比节目抽象但是比创意具体的表达。②从最初的创意，到最终形成完整的节目，一般要经过初步设想、流程安排、板块设计、拍摄计划和制作等流程，节目模式就是在上述流程中被反复使用而形成的结果，它使最初的创意得以实现，并最终形成同质化的电视节目，它兼具作品的思想内容与表现形式两个要素，比最初的创意具体，但是又比最终的电视节目抽象。尽管节目模式在从“创意”转化为“电视节目”的过程中起到了非常重要的作用，的确有助于电视台通过标准化流程的指引制作成熟的、高质量的同质化节目。但是，它仍然只是制作电视节目的拍摄技术、任务流程、方式、诀窍等，属于思想的范畴。

我们认为，鉴于目前综艺节目发展的多元性，针对节目模式是否可以受著作权法保护不宜一概而论。在具体的个案中，应当从著作权法上作品的实质构成要件着手，具体判断该节目模式是否构成作品，构成作品的应受著作权法保护，不构成作品的寻求其他的保护路径。

2. 哪些节目模式应当受到著作权法的保护

判断节目模式是否能够受到著作权法保护，主要从以下几点进行衡量。

（1）是“表达”而非“思想”。

“思想与表达二分法”是著作权法上保护对象的实质判断标准，即将作品分为思想与表达两部分，符合表达构成要件的作品可以受到著作权法保护，而属于思想部分的作品则不能受到著作权法保护。

著作权法“只保护表达，不保护思想”，作品中那些足够具体的部分，理应受到保护。故事情节、时间顺序、角色人物的交互作用和发展足够具体，不应当属于思想，而应该属于表达的范畴。③随着综艺节目行业的不断繁荣，原创节目的不断发展，节目模式更加丰富、全面和系统。节目模式已经不是我们想象中那种只存在于制片人的语言、导演的创意、观众的感受中的虚无缥缈的东西，而是一

①叶微:《电视节目模式的法律保护之探析》，华东政法大学 2012 年硕士学位论文，2012 年 4 月 15 日。

②董文涛:“电视节目模式受《著作权法》保护吗？”，载《中国新闻出版报》2014 年 10 月。

③王迁:《知识产权法教程》（第三版），中国人民大学出版社 2011 年版，第 50 页。

套集合了节目风格、人物设置、规则流程、操作方法、镜头语言等多种元素的综合性体系，节目模式已经被准确清晰地表达出来，且非常详尽和具体，甚至可以像教科书一样去对照、像商品一样去交易了。行业内的节目模式已经远远超出了思想的范畴，形成一种特殊形式的表达，应当受到著作权法的保护。

（2）具有独创性。

独创性是作品能否受到著作权法保护的实质性条件，独创性指作品由创作者独立创作而成，不能抄袭他人作品。我国对于作品独创性的要求只要满足最低限度即可。所以只要电视节目模式能够达到最低限度的创作，里面包含了一定程度的智力贡献，我们就可以认定其具有独创性。同文字作品和摄影作品一样，电视节目模式也是作者独创性思想的外化表达，其结构和形式是其外化的表现，即表达形式。抄袭节目模式表现在节目形式、主题、节目流程、节目规则等方面的雷同。虽然电视节目模式的组合元素多采集于公共领域，但只要对其编排和组合是通过作者的独立劳动完成，凝结了作者的汗水和创造性，而不是抄袭照搬他人的节目元素和结构形式，那么就可以认为电视节目模式符合独创性要求。

（3）可复制。

作品只有通过有形形式加以复制，才能再现、传播，由此产生社会效益和经济效益，才有被保护的实际价值和必要性。电视节目模式之所以能够被购买和移植，就是因为它可以被复制。近年来，电视节目模式交易盛行，电视节目模式创作者可以出售节目模式来赚取经济利益，购买者则通过购买节目模式来拍摄节目。此外，出色的电视节目模式容易被他人复制、抄袭，这是因为电视节目模式具有可复制性。电视节目模式是不同于传统文学艺术作品的特殊作品，对电视节目模式的复制表现为应用电视节目模式制作电视节目的过程。侵权人对电视节目模式的抄袭也不同于传统的抄袭手段，这种抄袭不是简单的复制照搬，而是抄袭原创电视节目模式的构成要素及其组织框架，以此为基础制作出类似的电视节目，其实质上是一种结构性抄袭，正如美国 Hand 法官指出的“结构性的抄袭已经取代了逐字逐句的抄袭而成为一种普遍存在的抄袭模式”。[①]这种抄袭模式比传统的抄袭手段更为隐

①案例链接：No. 25 – November 2011：Spanish Legal Update, http://www.squiresanders.com/files/Publication/56e55ad4-9bf9-4d26-8f73-5d70c488b175/Presentation/PublicationAttachment/2ba288e6-fcab-41f4-89f2-61ab73c66d21/5951%20-%20Spanish%20Legal%20Update_ENG.pdf.

蔽也更难辨别，如何界定具体的侵权标准成为电视节目模式法律保护的又一难题。

针对节目模式的保护，美国 1968 年加州上诉法院在 *MInnieur v.Tors* 案的判决中指出，电视节目模式也可以受到版权法保护，但是不能根据文学作品较低的独创性要求进行判决，模式的独创性应适用较高标准，即需要高度的创新性并且足够具体。在大陆法国家，电视节目模式原则上可以获得著作权法的保护，但需具备一定的条件，比如原创性（德国）、得到充分的发展和实现（法国）。荷兰和巴西在相关的侵权判例中认为电视节目模式可以受著作权法保护，并规定受著作权保护的要件：充分的原创性、被完全地开发和实现、足够的详细。[①]可见，国际司法实务对于节目模式的保护，采取了较高的要求。

我们认为，我国对于节目模式的保护，可以适用“新颖性 + 充分实现”的判断标准。

新颖性与著作权法所强调的独创性有所不同。著作权法上的独创性属于相对较低的创造性标准。英国的独创性标准为“投入技巧、劳动或判断”，法国的独创性标准为“反映作者个性”，美国的独创性标准为“少量创造性”，[②]而新颖性要求通常高于独创性。美国法院判断是否具有新颖性时存在两种标准，即绝对新颖性和相对新颖性。绝对新颖性是指某种想法对于全世界来说都是独一无二的，这更接近于专利法上的新颖性要求；相对新颖性仅要求该想法对于被告来说是新颖的即可。其中采绝对新颖性标准为美国法院的主流做法。新颖性相当于在公有领域和作者的私有财产中间划出分界线，具备新颖性的想法属于作者的私有财产，不具备新颖性的想法则属于公有领域。

充分实现标准要求节目模式应该能够被完整地构思、表达出来，并能被固定或记录下来。固定并不要求作品已经有了被固定下来的表现形式，只要求具体到能够被固定下来即可。我们认为，节目宝典、脚本是节目模式的书面体现，综艺节目本身及样片是节目模式的视听体现。如果一个节目模式在节目宝典、脚本等以及节目本身或样片中得到充分的体现，则可以认为节目模式具备了充分实现的构成要件。

①张志伟：“创意的版权保护”，载《法律科学》（西北政法大学学报）2014 年第 4 期。

②王晓先：“创意表达的认定及立法建议”，载《求索》2009 年 10 月。

3. 节目模式著作权法保护的通路探索

法律不能短视，不能因为目前很多中国节目引进自国外，就对保护电视节目模式止步，而应当对文化产业进行引导。综合现有的学界及司法实务界观点，我们认为在节目模式的著作权法保护问题上，可以探索如下保护通路。

（1）将节目的文字模式作为汇编作品加以保护。

电视节目研发创意阶段，会形成一系列节目策划文件，我们称为文字模式，文字模式以文字 / 书面形式表达节目创意，通常可能包括：节目名称、目标观众、节目长度、简要提纲、节目详细描述、游戏提问样本、拟定的主持人、舞台布景设计、摄制及剪辑编排、节目预算、宣传推广计划、商业化机会等。对于书面模式的节目模式而言，我们倾向于认为文字模式属于汇编作品。节目模式是多种元素的组合，这一点已经是业内的共识。

借鉴国外经验，在巴里斯公司诉古德森托曼公司案中，法官 Weinfield 认为："即使电视节目全部是由常见的表现手法构成，这种原创的选择、组织和表达也应该获得著作权的保护。复制电视节目制作人的这种对于常见手法的选择、组织与表达应视为不当挪用"。[①]电视节目模式融合了节目流程、游戏、规则、情节、人物、风格等多种元素，即使其中的单个元素无法构成作品，但对这些要素的选择、独特的编排，足以形成一种特殊的表达，体现制作者的独创性思想与表达指向，则通过汇编行为形成的节目模式，就构成了著作权法意义上的汇编作品。

汇编作品可以分为两类：一类是对若干作品、作品的片段进行的具有独创性的汇编而形成的作品；另一类则是对不构成作品的数据或其他材料的汇编而形成的作品。属于节目模式核心构成要素的节目主题、规则、流程等要素显然单独难以被视为作品，所以就不属于汇编作品的第一种形式。根据我国《著作权法》法条描述，第二类作品中将"数据"和"其他材料"作为被汇编的客体。考虑到我国《著作权法》第 14 条制定的渊源来自国际条约和国外立法中所用的词汇"material"，根据 TRIPs 协定、WCT 及其《基础提案》《美国版权法》等对"material"的描述可知，我国汇编作品中的"材料"一词应当是指作品之外的信息。同时根据《欧盟数据库法律保护指令》的规定，"数据库"解释为包括文字、艺术、音

①郑玲丽、娄莹："浅谈电视节目模式的著作权保护"，载《时代法学》2014 年 12 月。

乐或其他作品的汇编或诸如文本、声音、图像、数字、事实和数据等其他材料的汇编。①因此，当节目模式具象到文字模式时，汇编作品的概念和组成在法理上是可以涵盖节目模式的，但仅以汇编作品来保护节目模式在司法实践中似乎颇显尴尬，因为历来汇编作品被版权侵权的司法判赔都是比较低的，显然与高创新性节目模式的商业价值严重不匹配，在这个问题上，确实需要法官在进行具体案件审理查证时，尊重个案事实，如果被认定为构成汇编作品组成部分的节目元素本身是具有独创性的作品，且这些“作品”元素及其汇编集合均被侵权了，那么在认定侵权的基础上，判赔额也应当体现出与被侵权作品市场价值相适应的额度。

（2）将节目的视听模式作为类电影作品加以保护。

现实情况下，节目的原始创意策划方案、脚本、场景设计、嘉宾与观众互动要点的文字模式往往是不会被侵权者所直接接触到的，因此，节目模式除了文字模式之外，更直观形象的是其通过综艺节目视听化呈现出的外在结构，我们称为视听模式。综艺节目具有类电影作品特征，而有关节目嘉宾出场、音乐灯光设计、LOGO闪现、拍摄镜头切换、舞美服饰设计、走台、话术、姿态动作、节目节奏、流程等视听呈现已经成为节目表达的一部分，很难从节目中割裂出来而作为一个独立的作品加以版权保护。而事实上，我们认为也确无必要再人为割裂，这些视听模式的组成元素只要具有独创性表达特征，就应该纳入作品保护的自洽逻辑。虽然文字模式和视听模式都是对电视节目模式的具体表现，不过在司法实践中，如果没有一个详尽的文字模式对节目模式本身加以印证，而仅通过节目本身对节目模式进行解构和解读，通常在法官看来证明力和可信度不足，文字模式的证据呈现越具体、越翔实，越能传达出对作品独创表达内容的展示／说明，视听模式或者节目模式得到司法著作权保护的盖然性就会更高。因此，从文字模式进行着手不仅容易在著作权法上找到对应的条款和依据，而且在具体纠纷中还具有证据及证据说明的意义和效力。所以我们建议行业在原创电视节目中，尽量编写出完善的节目宝典、节目脚本等文字模式，防止未来发生纠纷时无法举证。

（3）立法增设邻接权对节目模式加以保护。

邻接权的原意是与著作权相关的权利，其确切含义应是作品传播者所享有的权利。在我国《著作权法》中，邻接权包括出版者权、表演者权、录制者权和广

①程德安：“论电视版式（模板）的法律保护”，载《新闻界》2005年第6期。

播电视组织权。邻接权的客体并非著作权法意义上的作品，但其与作品相似之处在于二者均能体现一定的独创性劳动。

我国《著作权法》第 36 条规定的赋予出版者的版式设计权与本文讨论的节目模式有相似之处。根据《著作权法释义》中的描述："本条明确规定出版者有权许可或者禁止他人使用其出版的图书、期刊的版式设计，即出版者对其版式设计享有专有使用权，除了出版者自己可以随意使用其版式设计外，其他人未经许可不得擅自按原样复制。"赋予出版社版式设计邻接权是因为，立法者认为如果放任其他出版者在出版相同或类似作品时随意使用其版式设计，对于设计者而言是极不公平的。同理，如果节目模式的制作者创造出的节目模式不能达到作品独创性的要求，但考虑到节目模式制作者通过构思形成的节目模式设计体现了一定的独创性劳动，在此过程中需要专业技能、智力活动等的付出。该智力成果不能构成著作权法意义上的作品，但可以通过增设"节目模式邻接权"加以保护。

（三）电视节目模式法律保护的其他角度

对于电视节目模式的保护，在以著作权法保护为主的前提下，还需要探索其他的保护路径。

1. 商标法角度对节目模式的保护

电视节目模式中存在能够享有商标法保护的内容，具有显著性的节目名称、标语、口号等都可以获得商标法的保护。节目的名称和口号对于一个节目来说，具有一定程度的代表性和概括性，尤其是在节目产生一定知名度后，将带来一定的经济利益和商业价值。节目模式制作者可以将节目名称或口号等可区分和代表节目的特殊标志申请注册商标，从而对节目模式中的这些元素进行保护。例如 "非诚勿扰"商标侵权案、"中国好声音"商标纠纷案中，都体现了商标的价值和意义。

在现有的法律体系下，商标法律制度也是保护电视节目模式的一种有效途径，然而，商标法层面对节目模式的保护是十分有限的，只能对节目名称或口号等商业标识进行保护，而对于整体独创性的节目模式，起不到全面而有效的保护作用。

2. 商业秘密角度对节目模式的保护

电视节目模式的核心创意具有重要意义，它可能是一档节目是否成功的决定性因素，如果这些核心创意是未公开的，特别是在节目研发期或节目模式引进过程中的本土化期间，那么节目模式的制作者便可以用商业秘密来保护自己的权益。在以商业秘密保护的情况下，需要节目模式制作者采取保密措施。保密措施既可以是保密协议，也可以是资料、人员、技术上的保密。另外，电视节目模式中的技术支持性内容也可单独寻求商业秘密的相关保护，比如拍摄手法、后期剪辑等，这些内容在很大程度上也关系着一个节目质量的好坏，故对其可以从法律层面上以商业秘密来进行保护。

当然，在作品公开发行、播映后，仅以商业秘密来保护节目模式的弊端就凸显出来了：一经公开，他人通过公开播映的节目解析节目背后的模式就变得很容易。从世界各国关于电视节目模式的案例来看，大多数电视节目模式抄袭者都是看到一档节目模式公开一段时间并取得成功后，才开始复制在先的电视节目模式。因此，商业秘密对于电视节目模式的保护意义在于节目研发期的前端，以及非节目呈现之外的模式环节。

3. 反不正当竞争法角度对节目模式的保护

我国现行《反不正当竞争法》规定："经营者不得实施下列混淆行为，引人误认为是他人商品或者与他人存在特定联系：（一）擅自使用与他人有一定影响的商品名称、包装、装潢等相同或者近似的标识。"那么电视节目模式是否属于商品?

根据 WTO 的贸易规则，贸易既包括货物贸易，也包括服务贸易，属于文化传媒服务的电视节目模式也是贸易行为的交易标的，因此，如果某档电视节目获得了充分的市场知名度和观众认知度，其可以被纳入《反不正当竞争法》定义下的"有一定影响的商品"，电视节目特有的舞台布置、设计等可以视为商品的"包装、装潢"。如果同业竞争者抄袭、复制娱乐节目的节目模式表现，导致观众误认为两档电视节目出自同一个制作团队或对两档节目产生混淆，则构成商业混淆行为，这种情况下可以通过反不正当竞争法来维护权益。

以反不正当竞争法来保护的关键点在于抄袭、复制的节目模式是否造成了市场混淆。反不正当竞争法保护模式弊端在于，电视节目模式竞争不同于传统的不正当竞争形式。传统的不正当竞争往往是通过一些模仿、复制行为来引起混淆，但是电视节目模式的模仿往往是“抄袭者”在对他人已经播放的电视节目形式进行抄袭之后又加以改良和创新，使得其节目与原节目有一些表面上的不同之处，有些新节目甚至更加有吸引力。如果按照传统方式适用法律，则很难认定侵权。

四、具体操作：节目模式版权保护及授权许可的实务策略

如何对节目模式进行保护，已经成为业内及学界所讨论的热点话题。前面分析了行业背景及发展趋势，并结合国内外的案例，从法律理论及司法现状等层面进行了论述，针对节目模式的保护，提出了以著作权法为核心的全面系统的维权路径。

在现行法律框架及司法理念下，要使节目模式受著作权法保护，笼统评价节目模式概念与内涵较难获得法院的认同，而更宜基于个案做事实认定和法律判断，如果有具象化的载体和形式，无论是在实体意义，还是证据意义上，都更容易被司法所认可和接受。北京市高级人民法院在 2015 年印发的《关于审理涉及综艺节目著作权纠纷案件若干问题的解答》中认为：“综艺节目模式属于思想的，不受《著作权法》的保护。综艺节目中的节目文字脚本、舞美设计、音乐等构成作品的，可以受《著作权法》的保护。”可见，该解答并没有绝对地排除著作权法对节目模式的保护，而是给出了原则性的认定标准，即属于思想范畴的节目模式或节目模式之单纯的思想部分，不受著作权法保护。反之，如果有足够证据证明节目模式达到了“表达”的层面，则应该是可以受著作权法保护的。因此，具体个案中，对于节目模式属于思想还是表达的判断和认定就显得尤为关键了。笔者认为，基于节目模式的发展现状和趋势，节目宝典是迄今较为典型和有利的保护载体。因此我们建议行业主体尽可能充实节目宝典，以便获得更多法律支持。下面将以翔实的“节目宝典”为例，具体分析法律保护的多维路径。

（一）节目模式维权通路（以“节目宝典”为例进行法律保护）

在业内，从节目的制作过程来看，节目实际是基于制作宝典（format bible）

或脚本的改编。当制作宝典或脚本足够细化，可以达到表达的层面，从著作权法的角度而言，是应该受到版权保护的。强烈建议将模式表达部分的节目宝典作为文字作品进行著作权登记，如果制作宝典可以体现节目模式整体内容，则该制作宝典的登记应可以视为对于节目模式整体的著作权登记。

我们对较为翔实的节目宝典中承载的内容总结及分类编号如下：

P1，节目定位与理念；

P2，节目规则与环节安排；

P3，节目参与者选拔指南；

P4，节目标准文稿（脚本）；

P5，节目表达元素：节目名称与标识；场景与布景设计；服饰、化妆、道具、灯光设计；音乐（主题音乐与效果音乐）；节目广告语与流行语；节目中的表演性视听内容；摄像、图像素材及其后期剪辑处理（花絮、宣传片、预告片、剪辑合成版本等）；特效；植入广告及节目定制广告等；

P6，节目角色及节目中的角色分析：主持人、主要人物、选手（人物特质、人物称谓、人物细节）、需要参与的专业人员角色（如评委、专业导师）、公众（观众）参与方式、其他有名人参与的角色（名人的概念类型与组合）；

P7，节目内容的本土化设计；

P8，节目策划、运营与制作培训；

P9，节目衍生品及其元素的商品化授权。

上述宝典要素的创新力、成熟度直接决定了一档电视娱乐节目的市场竞争力和受众关注度，成功的宝典在于节目的每一项内在细节均事无巨细地详尽阐述、考量清晰、做到极致，而一般公众乃至专业的电视节目编导仅仅通过直接观摩节目，只能做到简单了解、模仿节目的外在形式，而最重要的节目精神、内核、制作技巧是无法准确掌握、融会贯通的。

下面，针对节目宝典的法律保护，我们逐项加以分析。

节目宝典中的 P1、P2、P3 类似于被抽掉了表达元素和内容的节目规则、商业方法，是在思想和概念层面谈节目，比如《中国好声音》的“盲听盲选”，《超级女声》的“PK 赛制”，并非有形实体和最终表达，因此，对节目模式本身不能直接给予著作权法保护在国际司法界（特别是英美法系国家）被广泛认同，这也有效避免了创意垄断和竞争妨碍。

将 P1、P2、P3 作为商业秘密加以保护是首要策略，其意义不仅限于节目研发、制作阶段，在节目公开播放之后，仍具有重要作用。商业秘密是受保护的具备商业价值的秘密信息，从商业角度考虑，节目制作公司和电视台的经营秘密和技术秘密（know-how）均可作为商业秘密加以保护。创意不被著作权法保护，但创意最具价值，创意阶段的商业秘密保护可以确保原创者的市场先入优势，而节目公开播放后，P1、P2、P3 的细节内容仍作为商业秘密保护，避免模仿者掌握原创节目的内在精髓，可以保障原创者的市场竞争优势。

P4、P5 是节目宝典最主要的部分，也是可以单独通过著作权法加以保护的节目元素。原创节目脚本类似于电影、电视剧的文学剧本，包含了节目主持人串场词、嘉宾台词、场景、节目串联及镜头语言的文字表达，作为文字作品加以保护没有过多法律障碍。而 P5 中的分项内容也与电视节目的外在呈现充分对应，有助于分清创意与表达的界限，对于体现节目独特表现力的元素可尝试版权登记，为日后争议中的维权提供初步证据准备。P5 中“表演性视听内容”是指在娱乐节目由表演者（选手或表演嘉宾）现场演出的歌曲、舞蹈等既有作品，娱乐节目的制作机构和传播机构应当确保表演者有权使用相关视听内容，避免类似《中国好声音》中“李代沫事件”的再次发酵。P4、P5 需要通过 P7“本土化”的引导来实现对原版宝典内容的演绎和改编，而满足特定市场的制作与传播需求。

节目宝典的 P6、P7、P8 是宝典的软实力所在，是节目筹备、运营、制作团队经验和能力的内在表现，目前，国内上星电视台斥巨资购入的境外电视节目版权价值，集中体现在节目宝典内容的消化、吸收、再创作和国外成熟经验的培训、指导服务上，宝典的这部分内容，虽大多无法直接受著作权法保护，但引入经营信息的商业秘密概念来保护是可行的、必要的。

P1~P8 作为一个全面体现节目模式特点、风格和定位的完整构成元素，已经不仅仅停留在思想的层面，而是包含了诸多具有独创性特征的表达，足以构成著作权法上的作品，应当受到著作权法的保护。实践中，作为权利人要有足够的证据证明达到了著作权法上的保护对象的标准，尤其是对于节目模式的表述，如果仅仅停留在一些宽泛抽象的概念里，则很容易被法院认定为是思想而不受著作权法保护，但如果权利人可以拿出足够的证据证明其节目模式形成了独创性的表达，则才有可能受到著作权法的保护。笔者认为，在制作一种综艺电视节目时，如果能形成包含上述元素的“节目宝典”，则更容易说明宝典本身已经超越了思想，而使得节目模式成为应受著作权法保护的作品。

P9，衍生权利与衍生商品，如何保护取决于衍生品本身的作品、商品属性，可引入版权、商标权、外观设计专利权等加以保护。一档成功的电视娱乐节目背后，衍生品的消费市场也是很大的，应当引起节目引入与开发者的充分关注。

除了宝典内容的分项保护策略之外，节目宝典整体作为节目核心商业秘密应当引入主动的保护和防御手段，版权引进方应与节目关联的策划、制作、宣传团队签订严格的保密协议和竞业禁止协议，对宝典内容的接触也应按岗位需要分级管控，尽最大可能防止节目宝典被不正当使用。就具体协议条款，笔者将在下面进一步分析。

（二）节目模式交易合同的要点以及条款设计

如前所述，节目模式授权交易已经成为中国电视节目行业的普遍现象，中国目前主要面临节目引进的热潮，基于此种大背景，本部分将重点侧重于从合同层面解读节目模式相关法律问题，以期提供相关实务操作建议以及方案。

前面已经提及节目模式受保护的基础现象，特别体现在著作权层面，越是拥有具体细化的方案以及内容，越有可能被认定为可受法律保护的对象。比较成熟的节目模式的相关许可协议涉及诸多节目内容，包括节目宝典（相关制作周期、时间编排、人员配备、脚本、灯光舞美、音效等）以及节目咨询服务（包括技术以及艺术指导等）等。与大部分知识产权授权协议一样，节目模式授权合同涉及具体授权范围包括具体授权内容、时间、语言以及地区等，其中特别需要厘清相关具体概念，否则恐面临重大风险。除授权范围外，还有其他诸如权利保证条款、知识产权归属条款以及管辖条款等也属于主要内容，但较为共性的内容此不赘述，下面笔者将根据实务经验，就节目模式交易相关特殊条款提供简要分析说明，希望有助于行业人士对特定条款的理解。

1. 授权范围条款

首先，就授权内容而言，需要明确节目模式授权包括的具体元素，一般会涉及节目宝典（包括具体的节目剧本、节目流程等）以及相关的节目开发权利［包括改编权利、拍摄和制作节目、宣传营销、商务开发（广告以及商品化权或衍生开发权利，如后续开发电影、网络剧、舞台剧、游戏等）、发行等］。权利内容需双方根据具体商务需求协商确定，授权方可能苛刻到限制具体播出平台、播出方式、播出轮次，甚至在基础授权费外就商务开发收入要求利润分成，相关具体内容涉及商业博弈，建议被授权方务必留足余地，获取所需相关独家授权，以免因为权利受限以及利益冲突，影响后续商业运作。

此外，具体授权时间、语言以及地区也需要格外注意。本土化节目开发必然涉及授权地区以及语言，为了避免因为相关授权条款不清而导致开发受限，比如制作地区受限（部分需要涉及外国拍摄）、发行地区受限（除中国本土之外的海外发行）、语言受限（如海外发行是否可以使用其他语言进行配音或者配字幕？本土化制作过程中可否插入部分其他语言）以及授权时间受限（制作周期如何要求？发行周期如何要求）。考虑到条款约定不清可能导致的一系列问题，因此笔者建议提前明确具体授权概念，否则未来如果陷入争议，司法裁判人员通常还是会采取有利于授权方的立场进行解释。当然，即便作为授权方仍然建议严格把控相关定义，避免不必要的纠纷以及潜在风险。那就需要相关主体根据商务需求予以调整，比如授权语言可以说明主要是采取中文进行制作，可明确如果根据制作所需，也可使用其他语言。另外授权期限建议明确制作期限以及发行播出期限，对于被授权方来说，就制作期限建议可设定缓冲时间，如果在特定时间完成相关剧集的拍摄，那么即便制作期限届满，后续被授权方仍然可进行后期处理、剪辑、宣传以及发行等，不受授权期限的约束。至于发行期限，则可结合权利归属进行调整，争取在全世界范围内永久无障碍的发行。当然，也需提请注意的是，在授权方处于强势地位的合同中，通常约定发行期为一个固定期限，超出该期限，节目相关发行权等权利自动冻结，需要被授权方再行与授权方协商后续发行授权以及费用问题。此处仅提供部分参考内容，具体还需根据届时沟通内容以及文本进行个案分析。

2. 权利归属条款

权利归属条款主要涉及原始以及本土化之后的节目整体以及部分（各个可独立受著作权法保护的元素）的版权、商标权利、节目名称的权利以及相关衍生开发和/或商品化权利等。就单个可独立受著作权法保护的元素而言，协议中通常会以“包括但不限于”的方式列举标志性 LOGO、台词、道具、舞美、服装、音乐、动作、舞台设计。而通过协议约定方式，授权节目核心表达元素可得以确认。商标部分较为特殊，一般需要在当地登记注册方可获得商标法相关全方位的保护，而授权方通常出于便利的原因，通过协议约定控制原始以及本土化的商标权利，包括要求被授权方在当地进行商标注册，被授权方应根据其要求免费转让当地商标给授权方，被授权方对于相关商标的使用仅限于许可协议明确约定的用途。

对于具体权利的归属而言，协议双方可以通过商务沟通予以确认，但通常授权方掌握着谈判的优势地位，而被授权方往往需要做出诸多让步。授权方一般采取“通吃”的做法，何谓“通吃”？其实从前面的商标权利归属可见一二，对于原始节目相关元素权利，授权方是绝对保留的，本土化的节目以及元素的相关权利，授权方也要求独家享有，但在授权期限，被授权方可依约使用。建议被授权方力争获得本土化节目的版权以及商标权等权利，如果需要设定限制，建议至少保证未来在授权期限内已经开发的节目，能获取一定权利满足此后的永久以及全世界范围内的宣传以及发行等需要。

3. 续约条款

Talpa与灿星公司关于《中国好声音》的争议此前受到行业广泛关注，该案确实具有极其典型的代表意义。据悉，争议缘起于模式许可费的巨幅增长。灿星公司曾指出，其享有独家续约权，授权方 Talpa 要求许可费由几百万元上涨至几亿元，双方未达成一致，后 Talpa 与唐德公司签署协议，接着出现了后续一系列案件包括香港仲裁以及北京知识产权法院的禁令。该纠纷涉及一个重要条款即续约条款。通常，在模式许可协议中会涉及续季开发的问题也就是所谓的续约条款，即授权方将在一定条件下给予被授权方开发下一季节目的相关许可。关于续约条款，对于被授权方来说需要尽可能把握主动权，否则形同虚设，难以有效约束协议相关主体。具体而言，建议明确续约费用涨幅不得超过一定范围，明确续约的优先权的具体含义，建议具体可参考包括优先协商权（the right of first negotiation right）以及最后拒绝权（the right of last refusal）（具体需要在协议文本中进行详细阐释）。可尝试约定在未同原来被授权方协商之前，不得与其他方就授权进行磋商，并且给予原被授权方一定的独家协商期；超过该期限授权方可与其他方磋商授权事宜，但是在最终签署协议之前需要告知原被授权方相关价款条件，如果被授权方愿意提供同等条件（同时可受限于前述的涨幅范围），则续季开发权利应归属原被授权方。通过明确续约条款，可以为被授权方的长期开发计划设定一定程度的保障，避免因突然的授权中断导致一手打造的本土化节目相关巨大商业利益流失。

4. 保密条款以及反不正当竞争条款

前面就节目保护的几种路径进行了详细阐释，其中包括反不正当竞争的路径，而侵犯商业秘密作为特殊的不正当竞争行为也有所提及。那么，我们应该很容易理解，在节目模式许可协议中或者说节目模式交易过程中会涉及一个重要条款，即保密条款。

实践中，最为常见的就是项目沟通或者合作过程中的保密信息泄露问题。在此，重点提醒节目模式开发方提前准备项目保密协议（NDA, non-disclosure agreement），在进行项目洽商阶段即要求在披露相关材料前由对方签署保密协议。在协议中就保密信息的涉及范围、信息使用的有限范围、保密期限以及对应的违约责任等方面进行明确约定，以有效控制信息泄露的风险，并在发生相关情形时，利用合同条款获得充分的赔偿。在实际履行过程中也建议披露方就所提供的资料或信息标注“保密”字样，以明确范围。即便存在不正当竞争维度的侵权维权武器，但被侵权方通常难以证明其损失，那么如果合同条款中明确了一定的赔偿标准如惩罚性违约金金额，则维权方面将可减少不小压力。

当然，在正式的许可协议中也建议明确相关保密条款，毕竟许可内容中如宝典需要严格控制其披露范围，以免影响未来的再授权开发。对于披露方，建议将约定的保密信息范围尽量扩大（甚至可要求包括信息接收方基于相关资料所产生的信息），保密期限建议为永久，并且明确具体的赔偿标准，以最大化权益保障范围；对于信息接收方，则建议其要求明确具体的保密范围以免责任过大，设定保密义务的除外约定（如就其从其他途径获得的信息可不受保密义务约束等），明确保密的时间以及将赔偿至少限定在实际损失范畴，以求将保密义务违反的风险进行一定合理的控制。

保密条款关注的是信息的控制，而与信息控制直接相关的则是人员的控制。就人员控制而言，一般作为节目开发方需要内部人员（特别是核心创作人员或技术人员）履行不竞争的义务，即在一定期限不从事与开发节目相冲突或存在竞争关系的行业工作或提供咨询、策划或设计等服务。同时，在项目合作方之间也可增加类似限制条款，即信息接收方不得使用相关材料或信息用于与信息提供方商业利益冲突或存在竞争的领域或事项，采取相关约定有利于在商业秘密之外再严格把控信息，并控制来自对方竞争的风险。

综合本文可以看出，节目模式交易尤其是节目模式引进存在诸多风险或限制，需要被授权方步步为营、谨慎处理、合理把控。同时值得欣喜的是，本土原创节目逐步发展，甚至中国开始出现对外输出的情况，如《中国好歌曲》节目被英国公司购买并将发行海外。在从引进向输出的转变过程中，也需要中国相关行业主体一步一个脚印，适当换位思考，充实节目相关表达元素，为节目长久发展以及维护做好准备工作。

行文至此，该是结语，但又总觉得有段题外话不得不说，应该没有人否认，法律本身是与时俱进的，而产业发展与产业保护历来是各国立法、司法的重要导向，应该说，相对宽松的司法环境促成了中国互联网产业的发展壮大，当中国的自主创新、知识产权价值凸显之时，知识产权的强保护就自然提上日程。就影视产业而言，无论是电影产业，还是电视节目产业，中国均可以说已经成为全球最活跃的产业投资与产业消费市场，影视节目的知识产权价值丝毫不逊色于欧美日韩，也恰恰因此，中国市场的商业模式、技术模式、节目模式争端都代表着全球产业变革、司法理念创新的新高度，中国当下发生的行业案例的典型性、代表性、新颖性都要求中国的司法审判者在符合现行法律框架的基础上，能够在司法理念上加以创新，既维护了中国影视产业繁荣、健康发展，又可以使中国的案例审判实务成为国际司法学习的典范，恰当其时。

戳穿谜底：为什么每个人受益于广播组织条约？

——［瑞士］黑约·罗森纳尔斯 著　张钊 译

黑约·罗森纳尔斯博士（Dr. Heijo Ruijsenaars），现任欧广联（EBU）知识产权部主任，常驻瑞士日内瓦。

张钊，中国传媒大学新闻传播学博士，现就职于中央电视台版权和法律事务室，从事音乐、图片等重要版权的管理工作，任资深翻译，正高职称。主要学术成果包括翻译电视连续剧《西藏风云》剧本；学术论著《世界主要媒体的国际传播战略》撰稿人；《全球传媒发展报告》课题组成员。

概要[①]

当今，人们比以往任何时候都需要要求广播组织提供便捷、可移动以及跨境的通道获取广播信号，包括通过在线服务、IPTV以及OTT平台。显而易见，广播组织希望以任何方式向公众提供更多且更加方便的渠道收看其广播电视节目。然而，如果广播组织的信号不能得到充分保护，不能指望他们投资于这些传播渠道。从国际层面而言，1961年《罗马公约》所提供的法律保护已经明显不合时宜。而且随着受众对广播组织节目的点播消费需求的不断增长，目前的差距正在迅速地扩大。

广播组织在版权领域对社会所带来的益处远远大于其他任何机构，与此同时在向社会普通公众引介本地创造型人才方面也发挥着关键性作用。广播组织日常播出的节目表明，他们代表着对文化多样性及媒体多元主义的最强有力的保障，同时作为关键参与者确保着基本的民主价值，例如言论自由。但是每个人，也就是创作者、表演者、公民以及体育版权拥有者等由于广播盗窃而蒙受损失。根据这些事实，没有哪个保护广播组织的国际规则适当地考虑到信号传播的新平台，包括有线和卫星服务，此外还包括数字和在线服务、宽带、网络电视、闪存盘、智能手机和平板电脑，这显然是一个疏漏；被盗窃的广播电视节目甚至被用来推动设备销售，例如内置播放器和插件的机顶盒。所有这些形式的信号盗窃必须得到恰当处置，正在持续进行的世界知识产权组织（WIPO）有关广播组织邻接权的国际修订进程在关键时刻来得恰到好处。

这种更新的必要性在早期阶段得到广播组织的认可，[②]后来在1999年召开的第一届版权和相关权利常务委员会（SCCR）上被绝大多数代表团认可；之后，它从未受到任何严重的质疑。然而，广播组织的有关议题在WIPO规范设置进程中受到前所未有的延迟，

①本文是作者于2017年8月18日，在武汉中南财经政法大学举办的广播组织公约研讨会上演讲的详细版本。在此，感谢匈牙利国家广播电台法务部主任米伦·米泰夫先生协助撰写本文英文初稿。感谢严波先生、王德慧女士耐心、细致阅读中、英文稿并提出了十分有益的建议。由于篇幅有限，译者对原文进行了适当的删减，敬请读者见谅。

② See RUMPHORST, Protection of broadcasting organizations under the Rome Convention, Copyright Bulletin (Unesco), Vol. XXVII, No. 2, 1993, p. 10 et seq.

几乎在20年后即将失去其所有的可信度。相比《罗马公约》诞生40年来，过去10年的技术发展给广播电视媒体及消费带来更多的变化。到2020年，随着标准化5G网络的建设，世界上的几个地区将进入另一个新的技术时代,对广播电视产业将带来潜在的巨大冲击。最近，美国和欧盟已经着手更新自身版权框架的工作，以适应数字时代的需求。因此，当前广播组织必须坚持邻接权的修订应涵盖在一个多边框架内进行。

引言

广播组织的存在，是为了满足广播组织运营所在国家的民众文化及信息方面的特定需求。为此目标，他们向普通公众组合、编排和传播节目。传统上，这些节目是通过地面网络进行传播，过去几十年技术的发展已经提供了其他的节目传播方法，例如卫星、有线网络、宽带、平板电脑、在线流媒体、互联网电视、智能手机甚至视频游戏操控器。然而，广播组织在政治发展和社会融合方面也发挥着关键性作用。广播组织的这种多层面的重要作用需要一个监管框架，这不仅需要为广播组织合法运营制定适当的规则，而且也需要为他们提供充分的保护，以应对未经授权使用其广播信号。

但不幸的是，正如广播组织很久以前预测的那样，现实中存在着大量盗播广播组织信号的实际证据。除1997年在马尼拉召开的WIPO全球研讨会所列举的实例，后来几次地区性咨询会议以及在WIPO多次会议中世界各地广播组织的各种陈述报告以外，一家名为“荧屏文摘”（Screen Digest）的独立咨询公司委托开展了两次调研显示，2010年在线电视盗播已经成为一种全球范围“大规模的市场现象”。最近这种广播盗播所带来的实际损失预计已达到令人惊讶的数字。

★ 2012年8月4日，《纽约时报》刊文题为“互联网盗窃者总能获胜”[①]，其中包括那句引文“根据博客‘Torrent Freak’报道，受盗播最多的电视节目每周均被下载几百万次”；

★近年，直播电视是版权侵权增长最快的部分［根据德蒂加研究公司（Detica Research）受Google/PRS联合委托进行的研究成果得出的结论］；[②]

① See http://www.nytimes.com/2012/08/05/sunday-review/internet-pirates-will-always-win.html.

② See http://www.broadbandtvnews.com/2012/07/03/61-growth-in-live-tv-piracy/; for the DETICA report, see https://www.prsformusic.com/press/2012/report-reveals-the-six-business-models-being-online-copyright-infringement.

★当今，艾迪德咨询公司（Irdeto）的研究显示，盗窃 IPTV 提供商网址已经成为“一项十分成熟的业务，而且成为业已存在的付费电视运营商可怕的竞争对手”；①

★2017 年 2 月，菲律宾媒体机构 ABS－CBN 广播电视台被授予近 1100 万美元的补偿金，以应对各种经常播放该媒体机构节目盗窃版本的在线流媒体网站。②

如果所有涉及节目开发的人员，尤其是体育和其他文化活动的创作者、表演者、制作人和组织者均遭遇到广播盗窃，这些数据则足以支撑采取立法行动的重要性和必要性；没有版权方面的任何其他权利所有人条约是基于如此庞大的证据。

一、广播组织邻接权的性质、合理性以及独立性

广播组织对其日常节目整体（programme output）负有完全责任，包括节目策划、制作和 / 或购买、编排和传输。为了制作节目信号及铺设传输渠道，广播组织需要对广播基础设施、后勤保障及相关活动进行重大的组织、技术及经济上的投入，以使普通公众能接收到载有节目的信号。整个社会都从这种投入中受益：2014 年 WIPO 所做的研究分析了创意产业对经济绩效所作的贡献，广播产业在核心版权产业中占据第三位（仅次于出版 / 文学和软件），其贡献是音乐产业的两倍多、电影产业的三倍多。③当然，公众从这些节目整体中受益。为了保护和依赖这种投入，广播组织需要正当手段使他们能授权或禁止上游或下游市场使用其信号。因此，邻接权旨在保护广播组织的创业努力及投资，其终端产品主要体现为广播电视节目或其（相关）在线信号。

根据 1961 年《罗马公约》，人们公认公约的合理性涵盖了邻接权不同的关键

① See https://irdeto.com/news-and-events/from-startup-to-blue-chip-pirates-rapidly-grow-illegal-offerings-to-compete-for-your-business.html.

② See http://abscbnpr.com/abs-cbn-corp-files-lawsuit-for-over-8-million-in-damages-against-kissasian-com.

③ WIPO Studies on the Economic Contribution of the Copyright Industries (2014), available at the WIPO website http://www.wipo.int/export/sites/www/copyright/en/performance/pdf/economic_contribution_analysis_2014.pdf, p. 14.

要素：

★**责任，**意味着节目本身也可能被另一实体播送，只要它是代表广播组织进行的；

★**与观众的无关联性，**意味着广播组织邻接权保护与公共或者商业广播，或者节目面向大众还是小众消费者无关；

★**与内容保护的无关联性，**意味着广播组织邻接权保护与广播节目内容的实际保护是没有任何关联的；

★**与（内容）权利人的无关联性，**意味着广播组织的邻接权保护不会对节目中的其他权利的保护和行使有任何影响；

★**与传输和技术的无关联性，**意味着每次广播都受到保护，无论是直播、延时播放（录播），一次重播还是只是从另一个信号源的中继转播（如正在国外举行足球比赛），都应该与通过何种平台或技术所进行的转播无关；并且

★**与录制的无关联性，**意味着载有节目的信号可以通过录制或者非录制方式得到利用（如《罗马公约》保护录制信号的复制权）。

这些要素表明，邻接权的单独存在对广播组织是非常重要的，可以为他们提供独立的救济方法应对未经授权使用其节目信号，而无须考虑信号的内容。我们必须认识到并非所有节目内容都受到保护。首先的一点是某些节目资料可能不够版权保护的资格（缺乏原创性/创意性）。尽管这可能让人感到奇怪，新闻和体育节目常常被认定为纳入不受版权保护的这类范畴，同样类似于发生在公共街区的事件或者甚至一场皇家婚礼的那种情况而缺乏创意。在这些具体案例中，邻接权将会为广播组织遭遇信号盗播侵权时开展诉讼索赔提供仅有的可能性。

上述所提及的要素还表明，在信号盗窃事件中最直接受害方是制作广播信号的广播组织，而不是信号内容的拥有者。利用其他来源的盗窃信号严重损害广播组织所做的努力，不仅对广播组织的广告收入而且对其公共形象可能带来有害的影响。广播组织作为保护的受益者，应该能够迅速行动并获得有效法律救济应对盗播行为。邻接权是处理未经授权使用和转播广播组织信号的最佳法律工具，因为它使广播组织有权采取行动，凭借自身实力以自己的名义诉诸法院，独立于广播电视节目内容的权利拥有者并且不会损害他们的权益。

邻接权保护的客体是广播信号。这些是载有广播或电视节目的电子信号，由广播组织或其代表进行传播，供公众接收。尽管节目内容是公众获益的部分，如

前所述，邻接权涉及的是将节目最终传输到广播和电视机使公众的观赏成为可能的活动；因此，邻接权只保护信号，而非保护信号所载有的节目内容，有时被称作“以信号为基础的方法”。

然而，对于邻接权的实际保护内容可能存在一些混淆。例如，《罗马公约》谈论到“广播电视节目”的保护，但没有对此给予定义。“广播电视节目”是指由广播组织组合、编排和传输的信号上所载节目整体。如上所述，广播电视节目是广播组织创业性活动的结果，通过由广播组织或其代表将载有节目的信号向公众进行传播。因此，保护的客体是由广播组织或其代理机构传输信号所载的节目整体。

广播组织邻接权下的保护范围实际上在不同法律制度下存在着差异。对其自制信号的专有权意即一个广播组织有权授予或阻止对其信号的某些使用，例如重播或转播，录制、复制或通过“信息网络传播”其全部或部分信号。这一系列侵权使用，面临的主要挑战来自技术发展，而技术发展将继续提供新的使用方式，这可能会使新的使用游离于任何现存的法律范畴之外。[①]因此，为了达到此目标，邻接权需要包括应对任何未经授权使用广播组织信号的保护措施——当然还应受制于通常的例外和限制。

广播组织邻接权独立性背后的逻辑与录音制品制作者邻接权的独立性十分相似：通过录音制品，公众可以欣赏到被录制在声音载体上的内容，这涵盖了录音制品制作者的系列活动。《罗马公约》向录音制品制作者以及广播组织均授予邻接权。录音制品制作者就其制作录音制品的创业性活动被授予邻接权保护，这是一项独立的保护，与蕴涵在录制品中音乐作品的作词 / 作曲者的版权保护是没有任何关联的。按同样的方式，广播组织就其节目播放活动而被授予邻接权保护，因为这种保护与蕴涵在其广播电视节目或者信号中节目内容的任何保护是没有任何关联的。正如这些制作者在创作载有声音（通常是音乐）的唱片时需要对其投资进行强大、有效的保护，广播组织同样需要对其信号所载节目整体进行强力且有益的保护；在两种这情况下，均应予以保护，这种保护无关且独立于唱片内容或广播节目内容的保护。

这种保护的独立性本身并没有特别之处：出于相同的原因，任何以其他作品

①欧洲审判法庭关于非法传播体育赛事互联网直播节目的一项判决中，这种行为在（无线）转播权或者信息网络传播权中都没有涉及，法院明确地提示，鉴于 1992 年《欧盟出租和出借阅指令》（2006 年更新）第 16 条的规定，成员国可以在国家层面给予广播组织更宽泛的保护；参见案例 C–279/13，C–More Entertainment AB v Linus Sandberg（2015）.

为基础的汇编作品、改编作品（如翻译）或者任何视听作品本身，与原作或者其中受保护的部分分别获得保护。这恰恰是同样的原因，为什么录音制品制作者不需要提供证据证明它拥有许可在其唱片/CD上录制作品的许可，或者为什么汇编作品拥有者不需要证明所有撰稿人均已经正式签约投稿。因此，广播组织都将受到保护，无论广播组织是否能够提供所有必要许可的证据。否则，广播制作产业很难吸引到任何人冒险将其资金和名誉投入这样的事业中。

在广播电视领域，能够快速地获取禁令应对信号盗播通常比在后期获得赔偿更加重要。在某些情况下，像体育或新闻节目的真实价值存在于独家的首次播放。在这些情况下，最佳的有效防范办法是临时禁令，以尽快阻止未经授权使用节目信号。一旦这种滥用发生，要真正找到广播组织所蒙受损失的证据可能会是非常困难的。对广播组织而言，能够立即获得禁令救济至关重要，在某些情况下甚至在预料到盗播使用发生前即采取行动。如果广播组织必须依赖于从第三方延展的权利，由于及时提供必要证据方面存在诸多困难，这种保护几乎确定地是不可能的。[①]因此，这个要素是寻求邻接权独立性的又一个重要缘由。

二、其他权利拥有者、普通公众及相关国家获得的益处

无可争辩的是广播组织的活动向社会提供公共利益。然而，如果广播组织不能充分地利用和保护他们的信号，广播组织投资制作多样化、高质量节目的能力以及在多种平台上提供新服务的能力将会受到不利影响。这一事实进一步表明，高质量的节目制作是一项技术复杂、投入高昂的事业。如果缺乏对未经授权使用节目信号的保护，广播组织可能蒙受巨大损失。盗播广播信号损害了广播组织对内容制作的投入，威胁其权利价值、广告收入以及分销收入。就公共广播组织而言，盗播可能导致公众对广播组织所提供广播组织的播出服务（broadcaster's offering）

① See on the procedural advantages of the neighbouring right RUMPHORST, The broadcasters' neighbouring right, UNESCO e-Copyright Bulletin, Vol. XXXI, No. 2, April-June 1997, p. 43 et seq.

价值产生怀疑，对融资渠道等构成挑战。未经授权使用可能对额外付费电视服务（premium Pay-TV services）带来更加严重的影响，如果节目内容通过未经授权使用其信号而可以免费收看。

孤立地看待广播盗窃将会更加错误。事实上，广播盗窃同样导致了重大公共利益受损。在发达以及发展中国家，除社会、经济发展以及就业机会外，一个健康、充满活力的广播制度才能持续满足公众视听利益并提供一个自由、独立的新闻产业从而带来社会福利。而且不应忽视的是，广播组织在紧急状态下向公众提供可靠信息是至关重要的。[①]

信号盗播不仅损害通过收取收视费盈利的“优质”广播组织，而且也损害商业广播机构以及公共电视台，尤其是当他们的广告收入被盗播者瓜分之时。而且广播组织收入的损失意味着创意产业整个行业收入的损失。广播组织信号盗播的负面影响可能最终导致节目内容投资的减少，并抑制他们对更加宏大项目的投入。这同样适用于欠发达国家。在一些极端的情况下，它可能会引发广播组织完全停止其广播活动（正如在某些非洲国家所发生的情况）。

同样，广播组织邻接权与版权拥有者、表演者以及录音制品制作者的邻接权同时并存，在任何方面都不会妨碍行使这些权利。广播组织仅有权授予或者阻止对其信号的使用。这项权利不会延及受保护的作品或属于节目内容部分的其他主体。广播组织机构不能阻止在其广播范围外对其内容的任何使用。因此，即使广播组织授权使用其信号，信号内容的潜在使用者仍需获得内容权利所有者的授权。同时，与表演者和录音制品制作者邻接权保护权利的增加不同，对广播组织更新、强化保护不会损害《罗马公约》下受保护的其他各方权益。相反，广播电视节目及相关信号内容方面的权利拥有者将从强化广播组织机构应对信号盗播方面自动受益，因为广播组织采取任何阻止这种盗播的行为将自动地保护节目内容的权利拥有者。

对广播组织而言，广播盗窃还意味着损失转播实体的酬金，损失节目播放所产生的广告收入，并且可能带来节目质量的下降。广播组织支付大量现金制作或购买以及播放节目内容，甚至支付更大的资金从模拟向数字服务转换。以体育赛事为例，当广播组织从赛事主办方获得独家权利时，这种权利可能轻易地花费数

① See Report ITU-R BT. 2299-0 (04/2014) "Broadcasting for public warning, disaster mitigation and relief."

亿欧元。如果这些节目未经授权被窃取并在其他频道播出，这就不公正地降低了广播组织权利的价值，其广告、赞助收入和名誉将会大幅降低，分销许可的收入将不再拥有可观的前景。进一步的影响可能是巨大的，它不仅涉及广播组织而且还涉及普通公众的利益，因为大众体育赛事的资助，包括像奥运会这样重大的赛事都将会普遍受到威胁。

有时人们认为，保护广播组织信号可能会剥夺公众在公共领域对作品的使用，或者它甚至可能会影响到言论自由。这显然是误解，因为它混淆了信号与内容。WIPO 广播组织条约将不会导致资料从公共领域移除，最终将与汇编或录音录像作品在公共领域中使用类似。与录音录像制品或汇编作品一样，公共领域资料中的广播电视节目仍然需要技能、费用以及一定创造性的工作。在没有承担相同努力的情况下，不应该允许任何第三方机构窃取广播组织的成果并从中渔利。事实上，不保护这些广播电视节目将会抑制这些作品通过广播向公众传播，其结果是公众获取公共领域的作品减少。

况且，就公民作为广播内容的终端用户而言，许多年来，随时随地便捷地获取广播信号的消费需求不断增长。如果对广播组织的信号保护不充分，广播组织通过任何种类的平台或接收设备持续提供广播电视节目将会受到威胁。因此，广播组织需要对其信号进行控制以便能满足不断增长的消费需求。

最后，在国际层面上对广播组织更新保护的利益关乎世界上所有国家，信号盗播被认定为一个全球性的现象，并非在几个地区的孤立事件，[①]而是直接牵涉每个国家。当一家国内广播组织发现其信号在国外被盗用，却不能采取必要行动，

①See e.g. for the Latin-American countries: GÓMEZ BRAVO, Signal Need For Change, WIPO Magazin 2/2014, p. 18-20; WOOD, The Threat of Signal Piracy, WIPO Magazine 6/2014, p. 19-21; for Africa: DOYLE, Toward a Broadcasting Treaty Dealing with Signal Piracy, African Ministerial Conference 2015 (Dakar), November 2015, available at http://www.wipo.int/edocs/mdocs/africa/en/ompi_pi_dak_15/ompi_pi_dak_15_cluster_ii_9.pdf; for Europe: DELTENRE (Interview), Protecting Broadcasters in the Digital Era, WIPO Magazine 2/2013, p. 16-18; for Asia: MEDEIROS, A view from Asia, WIPO Magazine 3/2013, p. 16-17; for India: SEEMANTANI, India Needs To Urgently Endorse a Strong Broadcasters Treaty, The Wire, 11 December 2016, available at https://thewire.in/86022/india-broadcasters-treaty/, including reference to a broadcast piracy study of 2015, available at http://tari.co.in/wp-content/uploads/2015/07/final-BROADCASTING.pdf.

这不仅影响到有关广播组织的财务健康和信誉，而且也必然会影响到广播组织所在国的收支平衡。

三、现存国际条约的不足

(一) 1961年《罗马公约》

在国际层面，广播组织邻接权半个多世纪以来得到了国际社会认可。它是1961年《罗马公约》所保护的权利拥有者的范畴之一。根据该公约第13条，广播组织有权授权或禁止：

★转播他们的广播节目；

★录制他们的广播节目；

★复制他们的广播节目的录音或录像；

★向公众传播电视节目，如果此类传播是在收门票的公共场所进行的。

当今，《罗马公约》对广播组织的重要性在于它把广播组织连同表演者、录音制品制作者一起作为权利拥有者的单独范畴而得到国际社会认可，该公约已同时应用到全球近100个国家。而且值得一提的是，广播节目的这个邻接权与节目内容的权利同时并存（近70年）。

《罗马公约》规定，每个缔约国必须授予该国广播组织最低程度的保护。它还采用了国民待遇原则，根据此原则每个国家必须向其本国内的广播组织以及来自其他缔约国的广播组织提供平等待遇。然而，公约所提供的保护在21世纪正在变迁的媒体版图中明显不足。公约保护的客体是广播，即通过信号进行无线传输，意旨让普通公众直接接收、收看。因此，它只涉及无线传输，没有考虑到通过有线、互联网或者手机和互联网电视平台上的传输。技术进步以及公众需求的变化意味着信号传播的新平台现在成为广播活动重要的、不断增长的一部分。

技术发展带来的另一后果是广播组织的信号已经越来越多地在国内和跨境遭到盗用。因此，鉴于《罗马公约》只涉及同步无线传播，而当今未经授权使用的方式越发多样化，尤其包括无线延时传播、通过有线或互联网传播，点播发送以及在公共区域播放信号等。

将广播定义为向公众直接接收排除了传播必须首先送达一家广播组织或者有线电视运营商这些情况。这意味着播前信号并非指向公众直接接收，完全游离于保护的范围。

尽管《罗马公约》是保护邻接权最重要、最广泛采用的国际工具之一，但仍有一些国家例如美国和中国仍然没有加入这一公约。在不断全球化的媒体市场环境下，广播电视节目非常容易跨越国境，在世界上最重要的媒体服务市场里拥有一个向广播组织提供保护的法律工具是很重要的。

（二）1974 年《布鲁塞尔公约》

《罗马公约》实施后不久，在 1974 年制定的《关于播送由人造卫星传播载有节目的信号的公约》（《布鲁塞尔公约》）使得广播组织信号保护又迈进了一步。它承认广播组织的权益，或许更重要的是，承认了技术发展使 1961 年《罗马公约》所提供的保护显得不足。然而，《布鲁塞尔公约》未达到向广播组织提供单独保护的目标：公约仅适用于通过卫星传播的信号，没有提供一个信号中所含的任何实质性权利，不适用于向公众直接接收的信号保护，对广播组织没有执行机制。[1]而且，《布鲁塞尔公约》把公法或者私法下实施的措施留给缔约国处置，期望一家电信管理机构代表一家广播组织去法院指控一家国外电信管理机构是十分渺茫的，因为播前信号在没有广播组织授权情况下已经被电信公司窃取。因此《布鲁塞尔公约》无论从结构上还是从实质上被认定为一个条约的合适保护模式都是完全不合时宜的，因为它根本没有提供广播组织所需要的保护。

（三）《与贸易有关的知识产权协定》（TRIPs）

世界贸易组织（WTO）TRIPs 协定与《罗马公约》一样，涉及邻接权权利拥

① 还值得注意的是，《布鲁塞尔公约》绝非在于降低或限制对广播信号的其他法律保护。第 6 条指出，公约“绝不要被解释为限制或者歧视所获得的……向在任何国内法或者国际协议下的广播组织的保护”。

有者的范畴。然而，首先应该提醒的是，从实体法角度而言，TRIPs 协定并非主要针对任何现存知识产权条约的更新。其重心在于知识产权执行问题（程序）（例如第 50 条第 2 段禁令性救济），人们认识到为此目标，应该至少提及涵盖哪些权利。因此，TRIPs 关于广播组织权第 14 条第 3 段产生了，但只是简单地重复《罗马公约》中的权利。例如，有线广播在 1994 年显然已经存在，但并未包括在第 14 条中，因为超出《罗马公约》的实质内容都会需要多边协议。有关争论显然不在 GATT-TRIPs 的谈判桌上。更重要的是，TRIPs 协定被 1996 年 WIPO 条约（WIPO Treaties）取代，因此它在 WIPO 条约的讨论中不再有任何关联了。

无论如何，与表演者及录音制品制作者相比，TRIPs 协定第 14 条第 3 段对广播组织规定了不公平待遇。它允许 TRIPs 成员可选择不向广播组织提供任何权利，只要广播节目主体中的版权权利拥有者根据《伯尔尼公约》得到了保护。这一条款是过时的，因为它基本上忽视了一个事实，即广播组织需要一个独立于内容的信号保护。

（四）欧洲理事会（Council of Europe）①

欧洲理事会在 1960 年《保护电视节目欧洲协议》（EAT）②中为保护广播组织邻接权提供一个早期的工具。它授予广播组织有权授权或禁止转播、录制以及向公众传播其电视节目。在许多方面，它比《罗马公约》更进一步，提供一个更加有效的保护。例如，它涵盖通过任何设备发送符号、声音和图像的任何方式向公众传播广播电视节目；因此，这项权利不仅限于收取门票费的地方（尽管缔约方被许可附加这样的条件）。广播组织也有权授权或禁止“对广播电视节目信号进行有线传播”，无论是同步还是基于录制的方式；它还涉及延时传播（通过有线）。

①译者注：不同于 Europe Council 或者 Council of the European Union，它是一个政府间国际组织，成立于 1949 年，目的在于维护欧洲的人权、民主、法治。（参考维基百科）

②The EAT is available at http://www.wipo.int/edocs/lexdocs/treaties/en/ce-34ptb/trt_ce_34ptb_001en.pdf. 与此无关联的是在 1994 年颁布的《跨境卫星广播框架下有关版权法律及邻接权问题的欧洲公约》。由于该公约旨在对作者和邻接权权利人在卫星广播中就其作品或所作贡献的权利和利益进行保护，公约对广播概念和行为、适用法律和范围进行了定义，但没有对广播组织提供任何权利。

最初，EAT 被欧洲理事会 11 个成员国批准。但后来该协议草案使加入变得困难了，因为草案宣称要成为 EAT 成员国，除非它们同时加入《罗马公约》。由于这项义务的原因，EAT 只在少数国家中发挥着法律效力。此外，有些国家批准加入还伴随着重要的保留条款，涉及那些超越《罗马公约》权限的规定。

在 2000 年，欧洲理事会保护媒体产业权利拥有者大众媒体指导委员会及其专家小组开始了一项标准制定的活动，旨在改进广播组织邻接权的保护。根据 WIPO 各项议程初始阶段稳步推进而可能签署广播组织条约的情况，人们认为采取建议书进行操作而非采纳像公约那样具有约束力的法律文件就已经足够了。它还回顾了 1994 年 2 月欧洲理事会部长委员会所采纳的邻接权宣言，承认有必要对邻接权保护进行一次全面性的修改。

成员国部长委员会关于加强对广播组织邻接权保护措施的最终建议书（REC2002）7 承认了媒体生态环境的变迁、传统媒体参与者的功能及生存状况。它还指出，尽管生态环境发生了变化，媒体在一个民主社会中的作用没有发生变化。建议书旨在强调这个新的现实，并为那些在媒体生态环境中运营的广播组织提供适当程度的保护。因此，除了在《罗马公约》所授予的权利外，建议书将广播组织权利延及：

★有权通过有线或无线方式转播广播电视节目，无论是同步还是基于录制品进行转播；

★有权以任何方式或者形式对广播电视节目录制品进行直接或间接的复制；

★有权行使通过有线或者无线方式向公众提供广播电视节目信号录制品的信息网络传播权，使公众可以在其个人单独选择的时间和地点获得使用；

★有权对广播电视节目录制品及其复制品进行发行；并且

★针对上述所指播前载有节目的信号任何侵权行为提供充分保护。

建议书还请求成员国确保为广播组织在行使邻接权所采取的这些技术措施的保护提供有效的法律工具。与《罗马公约》相比，它进一步延展保护期限，将期限自节目播出的那年年底起设定为 50 年。

REC2002 建议书代表着欧洲国家更新广播组织保护的持续不断的努力。但是，由于它不具备约束力，因此在多大程度上能影响欧洲理事会成员国任何新的立法还具有不确定性。由于近些年来 WIPO 进程没有达成采用新条约的一致意见，2008 年欧洲理事会开始了新一轮讨论。然而，这场讨论因围绕欧盟委员会（EU

Commission）与其中一些成员国间的管辖权限问题展开的一场正式辩论而停滞不前，欧盟法院 2014 年作出有利于欧盟委员会专属管辖权的裁决，虽然它是基于将来欧盟委员会公约会与现存的欧盟框架十分相似的这种假设前提（欧盟现行法）。[①]

（五）欧盟法下目前的框架

与国际层面的保护相比，在欧盟法律下对广播组织的保护是相对较高的。这是欧盟委员会在 20 世纪 90 年代努力的结果，后来使对邻接权的保护达到与版权保护一样平分秋色。当今，欧盟现行法向广播组织提供的保护超过了《罗马公约》的保护标准，并几乎与上述欧盟委员会 REC2002 建议书一致。

欧盟广播组织邻接权保护是零散渐进方法的结果，可以在一些欧盟指令中找到，旨在协调欧盟在版权和邻接权领域的立法。

★ 1992 年 11 月 19 日颁布的 92/100EEC 号指令（ “出租与出借指令”，2006 年更新）授予广播组织专有权授权或禁止对其广播电视节目进行录制以及对该录制品进行复制。此外，该指令要求成员国授予广播组织对其广播电视节目的录制品及其复制品进行发行的专有权。第 6 条涉及录制权，通过间接定义“广播组织机构”规定了保护范围。这意指成员国必须对通过有线或无线，包括电缆或卫星传输的广播电视节目给予保护。

然而，仅仅转播广播电视节目的有线电视运营商没有被授予相同的权利。这反映出一种观点，向运营商授予适当的邻接权是不合适的，他们仅是简单地同步转播收到的广播电视节目；邻接权背后的主要推论是要保护广播组织在组合、编排和创作节目方面所作的投入，并不适用于这样的转播运营商。

★ 1993 年 10 月 29 日颁布的 93/98EEC 指令为使版权与某些相关权保护的期限保持协同一致，将广播组织权保护期限设定为 50 年。

★ 2001 年 5 月 22 日颁布的 2001/29/EC 指令（也被称作信息社会指令），与欧盟理事会建议书（2007）7 一样，意指将授予作者和邻接权拥有者的保护适应于数字环境。它阐明广播组织机构拥有专有权，有权授权或禁止以任何手段和任何

① See Case C-114/12, of 4 September 2014, EU Commission v. Council of the European Union.

形式部分或者整体地对其广播电视节目的录制品进行直接或者间接，暂时或永久的复制。最重要的是，在此指令下广播组织机构享有专有权授权或者禁止对其广播电视节目信号的录制品通过有线或者无线方式向公众行使“信息网络传播”行为，通过这种方式公众成员可以在他们单独选择的地点和时间进行获取。这些规定明显地针对广播电视节目通过互联网或者任何其他平台从事的点播服务。

以上概述并非表明在欧盟层面上协议的更新没有必要了。相反，目前在欧盟规则下对广播组织信号法律保护漏洞存在于第三方未经授权使用：

★以任何方式转播同步或者延时的无线或者有线信号；

★对广播组织在线信号的使用（同步广播或者相关点播）；

★对播前信号的使用；并且

★广告覆盖以及类似对屏幕显示的商业利益（信号完整性）。

尽管欧盟委员会承认在全球层面对广播组织邻接权进行现代化更新的必要性，并非常主动地参与WIPO进程，但它在2015年12月在线杂志《传播》（*Communication*）撰文“迈向一个现代、更加欧盟化的版权框架”中并没有提及广播电视产业这一迫切的需求。这样的疏忽是不合逻辑的，必须予以纠正。没有更新和有效的权利，欧盟广播组织就会失去提供跨境播出服务以及即时播放服务（time-convenient offering）的投资积极性，目前消费者对这种实时以及不受边界约束获取广播电视节目信号的需求正在增长，提供这样的管道甚至被部分规定为强制性的，尤其是《欧盟关于跨境可携性规定》已于2018年3月实施。因此，即将到来的欧盟版权规定的现代化进程将会触及上述各种缺陷。

四、WIPO条约的必要性及基本要素

（一）当今广播组织在不同环境下运营

21世纪与20世纪60年代的格局已经大不一样了。在罗马公约时代，无线广播是用于向公众传播节目的普遍方法。今天，尽管这种方法依然被广泛使用，但

它只是将节目送达观众的诸多技术可能性的方式之一。最初通过无线传输的广播电视节目通常主要依靠有线方式——通过有线电视运营商的服务将节目送达观众。卫星广播为偏远地区，甚至跨境地区的观众提供了更加便利的收视方式。互联网使各种不同的与广播方式类似的新型服务变得可能，例如电视回放和点播服务。而且智能手机运用的指数式增长为发送广播电视节目提供了另一个新的技术平台。

新技术也催生了各种不同类型的内容提供商。这些市场发展促使当今的广播组织在一个高度竞争的环境中运营，受众可以获取不同技术平台提供的多种视听服务。这增加了对节目质量的要求。而且，为争夺受众注意力，独家的内容占据重要位置。

与此同时，我们见证着不断增长的信号盗窃。技术发展不仅使个人或者小规模实体更容易从事广播类活动，例如制作视频片段。这还导致了多种方式的信号盗用。这种未经授权使用经常发生在国内立法没有向广播组织提供有效保护的国家，但通过互联网被窃取的信号可能会瞄准全球的受众。

不充分的保护意味着其他人可能会从广播组织在其节目的巨大投资中渔利。而且保护通常是不合时宜的，因为广播信号使用的许多新形态都在现存过时的国内或者国际法律公约的保护范畴之外。在这样的环境下，广播组织拥有必要的、可利用的法律工具进行自我保护应对其广播信号盗播是至关重要的。

当然，任何国家总是仅可以在国家层面采取行动。但是，这将仅能保护国内广播组织以及国家边境范围内的广播信号。当互联网和卫星转播通常跨越国界甚至跨越大洲时，这种地域上碎片化的保护一定是不适合的。因此，无可争辩的是，随着媒体环境的根本性变迁，广播组织的保护需要一次更新修订。现行保护公约或者仅限于区域性保护范畴，或者受限于他们所采用的限制性定义。一项新的 WIPO 条约将在协调全世界范围内广播组织保护方面提供一个最佳范式，因为它将确保保护的新标准在所有签约国中得到实施。

（二）WIPO SCCR 指令（Mandate for the SCCR）

在 2007 年 7 月 WIPO 大会的 SCCR 两次特别会议的报告中指出，广播及有线广播组织的议题保留在 SCCR 议程上直到召开外交大会，直到“保护目标、具体范畴以及客体”得以明确。因此，大会决定 SCCR 将基于以信号为基础的方法继续有关工作，旨在就保护目标、范畴以及客体的最终确定并达成一致，以便向外交大会提交一份修订的基础性建议书。为这个可能达成的条约，其目标和受益人非常清晰，即广播组织。这意味着基本上在21世纪保护广播组织活动的关键准则仍然与1961年《罗马公约》里的那些准则一样。

WIPO SCCR 指令在时间上没有限制。作为一个单独文本草案现在已经在SCCR会议桌上，与此同时，目标、范畴和客体已经大致清晰，达成与上述指令的一致性目标显然已经近在咫尺。

（三）新条约并不打算涉及网播组织

WIPO大会指令具体提及“传统意义上”广播及有线广播组织的保护这一事实，并非旨在限制条约的范畴 ，而是为了缩小受益人范畴。在2007年特别会议上，围绕新条约是否也应该包括对网络广播机构的保护进行了长时间的辩论。该问题的出现是由于广播组织将其节目发送扩展至互联网而导致的结果，为此，普遍认为，区分在互联网上同步流式传播节目的广播组织（同步广播）以及独家地通过计算机网络运营其服务的其他组织（网络广播）是很重要的。

有力的证据支持对同步广播和网络广播采取区别对待的办法，因为目前同步广播是广播组织通过其他技术手段传输节目而被广泛认可的活动。通过互联网同步直播的节目与通过其他平台如卫星或无线向公众播放的节目是一样的。既然广播组织对其载有节目的广播信号拥有专有权利，把同样的权利延及通过互联网传播载有相同节目的信号才具有意义。这种延展与对广播组织邻接权采取的技术中立法是一致的。邻接权存在的背后推论完全适用于同步广播，因为它反映的是广播节目，须受制于广播组织的法律以及编辑责任。

然而，网播组织的性质却十分模糊。人们普遍接受，这类范畴应该凸显那些仅通过互联网提供其内容的机构，但对“网播组织”这个术语没有任何法律定义，任何制作可供获取的音频或者视频内容（例如，只是通过自己的网络摄像头）的网站运营商可能被划归到这类范畴。而且，网播组织的活动原则上不受到立法性文件的管控。尽管这些经营者正如广播组织一样向公众提供音频或者视频资料，但他们不需要遵从其他有关规定，尤其是设立的准则、编辑责任、广告以及赞助，等等。同时，对网播组织的节目内容也没有具体要求。

针对其定义以及适用范畴，新条约应该尽可能清楚地阐明保护仅延及广播组织所用于传输的广播信号。“传统意义上”的广播组织是那些接受完整的编辑和法律责任的机构，他们组合并编排广播信号载有的节目内容并向公众进行传播。仅作为互联网运营商，例如网播组织或类似中介机构没有满足这些标准，因此被排除在新条约适用范围内。这是公平的，因为到目前为止只有广播组织已经详尽地论证更新保护的必要性。将仅从事“转播”的运营商从新条约受益者中剔除也具有相同的理由，因为在这些情况下，不同于使用电缆或者“有线”传输的广播节目，这类运营商没有满足对其信号所载有的节目承担编辑责任的主要要求。

因此，通过对“广播组织”的定义，纯粹的网播组织应该从新条约的受益者中被剔除。

（四）起点必须旨在创造一个意义深远、以未来为导向的制度

广播组织需要平台中立的保护。因此，它应该保护广播组织节目播放的所有形态，并允许他们抵御其信号未经授权使用所有可能的形式。焦点不应当在过去或现在，而应聚焦于广播组织未来的发展以及他们向公众提供的服务。这将对条约的适用范围以及权利边界产生重大的后果。详细草案应该避免新条约产生让盗播者可以规避管理规定的漏洞。平台中立方法是确保新条约在实施不久后无须一次修订和修正的仅有办法。

从这个视角出发，很明显新条约与 1961 年《罗马公约》必须具有相似性，但也必须有所区别。2011 年南非 / 墨西哥的提案为这种方法铺平了道路：它引介了广播组织邻接权技术中立这一概念作为其核心要素。这是新文本与《罗马公约》根本性的区别点，但是这被广播组织认为是不可或缺的，因为其目标是在数字化环境下保持媒体商业模式的活力和关联性。当今对广播组织的保护意味着考虑到媒体平台的广泛多样性以及广播组织在此环境下继续发挥的独特作用。如果新条约未能面对当代的现实状况，几乎无可避免的结果将会是在不久的将来需要对这些问题进行重新审视，这将影响到国际社会资源的建设性使用。

这说明了为什么不存在任何企图替代或者修正《罗马公约》，而是采用一个单独的法律文件以应对 1961 年以来的技术发展。这个方法意义非常重大，因为《罗马公约》以及其他条约的有关规定将持续有效而无须修改，并且在那些已经加入

其中一个或者两个公约的国家内将继续保持完全有效性。

但与此同时，应该确保新条约与先前的条约相容并在业已存在的法律框架内和谐并行。因此，广播组织条约需要与其他版权条约完全一致，这样可以避免在国际或者国内层面在释义和实施方面产生任何歧义。这意味着在条约最终文本中，新条约里的术语必须以一致的方式与现行规则相吻合。除非在所采用的术语中保持一致性，搁在桌上的某些建议在实践中将会毫无意义。

五、澄清（一些）概念

（一）专有权和“有权禁止”

充分的保护意味着有效的司法救济，只能够通过有限的专有权利加以保障，重点聚焦防范广播组织信号的转播和点播使用以及从其他渠道收到的播出前信号转播的相关使用。尤其在体育和新闻节目中，其真正价值通常在其专有的首次转播，对广播组织而言可以即刻获得禁令是至关重要的，为使其在司法程序上变得可行，所声称的权利必须是独家的。为此目的，只是一个“有权禁止”是不合时宜的，因为它并不代表知识产权的绝对权利。人们普遍认为，只要保护是“适当和有效的”，禁止的权利在国家层面实施中就会存在某种灵活性。然而，广播组织需要禁止权至少包含一项独立的权利以采取法律行动，停止或阻止在广播组织本土即将发生的盗播行为。

由于存在及时提交合同证据的困难，如果广播组织不得不依赖从第三方衍生而来的权利，要获得禁令几乎是不可能的。如果与一家电影发行商或者体育赛事举办方的原属权利协议是用外语签订，并且一份认证的翻译必须以真实样品的形式提交给法院，情况就会更加如此。在一个真实的案例里，法院不断地要求一家广播组织提交更多证据证明其权利而使诉讼拖延至争议中的足球赛结束后一年以上。这意味着仅“有权禁止”通常是不合时宜的。

（二）信号保护和“直播”广播节目之间的关系

“直播”广播节目（内容）的问题就其获得版权保护，尤其是那些适合于保护的作品是不一样的情况，一个国家可能要求该作品以有形的形式加以“录制”。《伯尔尼公约》第2条（2）允许国家运用此项规定，且有些国家如美国的确要求这种录制。然而，在没有这样要求的其他国家，任何非录制的作品例如舞蹈编排作品，如果具有足够的创意，仍将会受到保护。

在此，广播组织的邻接权完全与此项特别要求没有关联。《罗马公约》保护无线信号的复制权，并且直播广播节目同任何其他广播节目一样以相同方式进行保护。这就是为什么广播组织信号上所载的节目“作品”是否录制与广播组织者的邻接权保护没有任何关联的缘由。

（三）播前信号（pre-broadcast signal）

目前，在广播组织国际保护层面存在一个重大漏洞，这在将来的条约里必须涉及，将保护延及包括播前信号。播前信号并非意由公众直接接收并被遗漏在现存国际条约保护的范畴外。然而，它们是载有节目的信号，作为事件播出的基础，从特定事件的现场向一家或者多家广播组织进行发送。播前信号可能会与实时直播同步存在或者在此事件发生之前。在这两种情况下，播前信号的未经授权使用与盗窃广播电视节目本身一样以相同的方式损害了广播组织。它甚至允许这些使用者在正式播出前发送部分广播电视节目。让播前信号完全不受保护严重损害了广播组织邻接权的作用，因为它为未经授权使用节目信号敞开大门，只要这些信号是用于公众接收，就本应该受到保护。向广播以及播前信号提供相同的保护也将减轻广播组织的负担去证明究竟广播和播前信号中的哪一个未经授权被使用。广播组织只需提供证据证明他们的节目正在被盗用，这使得法律诉讼更加方便、快捷。

广播组织机构的邻接权通常在国家版权法或者涉及相关权的具体法案中实施。对播前信号而言，它仅在被接收的广播组织编辑后才传播给公众接收，一个国家可能希望在国内法中通过其他类型的规定实施这种保护。然而，作为最低限度，应该确保给予接收方广播组织一个“适当而有效”的救济办法，在其自身领域内应对这种信号盗播行为，尤其是在面对即将来临的侵权威胁的情况下采取法律行动。

（四）录制后权利（post-fixation right）

载有节目信号的法律保护也总是对其内容的间接保护，无论信号是否直播、录制或者延时状态。如果广播内容的保护已经很充分，那么《罗马公约》以及其他几个条约就不会存在了。因此，广播组织邻接权产生的原因并非由于广播内容可能缺乏足够的创意，导致对广播内容的版权保护方面可能存在分歧。这种理由是没有任何意义的，否则，为了弥补保护方面的所有可能的分歧我们需要草拟一大套新的法律。如果一部作品没有足够创意获得保护，这意味着该作品实在是平淡无奇并且应该进入公共领域随意使用。

这种认识在阐释所谓“录制后权利”这个概念方面很重要，广播电视节目一旦“被录制”将获得录制后权利。这种权利已经成为许多国际公约以及国内法的一部分。广播组织条约的主要目的在于为广播组织提供现代的权利，这意味着新条约中最重要的“录制后权”的缺失，（如延时传播和信息网络传播）将会使条约从根本上变得毫无价值。事实上，《罗马公约》的 90 多家 WIPO 成员国已经被要求提供录制后权利，并且《世界知识产权组织版权条约》（WCT）、《世界知识产权组织表演和录音制品条约》（WPPT）以及《视听表演北京条约》也都拥有录制后权利。欧盟已经为广播组织提供了修订的录制后权利，包括信息网络传播权以及发行权，至今已经生效 16 年多了。

数字广播系统例如 IPTV 可以通过仅仅单击按钮即可以停止、暂停或重新开始播放节目；在这些情况下，终端用户会欣赏到一个录制下来的广播电视节目。同样，广播组织的点播服务，例如回放服务是基于广播电视节目的录制品。没有录制后权，广播组织将因此失去为消费者创造欣赏节目新的便捷方式，或者培育新的发行平台的动力。况且，这将使广播组织失去投资信号的跨境录制后服务的动力，目前消费者对这种不受时间、地点约束获取广播电视节目的需求正在世界各地迅速地增长。

如果转播权仅在绝对直播状态下才适用，则它根本没有提供任何真实的保护，因为这将允许第三方录制并复制信号，并在广播组织直播后的十秒或者五分钟后通过互联网进行转播。通常，一场锦标赛在决赛后一天被重播或者上传网络进行点播。所有这些在上传前都首先需要对该节目进行录制。在这些情况下不提供保护将严重地引发对广播电视节目未经授权使用的各种有害方式。

如上所述，从原始权利产生的邻接权的独立性在版权或知识产权法中是完全正常的：除被表演或者原始作品的作者外，任何表演者都可以在其自身权利内获得保护。正如任何技术设备或程序可能会同时侵害两个或者更多的不同专利，因此，向广播组织提供这样更高级别的保护对权利拥有者的任何其他权利范畴都不会产生任何负面影响。保护的客体始终是载有节目的信号，无论传播和信号接收使用的技术手段如何。欧盟法律可以佐证，16 年来对广播组织不断增长的保护对其他权利拥有者或终端用户没有构成任何风险。广播组织的这种保护甚至会给其他权利拥有者的其他范畴带来益处，因为这没有限制或者在其他方面影响他们对属于部分信号内容的版权事项中自身权利的行使。

（五）传播内容的独立性（反之亦然）

广播组织邻接权有其自身缘由，尤其是要保护广播组织在编排节目并向公众进行传播所作的投入，体现在广泛的技术、组织以及资金方面的责任担当。广播内容的保护是间接地，仅达到广播电视节目受保护的基本程度；如果这样的内容没有得到保护，它将仍然总是“不受限制”地被使用。这方面一个典型的例证可能是在公共领域的电影，因为其保护期限已满，可以被每个人随意地使用，因此广播电视节目也应该在一定时间内受到保护。

在这个背景下，似乎在某些公民社会群体中存在一种误解，广播组织的保护会阻碍获取公共领域的资料。但是这个异议并不成立，因为所有加入《罗马公约》的国家几十年来拥有广泛的信号保护，不存在这样的问题。同样，在学术文献中，被广泛解释的是新条约事实上将会实现而不是阻碍言论自由。①而且，新条约将会且应该向有关国家在创建和实施条约的限制和例外措施方面提供相同的灵活性，正如在国内法下对有关受保护作品的情况一样。广播组织的录制后保护将会阻碍公众获取公共资料的这种想法混淆了信号使用与内容使用的问题。任何人可以从

① See Reflections on the Draft WIPO Broadcasting Treaty and its Impact on Freedom of Expression, UNESCO e-Copyright Bulletin (July – September 2006), by DREIER, available at http://webarchive.unesco.org/20151216162756/http://portal.unesco.org/culture/en/ev.php-URL_ID=31874&URL_DO=DO_TOPIC&URL_SECTION=201.html, as well as in the same UNESCO e-Copyright Bulletin: RUMPHORST, The Broadcasters' Neighbouring Right: Impossible to understand? Spontaneous reaction to the article of P. Akester (UNESCO e-Copyright Bulletin of April – June 2006).

相同的来源获取并使用公共领域资料，正如广播组织所做的那样。同样，私人接收和私人录制广播电视节目通过延展邻接权并不会因此受到影响。

同样，广播组织权的新条约任何方面都不会影响或者缩减适用于受版权保护资料的例外和限制。因此，新条约不会影响合法使用和开发“时移消费设备”，例如数字视频刻录机（DVRS），因为新条约不要求广播组织用技术保护措施（TPMS）对其广播电视节目进行保护，并且授予广播组织的权利不会包括对家庭私人使用的控制，其使用范围在限制或例外中涉及。

同样，新条约将不会对创新产生任何令人窒息的效果。以网络服务提供商（ISP）责任为例：当网络服务提供者被通知一项侵权行为时，“卸载”程序以及其条件是一样的，无论所需删除内容涉及 MP3、视频还是文件文本。ISP 被免于因其用户所犯下的版权侵权行为的责任，规定终端用户进行了初始化传输并且传输程序是自动的，而且在 ISP 不知情的情况下发生的，在这些情况下可使 ISP 获得保护。这一免责条款在广播组织条约下依然有效。因此，新条约不会改变 ISP 责任机制，因为一个 ISP 的责任与目前对内容的责任而言仍然是一样的。[①]

（六）涵盖广播组织在线信号（直播或者延时）

广播组织通过直播或者延时传播方式在受众使用的所有平台上播放其广播电视节目。为使新条约持续具有意义和相关性，它必须反映广播信号传播方面技术的迅速变化，否则几年后将变得过时了。这在新条约中将所有信号纳入保护范畴，并且以一种指令性方式将多数信号纳入保护范畴，具有绝对的必要性。证明这广泛保护范畴的理由是多重的。

★为了最佳地服务于受众或者完成他们的公共利益责任，广播组织还需要保护其在线信号，公众正在迅速地向此服务转移。今天，消费者要求广播组织通过在线平台提供其广播电视节目信号，提供更多、更便捷的通道获取节目内容。这种对节目的点播（非线性）消费在世界各地都有所增长，并且除线性（离线）广播外它将来很快会成为一个新的标准。然而，如果期望广播组织投资于这种便捷的通道，他们的在线信号也必须给予适当保护。

① Example provided by DELTENRE (Interview), WIPO Magazine 2/2013, p. 16–18.

★缺乏对广播组织在线信号保护将会给新条约制造漏洞，同时对离线信号也是如此。在这两种信号包括相同内容的情况下，要区分被盗播的在线信号或者被盗播的离线信号是不可能的。这将适用于在线同步传播信号、“回放”（catch-up）以及“精彩时刻”（highlights）和“预览”（previews）。在所有这些“相关”信号情况下，盗播者可能会宣称仅使用了在线信号，却回避了新条约以及《罗马公约》授予离线信号的保护。因此，这些漏洞将会公开诱发广播信号盗窃，新条约旨在对此类盗播行为提供有效的救济措施。

★此外，广播方面的实际趋势是开发越来越多的“仅供在线使用”的节目，也就是该内容将不会或者由于编排原因不能进行离线播放，或者在线播放对广播组织而言更适合送达观众。未来所有电视屏幕都将是“混合型的”，也就是连接互联网，允许在线以及 OTT 进行节目传送。与此同时，这种行为对广播组织的收入将产生负面影响：广播组织认识到受众转移到在线视频平台是对其广告收入构成的巨大威胁。

这证实，与“广播组织”的定义相反，“广播”的定义必须更好地保持技术中立；把广播组织及其代理机构通过“计算机网络”传播载有节目的信号从类别上排除在外是既不明智也是没有根据的。

（七）包括“信息网络传播权”[①]（“making available” right）

为何一个具有意义的广播组织条约必须包括“信息网络传播权”？这是具有多重原因的，正如在其他版权条约所做的规定一样。最明显的原因是所（录制）的广播电视节目的网络传播行为是到目前为止最常用的广播电视节目未经授权使用的形态，因此这项权利对广播组织而言是未来任何条约的核心。忽略这项权利将会使条约失去其主要目的。此外，广播组织相关权的主要原因在于它需要授权在广播组织自身权利内寻求救济，独立于内容的权利。这在 1961 年《罗马公约》中得到认可。鉴于新媒体和技术发展，独立而快速地采取行动应对广播盗窃的能

① 译者注：由于我国著作权法中的“信息网络传播权”即国际条约中的“making available” right，本文为了国内读者便于理解，将原文中的“making available” right 统一译作“信息网络传播权”。

力在当今甚至更加关键了，以便在紧急禁令救济情况下能够提供初步的证据。这种救济是通过信息网络传播权来提供的。况且，在当今甚至在更远的将来，通过公众选择的时间、地点以及设备对广播电视节目的消费呈现强劲而日趋增长的需求，并且广播组织需要进行必要的资金投入，使公众拥有这些便捷的使用。信息网络传播权是涵盖这项投资的一种权利。

除此之外：

★对作者而言，行使“信息网络传播权”的行为是“向公众传播权”的一个子范畴，在 1967 年《伯尔尼公约》第 11 条，第 11 条之二，第 14 条，第 14 条之二中作为作者一项专有权利已经得到认可。这意味着在 1996 年信息网络传播这种行为已经隐含地或者至少可争辩地涉及，而且制作者已经获得或者拥有禁止或者授权的权利。然而，“互联网盗播威胁”被认定作为一个足够强有力的论证，在 WCT 中应该为作者创设一项明确的新权利并在 WPPT 中为音乐表演者 / 制作者提供一项单独的权利。对广播组织带来的盗播威胁在 1997 年马尼拉 WIPO 研讨会上得到大家认可，并且随着复制越发容易和新的转播技术的发展而快速增长。

★为应对在线盗播，录制或者复制权已经不合时宜，因为这些行为仅具备一个初步特性，并可能由另一方而不是实际的“传播者” 实施，或者任何侵权行为是指向公众提供互联网“上传”通道的行为，参与上传的一方是在从事“信息网络传播”的行为。

★广播盗窃比在其他领域需要更快速的法律行动。在现实中，一旦发现信号侵权或者甚至在发现侵权行为的威胁时近乎马上（数小时内）采取法律手段是必要的。在这些情况下，被盗窃信号的广播组织是最直接的受害者。对广播组织而言，迅速行动阻止盗播是十分必要的，根本不可能再去追溯节目原始权利。因此，依赖于内容保护是不合适的。

★《罗马公约》规定了录制后权，即复制权。这意味着在所有近 100 个罗马公约国家，广播组织应该在其权利范围内分享通过信息网络传播所复制的广播电视节目带来的收益（例如私人复制税款）。在具体实践中，这个问题已经得到解决，没有一个罗马公约国家在这事实方面引发任何实质性问题。因此，没有理由认为，当在新条约层面下引介广播组织的“信息网络传播权”时会给内容权利方面带来任何问题，因为它并没有提出一个更高级别的财务诉求。

最后，不应该被低估的是新条约会向外部世界发出一个明晰的信号，广播盗窃不应该被宽恕，而且广播组织权必须在全球范围内得到恰当尊重。从这个角度来看，不包括信息网络传播权将不会给任何人带来好处。相反，如果在广播组织条约中否决了信息网络传播权的必要性，广播组织节目制作所需要权利的内在价值将会降低。这将首先打击体育赛事，因为这些权利因在线盗播受到非常严重的影响。从长远角度而言，相同的影响将会传导到其他广播电视节目制作，最终将导致版权的普遍贬值。这意味着，到最后每个人都将会输掉出局。

（八）保护期限

有人声称，广播组织权应该没有保护期限，因为保护仅限于“信号”，因此保护不应该延及信号不再传播的情况。这个理由是荒谬的，正如绝对否定“录制后”权的必要性是基于同样的理由：它混淆了信号保护和内容保护以及邻接权具体合理性的保护。同样，值得注意的是，就保护期限的计算而言每个广播电视节目或相关信号都有其自身的期限。尽管在某些规定里的措辞似乎会将期限的计算与“首次”播放联系在一起，相同内容的每次重播都会产生一次单独的保护期限。然而，首播权在20年后将仍然到期，像在欧盟及其他地方为50年，该节目此后将可以被任何人免费使用，因此独立于任何重播的节目。

六、结论

当今，广播信号特别容易受到盗窃，因为快速的技术变迁使复制和传播广播组织的节目变得容易、廉价。广播组织条约必须向广播组织提供有效保护应对其信号的任何盗播行为，授予他们在当今技术及商务环境下处置核心问题的工具。随着技术的进步，目前保护中出现的那些漏洞将愈发变得问题重重。

广播组织将其向公众传播的所有节目整体负有法律以及编辑两方面的责任。这首先意味着，广播组织邻接权保护的核心客体应该作为起点，由广播组织或其代理机构发起和编排载有信号的节目整体，包括这些通过任何媒介或者平台上同步或延时的那些节目整体的播出。

其次，广播组织邻接权的效力要求它必须是完全独立、不受约束的。这就是为什么载有节目信号的内容本身是否被保护，是完全毫无关联的。信号保护的客体是完全独立于所转播内容的任何原属权利的拥有者。由此而论，在广播组织条约里，广播电视节目内容不可能且不应该列入适用范畴中。

同时，广播组织邻接权并没有侵犯作者、表演者或制作者权利。相反，在广播组织信号所携载节目中所有权利人自动地从广播组织应对信号盗播的强化立场中受益。与此同时，现已存在内容的制作者完全可以自由地在广播组织播出范围内将其权利授予第三方，只要这不与他们授予相关广播组织的权利相冲突。然而，这纯粹是一个合约性问题，完全独立于广播组织条约并且不能通过该条约进行处置。

此外，广播组织条约并不“凭空地”制造出任何前所未有的权利。到目前为止，所提议的权利并没有超出许多现存的国际和地区性条约以及那些包含在许多国家的国内立法范畴。对有些国家而言，它仅仅是一个澄清或者仅填补某些保护空白的问题而已。

再则，采纳一个新国际条约将确保在全世界拥有一个普遍接受的更新规则的标准，以应对广播组织信号在国外的未经授权使用。它将向广播组织提供必要的工具，有效行使其权利并保护其在节目创意中的财力投入。因此，在广播组织采纳新技术的进程中它可以作为一个强有力的基础，同时维持着相同的节目标准，对普通公众带来最终的益处。

通过迅速地采纳新条约，这将会为处置在线以及其他广播盗播行为达成一个最终、重新聚焦的承诺奠定基础。产业和政府共同应对这种广播盗窃是至关重要的，这不仅是为了世界上最杰出的文化产业的长远健康发展，而且也是为了每个人的最佳利益。

版权侵权惩罚性赔偿制度的法理与实践

朱丹

朱丹，华东政法大学知识产权专业法学博士，现任上海市崇明区人民法院院长。曾任上海市浦东新区人民法院副院长。第四批全国审判业务专家，第二批全国知识产权领军人才，上海市知识产权咨询专家，上海法院首批审判业务专家。中国法学会知识产权法学研究会常务理事、中国科技法学会常务理事。出版个人专著《知识产权惩罚性赔偿制度研究》。

本文首先讨论版权侵权惩罚性赔偿制度的法理基础，其次简要介绍有关国家和地区版权侵权惩罚性赔偿制度的立法现状，然后深入剖析我国现行著作权立法、司法对版权侵权惩罚性赔偿制度的态度，最后对建立我国版权侵权惩罚性赔偿制度提出立法建议。

一、版权侵权惩罚性赔偿制度的法理基础

版权侵权惩罚性赔偿制度，是指故意侵害版权并造成权利人损失的，法院可以根据权利人的请求，判决侵害人除承担补偿性赔偿责任外，还要额外承担一定数额的赔偿金，目的是从经济上对侵害人给予一定的惩罚，从而教育侵害人以及社会公众今后不得实施同样的版权侵权行为的法律制度。版权侵权惩罚性赔偿制度是针对故意侵害版权的行为建立的损害赔偿制度，而对过失侵害版权的行为则不存在实施惩罚性赔偿的问题。本部分将从法学理论的视角，讨论版权侵权惩罚性赔偿制度赖以建立的理论依据，论证版权侵权惩罚性赔偿制度的正当性，并回答为什么应当对故意侵害版权的行为适用惩罚性赔偿责任，而对过失侵害版权的行为则不应当适用惩罚性赔偿责任的问题。

（一）版权侵权惩罚性赔偿能够赔足侵权损失

我国侵权法最基本的赔偿原则是完全赔偿原则，它是指“侵权人对自己的侵权行为或者准侵权行为给被侵权人一方造成的实际损失或者说全部财产损失承担赔偿责任”。[①]根据完全赔偿原则的要求，“如果不考虑共同过失和赔偿责任的减缩，

①张新宝:《侵权责任法》（第二版），中国人民大学出版社 2010 年 7 月第 2 版，第 101 页。

违法者应赔偿他造成的全部损害。”[①]可见，完全赔偿就是要赔足侵权行为造成的全部损失，“就是赔偿以所造成的损失为限，损失多少就赔偿多少”。[②]从损失多少就赔偿多少的角度来看，完全赔偿原则也叫全部赔偿原则，或补偿性赔偿原则，也就是说侵权人承担的是补偿性损害赔偿责任，侵权人赔偿损失的目的和赔偿损失的范围都在于补偿权利人所受损失，填平因侵权行为对权利人造成的财产损害，使权利人的财产状况恢复到侵权行为发生前的状态。

在侵害有形财产引发的损害赔偿案件中，完全赔偿原则一般能够赔足权利人损失，因为在侵害有形财产的案件中，财物的损毁、灭失状况比较容易直观地感知，有关侵权损失的证据比较容易获得，有关侵权损失的状况比较容易审查清楚。因此，按照完全赔偿原则的损失多少就赔偿多少的要求，在侵害有形财产的损害赔偿案件中，适用完全赔偿原则，通常可以赔足权利人因侵权行为受到的损失。然而，在故意侵害版权引发的侵权损害赔偿案件中，补偿性赔偿原则就难以赔足版权人因故意侵权行为受到的损失，只有适用惩罚性赔偿责任才能赔足故意侵害版权给权利人造成的损失，主要理由如下。

1. 故意侵害版权的行为隐蔽性决定了补偿性赔偿原则不足以弥补权利人损失

一方面，故意侵害版权的行为是侵害人故意所为，因此，故意侵害人一般具有逃避侵权责任的主观动因。在这一主观动因的驱使下，侵害人往往会采取各种手段隐瞒侵害行为，比如隐匿、销毁侵权证据等，从而导致故意侵害版权的行为不易被发现。另一方面，侵害版权的行为既不会造成版权客体的损耗，又不会直接引起权利人肉体或精神上的痛苦。因此，故意侵害版权的行为相对于故意侵害物权、人身权来说，更不容易被发现。可见，故意侵害版权的行为具有隐蔽性，许多故意侵害版权的行为往往难以被发现，也就难以被追究侵权责任。比如，虽然行为人实施了三次故意侵害版权的行为，但可能只有一次故意侵害版权的行为被发现和被追究侵权责任。因此，如果对故意侵害版权的行为仍然适用补偿性赔偿责任，则不少故意侵害版权者承担的赔偿责任并不能填平和赔足其造成的侵权损失。

---

① U. 马格努斯：《侵权法的统一：损害与损害赔偿》，谢鸿飞译，法律出版社 2009 年 10 月第 1 版，第 271~272 页。

②杨立新：《侵权损害赔偿》（第五版），法律出版社 2010 年 5 月第 5 版，第 233 页。

2. 故意侵害版权的损失模糊性决定了补偿性赔偿原则不足以弥补权利人损失

由于版权客体是具有独创性的表达，属于具有一定商业价值的信息，因此侵害版权不会造成作为版权客体的“表达”或“信息”在物理或化学状态上的改变，也不会导致权利人有形财产的毁损或灭失，但是权利人的版权市场却被侵权人侵蚀，并且这种损害后果往往难以确定，这充分说明侵害版权造成的损失具有一定的模糊性，版权侵权导致权利人遭受的损失不容易审查清楚。因此，科学、合理地计算侵害版权的损失赔偿额是各国版权司法保护中的难题。正如美国专家所言，“在多数诉讼中，我们的经验是即使是可能的，衡量实际的损失或者侵权人的真正非法所得都是非常困难的。原因有很多，首先，版权所有人和侵权人在不同地理区域内，以不同的价格水平或在不同类型的商品上使用作品。其次，侵权者会表示在侵权销售中没有任何的营利。再次，在多数情形下，版权所有人很难以任何形式来证明实际的损害。我们还发现在原告对被告的诉讼中，要证明对于侵权作品的销售所获取的利益是极为困难的。”[①]特别是在故意侵害版权的案件中，由于侵权人往往隐瞒、销毁证据，导致准确认定权利人所受损失非常困难，因此，在故意侵害版权的情形下，传统的补偿性赔偿责任不足以弥补权利人的损失。

在过失侵害版权的情形下，由于侵害人没有通过侵权行为获得非法利益的主观意愿，因此，过失侵害版权的行为人一般不会刻意隐瞒侵权行为，一般不会毁灭侵权证据材料。可见，相对于故意侵害版权来说，过失侵害版权的行为更容易被发现，也更容易被追究侵权责任，其侵权损失也更容易被审查清楚。所以，对过失侵害版权的行为适用补偿性赔偿原则基本可以填平、赔足版权人遭受的侵权损失。

（二）版权侵权惩罚性赔偿能够惩罚故意侵权

版权制度作为国家法律制度的重要组成部分，应当以实现社会的公平正义为首要法律价值。对侵害版权的行为予以适度惩罚则是实现法律制度公平正义的内在要求，是法律制度具有正当性的必然体现。相反，对违法行为没有任何惩罚的法律制度就不可能矫正因侵权行为导致的不公平、不正义。

① [美] 韦斯顿·安森:《知识产权价值评估基础》，李艳译，知识产权出版社 2009 年 3 月第 1 版，第 115 页。

虽然英国、美国历来重视发挥侵权法的惩罚功能，而法国、德国、日本等大陆法系国家的侵权法历来排斥惩罚性赔偿，但是随着近现代社会经济和科技的飞速发展，社会关系和社会矛盾不断出现新情况、新问题，导致法国、德国也在一些特殊类型案件中，以预防目的为由作出高额赔偿金判决。[①]我国著名民法学者王利明教授认为，“侵权法在发挥对受害人进行补偿功能的同时，也在一定程度上具有制裁不法行为人的作用。尽管这种作用和补偿功能不可同日而语，但是，完全抹杀侵权法的制裁功能也是不妥当的。”[②]欧洲著名侵权法学者也认为，“总之，就损害赔偿金的评定应与违法行为的种类及其程度相适应而言，损害赔偿法具有（以及应有）惩罚功能获得了广泛支持。”[③]

对过失侵害版权的侵害人来说，对其适用补偿性赔偿责任足以体现法律对违法行为的惩罚作用。因为过失侵害版权的侵害人在主观上并没有通过侵害行为获得非法利益的意愿，其主观过错较轻，同时该侵害人不仅要赔偿权利人损失，而且自己还损失了一定的人力、物力和时间等侵权成本，导致侵害人因过失的侵权行为而“劳而无功”，并且侵害人这种“劳而无功”的状况既不是其预期的行为后果，也不是其愿意得到的结果，因此，对过失侵害版权的行为适用补偿性赔偿责任就已经体现出对侵害人一定程度的经济惩罚。

对故意侵害版权的侵害人来说，对其适用补偿性赔偿责任就不足以体现法律对违法行为的惩罚作用。因为故意侵害版权的行为是为追求侵权获利而实施的明知故犯的行为，它不仅具有主观道德上的应受责难性，而且具有客观后果上的非法逐利性，因此，在故意侵害版权承担的损害赔偿责任上更应体现惩罚性。然而，如果对故意侵害版权的行为仍然适用补偿性赔偿责任，则侵害人承担的赔偿金等于侵权获利或侵权损失，其承担赔偿责任后的经济状况并不比侵权行为发生前更差，因此，其在经济上并没有受到惩罚。可见，补偿性赔偿责任对故意侵害版权

① U. 马格努斯：《侵权法的统一：损害与损害赔偿》，谢鸿飞译，法律出版社 2009 年 10 月第 1 版，第 116、132 页。

②王利明：《侵权行为法研究》（上卷），中国人民大学出版社，2004 年 7 月第 1 版，第 91~92 页。

③ U. 马格努斯：《侵权法的统一：损害与损害赔偿》，谢鸿飞译，法律出版社 2009 年 10 月第 1 版，第 270 页。

的人而言没有任何惩罚作用。而惩罚性赔偿“明显使受害人的实际损害与赔偿不成比例，其唯一的目的在于通过民事赔偿制裁违法者。”[①]因此，侵害版权的惩罚性赔偿制度不是简单的确保赔足受害人损失，它还有一项重要功能就是对侵害人给予一定的经济惩罚，通过判决侵权人承担超过其所造成损失的金钱赔偿，使其不法行为受到经济上的惩罚。由此可见，对故意侵害版权的行为，如果仅仅适用补偿性赔偿责任，则不能体现版权法的惩罚功能，只有对其适用惩罚性赔偿责任，才能体现版权法的惩罚功能。

（三）版权侵权惩罚性赔偿能够遏制故意侵权

良好的侵权法律制度，必然会对社会产生相应的警示作用，教育社会公众不得从事侵权行为，从而有助于预防侵权行为的发生，对不法行为的发生起到威慑、遏制的作用。

版权侵权惩罚性赔偿制度的遏制功能主要体现在以下三方面：一是对版权侵害人的遏制作用。通过对故意侵害人施加高于补偿性赔偿金的赔偿责任，使侵害人的赔偿金额与其造成的实际损失或者侵权获利相差悬殊，从而使侵害人在经济上遭受较大损失，使其认识到故意侵犯他人版权会导致其遭受严重经济损失，从而迫使其将来不敢、也不愿从事同样的不法行为。二是对社会公众的遏制作用。对侵害人适用惩罚性赔偿责任会使社会公众认识到，故意侵犯他人版权会导致非常严重的损害赔偿后果，从而迫使社会公众充分尊重他人版权，不敢、也不愿故意侵害他人版权。三是版权人维权积极性的提升可以进一步强化惩罚性赔偿对故意侵害版权的遏制作用。由于惩罚性赔偿责任大大提高了侵害人承担的赔偿金额，使版权人不仅可以弥补因版权侵权行为受到的经济损失，而且在经济上还可获得一定的“奖励”，因此惩罚性赔偿可以激励版权人通过法律途径保护自己的权利。通过版权人的积极起诉维权，确保故意侵害版权的行为难以逃脱法律的制裁，从而使侵害人及社会公众进一步认识到故意侵害版权必将受到法律的严厉制裁，由此进一步强化惩罚性赔偿对故意侵害版权的遏制作用。

---

①欧洲侵权法小组：《欧洲侵权法原则：文本与评注》，于敏、谢鸿飞译，法律出版社2009年10月第1版，第208页。

虽然补偿性赔偿在一定程度上也会对侵害人及社会公众今后的行为起到一定的规范、指引作用，但补偿性赔偿只关注侵害人是否有过错、侵权损失是多少，不考虑侵害人的过错程度，只是从侵权损害的结果上要求侵害人必须完全赔偿受害人的损失，因此在适用补偿性赔偿责任时，侵害人承担的赔偿责任不会超过其造成的损失。在此情况下，侵害人今后无论是否对自己的行为尽到合理注意义务，其承担的赔偿责任只不过是赔偿受害人的损失而已。因此，补偿性赔偿对侵害人及社会公众行为的规范、威慑作用是明显不足的，特别是补偿性赔偿对受害人的自我维权没有充分的激励作用，所以相对于惩罚性赔偿来说，补偿性赔偿对故意侵害版权的行为不具有遏制作用。

（四）版权侵权惩罚性赔偿能够衡平各方利益

版权法是通过规定什么样的独创性表达受法律保护，如何受法律保护，从而合理平衡创作者、传播者与社会公众之间利益关系的法律制度，因此，从这个意义上说，版权法就是利益衡平法。版权侵权惩罚性赔偿制度进一步强化和体现了版权法在衡平创作者、传播者和社会公众之间利益关系中的作用，版权侵权惩罚性赔偿制度的利益衡平功能主要体现在以下两个方面。

一是合理衡平版权人与侵害人间的利益关系。侵害版权的行为相对于创造版权的行为或依法使用他人版权的行为来说成本小，因此侵害版权的行为往往非法获利巨大，特别是一些故意侵犯版权的行为，案发后侵权证据难以查实，传统的补偿性赔偿很难赔足权利人的损失，难以实现权利人与侵权人之间的利益平衡，诉讼的结果往往是权利人赢了官司输了钱，最终是损害了版权人利益，挫伤了创作热情，助长了侵权气焰。惩罚性赔偿通过加重故意侵害版权的赔偿责任，使侵害人不仅无利可图，而且会遭受较大经济损失，从而实现版权人与故意侵权人之间的利益平衡，达到遏制侵权行为发生的目的。

二是合理衡平社会公众与侵害人间的利益关系。侵害版权的行为是营利性的侵权行为，侵害人比同行业竞争者投入的成本更少，获利更大。因此，侵犯版权的行为如果得不到有效制裁，就会导致合法经营竞争不过非法经营，从而动摇社会公众对版权制度的信心，导致越来越多的人不愿意通过合法授权使用他人版权，从而出现更多的版权侵权行为。版权侵权惩罚性赔偿制度通过加重侵权人的赔偿责任，使版权合法使用人不致因侵权行为的发生而处于竞争劣势，使侵权人因侵权而增大侵权成本，且最终得不偿失，促使社会公众充分认识和相信版权制度的严肃性和权威性，促使社会公众更加愿意通过合法途径使用版权，从而实现社会公众与侵害人间的利益平衡。

（五）版权侵权惩罚性赔偿能够激励版权繁荣

虽然长期以来“自然权利受到欧洲大陆知识产权理论的极力推崇”[①]，但是“激励论”作为知识产权的法哲学基础得到了越来越广泛的接受和认可。“美国联邦宪法及司法判决似乎承认激励理论作为证明知识产权合理性的首要作用。联邦宪法明确将专利与版权条款中赋予的权利限于一个特定的条件，即‘促进科学及有用技术的进步’（《美国宪法》第1条第8款）。”[②]世界贸易组织协定中《与贸易有关的知识产权协议》第7条“目标”明确规定，“知识产权的保护与权利行使，目的应在于促进技术的革新、技术的转让与技术的传播……”[③]这一规定表明，“激励论”作为包括版权法在内的知识产权的法哲学基础已被世界贸易组织协定中《与贸易有关的知识产权协议》这一国际公约认可，当然也被该协议的所有成员方接受。

作为版权制度的重要组成部分，版权侵权惩罚性赔偿制度能够充分激励版权繁荣，这主要体现在以下三个方面。

第一，可以激励版权的创造。通过加大侵害人的经济赔偿责任，使侵权行为发生后，权利人不会因此而利益受损，反而可能“因祸得福”，即赔偿金大于其经济损失。通过这种赔偿制度的设置，消除版权人对遭受侵权损害的后顾之忧，不再畏惧版权侵权行为，也不必投入过度的经济成本对其版权进行自我保护，促

①罗伯特·P. 墨杰斯、彼特·S. 迈乃尔、马克·A. 莱姆利、托马斯·M. 乔德:《新技术时代的知识产权法》，齐筠、张清、彭霞、尹雪梅译，中国政法大学出版社2003年10月第1版，第5页。

②同上，第10页。

③郑成思:《知识产权研究》（第七卷），中国方正出版社1999年5月第1版，第249页。

使版权人将更多的精力、更多的资金投入版权的创造、运用之中，放手开展创新、创作，从而激发更多的文学艺术和科学作品问世。

第二，可以激励版权的交易。惩罚性赔偿责任导致故意侵害版权的行为得不偿失，因此，版权侵权惩罚性赔偿制度可以破除潜在侵害人从事版权侵权行为的侥幸心理。社会公众一旦不敢、不愿通过侵权方式使用他人版权，必然会积极地参与版权的市场交易，从而自觉地通过市场交易，以合理的对价换取对他人版权的使用权，从而有助于促进版权的市场交易。版权市场交易的繁荣必然又会反过来促进版权的创造，也必然促进版权的传播、运用和管理，最终增进社会福祉。

第三，可以激励版权的维权。版权侵权惩罚性赔偿制度降低了版权人的维权成本，提高了侵害人的侵权代价。版权人通过惩罚性赔偿责任的适用，可能获得超过实际损失的赔偿金额，“十赔九不足”或“赢了官司输了钱”的现象将得到有效遏制。由于版权人可以通过惩罚性赔偿的适用“有利可图”，因此，版权人依法维权的积极性将得到激励，侵害版权的行为逃避法律制裁的可能性将大为降低，从而有助于减少版权侵权现象的发生。

二、版权侵权惩罚性赔偿制度的域外考察

不少国家和地区已建立起比较成熟的版权侵权惩罚性赔偿制度。本部分将简要介绍美国、英国、加拿大和中国台湾地区的版权侵权惩罚性赔偿制度。

（一）美国的版权侵权惩罚性赔偿制度

美国的版权侵权惩罚性赔偿制度与美国其他知识产权部门法上的惩罚性赔偿制度不完全相同。美国的版权侵权惩罚性赔偿制度主要是以法定赔偿制度的形式体现的。此外，辅之以特定类型案件中的附加性损害赔偿金制度。

《美国版权法》第 504 条（c）款在形式上是关于法定赔偿制度的规定，该款规定的内容如下：

（c）法定赔偿——

（1）本款第（2）项另有规定者除外，版权所有人在最终判决作出前之任何时间，可以就诉讼所涉及的所有侵权行为选择法定赔偿，以代替依实际损失及侵权人的侵权所得进行的赔偿。就任何一部作品而言，无论侵权人系个人单独承担侵权责任还是两名或两名以上的侵权人连带承担侵权责任，法定赔偿金为不低于750美元或者不超过30000美元，以法院视正当而定。就本款规定而言，编辑作品或演绎作品的所有内容构成一部作品。

（2）版权所有人承担举证责任证明侵权行为系故意实施并且经法院认定的，法院可酌情决定将法定赔偿金增加至不超过15万美元的数额；侵权人承担举证责任证明该侵权人不知也无理由相信其行为侵犯了版权并且经法院认定的，法院可酌情决定将法定赔偿金减少至不少于200美元的数额。无论如何，侵权人认为并且有合理根据相信其对版权作品的使用依第107条系合理使用的，法院应免除法定赔偿，如果侵权人系：①因复制或者录制该作品而侵犯了版权的、在其工作范围内行为的非营利性教育机构、图书馆或档案馆的雇员或代理人或该非营利性教育机构、图书馆或档案馆本身；②作为第118条（g）款所定义的公共广播实体的正常的非营利活动，表演已发表的非戏剧文学作品或者复制含有该作品表演的广播节目而侵犯了版权的公共广播实体或个人。[①]

上述法定赔偿制度虽然内容简单明了，但内涵相当丰富。根据上述规定，在侵害版权引起的损害赔偿案件中，法官视个案的不同情况，确定的法定赔偿金的性质可能不同。这就是说，法定赔偿其实是一种性质待定的赔偿方法或赔偿责任，在特定情形下，法官确定的侵害版权的法定赔偿金可能属于补偿性赔偿金，或者惩罚性赔偿金，或者名义上的赔偿金。

第一种情形，法定赔偿金属于补偿性赔偿金。根据《美国版权法》的规定，一般情况下（主要是过失侵害版权的情形下），侵害版权的法定赔偿金在750美元至30000美元之间，以法院视为正当而定，以代替依实际损失及侵权人的侵权所得进行的赔偿。可见，在此情形下确定的法定赔偿金基本属于填平权利人实际损失或返还侵权获利的补偿性赔偿金。

①《十二国著作权法》翻译组译:《十二国著作权法》，清华大学出版社2011年6月第1版，第805页。

第二种情形，法定赔偿金包含补偿性赔偿金和惩罚性赔偿金。根据《美国版权法》的规定，当侵害版权的行为系故意实施时，法院可酌情决定将法定赔偿金增加至不超过 15 万美元的数额。在此情形下，主要是根据侵害人故意侵权的过错程度，并结合其他侵权情节，在确定的补偿性法定赔偿金的基础上，再酌情确定一定金额的惩罚性法定赔偿金，且两种法定赔偿金之和的上限是补偿性法定赔偿金上限的 5 倍。可见，当侵害版权的行为系故意实施时，法定赔偿金的性质就不仅仅是补偿性赔偿金，还具有惩罚性赔偿金的性质，因为此时确定的法定赔偿金既包含有补偿性赔偿金，又包含有惩罚性赔偿金。

第三种情形，法定赔偿金属于名义上的损害赔偿金。根据《美国版权法》的规定，如果侵权人不知也无理由相信其行为侵犯了版权并且经法院认定的，法院可酌情决定将法定赔偿金减少至不少于 200 美元的数额。可见，当侵害人在实施侵害版权的行为时无过错的，法院可以酌情将法定赔偿金减少至不少于 200 美元。这时的法定赔偿金类似于名义上的损害赔偿金。在美国侵权法上，“名义上的损害赔偿是在诉讼中判给原告的一笔小额损害赔偿金，它适用于在没有实际损失或伤害可予以赔偿，但法律仍然承认原告的权利受到了侵害或者被告违反职责的情形，或者虽然有实际的伤害发生，但原告不能证明损害金额的情形。”[①]可见，名义上的损害赔偿并非对受害人经济损失的赔偿，而是对受害人权利的确认以及对侵害行为的认定。因此，当版权侵害人无过错时，法官可以在不少于 200 美元且低于 750 美元的范围内，酌情确定侵害人应当承担的法定赔偿金，此时版权侵害人承担的法定赔偿金就具有名义上的损害赔偿金的性质，该赔偿金的目的不在于对原告的损失进行赔偿，而在于对原告的版权以及被告行为的侵权性质予以确认和宣示。

美国版权侵权惩罚性赔偿制度的另一表现形式是附加性损害赔偿金。《美国版权法》第 504 条（d）款是关于附加性损害赔偿金的规定，本款规定的内容如下：

（d）特定案件中的附加赔偿金——法院查明商业机构的所有者以其行为符合第 110 条第（5）项的免责规定主张抗辩，但没有合理的理由相信其使用版权作品符合该条免责规定的，除收取依本条规定的损害赔偿金外，原告有权要求相关商业机构的经营者因作品使用而应该向其支付的许可使用费 2 倍的费用，

① Black's Law Dictionary (Fifth Edition), By West Publishing Company, P.353.

但按照该标准支付费用的期间至多是过去的3年间。[①]

《美国版权法》第110条是对版权所有人的表演权和展示权进行限制的规定，该条第（5）项主要规定了在何种情形下，公众以及商业店铺等机械表演或展示受版权法保护的音频、视频不构成对版权的侵害，并且应当免于承担版权侵权责任。[②]

《美国版权法》第504条（d）款规定的附加性损害赔偿金是在补偿性损害赔偿金之外，增加的赔偿金，明显属于惩罚性赔偿金，该附加性损害赔偿金具有以下特点：第一，仅适用于几种特殊类型的案件。仅适用于不构成《美国版权法》第110条第（5）项规定的免责抗辩事由的侵害表演权、展示权的案件。可能是因为这几类版权侵权行为比较隐蔽，不易被追究侵权责任，需要加强预防和处罚，因此，才特别针对这几类版权侵权行为提高侵权赔偿金额。第二，侵害人的过错形态不限于故意。根据本款规定，只要侵害人没有合理的理由相信其使用版权作品的行为应当免责的，就符合本款适用附加性损害赔偿金的过错要件。然而，由于第110条第（5）项规定的免责条件非常具体明确，通常不会出现过失违反《美国版权法》第110条第（5）项规定的情形。因此，可以适用本款规定判决承担附加性损害赔偿金的版权侵权人，其过错形态基本上属于故意性质。此外，将侵权人的过错不限于故意有利于减轻权利人的举证负担，更有利于对表演权、展示权这两种比较难以保护的权利加强保护。第三，附加性损害赔偿金的数额与作品的许可使用费紧密相关。根据本款规定，版权人除可获得依本条规定判决的其他赔偿金外，还可以获得涉诉作品许可使用费2倍的费用，计算许可使用费的期间最长可以是过去的3年。

①杜颖、张启晨译:《美国著作权法》，知识产权出版社2013年1月第1版，第142页；参见：Copyright Law of the United States and Related Laws Contained in Title 17 of the United States Code, http://www.copyright.gov/title17/circ92.pdf, 2016年5月12日访问。

②杜颖、张启晨译:《美国著作权法》，知识产权出版社2013年1月第1版，第30~31页。

（二）英国的版权侵权惩罚性赔偿制度

英国的版权侵权惩罚性赔偿制度主要规定在《英国 1988 年版权、外观设计与专利法》中，该法规定有具有惩罚性赔偿性质的版权附加性损害赔偿制度，该制度就是英国的版权侵权惩罚性赔偿制度。

《英国 1988 年版权、外观设计与专利法》第 97 条的内容如下：

关于侵权诉讼损害赔偿金的规定

（1）在版权侵权诉讼中，如有证据证明在侵权之时，被告不知道，也没有理由相信涉诉作品存在版权，则原告无权获得损害赔偿，但其可获得的其他救济不受影响。

（2）在版权侵权诉讼中，法院可以考虑各种情形，特别是以下情形，并基于案件公正的要求，判决附加性损害赔偿金：①侵权的恶意程度，以及②被告因侵权获得的利益。[①]

《英国 1988 年版权、外观设计与专利法》没有对附加性损害赔偿金的性质作出规定，引发了对附加性损害赔偿责任性质的争议，[②]即它究竟是补偿性损害赔偿责任，还是惩罚性损害赔偿责任？深入分析《英国 1988 年版权、外观设计与专利法》关于附加性损害赔偿金的规定可知，附加性损害赔偿属于惩罚性损害赔偿，主要理由是：第一，该法规定的附加性损害赔偿金是在补偿性赔偿金的基础上增加赔偿的赔偿金，因此，在是否对侵权人具有经济上的惩罚作用上，附加性损害赔偿金类似于惩罚性赔偿金，具有一定的惩罚和遏制功能。第二，附加性损害赔偿金的适用应当考虑侵权的恶意程度，以及被告的获利状况，而惩罚性赔偿金的适用也应当考虑侵权人的过错形态以及侵权损害后果等因素，因此，附加性损害赔偿与惩罚性赔偿在适用条件、确定金额大小的因素等方面具有很大的相似性。第三，研究欧洲知识产权法的学者也认为，英国版权侵权的附加性损害赔偿责任属于惩罚性赔偿责任。如 Christophe Geiger，Jacques Raynard，Caroline Roda 在《欧洲知识产权执法体系有哪些发展？对 2010 年 12 月 22 日评估报告的评论》一文中指

① Copyright, Designs and Patents Act 1988, http://www.legislation.gov.uk/ukpga/1988/48/section/97, 2015 年 5 月 21 日访问。

② Kenneth J. Campbell, Additional damages for breach of copyright: the APProaches of Scotland and England compared, E.I.P.R. 1997, 19(9), pp.522-524.

出，“《英国1988年版权、外观设计与专利法》规定法院可在版权侵权纠纷案件中，根据案情需要，判令侵权人承担此种附加性损害赔偿。虽然这种损害赔偿制度在性质上到底是一种加重的，但仍属于补偿范畴的赔偿还是出于惩罚目的而设计的赔偿制度没有得到明确，但一般认为应该属于后者。”[①]由上可见，附加性损害赔偿在性质上属于惩罚性赔偿，英国的版权侵权附加性损害赔偿制度就是英国的版权侵权惩罚性赔偿制度。此外，《英国1988年版权、外观设计与专利法》没有对附加性损害赔偿金的赔偿额度作出规定，而是赋予法官根据案件的具体情况，酌情确定附加性损害赔偿金的数额。

（三）加拿大的版权侵权惩罚性赔偿制度

《加拿大著作权法》第38.1（1）项是关于法定赔偿的规定，该项规定的内容如下：

> 根据本条规定，版权所有人可以在最终判决作出前的任何时候，选择对单独承担侵权责任的单个侵权责任人，或者承担连带责任的两个或两个以上的侵权责任人适用法定赔偿金，以代替第35.（1）项规定的实际损失赔偿或返还侵权利润赔偿。
>
> （a）如果是为商业目的侵权，在侵权诉讼中，对于每部被侵权作品或其他版权客体，法院可在不少于500加元且不超过20000加元的范围内，公正合理地确定赔偿金，并且
>
> （b）如果是为非商业目的侵权，在侵权诉讼中，对于被侵权的全部作品或其他版权客体，法院可在不少于100加元且不超过5000加元的范围内，公正合理地确定赔偿金。[②]

《加拿大著作权法》第38.1（2）项规定的是在被告无过错侵权的情形下的法定赔偿责任，该项规定的内容是：

① Christophe Geiger, Jacques Raynard, Caroline Roda, What developments for the European framework on enforcement of intellectual property rights? A comment on the evaluation report dated December 22, 2010, E.I.P.R. 2011, 33(9), pp. 543-549.

② Copyright Act of Canada, http://laws-lois.justice.gc.ca/PDF/C-42.pdf, 2015年5月22日访问。

> 如果版权所有人根据本条第（1）项的规定选择法定赔偿，并且被告使法院确信被告没有意识到，也没有合理的理由确信其侵害了版权，法院可以根据本条第（1）项之（a）项的规定，将赔偿金额减少至500加元以下，但不得低于200加元。①

《加拿大著作权法》第38.1（5）项规定的是适用法定赔偿应当考虑的各种因素，该项规定的内容如下：

> 根据本条第（1）项至第（4）项的规定行使裁量权时，法院应当考虑所有相关因素，包括：
>
> （a）被告是善意还是恶意；
>
> （b）在诉讼前和诉讼中，各方当事人的行为；
>
> （c）制止争议中的其他版权侵权行为的必要性；以及
>
> （d）在非商业目的侵权的情况下，要考虑判赔金额可能对被告造成的困难，侵权是否为私人目的所为，以及侵权对原告产生的影响，从而判决与侵权行为相称的赔偿金。②

此外，《加拿大著作权法》关于保护集体管理组织获得许可使用费的规定也明显具有惩罚性赔偿的性质。《加拿大著作权法》第38.1（4）项对集体管理协会可获得的法定赔偿金作出了规定，该项规定的内容是：

> 在被告没有支付实际的版权许可使用费的情况下，第67条规定的集体管理协会可以根据本条的规定，只选择适用法定赔偿，以代替本法规定的任何其他形式的金钱救济。只要法院认为是公正的，法定赔偿金额应当不低于实际版权许可使用费的三倍，且不得超过十倍。③

另外，《加拿大著作权法》第38.1（7）项规定：

> 本条第（1）项规定的适用并不影响版权所有人可能获得示范性或惩罚性损害赔偿的任何权利。④

---

① Copyright Act of Canada, http://laws-lois.justice.gc.ca/PDF/C-42.pdf, 2015年5月22日访问。

②同上。

③同上。

④同上。

由上可知，加拿大的版权侵权惩罚性赔偿制度具有以下特点：第一，惩罚性赔偿责任与法定赔偿责任可以同时适用于同一版权侵权行为，但仅限于《加拿大著作权法》第38.1（1）项规定的商业目的与非商业目的侵犯版权的情形。这一规定与美国的版权侵权惩罚性赔偿制度有很大差别。美国的版权侵权惩罚性赔偿主要是以法定赔偿的方式体现的。由于法定赔偿是在综合考虑侵害人过错程度等侵权情节的基础上确定的赔偿金，故法定赔偿金本身就可能包含有惩罚性赔偿金，因此，没有必要在法定赔偿的基础上再叠加适用惩罚性赔偿。如果在法定赔偿的基础上再叠加适用惩罚性赔偿，就容易导致对侵害人的过度处罚。可见，在惩罚性赔偿与法定赔偿是否可以并用的问题上，《美国版权法》的规定更加科学合理。当然，由于《加拿大著作权法》规定法定赔偿的适用并不影响惩罚性赔偿的适用，因此，可以认为，《加拿大著作权法》上的法定赔偿属于补偿性损害赔偿。第二，没有规定惩罚性赔偿金的额度。《加拿大著作权法》既没有规定惩罚性赔偿金与法定赔偿金或其他补偿性赔偿金的倍比关系，又没有规定惩罚性赔偿金的具体数额，完全由法院根据案件的具体情况酌情确定惩罚性赔偿金的数额。第三，在集体管理组织追索版权许可使用费的案件中，可以直接适用法定赔偿方法确定赔偿金额，赔偿金额不低于实际版权许可使用费的三倍，且不得超过十倍。在实际的版权许可使用费的三倍到十倍之间确定的赔偿金额，通常大大超过了补偿性赔偿金的数额，明显具有惩罚性赔偿的性质。

（四）中国台湾地区的版权侵权惩罚性赔偿制度

中国台湾地区“著作权法”借鉴《美国版权法》的立法经验，通过形式上规定法定赔偿制度，达到实质上规定了惩罚性赔偿制度的目的。中国台湾地区2006年修正的“著作权法”第88条规定了侵害著作权的损害赔偿责任，该条规定的内容如下：

因故意或过失不法侵害他人之著作财产权或制版权者，负损害赔偿责任。

数人共同不法侵害者，连带负赔偿责任。

前项损害赔偿，被害人得依下列规定择一请求：

（1）依中国台湾地区“民法”第216条之规定请求。但被害人不能证明其损害时，得以其行使权利依通常情形可得预期之利益，减除被侵害后行使同一权利所得利益之差额，为其所受损害。

（2）请求侵害人因侵害行为所得之利益。但侵害人不能证明其成本或必要费用时，以其侵害行为所得之全部收入，为其所得利益。

依前项规定，如被害人不易证明其实际损害额，得请求法院依侵害情节，在新台币1万元以上100万元以下酌定赔偿额。如损害行为属故意且情节重大者，赔偿额得增至新台币500万元。[①]

由上可见，中国台湾地区“著作权法”在形式上规定的是法定赔偿制度，但实质上是以法定赔偿制度的形式，既规定了版权侵权的补偿性赔偿制度，又规定了版权侵权的惩罚性赔偿制度。

三、我国版权侵权惩罚性赔偿的实践探索

虽然我国现行《著作权法》并没有规定版权侵权惩罚性赔偿制度，但相关立法建议已被修法草案采纳，有关司法政策和司法实践也一直在对加大著作权侵权赔偿力度，提高侵权代价进行积极探索，有些探索已具有实施惩罚性赔偿的因素或作用。

（一）国家立法的探索

虽然我国《著作权法》没有规定惩罚性赔偿制度，侵害著作权的损害赔偿目前仍然适用我国《民法通则》《侵权责任法》所确立的补偿性赔偿原则，但是我国《著作权法》规定有法定赔偿制度，该制度对传统的补偿性赔偿起到了有益的补充。因为从侵害版权的法定赔偿制度的国外立法例来看，法定赔偿是一种性质待定的损害赔偿方式。对过失侵害版权的行为来说，法定赔偿金就是补偿性赔偿金；而对故意侵害版权的行为来说，法定赔偿金在本质上包含有补偿性赔偿金和惩罚性赔偿金两个部分。此外，从我国法定赔偿制度的实践运用上看，不少案件判决

① 中国台湾地区“著作权法”（2006年修正），网址：http://blog.sina.com.cn/s/blog_6b9e5e650100oebs.html，2015年11月4日访问。

的法定赔偿金对版权侵权行为起到了一定的惩戒作用。因此，无论从法定赔偿的属性上看，还是从法定赔偿的实践运用上看，我国《著作权法》上的法定赔偿制度都或多或少地体现出对故意侵害版权的惩罚作用。

我国 2010 年修正的《著作权法》第 49 条第 2 款规定，权利人的实际损失或者侵权人的违法所得不能确定的，由人民法院根据侵权行为的情节，判决给予 50 万元以下的赔偿。这就是我国《著作权法》上的法定赔偿制度。根据这一规定，在实际损失或违法所得不能确定的情况下，决定版权侵害人赔偿金额的关键因素就是侵权行为的情节。《最高人民法院关于审理著作权民事纠纷案件适用法律若干问题的解释》第 25 条第 2 款规定，根据法定赔偿方法，人民法院在确定赔偿数额时，应当考虑作品类型、合理使用费、侵权行为性质、后果等情节综合确定。版权侵害人的过错形态和程度正是“侵权行为性质”的表现形式之一，因此，在确定赔偿数额时，侵害人的过错形态是故意还是过失，过错程度的大小，这是法院应当重点考虑的因素。如果侵害人的过错属于故意，相应的赔偿数额就应当从高确定。由于法定赔偿金的确定需要考察侵害人的过错程度，且过错程度越重，赔偿数额可能越多，这与惩罚性赔偿适用于故意侵害版权的行为具有一定的相似性。因此，可以认为，我国《著作权法》及其司法解释虽然没有规定侵害版权的惩罚性赔偿制度，但其关于法定赔偿的规定已多少显现出对故意侵害版权的惩罚作用。

2014 年 6 月 6 日，国务院法制办公室在互联网上公布了国家版权局报请国务院审议的《著作权法（修订草案送审稿）》。该修订草案第 76 条第 2 款规定，对于两次以上故意侵犯著作权或者相关权的，人民法院可以根据前款计算的赔偿数额的二至三倍确定赔偿数额。[①]可见，该修订草案明确规定了版权侵权惩罚性赔偿制度。可以预见，此次《著作权法》修正案将会规定我国版权侵权的惩罚性赔偿制度。

（二）司法政策的探索

司法政策是上级法院在一定时期内，依法裁判特定类型案件的审判思路、裁

①《著作权法（修订草案送审稿）》，网址：http://www.chinalaw.gov.cn/article/cazjgg/201406/20140600396188.shtml, 2016 年 2 月 24 日访问。

判方法、执法重点、适法力度等的总称，它对下级法院的审判工作具有指导和规范作用，也对下级法院法官司法理念与裁判思维的养成具有指引作用。在依法加大版权侵权赔偿力度方面，我国已有不少司法政策，有的已涉及惩罚性赔偿责任。

1. 中共中央司法政策的探索

2015 年 3 月 13 日发布的《中共中央 国务院关于深化体制机制改革加快实施创新驱动发展战略的若干意见》明确提出，实行严格的知识产权保护制度。完善知识产权保护相关法律，研究降低侵权行为追究刑事责任门槛，调整损害赔偿标准，探索实施惩罚性赔偿制度。这是中央文件首次提出探索实施知识产权惩罚性赔偿制度，说明建立知识产权惩罚性赔偿制度已上升为中共中央、国务院深化体制机制改革，加快实施创新驱动发展战略的战略决策之一。2015 年 9 月，中共中央办公厅、国务院办公厅印发《深化科技体制改革实施方案》，该方案在“（二十七）实行严格的知识产权保护制度，鼓励创业、激励创新”中明确要求，调整损害赔偿标准，探索实施惩罚性赔偿制度。2015 年 12 月 18 日，国务院印发《关于新形势下加快知识产权强国建设的若干意见》，该意见明确提出，提高知识产权侵权法定赔偿上限，针对情节严重的恶意侵权行为实施惩罚性赔偿并由侵权人承担实际发生的合理开支。可见，在加快实施创新驱动发展战略的新形势下，建立包括版权侵权惩罚性赔偿制度在内的知识产权惩罚性赔偿制度已上升为国家的重大战略决策。

在 2016 年 7 月 7 日召开的“全国法院知识产权审判工作座谈会暨全国法院知识产权审判‘三合一’推进会”上，最高人民法院副院长陶凯元在讲话中指出，在确定知识产权损害赔偿数额时，既要力求准确反映被侵害的知识产权的相应市场价值，又要适当考虑侵权行为人的主观状态，实现以补偿为主、以惩罚为辅的双重效果。对于重复侵权、故意侵权的行为人，可以根据具体案情酌情确定适当高于市场价值的损害赔偿。[①]根据这一讲话的要求，在确定损害赔偿数额时，要考虑侵害人的主观状态、要实现惩罚效果、损害赔偿额可适当高于市场价值等因素，

①陶凯元：《充分发挥司法保护知识产权的主导作用 为建设知识产权强国和世界科技强国提供坚强有力的司法服务与保障——在全国法院知识产权审判工作座谈会暨全国法院知识产权审判“三合一”推进会上的讲话》。

这几个因素都是惩罚性赔偿的要求和体现。由此可见，在加快实施创新驱动发展战略的新形势下，最高人民法院通过出台司法政策的方式，及时贯彻落实中共中央和国务院关于“调整损害赔偿标准，探索实施惩罚性赔偿制度”的精神和要求，这一司法政策有助于地方法院在版权侵权案件中进一步探索判决具有惩罚性因素的损害赔偿金。

2. 地方司法政策的探索

虽然我国《著作权法》及其司法解释没有规定惩罚性赔偿制度，但不少地方法院在出台的相关司法政策中，积极探索提高侵权赔偿额的方法，允许裁判具有一定惩罚性因素的损害赔偿金。

2005 年出台的《北京市高级人民法院关于确定著作权侵权损害赔偿责任的指导意见》（京高法发〔2005〕12 号）①第 17 条规定，被告因侵犯著作权或者与著作权有关的权利，曾经两次以上被追究刑事、行政或民事责任的，应当在依据本规定确定的赔偿数额的限度内，从重确定赔偿数额。该指导意见要求对两次以上被追究刑事、行政和民事责任的侵害人，应当从重确定侵权赔偿数额，这一规定明显具有惩罚性因素。

此外，该指导意见第 32 条规定，依据本规定第 26 条至第 31 条的方法确定赔偿数额的，可以同时根据第 25 条第 1 款规定的因素，在上述数额的 2~5 倍内确定具体的赔偿数额。该指导意见第 25 条规定，应当考虑的因素有，①作品的知名度及侵权期间的市场影响力；②作者的知名度；③被告的过错程度；④作品创作难度及投入的创作成本。该指导意见第 26 条至第 31 条规定，侵犯文字、美术、摄影、音乐、计算机软件作品著作权及音像制品邻接权的，可以参照有关的合理许可使用费标准确定侵权赔偿额。根据该指导意见的上述规定，虽然侵权损失、侵权获利、合理许可使用费仍然是确定赔偿额的基本依据，但在确定侵权损害赔偿额时，应当考虑侵权人的过错程度，如果过错程度较重，就应当课以较重的赔偿责任，甚至可以将赔偿额增加到合理许可使用费的 5 倍。这一规定的惩罚性因素十分明显。

① 《北京市高级人民法院关于确定著作权侵权损害赔偿责任的指导意见》（京高法发〔2005〕12 号），网址：http://www.lawtime.cn/info/sunhai/shpcfg/2007070642627.html，2017 年 2 月 14 日访问。

2009年出台的《浙江省高级人民法院关于审理网络著作权侵权纠纷案件的若干解答意见》(浙法民三〔2009〕6号)[①]第33条规定，网络环境中侵犯文字、美术、摄影等作品著作权的，适用法定赔偿方式确定赔偿数额时，一般可以参照国家相关部门规定的稿酬标准，在该标准的2~5倍范围内酌情确定赔偿数额。影响文字、美术、摄影作品网络侵权赔偿数额的因素包括但不限于：作品的性质、作品(作者)的知名度、作品独创性程度、作品获奖情况、作品的使用方式、使用性质、侵权的主观故意、侵权行为持续时间、侵权地域范围、被告的基本情况。该解答意见不仅将损失赔偿数额明确限定为国家相关部门规定的稿酬标准的2~5倍范围内，即合理许可使用费的2~5倍，而且明确规定在确定赔偿数额时，应当考虑侵权人的主观故意，可见该规定在一定程度上超出了补偿性赔偿的限度，明显带有惩罚性赔偿的因素。

2010年出台的《上海市高级人民法院关于知识产权侵权纠纷中适用法定赔偿方法确定赔偿数额的若干问题的意见(试行)》(沪高法〔2010〕267号)[②]第5条规定，适用法定赔偿方法确定赔偿数额时，侵权人过错程度是一般应当综合考虑的因素之一。该意见第16条规定，侵犯文字、美术、摄影等作品著作权的，可以在国家规定的稿酬标准的2~5倍范围内确定法定赔偿额。可见，在确定侵害文字、美术、摄影等作品著作权的法定赔偿金时，可以根据侵害人的过错程度，在国家规定的2~5倍的许可使用费范围内酌情确定法定赔偿金。可见，这一确定法定赔偿金的方法已不完全是按照损失多少，赔偿多少的补偿性赔偿原则来确定赔偿金，而是可以超出补偿性赔偿的限度，容许一定程度的惩罚性赔偿因素存在。

①《浙江省高级人民法院关于审理网络著作权侵权纠纷案件的若干解答意见》(浙法民三〔2009〕6号)，网址：http://www.cnipr.net/article_show.asp?article_id=2609, 2017年2月14日访问。

②《上海市高级人民法院关于知识产权侵权纠纷中适用法定赔偿方法确定赔偿数额的若干问题的意见(试行)》(沪高法〔2010〕267号)，网址：http://www.lawxp.com/statute/s1752644.html，2017年2月14日访问。

（三）司法个案的探索

案例一：原告上海世纪出版集团人民出版社诉被告上海海上图书发行部侵害著作权纠纷案

本案中，虽然查获的盗版书只有一本，但法院判决的法定赔偿金却高达5万元。该案是一起适用法定赔偿方法，探索判决具有一定惩罚性因素的法定赔偿金的案例。

该案基本事实是：2001年6月，原告经授权，依法获得《我为歌狂》一书的专有出版权。从2001年7月至2002年3月，原告出版、发行的该书共印刷10次，印数为52万册，单价为15元，该书已成为图书市场的畅销书籍。原告发现市场上出现《我为歌狂》的盗版书后，就向上海市版权局进行投诉。2002年1月，上海市版权局在被告下属的“康健分部”查获一本《我为歌狂》盗版书。原告遂诉至法院，请求判决被告承担赔偿经济损失人民币10万元等民事责任。一审期间，被告提供证据证明，其曾经从合法渠道购进58本《我为歌狂》正版书。被告还辩称，版权局查获的一本盗版书是一位顾客退还回来的，被告书店出售给该顾客的图书是正版图书，但该顾客退还回来的却是盗版图书，被告书店在办理图书退还手续时，因工作疏忽，没有发现该顾客退还的图书其实不是该书店出售的。对此辩解，被告没有提供证据证明。一审法院经审理认为，原告对《我为歌狂》一书的专有出版权应受法律保护。由于原告的实际经济损失及被告的违法所得均难以确定。因此，应当根据被告的过错程度、侵权手段、侵权规模等侵权情节，酌情确定本案侵权赔偿额。被告作为专业性的图书发行单位，并且其住所地又是上海最大的图书刊物批发市场，因此，被告应当知道市场上最畅销的图书品种，也应当知道《我为歌狂》正版图书的发行量，也比一般的图书销售商更有能力判断《我为歌狂》正版书和盗版书的区别。被告不能证明其下属书店销售的《我为歌狂》盗版书的合法来源，具有明显过错，应当承担侵权的民事责任。故依法判决被告承担赔偿原告经济损失人民币5万元等民事责任。被告不服一审判决，提起上诉。二审法院经审理后，判决驳回上诉，维持原判。①

①参见上海市第二中级人民法院（2002）沪二中民五（知）初字第121号民事判决书；上海市高级人民法院（2002）沪高民三（知）终字第123号民事判决书。

对该案5万元赔偿金的性质有不同看法。一种观点认为，该案5万元的赔偿金仍然属于补偿性赔偿金，理由是本案虽然仅查获一本盗版书，但并不能据此得出被告仅销售了一本盗版书的结论。本案被告销售的盗版书的数量处于难以查清的状态，因此本案原告的实际损失、被告的侵权获利难以查清，应当适用法定赔偿方法，在50万元的法定赔偿金范围内，根据侵权情节酌情确定侵权赔偿金额。由于被告是一家图书发行商、《我为歌狂》一书系畅销书且原告为维权支出了一定的合理费用，故判决被告赔偿人民币5万元亦没有超出补偿性赔偿的限度。另一种观点则认为，本案5万元赔偿金已超出补偿性赔偿的范围，明显包含有一定的惩罚性赔偿金，理由是本案仅仅查获一本盗版书，单价仅15元，即使被告销售1000本盗版书，营业额也只有1.5万元，何况被告作为一家正规的图书发行部，对《我为歌狂》盗版书的发行量不可能达到1000本，因此，本案判赔金额明显超出原告实际损失和被告侵权获利，突破了我国《著作权法》关于补偿性损害赔偿的要求，具有惩罚性赔偿的性质。上述两种观点相比之下，第二种观点更具有说服力。

案例二：央视国际诉全土豆公司侵害电影作品《舌尖上的中国》信息网络传播权纠纷案

本案也是一起适用法定赔偿方法，加大侵权损害赔偿力度的案例。

该案基本事实是：央视国际是7集纪录片《舌尖上的中国》的著作权独占被许可人，依法对这7集纪录片享有信息网络传播权。7集纪录片《舌尖上的中国》（以下简称涉案作品）自2012年5月起在央视第一套节目播出后不久，全土豆公司便在其网站上向公众提供涉案作品的在线点播服务，网络用户可以在其个人选定的时间和地点登录全土豆公司的网站观看涉案作品。央视国际对全土豆公司提供涉案作品的在线点播服务进行公证证据保全后，依法向法院提起诉讼，请求判令全土豆公司赔偿其经济损失及合理费用85万元。一审法院经审理认为，全土豆公司未经许可，擅自在其网站上向公众提供涉案作品在线点播服务的行为，侵犯了央视国际对涉案作品享有的信息网络传播权，应当依法承担侵权的民事责任。由于央视国际未能举证证明其因被侵权所受到的实际损失和全土豆公司因侵权所获得的利益，故依法适用法定赔偿方法，根据全土豆公司的侵权情节，酌情确定赔偿金额。考虑到纪录片《舌尖上的中国》享有较高知名度，全土豆公司在涉案作品的热播期就擅自通过信息网络传播涉案作品，且侵权行为持续的时间较长，故依法判决全土豆公司赔偿央视国际经济损失及合理费用共计 24.8 万元。一审判决后，全土豆公司不服，提起上诉。二审法院经审理后，依法判决驳回上诉，维持原判。①

本案中，法院充分考虑到涉案作品的知名度、独创性、艺术性等因素，特别是被告故意侵权的过错明显，据此在法定赔偿金范围内确定了合理的较高的侵权赔偿数额，依法保护了著作权人的合法权益，积极回应了社会要求加大知识产权司法保护力度的需求，有助于规范视频分享网站的网络传播行为，有助于实现影视作品创作者、传播者以及社会公众利益的合理平衡。

案例三：陈喆（笔名琼瑶）诉余征（笔名于正）等侵害著作权纠纷案

本案虽然权利人损失及侵权人获利均难以查清，但法院没有机械地适用法定赔偿方法确定侵权赔偿额，而是在全案证据能够证明的基本侵权损失或基本侵权获利的基础上，酌情确定合理的侵权损害赔偿金额，依法加大侵权损害赔偿力度，有力地制裁了版权侵权行为。该案基本事实是：原告陈喆享有剧本《梅花烙》及同名小说（以下简称涉案作品）的全部著作权，陈喆认为余征未经许可擅自采用依据该剧本及同名小说的核心独创情节，改编创作电视剧剧本《宫锁连城》，经其他四被告共同摄制电视剧《宫锁连城》，故请求法院判决五被告承担连带赔偿原告人民币 2000 万元及合理费用人民币 31.3 万元等民事责任。

一审法院经审理认为，《宫锁连城》现有的人物设置、人物关系、重要情节及情节串联整体的创作表达很大程度上来源于涉案作品，是涉案作品的主要创作表达，涉案作品在《宫锁连城》剧本及电视剧中被使用的程度较高。被告余征、湖南经视公司、东阳欢娱公司、万达公司及东阳星瑞公司未经原告陈喆许可，擅自改编涉案作品创作剧本《宫锁连城》及对上述行为提供帮助，并以该剧本为基础拍摄、发行电视剧《宫锁连城》，侵害了陈喆依法对涉案作品享有的改编权及摄制权。……陈喆主张，应当参考同期热播电视剧的市场发行价格确定被告的违法所得，并按照被告的违法所得确定侵权损害赔偿额，

①参见上海市闵行区人民法院（2013）闵民三（知）初字第 242 号民事判决书；上海市第一中级人民法院（2013）沪一中民五（知）终字第 228 号民事判决书。

这一请求虽具有合理性，但陈喆缺乏充分的证据证明这一事实主张，法院将根据涉案作品的性质、类型、影响力、侵权使用情况、侵权作品的传播时间与传播范围、各侵权方应有的获利情况以及陈喆为本案支出的律师费、公证费等因素综合考虑，酌情确定被告的赔偿数额。故依法判决被告余征、湖南经视公司、东阳欢娱公司、万达公司、东阳星瑞公司承担连带赔偿陈喆经济损失及诉讼合理开支共计人民币500万元等民事责任。

各被告不服一审判决，提起上诉，请求撤销原审判决，驳回陈喆的全部诉讼请求。二审法院经审理认为，余征、湖南经视公司、东阳欢娱公司、万达公司、东阳星瑞公司的行为侵害了陈喆的改编权、摄制权，应当承担赔偿损失等民事责任。关于赔偿数额问题，应适用酌定赔偿来确定赔偿数额，因为双方均未提供充分证据证明违法所得。原审法院既要根据侵权人的违法所得来确定赔偿数额，同时又结合各种因素对于赔偿数额进行酌定，其在适用确定赔偿数额的方法上有矛盾。酌定赔偿是法官在一定事实和证据的基础上，根据案件具体情况，酌情裁量能够给予权利人充分赔偿的损失赔偿方法。本案中陈喆的初步举证可以证明侵权人的违法所得明显要高于50万元的法定赔偿。基于此，本院同时考虑到侵权人的主观过错、具体的侵权行为、侵权后果等因素，酌情确定赔偿数额。原审法院虽然在确定赔偿数额的方法上有一定的不当，但其确定的赔偿数额尚属合理，本院对此赔偿数额予以支持。原审法院虽然事实认定和法律适用部分有误，但处理结果正确，仍可维持。故依法判决：驳回上诉，维持原判。①

本案中，一审、二审法院没有机械地根据该案证据能证明的损失或获利确定赔偿额，而是以证据初步证明被告的获利情况为基础，在法定赔偿金的最高限额之上，根据被诉侵权行为的情节，酌定500万元的赔偿金额，这一确定损害赔偿金的方法并非法定赔偿方法，仍然应当视为根据侵权获利状况确定损害赔偿金的方法。这一确定损害赔偿金额的方法既充分考虑到了完全赔偿原告的损失，又考虑到了对被诉侵权行为应给予一定的惩罚，因此，该案的损害赔偿金具有一定的惩罚性因素。

①参见北京市第三中级人民法院（2014）三中民初字第7916号民事判决书；北京市高级人民法院（2015）高民（知）终字第1039号民事判决书。

（四）有关立法的建议

版权侵权惩罚性赔偿制度主要包括两方面内容：一是版权侵权惩罚性赔偿责任的适用条件，即版权侵权案件符合什么样的条件，法院才可以判决版权侵害人承担惩罚性赔偿责任。二是版权侵权惩罚性赔偿金的范围，即版权侵害人承担惩罚性赔偿金的金额范围或额度大小。

1. 关于版权侵权惩罚性赔偿责任的适用条件

只有当版权侵权案件同时具备以下三个要件时，法院才可以判决版权侵害人承担惩罚性赔偿责任。

（1）版权侵权行为系故意所为。

侵害版权的惩罚性赔偿责任只能适用于故意侵权，主要理由是：第一，故意侵权具有较重的主观可责难性。故意是明知会产生某一后果而希望或放任这种后果发生的心理状态，可见故意侵权的主观过错程度严重，对其加重赔偿责任，在经济上给予一定的惩罚符合伦理上的公平正义观，也有利于强化版权侵权惩罚性赔偿责任的道德基础。第二，版权侵权惩罚性赔偿是在补偿性赔偿的基础上，加重侵害人的赔偿责任。因此，版权侵权惩罚性赔偿责任对加害人来说具有惩罚性，对受害人来说具有奖励性，这就决定了该赔偿责任的适用条件应当十分严格，以避免引起滥诉，避免因惩罚性赔偿责任的适用引发新的不公平。第三，将版权侵权惩罚性赔偿责任的过错要件限定为故意侵权，符合有关国家和地区关于版权侵权惩罚性赔偿责任适用条件的立法通例，同时也不会与我国经济发展状况和社会道德观念相冲突。

2014 年 6 月 6 日，国务院法制办公室在互联网上公布了国家版权局报请国务院审议的《著作权法（修订草案送审稿）》。该修订草案第 76 条第 2 款规定，“对于两次以上故意侵犯著作权或者相关权的，人民法院可以根据前款计算的赔偿数额的二至三倍确定赔偿数额。”①该修订草案将适用版权侵权惩罚性赔偿责任的过错要件限定为“两次以上故意侵权”，这一规定并不妥当，主要理由是：“两次

①《著作权法（修订草案送审稿）》，网址：http://www.chinalaw.gov.cn/article/cazjgg/201406/20140600396188.shtml，2016 年 2 月 24 日访问。

故意侵权”的条件将一次故意侵权行为排除出惩罚性赔偿责任的适用范围，这将放纵故意侵害著作权的行为。同时，“两次故意侵权”的事实认定将成为司法实践中的难题。司法实践中，对故意侵权的认定相当严格，原告的举证负担很重。而且，原告不仅要举证证明侵害人故意侵权，还要举证证明侵害人两次以上的侵害行为均是故意所为，难度相当大。同时，具体案件中的一些事实争议还会进一步提高适用惩罚性赔偿责任的门槛，如，故意复制、发行两件或两个以上同样的侵权复制品的，是否构成两次故意侵权？两次故意侵权是否是两次对同一版权的故意侵害？两次故意侵权是否是对同一版权人的同一版权的故意侵害？一次故意侵权造成了损失，另一次故意侵权尚未造成损失，是否属于应当适用惩罚性赔偿责任的两次故意侵权？两次以上的版权侵权纠纷可能由不同的执法或司法机关处理，这就容易导致前后侵权纠纷在事实认定上的冲突或不协调，也容易因执法或司法信息不畅，导致不能及时准确查明侵权行为发生次数，从而影响惩罚性赔偿责任的正确实施。法院在审理第二次侵权行为引发的版权侵权诉讼时，如果权利人主张侵害人在第一次侵权纠纷案件中就是故意侵权，但有关法院在第一次侵权纠纷案件的裁判文书中没有明确表述侵害人是故意侵权还是过失侵权，在此情况下，审理第二次侵权纠纷案件的法院是否有权进一步审查侵害人的第一次侵权是否构成故意侵权？可见，“两次故意侵权”的要求太过苛刻，该条件将极大地限制版权侵权惩罚性赔偿制度的功能发挥，可能导致该制度在司法实践中因难以适用而成为一纸空文。

（2）版权侵权行为造成了权利人损失。

只有当版权侵权行为造成了权利人经济损失，才可以对版权侵权行为适用惩罚性赔偿责任。版权侵权人承担补偿性赔偿责任的前提是，其侵害行为导致了权利人损失。如果权利人没有经济损失，则不存在赔偿经济损失的基础。如果版权侵害人连承担补偿性赔偿责任的基础都不存在，就更谈不上承担惩罚性赔偿责任。因此，只有造成了版权人损失的故意侵害版权行为，才可能承担惩罚性赔偿责任。在版权侵权案件中，权利人因被侵权受到的损失或侵权人因侵权获得的利益往往难以查清，这时，并不是说权利人没有损失，只是其损失的具体数额难以查明。根据我国现行《著作权法》的规定，在权利人实际损失及侵权人侵权获利难以查明，且权利人实际上遭受到一定经济损失或侵权人实际上获得了一定非法利益的情况下，可以通过法定赔偿方法确定其补偿性侵权损害赔偿金额。

（3）权利人申请适用惩罚性赔偿。

版权侵权的惩罚性赔偿责任作为一种民事侵权损害赔偿责任，应当由作为平等民事主体的版权人申请适用。未经版权人提出申请，法院不得主动在版权侵权案件中适用惩罚性赔偿责任。

受害人向法院申请适用惩罚性赔偿责任的，一般应当提出书面申请，比如可以在起诉状的诉讼请求中明确要求适用惩罚性赔偿责任。特殊情况下，也可以口头申请适用惩罚性赔偿责任。如，原告在起诉时没有申请适用惩罚性赔偿，但在庭审程序中，经法院释明，本案被告有可能符合承担惩罚性赔偿责任的条件的，原告当庭口头申请对被告适用惩罚性赔偿责任的，也应当予以准许。受害人提出适用惩罚性赔偿责任也应当有一定的时间限制，通常应当限于一审法庭辩论终结前提出该申请，理由是：受害人申请适用惩罚性赔偿责任，实质上是提出了一个诉讼请求，即请求法院判决侵权责任人在承担补偿性赔偿金的基础上，还要承担一定的惩罚性赔偿金。如果受害人在起诉时没有提出判赔惩罚性赔偿金的诉讼请求，那么受害人在以后的诉讼程序中提出该诉讼请求就属于增加诉讼请求。

2. 关于版权侵权惩罚性赔偿金的金额范围

关于版权侵权惩罚性赔偿金的金额范围，可以借鉴《美国版权法》的规定，采用两种形式的立法例：一是规定法定赔偿金，通过规定不同过错形态的法定赔偿金范围，达到规定版权侵权惩罚性赔偿制度的目的。如，可以规定：权利人因被侵权所受到的实际损失、侵害人因侵权所获得的利益、权利许可使用费均难以确定的，由人民法院根据侵权行为的情节判决给予3000元以上、100万元以下的赔偿；对故意侵权造成权利人损失的，人民法院可以根据侵权行为的情节，将判赔金额提高到不超过300万元；侵害人如果证明其不知且没有合理的理由应知其行为构成侵害版权的，人民法院可以根据版权人因侵权受到损失或侵权人因侵权行为所获利益等实际情况，酌情判决不低于300元且不高于1万元的赔偿金；如果侵害人没有因侵害行为获利的，也可判决不予赔偿。二是规定惩罚性赔偿金与补偿性赔偿金的倍比关系，通过规定二者的倍比关系，达到限定惩罚性赔偿金的金额范围的目的。如，在借鉴域外关于惩罚性赔偿金与补偿性赔偿金倍比关系立法例的基础上，充分考虑我国的国情，宜将惩罚性赔偿金数额限于不超过补偿性赔偿金的2倍，即承担版权侵权惩罚性赔偿责任的侵害人，其承担的损失赔偿金不得超过补偿性赔偿金的3倍，这一赔偿金额不包括版权人为制止故意侵权行为所支出的律师费、交通费、住宿费等合理费用。

此外，通过法定赔偿方式确定惩罚性赔偿金与通过惩罚性赔偿与补偿性赔偿的倍比关系确定惩罚性赔偿金是两种不同的确定惩罚性赔偿金的方式，二者不能并用。在权利人因被侵权所受到的实际损失、侵害人因侵权所获得的利益、权利许可使用费均难以确定的情况下，如果要适用惩罚性赔偿责任，则只能通过法定赔偿方法确定惩罚性赔偿金，不能先适用法定赔偿方法确定一个赔偿金，再按照惩罚性赔偿与补偿性赔偿的倍比数确定最终的损害赔偿金额。在权利人因被侵权所受到的实际损失、侵害人因侵权所获得的利益、权利许可使用费三者之一可以确定的情况下，如果要适用惩罚性赔偿责任，则应当先确定实际损失，或侵权获利，或权利许可使用费，并据此确定补偿性赔偿金，在此基础上，再按照惩罚性赔偿与补偿性赔偿的倍比数确定最终的损害赔偿金额。

02
实务篇

关于广电媒体版权管理机构设置的几点思考

邹峥嵘

邹峥嵘，重庆广播电视集团（总台）办公室副主任兼法律事务部主任，毕业于西南政法大学，法律硕士，长期从事广电媒体行业法律实务研究和管理工作。曾获全国广播影视系统“五五”普法法制宣传先进个人荣誉称号。

随着互联网、移动通信网等现代信息科技的普及和快速发展，人类迎来信息时代，信息与知识的作用日益突出。每一次新形态、新技术的出现，都极大地推动着传播事业的变革，也影响着版权产业的发展。版权，作为重要的知识产权类型，必然地成为国家的重要经济和社会资源。2017 年 1 月，国家版权局发布的《版权工作“十三五”规划》中提出，要在“十三五”时期，全面提高版权创作、运用、保护、管理和服务能力，有效实施创新驱动发展战略，加快版权强国建设。面对新形势、新格局和新要求，全国各地广电媒体纷纷将打造版权核心竞争力作为重要的战略发展方向之一，通过机构设置、建章立制、流程再造、人才培养等各种方式，探索不同的版权管理模式，创新广电媒体版权产业的发展之路。

本文试图从解析版权管理的法律属性与基本概念入手，梳理版权管理的现状和问题，探究国内、国外广电媒体版权管理模式的特点，对广电媒体如何设置版权管理机构提出几点思考供读者借鉴。笔者认为，无论选择什么样的版权管理模式，其最终目的都是给广播电视节目的创新生产、促进传播、提升价值打造良好的版权生态体系，走符合自身发展特点和规律的版权之路。

一、版权管理的法律属性与基本概念

按照国际产业的分类，广电传媒业属于版权产业，是以创造版权作品作为其主要产品的产业。在版权产业链中，广电媒体既是版权产品的使用者，也是版权产品的创造者，还可以成为版权产品的交易者。对版权产品进行科学、有效的管理，是解决广播电视节目进入市场流通的前提，也是提升广播电视节目市场竞争力的手段，应该成为每一个广电媒体内部管理中不可缺少的基础性环节。版权管理对于广电媒体的重要性、必要性和紧要性已经不容置疑。

广电媒体是典型的版权密集型行业，与其他行业版权不同，其最为突出的特点就是，广播电视节目的版权是多种权利的集合，版权的使用过程涉及较为复杂的法律关系。首先，广播电视节目涉及多种作品类型，如音乐、照片、文字、戏剧、曲艺、舞蹈、美术、雕塑、图表、视频片段等，在广播电视节目的制作播出过程中，必然会涉及著作权人、录音录像制作者、表演者、嘉宾等多个权利人。其次，广播电视节目的生产是一次性投入，而产出却是多种形式的，而且可能是长期的，这就是广播电视节目版权价值的可拓展性。广播电视节目除了播放使用以外，还可以有多种权利使用形式，如许可他人播放，出版发行录音制品或音像制品，通过信息网络进行传播，以及版权衍生产品开发等。此外，广电媒体在使用他人作品进行生产创作时，还涉及合理使用、法定许可等特殊情形的使用。前者需要事先取得著作权人的同意，与著作权人签订合同，约定双方的权利义务，确定节目版权的可利用范围；后者可使用著作权人已发表的作品，但也需要事后付酬，且使用范围也仅限于广播电视节目制作播出，若是要进行二次利用，则是需要另行获得著作权人的许可。[①]由此可以看出，版权的概念存在于广播电视节目的生产、播出、流转、输出、引进、衍生开发等多个层面、不同环节，而版权管理就是对著作权法规定下的“权利”的一种管理。

广电媒体的资产可分为有形资产和无形资产。有形资产包括技术设备、建筑设施等，无形资产包括节目版权、商标、商业秘密等。广电媒体的行业特点决定了版权管理就是对广播电视节目版权产品这一无形资产的管理，它与节目生产、节目开发密不可分，但本质上还是对广播电视节目上附着的版权价值进行管理。版权产品这种无形资产正在成为、也必然成为广电媒体未来发展中的核心资产。版权管理的目标就是在管理过程中，让版权连接权利人与使用者，打通节目研发、生产、购买、播出、综合利用和经营等各个生产环节，整合优势资源，以“管”促“产”，实现广播电视节目版权价值的最大化。

①石村：“电视节目版权管理的基本概念”，载《电视研究》2007 年第 3 期。

二、国内广电媒体版权管理的现状与问题

目前，全国各广电媒体经过多年实践，对版权管理工作愈加重视，但版权管理的水平和现状还参差不齐，与国际同行差距甚大。特别是随着互联网新技术和数字传播技术的飞速发展，版权加速流通汇聚的趋势日益增长，数字化、网络化环境对版权产品的生产、传播、开发的影响不断加剧，使版权产品作为广电媒体核心资产的地位日益显著，版权产品的管理、利用和再开发也面临从未有过的新挑战。据中央文化企业国有资产监督管理领导小组办公室发布的《国有文化企业发展报告（2014）》显示，截至 2013 年年底，我国国有文化企业共计 12159 户，账面资产总额达到 2.2 万亿元，然而其中版权资产价值仅占约 2%。[①]整体来看，国有文化企业包括广电媒体，在对待版权的态度上，大多仍然缺乏版权资产是企业核心资产的认识，版权管理的手段缺位，能对版权产品进行全方位、多维度、多层次商业开发的仍是凤毛麟角。我们都还亟须一套科学的管理体系，能够真正将版权产品作为一种宝贵的无形资产进行规范化管理和精细化运营，以达到提高核心竞争力的最终目的。具体表现在以下几方面。

（一）内部管理制度缺失

目前，国内大多广电媒体缺少将版权作为资产进行管理的意识，未能真正将版权资产作为广电媒体未来发展的核心资产来看待，这就导致广电媒体在版权管理的过程中，大都没有制定战略性、全局性、长期性的版权管理制度，缺乏顶层制度设计、系统性的战略规划和配套的执行措施，使版权管理工作常常处于或无章可循，或资源重叠，或管理缺位的尴尬状态。

（二）版权资产权属不清

由于没有进行规范、系统的版权管理，广电媒体生产的大量广播电视节目都

①吴洁明、徐晨钢："版权资产管理体系研究"，载《科技与出版》2015 年第 12 期。

没有经过确权梳理和版权清算，节目版权缺少权属证明，或是权利本身有瑕疵以及权利已经失效等，造成广电媒体在拥有海量音像资料的同时却对所拥有的版权资产权属不清。随着时间的推移，这些版权资产的版权状况变得更加模糊，大量节目的版权价值处于长期闲置和未开发状态，或即使想要开发也因权属不清不能进入市场流通环节，这些多年积累的版权资产就成为压箱底的“沉默资产”。

（三）管理体系设置混乱

虽然现在广电媒体的信息化管理手段早已广泛应用，但却仍然缺乏一个相对成熟的、专业的版权管理系统，对版权资产的管理，分散在节目生产系统、媒资存储系统、合同管理系统等中，由此使版权资产的安全状况随时面临较大的潜在风险，极易造成版权资产的流失。同时，广电媒体大多都还对版权资产管理缺乏长远规划、系统建设，现有的管理方式还是简单、粗放，面对数字化、网络化环境下的精细化节目生产形态提出的种种要求无法契合处理，不能适应新形势带来的版权运营需求。

（四）侵权行为应对乏力

随着网络的发展，以手机、互联网为代表的新兴媒体在创新传播方式的同时，也使广播电视节目作品的创作、使用、传播受到重大影响，互联网的发展改变了人们的生活，也对现有的版权保护措施提出了更高的要求。作为版权内容的创作者、使用者和传播者，广电媒体也正在面临自身版权权益受到侵害时无法采取有效措施进行维护，以及进行诉讼维权时成本高、进程长、赔偿低的窘境。

三、国内外广电媒体版权管理模式分析

他山之石，可以攻玉。远观一些国外的广播电视传媒企业发展，版权管理往往都是从该传媒企业设立之初就已经有了，版权管理的理念深度融合在整个企业

的各个生产环节。近观国内一些走在市场前沿的广电媒体，对版权资产的管理利用、经营开发也有很多值得借鉴之处。

（一）国外广电媒体的版权管理模式

据了解，发达国家的广电媒体，基于其顶层设计，往往都设立专门的版权管理机构，而且人数众多，权力集中，有严格的版权管理规章制度，以版权开发作为重要的业务收入来源，以原创能力作为竞争实力的体现，以节目反复多样利用作为制订节目生产计划首要考虑因素，严格维护自己的版权资产。①

1. 日本放送协会（NHK）

日本放送协会是日本第一家根据《日本放送法》而成立的大众传播机构，实行节目版权统一归属和管理、集中经营的内部版权管理制度。NHK 在其内部的多媒体局下设立版权事务中心，整个部门约 50 多人，其基本职责是为节目制作中涉及的版权问题提供咨询、建议、起草和审核法律文件；协调节目制作与开发，受理、批准开发部门的二次开发申请，在节目销售或市场推广方面提供市场调研信息及相关服务性工作；收集、汇总节目的版权信息、二次开发利用信息，实现版权信息的数据化管理；制定 NHK 的版权费用支付标准，批准版权费用的支付；负责同著作权集体管理组织及独立权利人谈判、签约；负责节目的合作、引进、销售和开发、许可播放、音像制品及图书的出版发行等；负责处理版权纠纷及诉讼。

NHK 非常重视内部工作体系中对节目计划、节目生产与后期开发的协调。在审核节目制作部门提交的节目选题计划时，版权事务中心需同时评估、确定节目在电视播放之外的二次开发价值，如海外销售、音像制品销售、图书出版等。如制作的节目有这些附加开发价值，版权事务中心就会对节目制作、节目储存等工作环节提出版权指示，要求节目制作单位在制作过程中应当遵照该指示事先处理版权问题，详细完成版权信息记录，避免因事后处理而引起的成本增加。

①石村："版权管理是广播电视产业大发展的基础条件"，载《中国广播影视学刊》2012 年第 3 期。

2. 英国广播公司（BBC）

英国广播公司成立于1922年，是英国最大的新闻广播机构，也是世界最大的新闻广播机构之一。BBC的主要业务分为电视频道播出、电视节目销售、家庭娱乐、儿童、新媒体和杂志出版六个方面。其中，电视节目销售、家庭娱乐、儿童及新媒体四大板块都是围绕着视听节目的版权做文章，BBC旗下的经营单位BBCW主要依靠节目版权收入为主要经费来源。

在组织架构上，BBC不仅设立了专门的版权管理部门，而且在财务、营销、技术、受众服务等其他部门也雇用了大量的版权人员全方位配合版权部门开展工作，全台版权从业人员达400余人。在版权管理方法上，不仅有传统的串联式分段管理，而且针对全台最具有开发价值的节目采取了360度的环行管理方式，即在节目选题策划的第一时间，就综合考虑了电视、新媒体渠道、内容销售等多种发布形态的需求，通过财务、考核机制的调整，打通节目生产部门与销售部门之间的衔接，使最具有开发价值的节目最先进入良性的多层级内容开发模式中。在整个360度管理模式中，版权管理部门是非常重要的专业化支撑部门，协同销售部门、节目部门将想法落实到具体的版权计划（版权和服务采购需求）、版权合同（采购、销售）与具体版权条款上，并以此来指导节目生产与销售。这一先进的版权管理方式能实现媒体内容价值最大化，有效控制并预防法律风险。

3. 美国的影视传媒集团

在美国，无论是电影业还是电视业，都被几大传媒巨头寡头垄断，如迪士尼、时代华纳、新闻集团旗下的福克斯等，这些影视传媒集团旗下有各种各样的子公司，专业化分工明确，经营模式灵活，可以敏锐、迅速地对市场做出反应，其版权管理和商业化运作具有非常成熟的市场经验。

美国的影视产业运作是一种工业化的模式，从生产流程来说，包括上游和下游。上游，就是影视作品的制作、生产阶段；下游，也就是影视作品的发行、品牌的开发和商业运营。另外，还包括用技术和法律手段来保护内容，以防范盗版等。在上游阶段最首要的问题就是，谁参与了影视作品的创作？他们各自享有什么权利？解决和这些权利人的权利问题、获取相应的版权就是上游主要的版权工作。因为和权利人处理权利问题非常复杂，美国大的影视传媒集团下面负责影视作品制作的子公司和制片公司，都有自己的专业律师团队，由律师跟随特定的项目，介入具体的业务流程，通过合同谈判、版权清算、版权预售等法律事务进行版权工作。在美国，律师在影视作品的制作和运营过程中扮演着不可或缺的角色，他们必须在作品制作完成之前，协助制作公司处理好所有的权利问题，否则影视作品将会面临诸多不可预见的法律风险。而且，影视作品的版权都清算好了，才可能在下游阶段进行版权的商业运营活动。在这里要特别提到的是“版权预售”。美国的影视传媒公司已经非常多地采用了这种节目融资渠道，使版权价值在市场中得以淋漓尽致的体现。具体来看，就是在节目制作完成之前，消费者、客户就与制作公司签订版权购买合同，通过版权许可费作为交易的对价，或者是将许可费作为对节目的全部或部分投资，从而拿走节目多种形式的版权。这种版权预售合同或投资合同是未来可以实现价值的财产，可在银行进行抵押融资。①由此可见，美国的影视传媒集团及其下属诸多制作公司都是将版权管理这一理念完全融入整个内容生产、制作和运营发展的过程中，运用市场思维、借助法律手段，通过各种层级、各种渠道和各种商业模式对影视作品的版权价值充分挖掘和实现。

（二）国内广电媒体的版权管理模式

与国外广电媒体基本上都具有较为成熟的版权理念和版权管理模式不同，国内广电媒体的版权管理大多还处于逐步摸索和模式构建的初步发展过程中。其中，有部分广电媒体走在同行前列，将版权管理纳入常规管理的范畴中，逐步建立或已经建立规范的内部版权管理制度，作为风险管控的抓手和通过协调管理追求节目版权价值的最大化，为我们提供了值得借鉴的范例。

1. 央视（CCTV）

央视是国内最早推行内部版权管理的广电媒体。自 2004 年起，在央视领导的高度重视下，央视在总编室下设版权管理部，2016 年版权管理部与央视法务部门合并运行，更名为版权和法律事务室，将版权管理与法律事务管理工作职能紧密

①白帆：“美国传媒集团影视节目的版权管理和商业运营”，载《中国广播电视学刊》2012 年第 11 期。

融合，产生叠加效应。版权和法律事务室作为央视的版权事务归口管理部门，代表全台统一负责各项版权及法律事务的推进实施，对内统筹和管理节目版权事务，对外规范节目版权授权、维护节目及其衍生产品版权利益。在版权归属上，央视始终坚持台属台管的集中体制，经过多年的探索，现在已经建立起全行业内最为完善的内部版权管理体制。

版权和法律事务室涉及版权管理的主要职能有：制定全台版权管理规则，指导和监督版权管理制度的落实，审核全台各类版权合同，汇总节目版权信息，协调和监督节目版权交易，提供版权咨询服务等。版权管理流程与节目生产、电视播出、新媒体发布、内容销售等业务流程的平滑衔接，基本上实现了覆盖制作（引进）、播出与开发的全链条全流程管理。如在节目制作（引进）阶段，版权管理部负责统筹确定其中的版权归属、分配比例等事项；在节目播出阶段，负责把控其中的版权风险，避免侵权纠纷；在节目开发阶段，负责其中的版权身份认证、授权开发方案制订实施及授权后的监管。

央视的版权管理部门自建制之时起，即开发建设了版权信息管理系统，用于采集分析节目版权信息，为全流程版权管理提供技术保障。该系统为节目制作、播出和开发部门共同参与的管理系统，制作部门在节目生产阶段录入该节目及其素材、参与人员的版权信息（包括基本形态、版权属性、使用渠道和开发方向等），播出部门在入库前录入播出信息，开发部门在开发前录入开发情况的信息，由版权管理部门予以统筹管理。通过这一信息管理系统，版权管理部门掌握着全台版权资产情况，为播出阶段和开发阶段的版权管理提供依据和指导，使版权管理科学合理、行之有效。

2. 上海广播电视台、上海文化广播影视集团有限公司（SMG）

上海广播电视台、上海文化广播影视集团有限公司的特点是版权开发经营效益突出，版权管理队伍专业素质较高，形成以开发经营为龙头的产业链。

SMG 版权中心于 2008 年成立，是国内地方广电媒体中首家从事版权管理的职能部门。2014 年，SMG 将原版权中心与媒资中心合并成立版权资产中心。版权资产中心的主要职能是：制定版权管理制度和工作规划，归集、协调节目版权信息，会签、备案各类版权合同，统筹版权经营开发授权，协调版权维权监控事务以及提供版权公共服务，以及负责统一管理媒资生产全流程。

SMG在内部推行《版权资产管理办法》《版权管理实施细则》及《版权资产管理考核方案》等，明确版权管理实施归属权、管理权、经营权相对分离的原则，所有版权资源集中归属台里，版权资产中心作为全台版权工作的归口管理部门，负责统筹、协调并处理涉及版权相关的各项事务，版权开发贯彻“二次价值开发”的理念，授权上海五岸传播公司为版权开发经营的统一出口。[①]上海五岸传播公司成立于2004年，专门从事版权经营开发、销售发行等市场经营活动。作为一家成熟的版权发行和代理企业，上海五岸传播公司拥有300多家国内电视台和25个国家、地区的国内外影视发行网络。上海五岸传播公司成立之初其版权总销售额约为500万元，到了2008年即提高到3.7亿元。[②]而到了2014年，上海五岸传播公司在传统发行和国际发行两驾马车并驾齐行的前提下，积极拓展业务新模式，建立“秒鸽网”开拓网上素材交易，组成“节目类型工作组”，当年的公司营业收入同比增加6000多万元，增幅高达64%。[③]

SMG的版权模式改变了以往版权资源分散管理、版权经营单兵作战的局面，通过打通内部资源壁垒、建立协同联动机制、推进整体信息化建设、提高管理服务水平，努力实现共赢。版权资产中心作为台内部职能机构，对台所属版权资源统筹进行归口管理，上海五岸传播公司作为台属市场经营主体，对外统一进行版权资源的开发经营，共同搭建了一个“前店后厂”的产业链发展模式，创造真正有价值的核心版权，实现广电媒体的利益最大化。

3. 中国香港TVB

与内地广电媒体还常常在“内容为王”和“渠道为王”之间摇摆不定形成鲜明对比的是，中国香港TVB、香港亚视、凤凰卫视等广电媒体，一直以来都坚守“内容为王”的理念，自制节目总量多且版权清晰，其版权管理模式相较于内地广电媒体来说更为完善与规范，版权开发水平也较高。这一方面源于香港广电媒

① “统一管理 深挖价值 SMG出台版权资产管理经营相关办法”，来源：2014年7月15日番茄网。

② “打开广播节目版权管理的‘双通道’——介绍上海广播电视台 上海东方传媒集团有限公司版权管理创新工作”，载《中国广播》2010年第2期。

③ “上海市广播电视产业发展情况”，载《2015中国广播电视年鉴》。

体一直处于风云变幻的市场经济中求生存、谋发展，市场给予了丰富而宝贵的经验；另一方面得益于他们与国际接轨的全球视野，促使自身的管理理念和经营水平必须追求同步增长。TVB是香港无线电视的冠首，其自制节目数量非常大，占到了节目总量的60%~70%，不仅用于自己频道的播出，更重要的是瞄准节目市场进行发行，其节目版权的发行在其经营收入当中占有非常重要的位置。据统计，2013年TVB总收入为53亿港币，其中一半的收入是广告，另一半就是版权销售，其版权销售及贸易额在总收入中占比50%。①

TVB没有专门的版权管理机构，但与版权相关的工作基本由法务部门统筹。跟国际通行的惯例一样，TVB的法务部门作为企业的一个独立职能部门在内设机构中占有非常重要的地位，其职责也非常明确，即“从一个商业想法开始形成就介入，之后服务于商业过程中的每个环节”。在TVB管理层已经形成一种共识，版权的问题必须要有专业的人才、专业律师来管理，法务部门应当地位高且职责明确。其主要职能包括：合同管理、知识产权管理、法律维权管理、授权管理、外聘律师管理、参与重大决策、规章制度管理等。在知识产权管理特别是版权管理方面，法务部门一直发挥着核心作用，其职能延伸到内容生产、版权确权和版权开发全流程。因为TVB员工的法律版权意识普遍较强，在节目制作前，制作人员会在法务部门的协助下，尽量争取拿到嘉宾的含电视播出的全部版权权利；在节目制作过程中，对于没有权利的视频、图片、音乐等各类素材，一般都不会使用；在节目版权开发时，对各类授权进行统一管理，形成了一个分类型、分产品、分品牌的立体授权架构；在版权维权方面，法务部门设立专人进行网络监察，同时委托外部律师团队代理维权行动，严厉打击侵权盗版现象。

①刘星:“湖南台去香港考察版权管理，学到了什么？”，来源: 广电独家2014年8月23日，网址: http://chuansong.me/n/616037.

四、版权管理机构的职能定位及关联工作

据不完全统计，全国各地共 30 余家省级广播电视台（集团）、广播电台、电视台等广电媒体单位，其中约有三分之二的广电媒体单位在内设机构设置中都考虑了或增加版权管理职能，或增设专门的职能部门；部门的设立或独立，或从属于总编室、宣管中心、节目交流中心等其他公共职能管理部门。无论采取哪一种模式，均是各广电媒体单位遵因势利导之策、循因地制宜之方，没有一种模式可以被别人完全复制、照搬采用。既然如此，我们如何才能找到一个科学、高效、合理且适合自身发展的版权管理模式呢？笔者认为，在我们基本掌握版权管理的运行规律和业务属性之后，应当重点考虑解决好两个问题，才能具体落实设立版权管理机构的工作方案：一是明确版权管理机构的职能定位，二是协调处理好版权管理工作与其他业务工作的关联关系。

（一）版权管理机构的职能定位

广电媒体的版权管理机构虽然不直接创造版权价值，但其应当在“对内协调统筹”和“对外统一授权”两个方面发挥承上启下、贯通前后的职能作用，做好角色定位。

一要成为版权产业的战略规划者。版权管理机构应具有统筹规划版权事务、推进版权产业发展的规划职能，主要包括：根据版权行业发展趋势及动态，为领导层提供版权战略的决策参考意见；研究制定版权产业发展规划和实施方案；统筹协调各业务部门的版权事务，提出指导意见；制定节目制作及交易中的版权规则、组织交易方案实施等。

二要成为版权产业的无形资产管理者。广播电视节目资源是广电媒体的核心资源，而节目的价值既在于其内容，更在于附着内容之上的权利——版权价值，这是广电媒体的重要无形资产。因此，节目资源的版权信息是使其成为重要无形资产的必要基础，版权管理机构应当负责采集、整理、分析、确认节目资源的版权信息，包括对版权信息的录入、审核、汇总、统计、查询、发布等事项。这一方面有利于摸清家底，掌握自有版权产业无形资产的基本情况，另一方面可以为执行版权战略、版权规划和版权业务监管等职能创造条件。

三要成为版权产业的业务监管者。版权管理机构应具有对版权资源的使用和开发进行确权、授权和维权的监管职能，主要包括：要在节目播出和开发、利用前，确认并处理节目的版权关系，避免侵权行为发生，也为节目的后续利用扫清版权障碍；要在节目开发、经营过程中，对版权授权内容进行审查、备案，并监督授权方案的执行；要参与对外业务合作中版权事务的谈判、交涉和执行，维护自身作为版权享有者与版权使用者的合法权益；要建立版权侵权（维权）日常监控机制，提出侵权风险应对和维权处理的工作意见。

四要成为版权产业的专业服务者。版权管理机构应当为广电媒体盘活内部版权资源、构建版权产业格局提供专业化服务。主要包括：着力搭建版权资源内部共享和结算平台，对内部各节目生产主体在通用性节目生产、素材购买、节目引进等环节进行统筹协调，避免各个节目生产主体各自为政带来的版权资源重置浪费，从而实现整体利益和个体利益的集约最大化。例如，可以建立版权音乐库、图片素材库、视频素材库等，将不同类型的版权资源纳入其中，整合集团内零散的资源，提供专业化、规模化的版权公共服务，降低关联企业的运营成本。

（二）与其他业务工作的关联关系

1. 与节目内容生产的关联关系

广电媒体的版权管理工作应当覆盖广播电视节目生产、播出、使用、开发、经营、存储等全流程。最基础的版权信息来源于广播电视节目完成作品生产的初期，甚至于在节目策划、合作谈判的过程中就已经初步确立了该节目的版权属性和权益划分。因此，版权管理工作必须切入整个版权产业链条的最上端，与节目内容生产建立紧密、互动的关系，从节目策划、生产的环节开始，通过采集版权信息，建立信息数据库，对节目的版权情况进行汇总、分析，以利于版权管理和后期开发使用。

2. 与媒资管理工作的关联关系

广电媒体的媒资管理工作与版权管理工作都涉及对节目资源的管理。媒资管理工作是对节目资源实物资产的管理，主要是对节目资源介质有形载体的编目整理、保管存储，为节目生产、播出、利用提供内容集成服务。版权管理工作是对节目资源无形资产的管理，即是对于依附在介质有形载体上的权利信息进行管理。

两块工作一体两面，互为基础，利用技术管理手段建立的媒资管理系统与版权信息管理系统也必须打通接口、互通利用。

3. 与版权经营工作的关联关系

版权经营的意义，既是为了追求经济收入，使版权经营收入逐步成为广电媒体重要的经济来源，同时也是为延伸传播节目资源的文化价值，扩大广播电视节目的社会影响力。无论是媒资管理，还是版权管理，都是通过一系列基础管理工作，处理好节目资源的版权法律关系，将版权作品打包成批量的、可供经营交易的版权产品，这也是版权管理工作的重要目标之一。[①]

实践中，各广电媒体因受自身历史发展原因、内部机制改革需求、外部行业发展压力等各方面影响，版权经营与版权管理也打出不同形式的组合拳。尤其近年来，广电媒体行业的未来发展趋势深刻变革，传统广电媒体都在集体思考如何突出新媒体重围，媒体融合发展成为不可阻挡之势。在此推动下，传统的生产资源要打通利用，传统的生产链条需要解构重造。无论版权管理或版权经营都是以内容生产为依托的，当传统的版权经营模式还是处于整个生产链条的后端，待版权作品已经制作完成、实现传播后才进行版权产品的打造，这种方式显然已经不能适应新的发展需求。观察国内部分在一线阵营的省级广电媒体，其旗下内容资源丰富、品牌优势强大、市场经营价值较高的诸多节目资源，大都由节目生产主体打通了从节目策划、生产、播出、经营开发的各个环节，节目资源的版权价值已经从第一个环节开始被充分关注，版权价值的实现路径、版权利益的分配原则从这个时候就已经明确，并融入各个流程执行环节，可以说版权作品从策划生产开始就是以打造版权产品为目的，版权价值得到深掘。这一发展趋势必将改变传统的版权经营模式，因此，版权管理在服务于新的内容生产时，也要不断适应版权经营模式可能出现的变化。

4. 与法律事务工作的关联关系

广电媒体的法律事务工作与版权管理工作，二者职责范围必然有关联，但外

①宁黎黎：“问道广播电视版权管理——专访中国政法大学知识产权法研究所所长、博士生导师来小鹏教授”，载《中国广播》2012 年第 2 期。

沿并不完全重合。法律事务工作的主要职责在于法律风险防范和主体权益维护，版权管理工作的主要职责在于对版权资产的保值增值，从而为主体业务带来增量发展。从运行规律来看，广电媒体的法律事务工作一般包括内容生产、经营活动中可能产生的民商、经济、知识产权（版权、商标权）、劳动人事、诉讼程序等各类法律事务，其中民商、知识产权是最主要的业务类型。我们都知道，广电媒体是典型的版权密集型行业，是以创造版权作品为主体业务的行业，所以，广电媒体的法务工作必定会处理大量涉及版权法律关系的法律事务。另外，广电媒体的版权管理工作也离不开运用法律专业知识、采取法律工作手段开展具体业务，特别是涉及版权确权、版权授权审批、版权咨询服务等工作时，必然与法律事务工作有着密切交集。

在实务操作中，广电媒体基本上采用三种模式：一是法务与版权合二为一模式，代表为央视。央视设立版权和法律事务室，挂靠央视办公室独立运行，所有法律事务包括版权管理和其他类型的法律事务工作统一由该部门负责。该模式减少了实际运行中的各种矛盾，大大提高了决策执行的效率和质量。二是以法务为主导进行版权管理模式，代表为湖南台、浙江台。其中湖南台在总台办公室下设法务部，法务部统筹管理湖南卫视所有的法律事务，包括版权管理、商标管理、诉讼事务等，其内容资源的版权经营由台属各公司节目生产主体自主运行。该模式将法务工作与版权管理的全流程紧密结合，在节目版权确权、版权合同审核、对外授权、版权保护和维权等方面，建立了以确权为基础、授权为核心、维权为保障，三者缺一不可的版权管理模式。[①]目前，这一模式在国外广电媒体以及国际大型传媒公司中已广泛运用并趋于成熟，相信在实践工作中这一模式将得到进一步的完善和发展。三是法务和版权独立分设模式，代表为上海台、江苏台。上海台设立法务部和版权资产中心，各为一级机构，法务部负责统管台所有的法律事务，包括所有进入诉讼程序的版权类与非版权类的法律事务，版权资产中心负责版权管理和媒资管理，另有上海五岸传播公司负责版权经营。该模式在实践运行中，由于两块职能分属不同的独立管理机构，常会出现法务工作与版权管理工作职责界定不清、职能重叠的问题，对二者具体工作人员的职业素养、协作意识、工作无缝链接也提出了更严格的要求。

①刘星："以法务主导的电视版权管理模式新探"，载《电视研究》2014 年第 8 期。

节目制作与版权处理

冯微

冯微，2008~2012 年就读于北京大学法学院，曾先后就职于中央电视台版权和法律事务室及一家互联网动漫公司（法务经理）。现在英国密德萨斯大学攻读心理学。

在“三网融合”“一网多屏”的今天，电视节目的制作绝不仅仅是单纯的组织、演出、录制、剪辑和播出的单一产业链，而是集合了广告、营销、后期衍生品开发等周边产业的体系化的生态圈，电视节目涉及的版权相关人员范围越来越广，制作方式越来越丰富，素材来源渠道越来越多，版权分割方式越来越新颖。

本文在这样的背景下，从实务角度，探讨电视节目制作中的版权问题和版权处理方案。

一、电视节目制作生产线与版权持有分布

（一）电视节目制作中的智力成果与著作权“作品”

电视节目的制作过程是一个包含着大量创造性智力劳动的过程。根据目前著作权法的定义[①]和一般学术观点认为，只要符合以下几个条件，就有可能构成“作品”：必须是文学、艺术和科学领域内的智力创作；必须具有独创性；必须能够以有形的形式复制。陈锦川法官认为，“独创性”需要包含以下几个要素：第一是内容的独立完成；第二是内容的创作性，即是否属于作者的个性表达（而非仅有思想），如果存在多元表达的可能性，即可以认定该表达具有独创性。[②]例如，若电视节目制作中展示了一张照片，如果该照片的拍摄选取了特定角度、光线、焦距、快门时间，或采用了特殊的拍摄技巧，甚至进行了特殊的后期处理，那么这张照片就很有可能属于著作权法意义上的“作品”，这张照片的提供者即为该

①《著作权法实施条例》第 2 条。

②陈锦川：“作品独创性的司法判断”，载《人民司法：应用》2008 年，第 89~92 页。

作品的“著作权人”。

因此，在初步明确“作品”概念的基础上，我们就能较为自然地理顺电视节目制作过程中可能涉及的“作者”了。

（二）电视节目制作中所涉及的邻接权

著作权分为狭义的著作权与广义的著作权，狭义的著作权仅指作者和从作者手中继受权利的人所享有的一系列权利，[①]广义的著作权除了作者和从作者手中继受权利的权利人对作品享有的一系列的权利以外，还包括作者之外的民事主体对作品之外的客体所享有的一系列的权利，[②]这些权利非基于作品，但又受到著作权法保护，称为邻接权。

在电视节目生产制作中，可能涉及的邻接权人有表演者、录音录像制作者、广播组织者，可能涉及的邻接权有表演者权、录音录像制作者权。在电视台作为节目播出媒介时，还可能享有广播组织者权。

（三）电视制作的从业者和版权分布

电视节目制作的“从业者”是指从事电视节目制作的专业人员，通常指包括导演、编辑、音乐、舞美、灯光、剪辑等在内的电视节目制作团队，这个团队有可能是电视台自身，有可能是独立制作公司，也有可能是某个专业工作室或者独立制片人。而从版权的维度讲，除了电视节目制作中本身可能产生的具有独创性的“作品”外，其中包含的第三方素材（包括图片、舞蹈、音乐、视听文件、文字等）也有可能成为“作品”，素材的提供者也有可能成为“作者”。此外，核心制作团队之外的其他电视节目制作的参与者，例如演员、嘉宾、主持人等，这些电视节目的参与者，或可成为“邻接权”的主体。

为方便阅读，笔者将电视节目制作过程中有可能涉及著作权、邻接权的相关人员及各自可能持有的著作权及邻接权类型作了如下分类（见表 4）。

①王迁：《著作权法》，中国人民大学出版社 2015 年版，第 1 页。

②王子鹤：《邻接权种类的扩张》，华东政法大学硕士学位论文，2016 年。

表 4 电视节目制作生产线与版权持有分布[①]

一级分类	二级分类	涉及权利类型	备注
制作人员	导演[②]	/	
	编辑	/	
	策划	文字作品著作权	
	场务	/	
	灯光	设计作品著作权	
	舞美	设计作品著作权	
	录像	录音录像制作者权	邻接权
	后期	/	
参与人员	演员	表演者权	邻接权
	嘉宾		
	翻译		
	主持人		
	互动观众		
素材提供人员（仅列举部分素材类型）	图片	可单独享有作品的版权	
	音乐		
	文字		
	视频		
	舞蹈		

①本表仅提供电视节目生产制作链上或可能涉及版权的节点，具体在该节点上是否确实享有版权或邻接权，应结合实际情况具体分析。

②通常情况下，导演仅为电视节目的参与者，所做贡献也多为“思想贡献”，而非“表达贡献”，因此一般情况下不视为“作者”。但若导演在电视节目制作中参与“表达贡献”，且该“表达”构成“作品”，则“导演”可视为“作者”。如果电视节目为影视作品，一般学术观点认为，影视作品的版权构成相当复杂，导演与编剧、摄像、表演者等为影视作品的合作作者，但目前法律明确规定如无特殊约定，影视作品的制片人（producer）为影视作品的著作权人。因此，通常情况下，导演较难主张著作权。

二、电视节目制作方式与相应版权处理

（一）委托制作的版权处理

当今电视节目的制作为控制成本和提高节目质量，电视台逐渐抛弃了但凭一己之力全部完成整台节目制作的习惯，更倾向于将一部分专业化程度较高的作品委托给其他团队、个人进行制作。这种将节目素材、部分节目乃至全部节目委托他人进行制作的情形，按照我国《著作权法》的相关规定，[①]如果未进行明确约定，著作权属于受托人。也就是说，如果电视台不与受托人进行特别约定，电视台将不能取得委托制作部分的著作权，不仅后期无法进行开发利用，连能否播出都受制于受托人。

因此，委托制作节目的版权处理办法如下：如果在电视节目制作中，但凡涉及委托第三方就节目素材、部分节目、全部节目进行制作的情形，电视台应当与受托人签订委托制作协议，明确约定委托制作内容的版权归属，并且明确约定受托人制作节目的权利担保条款，保证制作内容并无权利瑕疵，使电视台可以无障碍行使版权权利。

（二）职务创作的版权处理

何为职务作品？职务作品即公民为完成工作任务所创作的作品，在西方法律体系中称为“work for hire”，即“雇佣作品”[②]，本质与我国的“职务作品”类似。电视节目制作中，制作方（电视台、独立制作公司）所雇佣的员工在节目制作中所进行的创作可能涉及职务创作。职务作品大致包含以下四个特点：作品的创作者是单位的工作人员；创作作品是属于创作人员的工作任务范畴；作品内容与工作性质相关；代表创作人员的意志。[③]

①《著作权法》第 17 条。

② Will F. Party, Latman's The Copyright Law, Sixth Eidition, The Bureau Of National Affairs, Inc., Wshingtion, D.C. 1986, p117.

③张莎莎:《职务作品创作人权利及其保护》，华中科技大学硕士学位论文，2005 年。

职务作品的定义常常容易和“单位作品”混淆起来。根据我国《著作权法》的规定，“单位作品”最突出的特点是由单位主持、代表单位意志并且由单位承担责任。[①]与单位作品不同，职务作品是指公民为完成工作任务所创作的作品，[②]主要反映的是创作者个人的意志。若自然人员工和单位就作品是否属于“单位作品”产生分歧，法院在认定时，通常会结合该作品在创作中集体的参与程度、决策程度、个人意见的重要性等标准综合考虑。

关于职务作品的版权归属，除了在三种情况下[③]著作权由单位享有外，职务作品的著作权均由作者本人享有，法人或其他组织仅可在业务范围内优先使用，且作品完成两年内，对于原作者的作品著作权转让权有一定限制。

由此我们可以看出，如果法人或其他组织要想对其员工所创作的作品有充分、完整的著作权，以便进行集中的商业开发，实现版权价值最大化，与员工签订协议约定职务作品的著作权归属是最为便捷可取的方式。在实践中，涉及版权创作较多的法人和其他组织通常在签订劳动协议时就会专门加入一条关于职务作品的著作权归属条款，以事先约定的方式对员工在职期间所创作的职务作品的著作权归属做明确约定。

（三）合作作品的版权处理

一般认为，合作作品是“两人以上合作创作的作品”。[④]笔者认为，按照我国现行《著作权法》的概念，合作作品的构成上必须具备两个要素：主观上的合作“合意”、客观上的共同创作行为。电视节目本身就是一个由许多创作者合作的作品（如果该节目能成为著作权法意义上的作品，如电视剧），在构成电视节目的元素中，也有许多元素是由两个或两个以上的创作者合作完成，例如每年央视“春晚”的

①《著作权法》第 11 条。

②《著作权法》第 16 条。

③这三种情况是：合同另有约定；主要是利用法人或其他组织的物质技术条件创作，由法人承担责任的职务作品，如工程设计图、产品设计图、地图、计算机软件等；法律法规规定的其他情形。

④郑成思：《知识产权论》，中国科学文献出版社 2007 年版，第 91 页。

最后一首曲目《难忘今宵》，这首歌就是一个音乐作品，它包含了歌词和旋律两个部分，曲作者是著名作曲家王酩，词作者是著名词作家乔羽，因此《难忘今宵》是王酩和乔羽的合作作品。

合作作品的使用，可以分为“可以分割使用的合作作品”和“不可分割的合作作品”两类。可以分割使用的合作作品，各著作权人可以单独行使属于自己的部分作品的权利；[①]而不可分割使用的合作作品使用则需要与其他合作方分享收益，如果涉及权利转让，则必须经过其他合作者的同意。[②]仍以上述《难忘今宵》为例，音乐作品的词曲属于可以分割使用的合作作品，如果词作者乔羽将歌词单独发表或重新谱曲可形成新的作品，不构成对曲作者的侵权。但假设乔羽和王酩共同创作了词曲，没有明确分工，两人共同策划、激发彼此灵感、撰写词曲草案、共同修改，你中有我，我中有你，那么《难忘今宵》就属于不可分割使用的作品，乔羽如果要使用《难忘今宵》，就必须与王酩协商一致，当然，如果王酩没有正当理由，不能阻止乔羽发表、修改、署名、展览、表演、广播这一作品，但是，没有王酩的许可，乔羽仍然不能将《难忘今宵》转让给他人。

由此可见，对于合作作品的整体使用，所有合作作者的共同许可是相当重要的。否则，无论是哪种类型的合作作品，都很难得到整体的开发和利用。因此，如果想要将合作作品作为一个整体进行使用，特别是涉及转让和利益获取的商业使用，一定要同时取得所有合作作者的许可。

（四）署名问题

近年来，署名问题成为电视节目制作领域中版权问题的热点。2016 年，热播电视剧《芈月传》原小说作者、编剧蒋胜男将制片公司花儿影视公司诉至法庭，认为该剧在宣传方案中将王小平署名为“总编剧”侵犯其署名权，此案一度成为 2016 年电视版权行业的焦点。

那么，在电视节目制作中，到底谁有权署名？无论是从学说、国际公约、我国现行法律的角度，署名权都是专属于作者的精神权利。根据现行国际主流学术

---

①《著作权法》第 13 条。

②《著作权法实施条例》第 9 条。

观点，署名权不能转让。也就是说，只要在电视节目制作过程中，一旦产生了法律意义上的作品，那么这个作者就有权要求署名，而且所有关于署名权转让的约定是无效的。仍以《芈月传》为例，原著作者、编剧蒋胜男当然享有署名权，那么制片方在新闻发布会、宣传资料上署名“编剧：蒋胜男、总编剧：王小平”是否侵犯了其署名权，这一问题涉及电视节目制作中，署名应当遵循怎样的规范。

目前，我国对于署名权的具体行使方式的规定还不够完善。笔者认为，合同约定是明确署名规范最直接有效的方式，制作方和相关作者在签署协议时最好就署名方式、署名顺序、字体、时长等问题都实现约定。如果没有事先约定，行业一般交易习惯也是可参照的确定标准。德国著作权法专家雷炳德就认为：署名的类型、方式以及署名设计的问题在没有相关约定的情况下按照交易活动中的习惯来确定。[①]在《芈月传》署名权纠纷中，一审法院判决就参考了行业惯例，认为“总编剧”既不是法律概念也不是合同约定名词，影视行业也不存在有关总编剧署名规则的行业惯例，因此驳回了蒋胜男的诉讼请求。

值得注意的是，在电影行业，原国家广电总局电影局在早期曾出台一些行政规范，原广播电影电视部影视事业管理局 1993 年 1 月 1 日发布的《关于修订故事影片字幕规定的通知》，以及原国家广电总局电影事业管理局 1998 年 4 月 23 日发布的《关于重新修订故事影片字幕规定的通知（试行）》，对电影参与人员的署名范围、署名位置做出了一些较为具体的规定。笔者认为，在电视节目制作中，特别是制作以类似摄制电影的方法创作的节目，例如电视剧、纪录片等节目的署名规则，可以参考上述行政规范。

①［德］M. 雷炳德著：《著作权法》（2004 年第 13 版），张恩民译，法律出版社 2005 年版，第 275 页。

三、电视节目制作中素材的处理和使用

（一）版权素材的主要类别

电视节目的制作通常涉及多种要素的集合，常见的有音乐、视频、剧本、设计图稿、文稿、口述作品、曲艺、戏曲、舞蹈、计算机软件等。简单地说，只要能构成著作权法意义上的作品，只要这个作品被全部或部分地使用在了节目中，就构成本文中所讨论的电视节目版权素材，为方便起见，本文中均简称素材。

（二）网络素材的使用

互联网的迅速发展，大大降低了作品发布和作品获取的成本，为电视节目的制作提供了便利，电视节目制作者可以利用网络便利获取丰富的素材，或激发创作灵感，或直接运用到节目中。那么，网络素材的使用是否存在侵犯著作权的风险？2015 年，王宗源因央视《美丽中国乡村行》栏目未经许可使用其上传至网上的延时摄影作品，指控央视盗用其素材。实际上，无论是延时摄影，还是节目制作中一段音乐的使用、一篇文章的摘取、一段舞蹈的再现、一段小视频的播放，这些网络上的素材都有其原始作者。虽然作者自行或通过第三方将作品发布至网络平台，电视节目制作者可以通过网络获取，但在网络素材获取和使用时，需要注意以下几点。

1. 该素材如果已过著作权法法定保护期，则可以无须经过作者许可使用

我国《著作权法》规定作者为自然人的作品著作权保护期为作者在世及去世后 50 年，作者为法人和其他组织的作品著作权保护期为作品发表后 50 年，著作权保护期届满之后，作品流入公共领域，使用作品无须再经过作者许可。例如，如果制作电视节目时，从网上下载了一段贝多芬的《命运交响曲》，可直接使用在节目中。

2.“合理使用”和“法定许可”情形下的使用无须经过作者许可

如果在电视节目制作中属于法律规定的“合理使用”，[①]可以不经作者许可使用网络素材；如果是属于法律规定的“法定许可”的情形，[②]虽可不经过作者许可，但需要向作者支付报酬。

3. 获取素材的网站或平台不一定是素材版权持有方

作者将自己创作的素材发布至网络平台的行为并非一个授权或转让行为，在现实中，大多数情况下网络素材的著作权仍然属于作者，例如，作者在新浪博客更新的文章、网易云音乐平台上集成的音乐作品。但也有部分情况下，网络平台作为素材的集成平台，已经取得了原作者授权，网络素材的著作权属于平台。因此，如果使用素材需要经过作者许可，需要先判断版权的真正持有者，才能确定需要向谁获取许可。

（三）素材改编的相关问题和处理

当电视节目制作者获取素材之后，通常不会直接使用，而是会根据节目的形式、风格做相应的调整。但并非所有的调整都会构成著作权意义上的“改编”。

何为著作权法意义上的改编？著作权法明确将“改编权”作为著作权的具体权项之一，改编权的本质内涵所控制的是许可他人实施的，在保留原作品基本表达的基础上改变原作品创作出新作品的行为。[③]改编最重要的两个核心要素是保留作

①电视节目中可能涉及的“合理使用”包括：为介绍、评论某一作品或者说明某一问题，在作品中适当引用他人已经发表的作品；为报道时事新闻，在报纸、期刊、广播电台、电视台等媒体中不可避免地再现或者引用已经发表的作品；报纸、期刊、广播电台、电视台刊登或者播放其他报纸、期刊、广播电台、电视台已经发表的时事性文章，但作者声明不许刊登、播放的除外；报纸、期刊、广播电台、电视台刊登或者播放在公众集会上发表的讲话，但作者声明不许刊登、播放的除外；免费表演已经发表的作品；对设置或者陈列在室外公共场所的艺术作品进行临摹、绘画、摄影、录像。

②电视节目制作中可能涉及的“法定许可”的情形包括：录音制作者使用他人已经合法录制为录音制品的音乐作品制作录音制品；广播电台、电视台播放他人已发表的作品；广播电台、电视台播放已经出版的录音制品。

③陈锦川：《著作权审判原理解读与实务指导》，法律出版社 2014 年版，第 316 页。

品的原创性表达和附加新的原创表达，最终创作出新作品，这是改编的两个核心环节。[①]如果调整之后的作品具有充分的独创性，那么将构成著作权法意义上的“新作品”，如果调整行为并不具有独创性，那么只能视作“修改”，而非“改编”。

电视节目制作过程中，要判断对版权素材事实上的调整是否属于改编，还需要细心区分“改编”与“修改”的概念。“修改权”为著作权法赋予作者的精神权利，目前学界对于修改权的定义和范畴尚无定论，[②]但一般而言，无论是“改编”还是“修改”，通常情况下，都需要取得原著作权人的许可。区分这二者的意义在于，如果对版权素材的调整、删除、增添的行为已经形成了新作品，那么则属于“改编”行为，改编人则是新作品的著作权人，在不侵犯原著作权人权利的前提下，对新作品享有著作权。

那么，是否意味着电视节目制作人在将某一素材改编之后，就可以任意使用新素材了呢？答案是否定的。首先，改编应当取得原作者的授权或许可，不可未经授权擅自进行改编。其次，改编某一作品应当首先尊重原作者的署名权，否则，若将原作品进行一定程度上的改编之后据为己有，属于“抄袭”的侵权行为，被“抄袭”方可以主张停止侵权、损害赔偿、赔礼道歉并要求署名。[③]第三，改编作品的使用方式不得损害原作者的著作权，一般认为，改编作者拥有的著作权是一种消极著作权。由于改编作者对于改编作品拥有著作权，原作者对改编作品中属于原创表达的部分也拥有著作权，所以，使用改编作品意味着同时也是对原作品的使用。换言之，如果电视节目过程中需要使用到他人的改编作品，则需要经过原作者和改编作者的同时许可，这也就是改编作品使用的“双重许可”制度。

①张玲玲、张传磊：“改编权相关问题及其侵权判定方法”，载《司法探讨》2015年第8期。

②部分学者认为，修改权仅指对作品内容作局部的变更及文字、用语的纠正。参见胡康生：《著作权法释义》，北京师范学院出版社1990年版，第30页。另一种观点认为修改权是作者在作品发表之后因为思想、观点发生改变而修改其作品的权利……修改权的功能是保障作者自己修改作品的自由不受妨碍。参见李琛：《知识产权法关键词》，法律出版社2006年6月第1版，第120页。

③在琼瑶诉于正案中，于正担任编剧的电视剧《宫锁连城》在人物关系、主线脉络、故事情节等方面沿用了琼瑶小说《梅花烙》的原创表达，同时又进行了具有独创性的改编，但于正等人并未经过原著作权人琼瑶的许可，亦未为之署名。2015年12月16日，北京市高级人民法院就台湾地区作家琼瑶起诉中国大陆编剧于正等著作权案做出终审判决，认为于正所创作的《宫锁连城》侵犯琼瑶小说《梅花烙》的改编权。

由此可见，若电视节目制作中遇见需要改编素材的情形，需提前与原作者达成书面协议取得改编许可，并考虑到改编作品的使用需求，同时取得原作者对改编作品的使用许可。

（四）素材授权的集中处理

电视节目制作者使用他人素材制作电视节目，除了在前文所提及的“合理使用”和“法定许可”之外，都需要取得原著作权人的许可。然而，电视节目作为集合多种素材的综合呈现，其中所包含的所有非原创素材如果都要一一去寻找原著作权人，再和其洽谈，无疑是一项巨大的工程，甚至会严重影响电视节目制作的效率。

因此，对于电视节目的制作者而言，大批量素材的著作权集中处理无疑具有相当的必要性。

1. 集体管理组织

在许多著作权领域，都存在著作权集体管理组织，这些集体管理组织代表权利人集中行使著作权的许可与转让，代表权利人与使用人签约，再将使用费转付给著作权人。例如，中国音乐著作权协会就是覆盖中国大陆地区大量音乐词曲著作权的音乐著作权集体管理组织，并与境外音乐集体管理组织也有大量合作。现在，已经有一部分电视节目制作者通过与中国音乐著作权协会签约的方式取得电视节目中音乐素材的使用许可，而不用再一一就单个音乐作品去寻找著作权人。

2. 集中持有版权的企业

仍以音乐作品为例，除了考虑中国音乐著作权协会之外，电视节目制作者也可以选择与音乐唱片公司签订一揽子合作协议，以此集中获得批量音乐的授权许可。在图片素材领域，现在国内也有若干视觉素材内容版权交易平台，如视觉中国等。

四、特殊节目类型的特殊版权处理

（一）动画片制作的版权处理

动画片的成片大多数情况下可以被认定为著作权法意义上的“电影作品或以类似摄制电影的方法创作的作品”，但动画片的制作在版权处理上之所以特殊是因为动画片的制作涉及产业链较长，且涉及某些特殊的版权要素（见图 1）。

首先，在通常的动漫产业链中，动画的上游是漫画作品，而有时候漫画作品的上游是文学作品（也有一些情况是先有漫画作品，后有文学作品），因此动画作品是在漫画作品和文学作品的基础上演绎而来。这个时候，动画片的制作者需要取得原漫画作者和 / 或原小说作者（如有）的许可，在原作品的基础上创作剧本并对原作品进行改编，再在剧本的基础上，制作人设、场设、分镜、样片等，继而进行整部动画片的创作。动画片创作结束之后，又在动画片的基础上，进行下游版权改编、发行、开发，如真人剧、真人电影、游戏的再次改编创作，电视、网络、广播等多渠道发行，实体衍生品的开发等。

其次，漫画或动画形象本身就可以单独构成著作权法意义上的“美术作品”。如果在动画片制作前期，没有就漫画人物形象的使用单独取得著作权人的许可，很可能给产生的动画片带来版权上的瑕疵。例如，2015 年，杭州大头儿子公司诉央视动画未经许可使用“大头儿子”形象并对其进行改编，最终法院判决央视动画赔付 120 余万元。

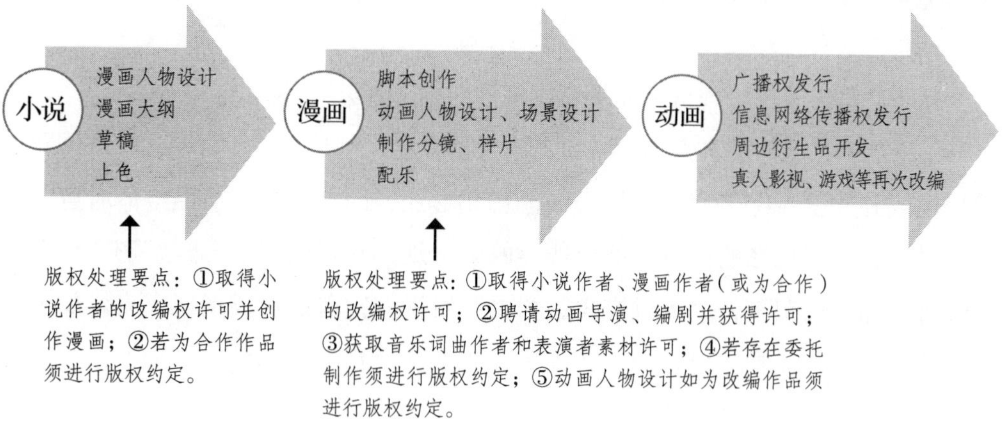

图 1 动画电视节目制作流程及相关版权处理要点

（二）电视剧和电影制作的版权处理

电视剧和电影的制作过程涉及大量的人力参与和巨额成本投入，一旦出现纠纷，也往往牵涉巨大经济利益。

首先，电视剧和电影的制作往往是多个投资方共同合作完成，著作权归属情况在实质上属于合作作品。在电视剧和电影制作初期，各个投资方往往会就电视剧和电影的制作拟定投资合作协议，投资合作协议涉及电视剧和电影前期成本投入、后期收益分成两个部分。第一个部分往往包括了各个投资方对电视剧和电影的投入约定，在这一阶段要特别注意约定实际制作中由谁来负责签订具体的导演、编剧、演员聘用协议，制作进度和制作内容的把控各方如何达成一致，以及由哪一方来负责完成电视剧、电影上映和发行所需要的行政审核；第二个部分主要包括商业合作收益（例如广告收益）和版权开发收益，在处理版权开发收益的问题上，往往习惯把电视剧或电影的版权划分为若干版权维度（例如信息网络传播权、广播权、院线发行权、衍生品开发权等）。

其次，如果电视剧和电影剧本是根据小说创作完成，在电视剧和电影制作过程中尤其要注意取得原著作者的改编许可，但如果仅仅是借鉴原作品的思想和创意，则不需要经过原作者许可。法院在判断电视剧或电影是“借鉴”或“抄袭”的过程中，往往采取“思想和表达”二分法，一般来说，会从人物特点、人物关系、主要情节、触发情节的关键节点等要素综合衡量。

（三）综艺节目的版权处理

综艺节目的版权处理核心在于节目模式的引进和艺人签约。

无论是综艺选秀、真人秀、脱口秀、大型晚会，都涉及“节目模式”的问题。节目模式并非整台综艺节目最核心的创意和形式，而是该综艺节目整体所遵循的具体设计，包括嘉宾的设置、参赛选手的筛选规则和晋级规则、比赛形式和评分标准等。通常情况下，“节目模式”会以节目操作宝典的形式呈现出来。如果一档综艺节目在上述具体设计上沿袭了另一档综艺节目的操作宝典，那么这就涉及“节目模式”的授权和使用。

在综艺节目中，“艺人”往往是其核心价值，许多综艺节目对艺人的报酬也高达千万元。而且，艺人作为综艺节目中的核心表演者，享有法律所赋予的表演者权，综艺节目的制作者在与艺人签订合作协议时，要尤其注意就取得表演者许可、肖像权许可、综艺节目版权归属问题与艺人进行洽谈。同时，由于艺人本身在综艺节目中的重要性，艺人自身形象的贬损会使综艺节目的版权价值大打折扣，甚至会有“禁播”风险，因此，综艺节目的制作者在挑选艺人时要尤其注意挑选形象正面的艺人，同时在合作协议中就艺人自身形象保持事宜做出事先约定。

（四）新闻节目的版权处理

讨论新闻节目的版权处理问题，首先需要讨论新闻节目是否享有版权。这个问题的答案难以一概而论，需要区分新闻作品与时事新闻。时事新闻，指通过报纸、期刊、电台、电视台等传播媒介报道的单纯事实消息。[①]即一种“单纯事实报道”，仅包含“When、Where、Who、What、Why”五个要素，[②]已被《著作权法》明确排除在著作权保护的客体范围之外，《伯尔尼公约》第 2 条之一第（8）款也规定：本公约的保护不适用于日常新闻或纯属报刊消息性质的社会新闻。

那么何为新闻作品，笔者认为，新闻作品即在时事新闻的基础上增加了新的报道内容，例如深度报道、数据对比、新闻照片、调查结果等，且上述新增报道内容具有独创性，那么，这类新闻报道构成著作权法意义上的“作品”，称为“新闻作品”。对于这一类作品的使用，需要取得原作者的许可，而对于单纯时事新闻的使用则不需要。

其次，在新闻节目制作过程中，另一个版权处理难点是：访谈嘉宾是否享有著作权或邻接权？电视节目制作如需邀请访谈嘉宾是否需要取得其许可？访谈嘉宾的访谈内容电视节目制作者是否可以再次使用？笔者认为，该问题需要结合实际情况具体分析。我国《国家版权局关于著作权法实施条例第五条中“表演”的具体应用问题的解释》中有如下表述，“直接或借助技术设备公开再现受著作权法保护的作品”。在新闻节目制作中，许多访谈虽然都有固定的访谈提纲，主持人根据现场气氛、嘉宾反应等控制访谈节奏和过程，但嘉宾的回答往往是在主持

①参见《著作权法实施条例》第 6 条规定。

②田灿:《关于新闻作品的版权限制制度研究》，湖南师范大学硕士学位论文，2006 年。

人引导下根据自身对问题的理解而发表的个人观点，带有浓厚的即兴发挥色彩，应当属于口述作品，访谈嘉宾为口述作品的著作权作者，而非表演者。电视节目制作者再次使用访谈内容需要经过口述作者——访谈嘉宾的许可。但也有学者认为，该口述作品实际上为电视节目制作方和嘉宾共同创作，应为合作作品。[①]

五、面向开发的制作及相关版权处理

如今，在社会高度信息化和文化传媒融合的历史条件下，文化与传媒业演进为全球少数几大产业之一，而版权不仅由此渗透世界诸多重要产业的中枢，而且成为文化与传媒业的主体与关键，同时自身发展成全球规模最大的产业之一。[②]电视节目的盈利方式包含了商业合作、电子商务、IP 多维跨界、出版、电影等多个领域。在“内容为王”的今天，好的内容也应当得到有效的运营和开发，电视节目制作中一切版权问题的处理，都是为了保障电视节目在播出、开发中不受版权瑕疵所累。那么，着眼当今电视节目版权开发的格局，在电视节目制作中应从以下几个角度做好版权处理。

（一）节目开发与版权登记

一档电视节目通过多种渠道进行开发，在实务中往往呈现出两个特点：几乎没有使用者会一揽子购买全版权，更多的情况是面向不同的使用者发行不同类型的版权；代理机构日益发展，转授权交易日益增多。

上述两个特点构成了版权交易市场的复杂性：一个手握全部版权的制片方无

①徐卓斌：“电视访谈节目著作权归谁所有？”，来源：人民网，网址：http://ip.people.com.cn/GB/11072980.html, 2010 年 3 月 4 日。

②郑涵、金冠军：“当代国际文化与传媒产业体制转型危机：版权体系的重构——兼论美国与欧洲最新版权法规变革”，载《中国传媒报告》（China Media Reports）2005 年第 4 期。

暇与需要购买各个部分版权的众多使用者谈判，于是制片方先是把版权分解发行给了不同的代理商，而这些代理商又分头把这些不同类型的版权售卖给了下游的使用者从中获取中间价值。那作为下游使用者，他们必须确定自己花费高额版权金购买的电视节目版权是毫无瑕疵的，也必须确定向自己提供版权的代理商是获得原始版权人合法授权的，而这一切要如何证明呢？

版权登记就凸显了它在版权交易中的便利价值。版权登记是指权利人根据自愿原则向国家版权机构申请著作权登记，相关版权机构在经过审核之后做出该版权作品归属申请人的证明。在电视节目交易实务中，首先由制片方去取得电视节目相关的著作权登记，下游使用者只需要索要著作权登记证明就可以知晓谁是该版权作品的真正权利人，这个时候，只要从著作权登记证明开始往下一一核实有无完整的授权链条就可以得知代理商是否有权向自己提供该节目的某一部分版权了。

除了方便版权交易的价值之外，版权登记对于保护真正的著作权人也有不可忽视的诉讼价值。版权登记在我国，虽然并非版权权属的最终证明，但却是版权归属的初步证据。也就是说，在没有相反有力证据的情况下，法院会认定版权登记证明上的著作权人为作品的真正著作权人。

（二）全球化市场与版权处理

在 IP 开发日渐全球化的今天，如果要尽可能地实现 IP 的版权价值，很多情况下需要考虑到 IP 的海外输出问题。实际上，和我国日益增长的版权输出总体量相比较而言，电视节目的版权输出似乎一直未能找到合适的地位和突破口。根据国家版权局提供的数据，2011~2015 年，我国的版权输出总数量增长了约 34.5%，而电视节目的版权输出却不但没有增长反而略有回落（见表 5）。

表 5 2011~2015 年我国电视节目版权输出数量①

年度	2011	2012	2013	2014	2015
电视节目版权输出数量	1559	1531	1937	1555	1511
所有类别版权输出数量	7783	9365	10401	10293	10471

①来源：国家版权局网站，网址：http://www.ncac.gov.cn/chinacopyright/channels/9977.html, 访问时间 2017 年 6 月 2 日。

除贸易供需、电视节目开发价值链结构相对单一等因素外，电视节目这个相对复杂的版权综合体再加之著作权的地域性限制也为电视节目海外输出和全球化开发增设了许多细小而烦琐的障碍。例如，一部主题曲是从权利人手中购买的电视剧，现在意欲输出到美国市场，却发现当时购买主题曲时只购买了中国大陆地区的版权，这样就会大大影响到该电视剧海外输出的商业洽谈。

因此，如果这个IP是面向全球化发行的，那么在制作中就应该注意版权的地域性，例如节目中使用的素材是否在全球范围内都能使用？节目的外语版本由谁来制作？外语版本的版权归属哪方？如果在海外发行中涉及部分内容的修改是否侵犯到剧本作者的精神权利？海外发行的版本是否保留了原小说作者的署名权等，这都是一个雄心勃勃意欲征服海外的电视节目制作者在前期就应该思考的法律问题。

（三）多渠道版权开发与版权处理

虽然国内电视节目的开发价值链仍然在建立和摸索中，但电视节目有效的版权开发战略应当在电视节目的制作中就浮现较为清晰的轮廓，并将这个轮廓带入电视节目制作过程中，沿着开发的路径和脉络去进行版权处理。

从目前国内市场已经存在的案例来讲，电视节目的开发路径包括：[①]节目衍生[②]、电影衍生[③]、音乐衍生[④]、艺人衍生[⑤]。电视节目制作者在制作过程中，需要从上述方面重点解决版权问题，例如，着眼电影衍生的电视节目，须在前期素材处理上增添再次电影中使用的权利，以及明确约定电视节目再次改编权即收益分配归属等；又如，着眼艺人衍生的电视节目，须在聘用艺人时约定相对较长的签约时间，并另行取得录制其他类型表演和活动的许可，以及艺人参与后续活动的管理及收益分成。

①陈媛:《电视综艺节目运营管理研究》，西南财经大学硕士学位论文，2014 年。

②节目衍生指在原节目播出之时开发新节目或在原节目播出完结后开发新节目，是由原节目派生出来的新节目，是对原节目的全面宣传和内容补充。

③电影衍生指在电视节目的基础上拍摄电影，例如《爸爸去哪儿》就衍生出电影版。

④音乐衍生包括音乐专辑、演唱会以及周边彩铃等，选秀类、唱歌比赛类节目容易衍生出此类产品。例如《中国好声音》在节目开播前就和中国移动“无线音乐俱乐部”展开合作，提供彩铃下载。

⑤艺人衍生指利用电视节目的艺人带来的后续影响力延续版权收入。

试论我国电视节目模式研发中的“创新依赖”与“版权疏松”症候及其对策

祝秀

祝秀，毕业于北京大学新闻与传播学院，先后就职于中央电视台、今日头条，从事版权引进与合作相关工作。获得执业律师资格，具有传媒和法律专业知识与实务经验的复合背景。对版权产业及相关问题有根植于实践的理论研究，专注研究领域为节目模式、IP 开发与运营等。

2012年，模式节目《中国好声音》第一季的冠名费为6000万元，节目播出后反响热烈，广告费从每15秒15万元飙升至每15秒36万元，一期节目的广告费达3000多万元。2016年，改名后的《中国新歌声》第一季冠名费超过4亿元，广告总盘超过20亿元。[①]从6000万元到4亿元，这是中国电视节目模式产业狂飙突进发展的一个缩影。基于著作权法的立法精神与节目模式产业的特征，电视节目模式产业实质上是以版权为基石的产业，但当前电视节目模式能否以及如何得到著作权法的保护，在全世界范围内仍处在争议当中。从产业自身发展的角度来看，我国的电视节目模式产业更是出现了“创新依赖”与“版权疏松”症候，节目模式的创新过度依赖引进模式，自主研发不足，模式版权意识淡薄，侵权现象突出，鉴于此，如何预防及治疗“创新依赖”与“版权疏松”症，成为我国电视节目模式研发中一个亟待解决的问题。

一、电视节目模式发展情况简介

（一）电视节目模式化的发展背景

节目模式一般适用于娱乐节目、游戏节目、真人秀等，概括起来说，主要指综艺节目。关于电视节目模式的概念有很多，结合现今市场发展情况，比较完整的一个定义是：电视节目模式是以独特的叙事元素为核心、以具体的形式细节规定（如时间长度、布景、灯光、台词脚本、音乐、特效、主持人风格、制作安排等）

①版话：“综艺节目《中国好声音》第1~4季资料集锦（附每季版权交易数据）”，网址：https://www.ishuo.cn/doc/jyykciqf.html，访问日期2017年4月5日。

为内容、经过市场检验具有可移植性与可贸易性，能服务于特定节目内容再生产的制作程序。[①]从著作权法角度来考察节目模式的概念，电视节目模式是包括文字、音乐、图片、美术等元素综合构成的智力成果。

电视节目的模式化实践早已有之，但直到20世纪90年代才逐渐兴盛起来。尤其是四大超级模式——《谁想成为百万富翁》（“Who Wants to be a Millionaire？”）、《幸存者》（“Survivor”）、《老大哥》（“Big Brother”）和《流行偶像》（“Pop Idol”）的出现，把节目模式的发展推到一个新阶段。其中，1998年在英国ITV首播的《谁想成为百万富翁》截至2011年已被全球108个国家和地区采购，1999年在荷兰首播的《老大哥》截至2011年已在世界上45个国家和地区推出过当地版本。[②]

世界电视已进入模式化时代，电视节目模式的生产与交易成为全球电视市场的主流。根据2009年国际电视节目模式认证与保护协会（FRAPA）发布的《电视模式走向世界》报告，从2006年到2008年，世界上有445个拥有版权的电视模式在进行跨国销售。电视节目模式产生的包括咨询费、授权许可费以及其他辅助收入等在内的总交易额高达93亿欧元，比2002年到2004年的交易量增加了45%，与此同时，2009年到2010年的全球电视节目模式销售额仍以大于10%的速度迅速增长。[③]

（二）电视节目模式在中国

在我国，模式节目经历了一个发展变迁的过程。早年，国内直接引进模式较少，以学习、借鉴为主。1998年，央视引进法国体育游戏节目《城市之间》，这是中国首次从国外正式引进节目模式。《幸运52》《开心辞典》是最早学习国外模式制作的节目。在一段较长时间内，节目模式版权交易零星出现，并不常见，通过引进国外模式做成功的节目并不多。转折点出现在2010年，东方卫视引进“Britain's Got Talent”模式制作《中国达人秀》，收视表现优异，引发了一股模式引进的热潮。其后，2012年《中国好声音》，2013年《我是歌手》《爸爸去哪儿》，2014年《奔

①张建珍、彭侃：“电视节目模式国际贸易发展简史”，载《新闻春秋》2013年第2期。

②同上。

③陈硕：“电视节目模式的全球许可经营初探”，载《今传媒》2014年第3期。

跑吧兄弟》等模式节目热播并成为现象级综艺，被认为是节目模式的胜利（见表6）。

《中国好声音》《爸爸去哪儿》《奔跑吧兄弟》等引进模式节目的成功，标志着中国电视开始深度卷入世界电视节目模式交易市场。作为全球化电视事业中的一员，模式节目成为热潮，背后既有世界电视节目模式化、产业化对中国市场产生的影响，也是中国电视产业在政策、市场影响下到达的必经发展阶段。

表6 2010~2016年国内主要上星综合频道开播的引进模式的电视综艺节目

年度	节目	原版模式	模式来源国	引进平台
2010	《中国达人秀》	“Britain’s Got Talent”	英国	东方卫视
2010	《我们约会吧》	“Take Me Out”	英国	湖南卫视
2010	《以一敌百》	“1 VS 100”	荷兰	湖南卫视
2010	《欢喜冤家》	“The Marriage Ref”	美国	江苏卫视
2011	《梦想合唱团》（2013衍生节目《梦想星搭档》）	“Clash of the Choirs”	美国	央视
2011	《谢天谢地你来啦》	“Thanks God You’re Here”	澳大利亚	央视
2011	《我心唱响》	“Sing It”	荷兰	东方卫视
2011	《中国梦想秀》	“Tonight’s the Night”	英国	浙江卫视
2011	《年代秀》	“Generation Show”	比利时	深圳卫视
2012	《中国好声音》	“The Voice”	荷兰	浙江卫视
2012	《百变大咖秀》	“Your Face Sounds Familiar”	西班牙	湖南卫视
2012	《一站到底》	“Who’s Still Standing”	美国	江苏卫视
2012	《妈妈咪呀》	“Super Diva”	韩国	东方卫视
2012	《顶级厨师》	“Master Chef”	英国	东方卫视
2012	《梦立方》	“The Cube”	英国	东方卫视
2012	《一声所爱·大地飞歌》	“True Talent”	瑞典	广西卫视
2013	《开门大吉》	“Superstar Ding Dong”	爱尔兰	央视
2013	《我是歌手》	“I Am A Singer”	韩国	湖南卫视
2013	《爸爸去哪儿》	“Dad, Where Are We Going？”	韩国	湖南卫视
2013	《女人如歌》	“The Winner Is”	荷兰	湖南卫视

续表

2013	《中国最强音》	“X Factor”	英国	湖南卫视
2013	《中国梦之声》	“American Idol”	美国	东方卫视
2013	《舞林争霸》	“So You Think You Can Dance”	美国	东方卫视
2013	《中国星跳跃》	“Celebrity Splash”	荷兰	浙江卫视
2013	《星跳水立方》	“Stars in Danger：High Diving”	德国	江苏卫视
2013	《芝麻开门》	“Raid the Cage”	以色列	江苏卫视
2013	《最美和声》	“Duets”	美国	北京卫视
2013	《我为歌狂》	“Mad of Music”	荷兰	安徽卫视
2013	《黄金年代》	“The Best Years of Our Lives”	英国	安徽卫视
2013	《男左女右》	“Battle of the Sexs”	荷兰	深圳卫视
2013	《两天一夜》	“Happy Sunday”	韩国	四川卫视 （第二季 东方卫视）
2013	《中国星力量》	“Kpop Star”	韩国	山东卫视
2014	《奔跑吧兄弟》	“Running Man”	韩国	浙江卫视
2014	《爸爸回来了》	“The Return of Superman”	韩国	浙江卫视
2014	《最强大脑》	“Super Brain”	德国	江苏卫视
2014	《花样爷爷》	“Grandpas Over Flowers”	韩国	东方卫视
2014	《与星共舞》	“Strictly Come Dancing”	美国	东方卫视
2014	《女神的新衣》	“Fashion Star”	美国	东方卫视
2014	《极速前进》	“The Amazing Race”	美国	深圳卫视
2014	《囍从天降》	“대단한시집”	韩国	天津卫视
2015	《了不起的挑战》	“Infinite Challenge”	韩国	央视
2015	《真正男子汉》	“진짜사나이”	韩国	湖南卫视
2015	《全员加速中》	“Run for Money”	日本	湖南卫视
2015	《我们相爱吧》	“우리결혼했어요”	韩国	江苏卫视
2015	《蒙面歌王》（第二季改名为《蒙面唱将猜猜猜》）	“복면가왕”	韩国	江苏卫视
2015	《世界青年说》	“비정상회담”	韩国	江苏卫视
2015	《生活大爆笑》	“GAG Concert”	韩国	东方卫视

续表

2015	《花样姐姐》	“꽃보다누나”	韩国	东方卫视
2015	《我去上学啦》	“학교다녀오겠습니다”	韩国	东方卫视 （第二季 浙江卫视）
2015	《音乐大师课》	“Master Class”	以色列	北京卫视
2015	《咱们穿越吧》	“Let's Go Time Expedition”	韩国	四川卫视
2016	《丛林的法则》	“정글의법칙”	韩国	安徽卫视
2016	《看见你的声音》	“너의목소리가보여”	韩国	江苏卫视
2016	《我们战斗吧》	“The Phone”	荷兰	江苏卫视
2016	《来吧！冠军》	“Beat the Champions”	日本	浙江卫视
2016	《对口型大作战》	“Lip Sync Battle”	美国	深圳卫视
2016	《疯狂的丛林》	“Wild Things”	英国	深圳卫视
2016	《冰雪奇迹》	“The Jump”	英国	天津卫视

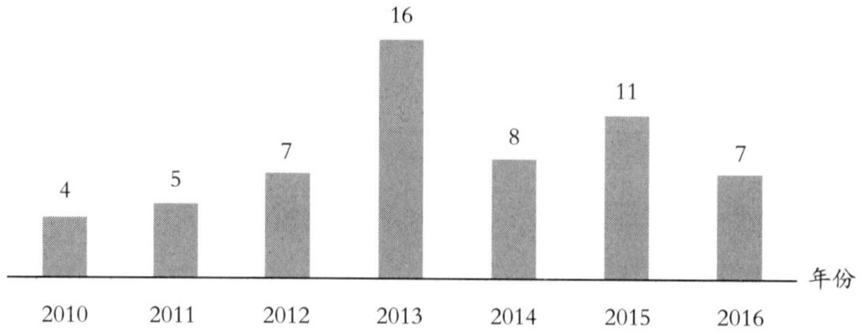

图 2　2010~2016 年国内主要上星综合频道每年播出的引进模式电视节目数
注：不计入更换播出平台的模式节目。

中国电视市场对于模式节目走过了一段认知、接受、理解、追捧的过程。自2010年起，每年引进模式节目数量均保持在4档以上，2013年更是高达16档（见图2）。

2012年起，中国节目模式市场呈井喷式增长，主要上星综合频道播出的模式节目数从2012年的7档飙升到了2013年的16档，达到历史高位。2013年年初开播的《我是歌手》、年末播出的《爸爸去哪儿》，均为当年引进韩国模式的现象级节目。2014年，模式引进热居高不下，同为韩国模式的《奔跑吧兄弟》播出，成为又一档现象级“舶来品”节目。

二、中国电视节目模式研发面临的“创新依赖症”与“版权疏松症”

（一）影响节目模式自主研发的外部因素：过度依赖模式引进

在节目模式市场如火如荼之时，模式题材撞车、跟风消费等问题也在浮现。如表 6 所示，2013 年的 16 档模式节目中，歌唱类节目就占了 7 档。歌唱类模式节目的一家独大，无形中压缩了其他类型节目的研发和播出空间，也限制了观众多样性的文化需求。

过度依赖一国模式并进行无节制收割也成为一大问题。

由图 3 可见，近年来韩国已成为我国引进模式最多的来源地，从 2010 年到 2016 年，我国主要上星综合频道播出的韩国模式节目高达 20 档，远超传统节目模式输出大国美国、英国、荷兰等。

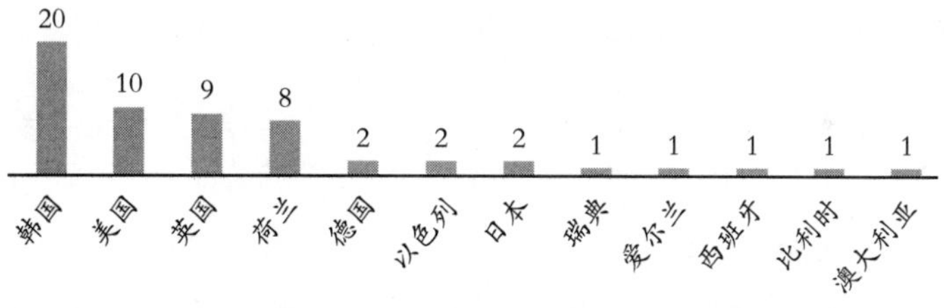

图 3 2010~2016 年模式来源国引进模式数

对韩国模式的青睐并非一蹴而就。中国节目模式市场的风向标也在变化当中，2010~2012 年这三年间，以英国、荷兰、美国为首的欧美模式受到中国市场追捧，2013 年起，韩国模式异军突起，中韩节目模式贸易发展迅猛（见图 4）。

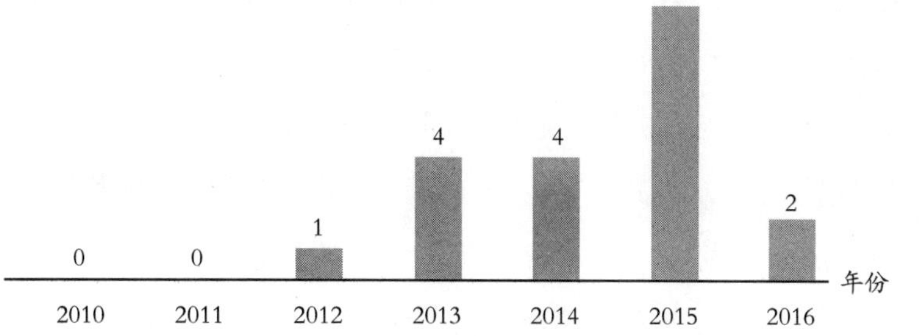

图 4 2010~2016 年国内主要上星综合频道每年播出的韩国模式节目数

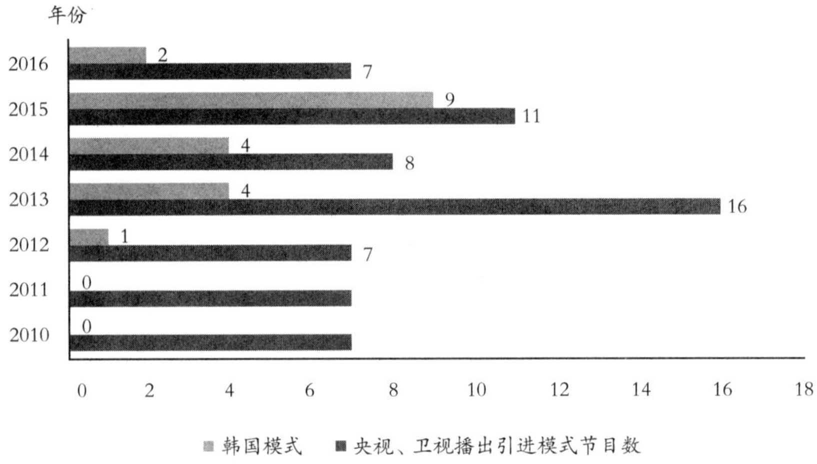

图 5 综合对比图 2 与图 4

2013 年，《我是歌手》和《爸爸去哪儿》两档韩国模式节目的成功，使中国市场注意到了在文化地缘性上更接近的韩国。另外，前几年对欧美模式的消耗以及一些欧美模式在本土化过程中的失败案例，也促使中国节目制作机构转向寻求不同的模式供应方。由图 5 可见，在主要上星综合频道中，2014 年韩国模式已占到我国全年模式节目总数的二分之一，2015 年该比例已超过 80%。2016 年，欧美模式回温，韩国模式节目只有两档。

从 2010 年至今，中国节目模式市场的流行趋势经历了一个循环往复的选择过程。无论是前几年欧美模式的遇冷还是 2016 年以来韩国模式的降温，都与中国电视人对一国、一地模式的过度开采有关。然而，国外节目模式数量总是有限的，一味依赖国外节目模式并非我国电视产业发展的长久之计。

对模式引进过度依赖的一个直接后果是，有限的国外优秀节目模式数量加上我国各家电视机构对模式的竞相追逐，导致海外节目模式购买费用飙升，部分海外节目模式溢价过高，对价不公、交易失衡，逐渐成为电视节目制作机构的沉重负担。据媒体公开报道，2012 年，SMG 地面频道“新娱乐”播出的韩国《妈妈咪呀》模式购买费仅为每期 1 万元人民币。2014 年，韩国 SBS 电视台从《奔跑吧兄弟》中获得的模式授权费、制作服务费等，一季节目可能要超过 4500 万元。与此同时，在保底的授权费之外，模式方还要求对节目的网络版权、电影、游戏等衍生开发进行收益分成。目前，“模式费 + 制作费”的打包价格几乎都在千万元以上，并且仍在继续飙升。业内人士透露，对引进韩国真人秀模式，韩方开价最低 1.2

亿元人民币，即“模式费 + 制作费 + 广告 / 衍生分成≥ 1.2 亿”。[①]

对模式引进的过度依赖，可能导致国内对节目模式的自主研发意识不强、模式创新能力裹足不前，影响我国电视节目市场的长足健康发展。在制播分离的欧美国家，购买节目模式是常态，节目模式版权交易非常频繁，但这不影响他们的节目模式研发实力。需注意，节目模式引进不会压制自主创新，但过度引进、无序开发则会。

首先，行业上下极度推崇国外节目模式，以至把预算更多地投入购买国外节目模式中去，挤压了模式自主研发的经费，导致对自主创新研发模式投入不足。其次，对引进模式的过度依赖，使节目运营包括播出、广告、开发等均依赖引进模式，限制了自主运营能力，进一步打击了原创研发节目模式的生命力。在笔者为本文进行调研时，有节目制作公司指出，在向国内一家电视台推荐自己原创的节目模式提案时，对方因为听说该节目模式不是来自国外，遂婉言拒绝。另外，当前电视广告商在选择冠名、赞助综艺节目时，若该节目是国外知名模式，也会更乐意慷慨解囊。对国外节目模式的“依赖症”由此形成一个恶性循环：过度依赖国外节目模式，削弱了国内自主研发模式产业的生命力，国内原创节目模式供不应求或者质量参差不齐，电视节目播出机构转而寻求稳定的外部供应商，以至愈发依赖国外节目模式。

针对国内电视机构过多依赖模式引进的乱象，2013 年以来，原国家新闻出版广电总局相继出台一系列管理措施，鼓励自主研发，但目前看来，效果仍不尽如人意。

2013 年 10 月 12 日，原国家新闻出版广电总局下发《关于做好 2014 年电视上星综合频道节目编排和备案工作的通知》，强调坚持自主创新，加强引进管理，各电视上星综合频道每年播出的新引进境外版权模式节目不得超过 1 个，歌唱类节目以 4 档为上限。

电视真人秀节目作为引进模式中的一个重要类型，2015 年，原国家新闻出版广电总局下发《关于加强真人秀节目管理的通知》提出要摆脱对境外节目模式的依赖心理，坚决纠正一窝蜂式的盲目引进，对于以合作方式变相引进的现象要坚决治理。

①刘亚娟、毛予倩：“韩国综艺节目实地调查——合作篇”，网址：http://ent.qq.com/original/guiquan/g177.html，访问日期 2017 年 4 月 5 日。

2016 年 6 月，原国家新闻出版广电总局又下发了《关于大力推动广播电视节目自主创新工作的通知》，要求每个电视上星综合频道每年新播出的引进境外版权模式节目不得超过 1 档，第一年不得在 19：30~22：30 之间播出，且需要提前两个月进行备案。

从热烈追捧到止步反思，“模式”成为业内人挂在嘴边又爱又恨的词语。一方面，节目模式开始祛魅，《奔跑吧兄弟》后至今再无一档业内公认的现象级模式节目出现，还有一些被寄予厚望的节目模式（如“X Factor”）折戟沉沙，未取得市场良好反响；另一方面，现在电视上数得上的收视、话题皆属上乘的节目，如《真正男子汉》《我们相爱吧》《蒙面唱将猜猜猜》又都是模式节目。再作一番深入探察就会发现，国外模式并不是节目成功的完全保证；反响良好的模式节目一般都经过了成功的本土化改造，节目模式引进和本土化改造是相辅相成的。如《爸爸去哪儿》在韩国 MBC 电视台“Dad，Where Are We Going”节目模式基础上，进行了卓有成效的大胆创新：加快了节目节奏，选择了具有明显地域风情的外景地，将纪录片气质和人文情怀带进了中国版，彰显亲子类节目的教育价值。关键的是，在对国外节目模式本土化改造的摸索中，中国电视人在向节目模式的自主创新研发迈进。

（二）影响节目模式自主研发的内部因素：节目模式版权意识淡薄，侵权现象突出

国内过度依赖国外模式、模式题材撞车、水涨船高的模式费用、自主创新被压制的现状，以及广电的政策导向，都促使中国电视节目向模式的自主研发转型。然而，在自主研发的路径上，节目模式的版权意识淡薄、跟风模仿现象突出，成为影响我国电视节目模式研发的一大隐患。

在正版引进渐成规模前，我国曾盛行“拿来主义”的山寨之风，电视节目间相互模仿、借鉴的现象十分普遍。笔者在前面图表中所做的统计，均是公开资料或新闻报道显示为模式引进的节目。但必须注意到，该表单并未穷尽国内主要上星综合频道当年播出的模式节目，因为除公开模式引进外，一部分节目打着“借鉴”旗号或者号称“原创”，但其实都能找到相似的海外节目模式。

正版模式节目的引进增强了中国电视节目制作机构尊重版权、尊重创意的意识，在电视市场竞争中建立了基本的规则，但节目模式市场发展到今天，不尊重节目模式知识产权的现象仍很突出，点子被随意借鉴、节目被低廉模仿、模式被

肆意抄袭，无序竞争情况严重。

近年来，随着模式节目的热播和经济效益的走高，因为模式抄袭嫌疑而产生的版权纠纷也越来越多。

《隐藏的歌手》是一档2015年播出的音乐模唱类综艺节目。“Hidden Singer”制作方、韩国JTBC电视台认为《隐藏的歌手》无论名称、设计、模式、内容等所有方面与原版几乎完全一致。JTBC向涉嫌侵权的各相关单位发出公函，希望立刻中止侵权行为。《隐藏的歌手》节目组则回应称：节目在内核、模式、设计、还是商标注册层面都是本土原创，不存在抄袭之嫌。①

2016年6月，韩国节目制作公司KOEN Media称，江苏卫视《原来是金曲》端午特别节目《端午金曲捞》涉嫌抄袭韩国SBS电视台节目《心肺复苏颂》，侵犯了其作为《心肺复苏颂》版权所有方的合法权益。KOEN Media公司表示，他们与江苏卫视从3月起就协商一起制作中国版《心肺复苏颂》，并签署了合作确认书。但是后来江苏卫视以广电相关规定为由拒买版权，只希望KOEN Media提供制作团队而导致了合作中断。KOEN Media也向原国家新闻出版广电总局正式发出投诉函，希望中国电视市场重视版权保护，停止此类抄袭行为，尊重知识产权及创意。②

有关节目模式的版权争议频发。对国外模式拿来就用的行为，不仅侵犯了模式版权方的合法权益，而且侵犯了正版引进模式的国内制作方的权益。2009年12月，湖南卫视引进英国Fremantle Media公司“Take Me Out”的节目模式，进行版权合作，播出了婚恋交友类节目《我们约会吧》。2010年1月，江苏卫视《非诚勿扰》开播。湖南卫视和Fremantle认为，《我们约会吧》的模式遭剽窃，向原国家广电总局等部门提起了申诉，并保留对相关侵权方诉诸法律的权利。③湖南卫视播出的旅游综艺节目《花儿与少年》被网友指出疑与韩国节目模式“花样系列”高度相似，而该模式系列节目《花样爷爷》《花样姐姐》的版权却已落户东方卫视。对此东方卫视总监李勇称，“如果与对方谈合作，谈不成就直接模仿，这是不尊

① 祖薇：“《隐藏的歌手》陷入侵权争议”，网址：http://culture.people.com.cn/n/2015/1102/c172318-27766007.html，访问日期2017年4月5日。

② “《端午金曲捞》被指抄袭 本土综艺出路在何方”，网址：http://ent.163.com/16/0615/15/BPK4ILKK000333J5.html，访问日期2017年4月5日。

③ 李丹：“湖南卫视引进《我们约会吧》节目模式遭剽窃”，网址：http://news.xinhuanet.com/ent/2010-03/29/content_13268328.htm，访问日期2017年4月5日。

重知识产权，即使一时得利，最终伤害的是整个行业。”[①]

电视节目模式元素的灵活性使得界定抄袭的难度极高。怎么判断新模式是借鉴元素还是抄袭？模式节目一般会有与其他模式区分开的“模式点”，“模式点”必须具有独创性。通常认为，照搬“模式点”即很可能构成对节目模式的抄袭。如“The Voice”的“模式点”是盲选，转椅是促成盲选的装置。

在我国节目模式的对外输出中，研发阶段的版权瑕疵对模式输出造成了阻碍，《超级女声》就是一个典型案例。

2004 年，湖南卫视选秀节目《超级女声》开播；2005 年，《超级女声》第二届红遍全国，掀起了“超级女声”热潮。

2005 年 11 月，“Idol”节目模式版权方 Fremantle Media 亚洲区相关负责人称，《超级女声》在节目设置上与“Idol”电视节目模式非常相似，但制作方湖南卫视和上海天娱公司并没有购买该电视节目模式的版权，必要时 Fremantle 将对其提起法律诉讼。但最终 Fremantle 并未提起诉讼。分析认为，电视节目模式本身通常被认为是思想而非表达，因此并不受我国《著作权法》保护，即使走上法庭也很难胜诉。

随着《超级女声》的走红，国内开始跟风模仿，数十家电视频道都推出了同类型的音乐选秀节目。《超级女声》总导演王平认为不少节目直接照搬“超女”模式，呼吁有关部门对“超女”节目的版权进行保护。2006 年，湖南卫视将《超级女声》的徽标和超女娃娃进行了登记。而对于整个节目，湖南省版权局相关工作人员表示，则必须有一个固定的文字脚本，或者是录像带才能予以登记。由于“超女”节目更新很快，每期都有不少变化，缺乏相对固定性，因此无法登记。[②]

2009 年，媒体报道称《超级女声》节目模式有望输出海外。湖南卫视发言人李浩表示：“超女虽然当初借鉴国外选秀节目的模式，但后来出现的车轮战、PK 淘汰赛和复活赛等赛制都是自己的创新。而且本次‘快女’我们稍后还将拿出创

① “东方卫视暗示芒果台模仿：最终伤害的是整个行业”，网址：http://ent.ifeng.com/a/20140507/40049005_0.shtml，访问日期 2017 年 4 月 5 日。

② “《超级女声》屡遭克隆 湖南卫视呼吁版权保护”，网址：http://news.xinhuanet.com/newmedia/2006-09/30/content_5157119.htm，访问日期 2017 年 4 月 5 日。

新的方案。”[①]但最终“超女”并未成功输出。尽管《超级女声》很成功，也有很多原创环节，但因为有“Idol”节目的印迹，在国际市场上并不被认可。[②]

三、加强中国电视节目模式原创研发

要改变中国电视节目模式产业的“创新依赖症”与“版权疏松症”，关键是注重节目模式的原创研发，加强对模式的版权保护意识。中国节目模式市场的发展亟须一个健全的版权环境与之配套。

（一）培养节目模式化意识，建立成熟的研发生产体系

中国电视从业人员，包括研发者和制作团队，亟须培养节目模式化的意识，改变作坊式的生产风格，与国际上工业化、产业化、成熟化的生产流程对接。

如前所述，判断节目模式是否侵权的一大难点在于电视节目模式元素的灵活性。因此，不管是从节目发展角度还是版权保护角度，研发者都必须在模式研发早期就想好要设置哪些保护性元素。节目模式必须具有独特性，独特性尤其体现在“模式点”上。

节目模式化需要有意识地提前布局和规划，在研发阶段即要设置好模式性元素，强化对模式点的设计和打造，并且与国际通用模式语言相衔接。《中国好歌曲》是目前中国电视中少见的反向输出海外的原创模式节目。2014 年戛纳春季电视片交易会上，英国国际传媒集团 ITV 旗下发行部门 ITVSGE 宣布订购《中国好歌曲》模式。原灿星制作副总经理尹晓葳介绍：“这档节目在研发阶段就已经下决心要将其模式化并销往国际市场，这种有意识的模式化对节目的研发、制作都发挥了影响，整个

①王路、于盛雅：“‘快女’向苏珊大妈发邀请 节目有望卖到海外”，网址：http://ent.163.com/09/0511/17/5924SOR2000335TL.html，访问日期 2017 年 4 月 5 日。

②谢梦遥：“买个好节目”，载《财经天下》2012 年第 11 期。

研发思路都在强化模式点。比如在舞美灯光等视觉呈现上，要考虑既让中国观众接受，又能够做到国际通用，包括 LOGO 的设计等每一个细节都在朝着国际通用的模式语言方向去努力。这是一个有意识且经历了很长时间的规划过程。”①

节目模式包含一整套规范的操作方法和制作流程，体现了一个国家和地区的节目制作水平。模式研发的直观成果之一是节目模式宝典。节目模式宝典承载的是节目模式具体的形式、细节规定，包括时长、布景、灯光、音乐、台词脚本、主持人风格、选手人数、制作安排、拍摄手法等。节目模式的全球性交易之所以成为可能，一大重要因素是标准化的节目宝典的存在和流通。模式方往往会要求购买模式方严格执行节目宝典的规定和细节，这一方面保证了移植版节目的基本质量，另一方面得以以这种标准化的方式建构起节目的全球品牌。

根据媒体公开报道，《中国达人秀》的宝典内容包括：主持人在侧幕，不用任何化妆造型；坚持收声话筒现场录音；海选要放在剧院里举行，强调仪式感和对小人物的尊重。在购买模式后，不仅会附送宝典，更有“飞行制片人”过来培训团队。

节目宝典是国外电视节目工业化生产的重要一环，而中国电视节目正缺乏类似节目宝典这样的一整套操作方法和制作流程。世熙传媒副总裁罗明介绍：“国内的制作习惯是，这个节目做完之后，大量的东西都扔了，留下的也只是在各自的脑海里，还没有人意识到这些细节是有价值的，也就没有人能够把所有的材料搜集整理并编撰成一本制作宝典。”②

由此可见，中国的节目模式原创研发，要加强对节目模式的总结与归纳，将创意实现的所有步骤都详细且规范地记录下来并形成文本。节目模式宝典的制作并不仅限于研发阶段，在节目制作阶段，包括录制的时间表、工作计划及进度安排、参与选手嘉宾的培训、招募经验等，都需记录下来。在节目播出完毕后，结合收视率和观众反馈，总结经验教训，将一并记录的文本最终整理成模式宝典。规范化、与国际接轨的节目模式宝典有利于把原创模式输出海外，进入国际模式贸易市场，并且由于节目模式宝典作为文字作品受著作权法保护，更有助于保护节目模式。

①罗姣姣：“电视节目国际模式公司卷土重来，这一次，他们不只是卖模式”，网址：http://chuansong.me/n/1745286，访问日期 2017 年 4 月 5 日。

②谢梦遥：“好节目宝典”，载《财经天下》2012 年第 11 期。

（二）加强节目模式版权意识，提高对节目模式的知识产权保护水平

保护版权，是保护节目模式产业价值链的关键。增强节目模式版权意识，为创新者提供一个有效且稳定预期的节目创新版权保护制度，是节目模式自主研发的基本保障和稳固基石。中国电视从业人员要加强节目模式版权意识，厘清节目模式的法律保护途径，提高对节目模式的知识产权保护水平，为节目模式研发创造一个健康有序的知产环境。

根据我国《著作权法》，作品是指文学、艺术和科学领域内具有独创性并能以某种有形形式复制的智力成果。“能以某种有形形式复制”实际上就是强调作品只能是“外在表达”，而不是内心思想。这就是版权保护中重要的“思想表达二分法”原则。根据“思想表达二分法”原则，《著作权法》不保护思想，只保护由思想发展出来的表达。

电视节目模式是否属于“外在表达”，是其能否被《著作权法》保护的关键要素之一。众所周知，思想与表达之间的界限并非泾渭分明，围绕电视节目模式是思想还是表达的“可版权性”问题，学术界亦有不少争议。有学者认为，电视节目模式只是制作电视节目的拍摄技术、任务流程、方式、诀窍等，属于思想的范畴。但有学者认为，当节目模式足够细化到可以直接固化为节目时，就会产生向表达的转化。随着节目模式的不断细化，节目模式的抽象思想性将越来越弱，具体表达性将越来越强，从思想到表达的转变是完全可能的。[①]

在司法实务领域，通常认为，电视节目模式反映的是节目的操作方法、技术手段与过程等，属于思想范畴，因而不受版权保护。

认定节目模式属于思想的典型案例是新西兰的 *Green v. Broadcasting Corporation of New Zealand* 一案。1989 年，英国电视节目“Opportunity Knocks”的制片人 Hughie Green，将新西兰广播公司诉至法院，称其制作的一档节目与“Opportunity Knocks”十分相似，包括名称、标语（catch phases）、使用掌声测量计监测观众反应、竞争者介绍方式等，对“Opportunity Knocks”的节目模式寻求版权保护。本案上诉到英国枢密院，英国枢密院裁决：电视节目模式不属于受

①宋海宁、左玉茹：“电视节目模式的可版权性探讨”，网址：http://www.zhichanli.com/article/15366，访问日期 2017 年 4 月 5 日。

版权保护的戏剧作品。

在中国，类似案例是2005年世熙公司诉搜狐公司《面罩》节目侵犯著作权案。世熙公司策划了一档名为《面罩》的性教育电视谈话节目。搜狐公司此后也推出了一档名为《面罩》的情感类谈话节目，节目嘉宾同样是戴着面具谈与性有关的话题。世熙公司为此诉至法院，要求搜狐公司停止播放该节目并赔偿经济损失。法院经审理认为，世熙公司的《面罩》节目构思、创意本身并不属于我国《著作权法》规定的作品保护范围，《面罩》节目模式不属于著作权法意义上的作品，因此驳回了原告的诉讼请求。

围绕综艺节目的相关争议问题，2015年4月15日，北京市高级人民法院发布了《北京市高级人民法院关于审理涉及综艺节目著作权纠纷案件若干问题的解答》，其中对综艺节目模式的“可版权性”并没有一概而论，而是按照思想与“构成作品的表达”作了区分：综艺节目模式是综艺节目创意、流程、规则、技术规定、主持风格等多种元素的综合体。综艺节目模式属于思想，不受《著作权法》的保护。综艺节目中的节目文字脚本、舞美设计、音乐等构成作品的，可以受《著作权法》的保护。

可见，所谓保护节目模式并不简单等同于保护节目模式版权。如果从电视节目模式中生发出一套标准化的操作文本或书面文字脚本（script），如节目制作宝典，则是可以获得版权保护的。

在我国现行《著作权法》范畴下，由于模式本身的详尽程度大相径庭（有些不能形成书面文本），电视节目模式不能直接得到版权保护。但《著作权法》对电视节目模式中所包含的“可版权性元素”，如文字、音乐、数据库等作品是明确予以保护的。因此，对电视节目模式宜采取一揽子保护原则，根据不同情况采取不同的法律途径：对电视节目模式中的文字脚本、制作宝典、音乐、视频等元素，作为单独作品进行版权保护；对节目模式的名称、关键技术等元素，申请注册商标或专利；对节目模式的使用，可通过合同约定以及反不正当竞争法等进行规制。

除了上述保护方式外，笔者认为还有以下几种保护途径。

（1）版权登记。

2006年，江西电视台《传奇故事》栏目进行了版权保护登记，其登记号为14-2006-H-001号，栏目著作权人为江西电视台。2006年，湖南卫视将《超级女声》的徽标和超女娃娃进行了版权保护登记。但必须认识到，版权登记是比较弱的一种保护方式，并不能有效制止侵权行为。

（2）签订保密协议（节目模式创作者 VS 节目制作者）。

节目模式谈判交易的过程中，节目模式创作者要向节目制作机构介绍节目模式的相关信息，以便后者对其进行评价。双方在交涉之初，即有必要签订一个关于不披露有关节目模式信息的保密协议。如果发生争议，在节目模式不能获得版权保护的情况下，还可通过合同法、反不正当竞争法等途径加以保护。

（3）第三方协会。

成立于 2000 年的 FRAPA，是保护电视节目模式的一个重要组织，其成员主要为节目模式的创立者、制作者、经销商和播出机构。FRAPA 对其成员提供节目模式保护服务，一旦注册成为 FRAPA 的会员，可以享受的服务包括：模式认证（仅为 FRAPA 的第三方认证，并无法律效力）、节目宝典生成、授权价格评估，以及争议解决等。

FRAPA 在建立之初就设立了节目模式注册机制。节目模式的创作者提交能够说明模式细节的方案、脚本、故事大纲或者视频文件，通过系统注册获得该协会的保护。一旦发生剽窃节目模式的争议，经过注册的节目就可以利用 FRAPA 提供的调解机制保护自己的权益。尽管这种调解仅仅是促成争议双方达成一致意见，不具法律效力，但目前调解已经成为 FRAPA 保护节目模式最有力的手段，提交到 FRAPA 的争端 80% 已经能够通过协商签署解决方案。

（4）行业自律。

当节目模式开发者提供创意后发现，电视台听了他的创意径自做了一档“原创”节目，在节目模式方没有书面材料的情况下，这种行为很难证明。控制这种情况的发生，原则上只能依靠行业操守。

（5）研发长尾。

国内外电视人在研发模式中，也形成了一套自己的保护策略。国外电视制作人如果有了一个原创性很强的节目和构思，模式方会在这个基础上马上研发出其他的衍生节目。节目推出后可能会被抄袭，所以先自己穷尽了节目模式可能触及的范围。国内电视制作人对此也有保护经验，那就是尽量做一些别人不容易模仿的题材，而且越快推出越好。

库存节目资料对外许可使用的法律分析

姚岚秋

姚岚秋，法学博士，曾进行知识产权博士后研究，上海广播电视台、上海文化广播影视集团有限公司（SMG）版权资产中心副主任，上海音像资料馆副馆长。国家知识产权局第四批“百千万知识产权人才工程百名高层次人才”，中国广播电视协会第五届“全国广播电视十佳百优”理论人才。

天下熙熙，皆为利来，天下攘攘，皆为利往。广电媒体版权内容生产与传播的最终目的还是在于其价值的提升和变现，而这需要通过积极有效的版权开发来实现。尤其是针对大量的库存节目资料而言，在开展数字化编目和确权的基础上，有的放矢地进行版权开发，是盘活资产、实现其价值再增值的重要途径。

对库存节目资料进行最大限度地再开发，需要多样化的开发模式。在开发的对象上，可以是成片，可以是片段，甚至是单帧画面、名称或者角色形象等素材；在开发的形式上，可以是简单的版权售卖，也可以是版权授权与制作加工的结合，还可以是衍生品的改编演绎；在合作的对象上，可以是广电媒体，可以是新兴网络媒体，也可以是传统的平面媒体甚至是媒体之外的娱乐、生活等领域。林林总总，不一而足，因地制宜，各取所需，但不管是哪种形式，归结到法律上，都要通过版权许可的途径来实现。

一、版权许可的概念界定

版权许可使用，是促进作品使用与传播的重要方式，也是权利人获得经济利益回报的重要途径。从法律的角度看，版权许可，是指权利人在不转移作品著作权的情况下，将其享有的某些或全部财产权利许可他人在一定期限、一定地域范围内使用的行为。许可的方式有两种：一般许可和独占许可。前者是权利人在许可一方使用作品后，还可以许可第三方以同样的方式使用作品；后者是权利人仅能许可一方使用该作品，不能再许可第三方以同样的方式使用作品，同时自己也不能使用该作品。

版权许可又与版权转让不同，前者的受许可人取得的仅仅是使用权，其版权的实际占有人仍是原权利人；而版权的转让，受让人取得所转让的原始权利，成为这部分权利的新权利人，原权利人则丧失这部分权利。因此版权的转让又俗称版权“卖断”或“卖绝”。但在版权开发的实务中，一般不再区分版权许可与版权转让，而是统称为版权许可。根据所许可领域的不同，节目资料的版权许可可以分为不同的途径，分别许可不同的权利。一方面，有针对性地拆分权利许可，是最大限度挖掘节目资料价值的有效途径；另一方面，版权是法定权利，如果在版权许可中对所许可权利的描述和界定有失偏颇，将会导致许可的瑕疵甚至无效，因此，在不同的版权许可途径中都有一些细节问题需要斟酌。本文着重对此进行探讨。

二、对传统媒体的版权许可

这里的传统媒体既包括传统广播电视（无线、有线及卫星广播电视）和音像制品等电子媒体和出版物，也包括图书、杂志、报纸等平面媒体。库存节目资料对传统媒体的版权使用许可，可以分为以下几种情况。

（一）影视作品性质的节目资料对传统媒体的版权许可

符合一定独创性条件的视听节目构成影视作品，其中可以单独使用的作品又可独立于影视作品使用，基于此，影视作品性质节目资料的权利人和其中“可以单独使用的作品”的权利人可以对传统媒体分别授予不同的版权许可，以获取最大化的许可利益。

1. 整体影视作品对传统媒体的版权许可

整体影视作品的原始版权人享有针对影视作品及其片段的人身性权利和复制、发行、出租、放映、广播、信息网络传播、改编、翻译、汇编等财产性权利，其中可以许可至传统广电媒体的主要是与广播权相关的权利，可以许可至传统平面媒体的主要是与复制、发行相关的权利。

（1）对传统广电媒体的许可及所应注意的问题。

传统广电媒体以无线微波、有线电缆、直播卫星为传输渠道。无线微波方式的实质为单纯的无线公开传播，直播卫星方式的实质为通过有线转播的方式传播上述无线广播的信号，针对这两种方式的版权许可都可以归结为广播权的许可；而有线电缆方式的实质为直接有线公开传播，根据相关国际公约，针对该种方式的版权许可目前尚不在现行广播权的范围内，宜通过协议具体约定所许可的权利内容。基于此，整体影视作品在传统广电媒体领域的版权许可建议按表7所示内容进行。

表7 整体影视作品在传统广电媒体领域的版权许可

许可的节目资料类型	许可的传播方式	许可的权利项	备注
整体影视作品	无线	广播权	地域、期限、频次及传播介质等限制
	有线	通过协议约定	地域、期限、频次及传播介质等限制
	卫星	广播权	地域、期限、频次及传播介质等限制

除此之外，考察当前影视作品版权许可实践的现状，笔者认为，还有两方面问题需要注意。

一是版权许可协议中的名称表达问题。

实践中，针对广电媒体的影视作品版权许可协议，通常采用“节目发行协议（或合同）”等类似的名称，这样的表述是不准确甚至是有弊无利的。

俗称的“发行”与法律上的“发行”有着不尽相同的含义。版权法上的“发行”仅指“以出售或者赠与方式向公众提供作品的原件或者复制件”的行为，即转移书籍、音像制品等有形的作品复制件的占有，不包括许可他人对作品进行广播或信息网络传播的情况。如果在版权开发中，节目资料的权利人实为对外许可广播权，却采取了许可发行权的表述，会带来授权不当所导致的被许可人无权广播的问题；同样，若销售机构没有从版权方取得“发行权”授权，再分销时却冠以“发行”的名义进行，亦存在着无权代理的瑕疵。因此，在影视作品版权许可中，将“节目发行协议（或合同）”改为“节目许可协议（或合同）”更为妥当。

二是所许可影视作品的署名问题。

影视作品的署名表面上是人身权问题，但实质上是财产权问题。

现行《著作权法》第15条规定影视作品的整体版权归属“制片者”享有，但《著作权法》及其实施条例以及相关司法解释均未明确“制片者”的具体含义。在此情况下，确定影视作品版权的归属只能依靠另一条途径，即根据《著作权法》第11条第4款的规定，在无相反证明的情况下，在影视作品上署名“制片者”的公民、法人或者其他组织为版权人。因此，通过署名确权，是影视作品许可使用的前提。然而，实践中影视作品的署名相当繁杂，有（联合）出品单位、（联合）制片单位、（联合）制作单位、（联合）摄制单位、（联合）拍摄单位、协助摄制单位、参加摄制单位、承制单位、监制（单位）、策划（单位）、出品人、（总）制片人、执行制片人、某某（导演）作品等林林总总，唯独少有《著作权法》规定的“制片者”这一署名主体。由此可能带来版权许可中的瑕疵：无法廓清影视作品真正版权人的范围，给版权许可带来障碍和隐患（例如非真正版权人的署名主体可能向真正的版权人主张分配影视作品版权许可的利益）。

解决上述问题的办法之一是完善立法，明确“制片者”的真正内涵。

对于“制片者”的内涵，国务院颁布的《电影管理条例》和原国家广电总局颁布的《电视剧管理规定》曾有过间接的“阐释”。《电影管理条例》第15条规定，电影制片单位对其摄制的电影片依法享有著作权；《电视剧管理规定》第18条也可以推定出电视剧制作单位依法享有其制作的电视剧的著作权。可见，根据这两个行政法规，似乎可以将“制片者”解释为电影的“制片单位”和电视剧的“制作单位”。但原国家广电总局于2003年又印发了《国产电影片字幕管理规定》。该规定第3条规定，“影片片头字幕包括：（1）……第二幅，电影出品单位厂标（标识）；以后各画幅为：片名（中、英文同画幅，英文片名需经批准）、出品人、主创人员及直接与影片有关的人员。……（2）获得《摄制电影许可证》和《摄制电影许可证（单片）》的单位，可独立或联合署名为出品单位、其法人署名为出品人。”第4条规定，“……（3）……最后一个画幅为摄制单位或联合摄制单位。（4）电影制片单位以外的单位，其投资额度达到该影片总成本三分之一（合拍影片占国内投资额度三分之一）的，可署名为联合摄制单位。”第7条规定，“影片的全片字幕由电影制片（出品）单位承担相应的法律责任。”

根据《国产电影片字幕管理规定》，与电影的“制片单位”有关联的署名还包括出品单位、联合出品单位、摄制单位、联合摄制单位。综合以上三个行政法规可以看出，出品单位、摄制单位与制片单位应属同义词，因此署名为制片单位、出品单位、摄制单位、制作单位的应可以认定为影视作品的版权人。

虽然法义上如此，但事实并不尽然。由于我国在影视片的制作领域实行严格的审批制，面对严格的行政准入门槛，外来资本难以正常流入影视产业，自然会采取各种方法规避风险。没有资质的出资方与具有制片资质的制片单位联合拍摄，甚至仅由具有资质的制片单位挂名并以制片单位名义代为申报拍摄批准等擦边球屡禁不止。[①]在国内的电视剧市场上，还存在着电视剧的购买方（主要为广电媒体）在支付预付款后可以在该剧的字幕上署名为“联合摄制”的“行业惯例”，虽然它们一点都没有参与电视剧的拍摄过程。这导致署名为（联合）制片单位、（联合）制作单位或（联合）出品单位、（联合）摄制单位的主体可能与影视作品的真正版权人并无实际关联，据此而认定其为版权人，将为影视作品的版权许可带来不利的影响。

基于此，笔者认为有必要完善相关的立法，明确“制片者”的真正内涵。影视作品一方面是版权意义上的作品，另一方面又是巨额产业资本运作和支持下生产的产品。没有投资人的前期投入，再好的主创人员，影视作品也无从产生，摄制实际是作品制作过程中的一项由资本雇佣完成或委托外包的工作。因此可认为现行《著作权法》第15条所称制片者，实指影视作品投资者。影视作品整体著作权应当由投资人享有。如能通过立法明确这一点，以上的乱象自然迎刃而解。建议《著作权法》修订时认真考量这一诉求，如《著作权法》不便明确，建议《电影管理条例》《电视剧管理规定》等相关行政法规也应界定清楚。

此外，在现行立法尚未完善的情况下，解决上述问题的办法之二在于在影视行业内部建立起规范署名与权属关系的机制：途径之一，是在影视作品的片头或片尾以“声明”方式表明该作品的真实版权归属情况；途径之二，是在影视作品上署名的各关联方通过内部的版权归属协议或书面的授权书、声明来确定最终的版权方。在现行法律框架下，这样的方法相对简单而有效。

（2）对其他传统媒体的许可及所应注意的问题。

将整体影视作品直接用于其他传统媒体的使用，情形相对比较简单。主要有

①林华：“《著作权法》视角下的影视作品署名”，网址：http://blog.sina.com.cn/s/blog_5b191f300100cq8j.html，2017年3月18日访问。

直接将影视作品制成VCD、DVD等电子出版物发行，将影视作品的剧照制为杂志、报纸或图书的内容出版等。这两种情形都只需要影视作品的权利人将整体影视作品的复制权和发行权许可至相关媒体即可，当然还要视情况辅以地域、期限、载体和是否授予专有权的限制。

另需说明的是，在许可将影视作品制成VCD、DVD等电子出版物发行的场合中，受权出版的媒体只从事了简单的复制和发行的行为，未对出版物的内容进行任何“制作”或“录制”，因此上述出版物只是影视作品的复制件而并未构成录像制品，受权出版的媒体也只依据许可享有影视作品的一部分复制、发行权，并不享有任何“录制者权”。

2. 影视作品中“可以单独使用的作品”对传统媒体的版权许可

影视作品中“可以单独使用的作品”的版权人享有针对该“单独作品”的“复制、发行、展览、表演、放映、广播、信息网络传播、摄制、改编、翻译、汇编”等财产性权利，具体到其对于传统媒体的版权许可，又存在不同的情形。

对于剧本等文字作品以及插曲、背景音乐等音乐作品，权利人可以许可广电媒体另行公开表演（如诵读、演唱、演奏等）和播放（许可播放的权利项与上述整体影视作品的许可情形相同），也可以许可其他传统媒体出版、发行有声读物或纸质出版物，还可以许可影视公司重新摄制为新的影视作品。

对于服装造型、动漫形象等美术作品，权利人可以许可作静态的展览，可以许可广电媒体作直接播放（如在视听节目中展示载有美术作品的图片，许可播放的权利项与上述整体影视作品的许可情形相同），可以许可出版纸质出版物，也可以许可影视公司重新摄制为新的影视作品。

基于此，影视作品中“可以单独使用的作品”在传统媒体领域的版权许可建议按表8所示内容进行。

表 8 “可以单独使用的作品”在传统媒体领域的版权许可

许可的节目资料类型	许可的使用方式	许可的权利项	备注
剧本等文字作品	广电媒体公开播放	广播权、通过协议约定的其他权利	地域、期限、频次及传播介质等限制
	发行出版物	复制权、发行权	地域、期限、频次及传播介质等限制
	摄制为新的影视作品	摄制权	地域、期限、频次及传播介质等限制
插曲、背景音乐等音乐作品	广电媒体公开播放	广播权、通过协议约定的其他权利	地域、期限、频次及传播介质等限制
	发行出版物	复制权、发行权	地域、期限、频次及传播介质等限制
	摄制为新的影视作品	摄制权	地域、期限、频次及传播介质等限制
服装造型、动漫形象等美术作品	静态展览	展览权	地域、期限、频次及传播介质等限制
	广电媒体公开播放	广播权、通过协议约定的其他权利	地域、期限、频次及传播介质等限制
	发行出版物	复制权、发行权	地域、期限、频次及传播介质等限制
	摄制为新的影视作品	摄制权	地域、期限、频次及传播介质等限制

（二）录音制品和录像制品性质的节目资料对传统媒体的版权许可

根据现行《著作权法》的规定，录音制品和录像制品性质的节目资料所对应的具体视听节目不同，可许可给传统媒体使用的权利也不尽相同。

1. 录音制品对传统媒体的版权许可

在广播节目中，录音制品性质的节目资料主要有广播剧和其他广播节目的录音，在电视节目中，录音制品性质的节目资料主要是视听节目（包括但不限于影视作品）的伴音。

根据现行《著作权法》，录音制品的权利人享有复制、发行、出租和通过信息网络传播上述录音制品的权利，其中并不包含广播权。因此，针对传统媒体而言，录音制品的权利人可以许可出版发行载有其录音内容的出版物，但却无权许可广电媒体播放其录音制品。当然，如果录音制品的权利人同时也对录音制品中所包含的作品享有完整的财产权，则可以作品版权人的身份许可广电媒体播放；如果其系录音制品原件或复制件的唯一持有人，也可以录音制品持有人的身份许可广电媒体播放（但这已不是版权许可了）。综合上述两个角度的因素，笔者建议，如果录音制品权利人想要开发广电媒体播放的市场，在未取得录音制品中所包含内容全部版权的情况下，不宜先许可出版发行音像制品或者进行网络下载收听（或者可在线播放，但不可下载），否则传统广电媒体不经许可也可得到录音制品的复制件，就没有法定的义务向录音制品的权利人要求授权了。

另需注意的是，在录音制品的版权许可中，录音制品的权利人只能就录音制品本身授权使用，除非其与录音制品中所包含的作品及表演活动的权利人另有约定，否则无权替代他们发放许可，应当要求被许可方另行获得授权。

综上，录音制品在传统媒体领域的版权许可建议按表 9 所示内容进行。

表 9　录音制品在传统媒体领域的版权许可

许可的节目资料类型	许可的使用方式	许可的权利项	备注
广播剧 广播节目录音 视听节目伴音	广电媒体公开播放	通过协议约定	地域、期限、频次及传播介质等限制
	发行出版物	复制权、发行权	地域、期限、频次及传播介质等限制

2. 录像制品对传统媒体的版权许可

录像制品性质的节目资料是指除影视作品以外的所有带有图像的视听节目的录制品。根据现行《著作权法》，录像制品的权利人享有复制、发行、出租、广播和通过信息网络传播录像制品的权利，由于其中包含了广播权，因此在对广电媒体的许可使用中并不存在录音制品遇到的上述难题，其在传统媒体领域的版权许可建议按表 10 所示内容进行。

同样要注意的是，在录像制品的版权许可中，权利人只能就录像制品本身授权使用，除非其与录像制品中所包含作品及表演活动的权利人另有约定，否则无权替代他们发放许可，应当要求被许可方另行获得授权。

表 10 录像制品在传统媒体领域的版权许可

许可的节目资料类型	许可的使用方式	许可的权利项	备注
除影视作品以外的带有图像的视听节目	广电媒体公开播放	广播权、通过协议约定的其他权利	地域、期限、频次及传播介质等限制
	发行出版物	复制权、发行权	地域、期限、频次及传播介质等限制

（三）汇编作品性质的节目资料对传统媒体的版权许可

这里所称的汇编作品性质的节目资料主要是指经过串联编排的集锦类视听节目，如资讯节目集锦、影视片段集锦和赛事画面集锦等。由于汇编作品的本质在于其所收录的具体内容在选择与编排上的独创性，因此一旦其被拆分成一条条具体的视听节目，其中所体现的选择与编排的因素就会随之消失，具体的视听节目仍然表现为影视作品或录音制品、录像制品的性质。

基于此，集锦类视听节目只有在整体许可使用时，才可以作为汇编作品进行授权，其在传统媒体领域的版权许可建议按表 11 所示内容进行。

表 11 汇编作品性质的节目资料在传统媒体领域的版权许可

许可的节目资料类型	许可的使用方式	许可的权利项	备注
经过串联编排的集锦类视听节目整体	广电媒体公开播放	广播权、通过协议约定的其他权利	地域、期限、频次及传播介质等限制
	发行出版物	复制权、发行权	地域、期限、频次及传播介质等限制

需要提示的是，以上的许可只需要节目的汇编者对具体节目的串联编排付出了创造性的劳动，并不要求对其中每一条具体的节目享有完整的权利。相反，被许可的一方在使用上述“汇编”的节目时，则需要依照法律的规定就其中所收录的具体节目（影视作品及录音制品、录像制品），及具体节目中所包含的作品（文字、音乐、美术、摄影等）征得其权利人的许可。除非汇编者与被汇编节目的权利人另有约定，否则无权替代他们发放许可。

三、对新媒体的版权许可

这里的新媒体是指以信息网络为传输载体，以固定设备或移动设备为接收终端，综合采用交互式和非交互式手段传输视听节目的媒体形式。在传统的广电媒体使用之外，节目资料许可至新媒体使用，实现一次开发多次利用，是广电媒体把握三网融合的机遇，充分拓展节目资料利用价值的需要。在现行《著作权法》的框架内，不论是整体影视作品还是其中可单独使用的作品，抑或是汇编作品、录制品的节目资料，许可至新媒体做交互式或非交互式传播的途径和面临的问题是相似的。

许可新媒体作交互式传播的，所应授予的是信息网络传播权，同时应当限制不同的地域、期限、频次、传播介质或技术，以实现同一内容的多次售卖。

许可新媒体作非交互式传播（即通过网络的定时播放）的，由于现行《著作权法》尚无具体的权利项予以对应，[①]建议通过协议约定被许可方可传播的行为，并辅以地域、期限、频次、传播介质或技术方面的限制。

基于此，影视作品、汇编作品和录制品性质的节目资料对新媒体的版权许可建议按表 12 所示内容进行。

表 12 对新媒体的版权许可

许可的节目资料类型	许可的使用方式	许可的权利项	备注
影视作品 汇编作品 录音录像制品	交互式传播	信息网络传播权	地域、期限及传播载体或技术等限制

①这一现象是立法滞后于技术发展的原因造成的。现行《著作权法》上，与“网络定时播放”相关联的权利项是“广播权”与“信息网络传播权”。“广播权”被规定为控制无线传播、通过有线或无线方式转播无线广播、通过扩音器或类似工具向公众传播无线广播三种单向传播作品的权利。“信息网络传播权”被规定为控制通过有线或无线方式交互式传播作品的权利，两者边界的厘定采取了以传输介质区分和以传播方式区分并行的方法。这在当前媒体融合的时代产生了法律真空：在计算机网络上定时播放视听节目的行为，即“网络定时播放”，既不符合信息网络传播权的交互式传播方式的特征，又不符合广播权传输介质的要求，造成没有具体的权利项予以约束，只能归入兜底的权利项“其他权利”中解决。

需要提示的问题如下：一是，在汇编作品和录制品的上述版权许可中，权利人同样只能就“汇编”或“录制”后的节目授权使用，对其中收录的具体节目和节目中所包含的作品及表演活动，除非汇编者与录制品制作者与相关权利人另有约定，否则无权替代他们发放许可，应当要求被许可方另行获得授权。二是，从商业利益最大化的角度出发，笔者不建议广电媒体对自身的节目资料，许可新媒体作上述同步的非交互式播放（网络同步直播），以免对传统广电媒体的收听收视情况造成冲击。最后，如果要给予新媒体上述“非交互式传播”的许可，由于录制品的权利人并不像作品权利人那样享有控制所有未知的使用作品行为的“兜底权利”①，难以直接控制新媒体“非交互式传播”录制品的行为，因此建议录制品的权利人最好取得其中所包含作品的权利人的许可，将录制品和其中所包含作品“非交互式传播”的权利打包授予新媒体，或可实现风险规避和收益增值的双赢。

四、对其他商业领域的版权许可

除了在传统媒体及新媒体领域中直接传播和使用外，广电媒体的节目资料还可以在其他娱乐及商业领域内体现出显著的商业价值。但两者的版权许可有些不同，一是前者的许可集中在传播类权利的行使上，后者的许可更多地体现为改编权、复制权和发行权的行使；二是前者的许可普遍适用于影视作品、录音录像制品、汇编作品及广播电视信号等多种节目资料，后者的许可则更多地集中在影视作品和录音录像制品的再度开发上。

（一）对游戏、（动）漫画等视听产品的许可使用

影视作品本身即演绎作品，因此将游戏、漫画改编成影视作品的范例屡见不鲜。

①这里的“兜底权利”具体指现行《著作权法》第10条第（17）款“应当由著作权人享有的其他权利”。它将所有其他权利项没有包括的，或者难以包括的，或者目前预测不到的，但是依法理又应当赋予著作权人的权利，都包括在这个条款中。兜底条款是法律法规中常见的法律表述，是为了防止法律的不周延性，以及社会情势的变迁性而采取的立法手段。

反之亦然，优秀的影视作品所展现的经典场景、塑造的美妙意境、刻画的丰满人物形象一样可以演绎为其他艺术形式表现出来，这一方面可以丰富受众的文化生活，另一方面也可以充分利用优秀影视作品的吸附效应形成衍生产业链条，最大限度放大其版权价值。

对影视作品的演绎主要有改编为游戏（如《黑客帝国》《侏罗纪公园》）和改编为动漫（如动漫版《武林外传》）两种途径，都涉及影视作品的改编权许可，其中又分为对影视作品的改编和对影视作品剧本的改编两种情况。前者指改编后的游戏或动漫使用原影视作品的画面、场景或人物形象应获得影视作品权利人的许可，后者指改编后的游戏或动漫，使用原影视作品剧本的故事情节和对白等应获得剧本权利人的许可。

相对于影视作品较宽泛的演绎途径，将录音录像制品演绎为其他艺术形式的方式比较单一，主要是将视听节目的录音配以惟妙惟肖的动漫效果而改编成新的动漫影视作品。不过，由于录音录像制作者并不享有法定的“改编权”，因此，其如果想控制上述演绎行为，建议其取得节目中所包含作品的权利人的许可，将录制品（约定的）“改编权”和其中所包含作品法定的“摄制权”或“复制权”打包许可至演绎者，或可实现约定权利与法定权利的利益最大化。

综上，影视作品和录音录像制品性质的节目资料对游戏、（动）漫画的版权许可建议按表 13 所示内容进行。

表 13 对游戏、（动）漫画的版权许可

许可的节目资料类型	许可的使用方式	许可的权利项	备注
影视作品	改编为游戏、（动）漫画	改编权	地域、期限及传播介质等限制
影视作品中的剧本	改编为游戏、（动）漫画	摄制权	地域、期限及传播介质等限制
录音录像制品	改编为（动）漫画	录制品（约定的）“改编权”和其中所包含作品法定的“摄制权”或“复制权”	地域、期限及传播介质等限制

（二）对娱乐、生活用品及其他商品化用途的许可使用

广电媒体的节目资料针对游戏、动漫（画）的二度开发还尚未脱离视听产品的领域，但成功的节目资料的版权开发广度远不限于此。视听节目中的人物或虚拟形象、图案、标志、名称等元素值得做版权开发的途径还可延伸至实物产品的生产及其他商业领域，尤其是塑造了经典动漫形象的影视作品，在非视听商业领域的版权开发价值更大，这是因为特定的动漫形象一旦为人们所熟知和喜爱，就具有了引人注意的信息价值，消费者会因为商品上有该动漫形象而偏爱去购买，从而实现角色的商业价值，即利用动漫形象的附加值来增加商品的吸引力。对此，世界知识产权组织将其归纳为“角色的商品化”（character merchandising）。1993年，该组织公布的一份报告将“角色的商品化”表述为“虚拟角色的创作者或真实人物或其他一个或多个经授权的第三方对于角色的主要个性特征的改编或二次利用，通过将该角色与不同的商品或服务相联系，使得预期的消费者因为对该角色的熟悉和认同而购买该商品或服务。”①

将影视作品中的虚拟动漫形象进行“角色商品化”的成功代表首推美国迪士尼公司。有人总结出这个米老鼠“赚钱机器”的商业模式是：推出一部部制作精美的卡通电影，赚进第一轮；让游客高高兴兴地在卡通人物形象和主题乐园共同营造出的氛围中去游玩，赚进第二轮；迪士尼专卖店通过销售各种品牌产品，赚进第三轮；迪士尼还通过自己的电视频道和媒体网络赚进第四轮。这就是广为人知的以某种动画形象为中心，串联起影视娱乐、主题乐园、媒体网络及相关消费品的“品牌乘数型”利润模式。②迪士尼公司对其所创作的影视作品及其动漫形象知识产权的许可运用发挥到了极致，构筑起覆盖视听、娱乐及消费品等各个领域的全产业链。

借鉴迪士尼的经验，广电媒体节目资料中的图案、标志、名称，尤其是影视作品中的动漫形象在娱乐、生活用品及其他商业领域的深度开发有以下几种途径

①转引自杨春雨：“构建合理的动漫版权保护模式——从《喜羊羊与灰太狼》的版权问题说起”，载《中国广播影视》2010年第10期（5月下半月）。

②张伟君：“迪士尼的商业模式与中国文化创意产业的契机"，网址：http://blog.sina.com.cn/s/blog_4da63f410100w8rz.html，2017年3月10日访问。

可供选择。

一是将这些元素许可在玩具、文具、服装、日用品、化妆品等娱乐及生活用品上使用。我们在儿童用品上看到的“喜羊羊”LOGO，喜爱玩的史努比和维尼熊玩具等都属于此类，这也是许可价值和许可使用量最大的途径。

二是将这些元素许可作为商标或标识的图案使用，在知名案件“曲建方诉北京阿凡提公司侵犯美术作品著作权案”中，被告阿凡提公司在其公司网站上使用阿凡提的美术形象作为标识，即属于这种情形，依法应当获得阿凡提美术形象权利人的许可。

三是将这些元素许可在视听广告中使用。据报道，一些电视台就用“红太狼”（《喜羊羊与灰太狼》里的著名的狼形象）做了医疗广告。

由于我国并没有规定所谓的“形象权”或“商品化权”，在现行法律框架下只能从版权的角度对上述的使用情形予以规范和保护。在版权法上，上述情形有的属于对这些元素的复制行为（包含平面到平面的复制以及平面到立体的复制）、有的属于发行行为，还有的属于摄制行为，都应当依法取得这些元素（即影视作品中可以单独使用的作品）权利人的许可。具体的建议见表14。

表14 对娱乐、生活用品及其他商品化用途的版权许可

许可的节目资料类型	许可的使用方式	许可的权利项	备注
影视作品、录音录像制品中的人物或动漫形象、图案、标志、名称等元素	在娱乐及生活用品上使用	复制权、发行权	地域、期限、数量及载体等限制
	作为商标或标识的图案	复制权、发行权、广播权、信息网络传播权等传播权（在商标或标识被电子媒体传播的情况下）	地域、期限、数量及载体等限制
	视听广告中使用	复制权和广播权、信息网络传播权等传播权（在视听广告为录像制品的情况下），摄制权（在视听广告为影视作品的情况下）	地域、期限、数量及传播载体等限制

电视与新媒体的版权冲突与协调

秦颖

秦颖，毕业于中国政法大学，现任字节跳动公司版权法务，曾任北京中视瑞德文化传媒股份有限公司版权项目主管及总监、北京新媒体（集团）有限公司版权部法务主管。

电视作为传统第一媒介，在相当长的时期内承担着丰富大众文化娱乐生活、引领社会价值导向的作用，潜移默化地影响着全社会的思维和行为方式，在信息和文化的传播中占有举足轻重的地位。但随着信息技术和互联网的发展，新媒体异军突起，电视面临前所未有的生存挑战，其经营方式由节目制作播放向立体的版权运营转变已势在必行。

在转型期内，电视台生存的根本在于内容，发展的关键在于运营，版权则是联结内容与运营的纽带，在与新媒体的竞争和合作中产生的各种权利义务关系都涉及复杂的版权问题。因此，新媒体的冲击将使长期以来未得到足够重视的电视版权管理的重要性被凸显出来，在基础薄弱与形势紧迫的双重困难下，电视版权管理工作必须快速成长起来，为电视的生存发展发挥关键性的作用，并推动版权产业的发展与著作权法律制度的进步。

一、电视在新媒体环境下所面临的突出版权问题

（一）节目版权价值实现率低

1. 节目整体授权缺乏规划

电视节目的版权价值主要是通过对外授权来实现的。对于个别现象级综艺节目而言，由于商业价值巨大，电视台做出的授权规划是比较完善的，甚至可以拓展为完整的 IP 产业链。以《爸爸去哪儿》为例，该节目第一季就开发了大电影、手游、图书等衍生产品，与各领域厂商开展合作，创造了国内电视节目的商业奇迹（见表 15），之后的《我是歌手》《奔跑吧兄弟》等大热综艺也都遵循这种模式。

表 15《爸爸去哪儿》第一季 IP 产业链

版权开发渠道	版权价值实现	
大电影	票房	7 亿收入
	拍摄地长隆	
	多轮多窗口播出	8300 万次
游戏	上亿下载量	1.2 亿次下载
	日活跃用户百万	
	有米广告平台广告推广	
彩铃音乐	彩铃	千万次下载
	音乐作品	
合作	携程旅游网	火了新叶村和“天坑”
品牌授权	表情	3600 万次互动
	玩偶	1794 件
	同款商品	
图书	首印破 100 万册；3 天销量 5 万本	

注：根据公开数据整理。

但爆款综艺毕竟屈指可数，绝大多数电视节目只有播放权许可这种单一的对外授权模式，并且只有个别热门综艺能够单独销售，少数省级卫视的常规节目能够打包销售，大部分电视台根本没有节目授权这项收入。在可销售的节目资源有限的情况下，缺乏整体规划，会使本就有限的优质节目的版权价值再打折扣。

所谓缺乏规划主要表现在未能对节目的授权方式进行细化。比如，我们观察 2013~2016 年国内频道组收视份额的数据，发现各省的专业频道（如电影频道、娱乐频道、体育频道、财经频道等）都发展得比较好，2016 年其他频道收视份额还首次超越了市（县）级频道（图 6）。[①]这说明类型化内容是具有市场潜力的，电视

①沈浩卿："2020 年电视台生存模式猜想"，来源：微信公众号“媒介 360”，网址：https://baijiahao.baidu.com/po/feed/share?wfr=spider&for=pc&context=%7B"sourceFrom"%3A"bjh"%2C"nid"%3A"news_3311031097185479603"%7D，最后访问日期 2017 年 3 月 25 日。

台在进行节目版权销售时，可以尝试对节目进行垂直内容分类，按类型分别销售给有特定内容需求的平台。又比如，对于同一合作方的视频网站、APP、各种终端设备可以分别定价从而提高整体授权价格，也可以向独立的APP、OTT平台或其他新型终端寻找市场。这种细化不仅可能提高节目整体授权价格，还能够同时开拓市场、整合自身内容资源，对电视台的长远发展有积极意义。

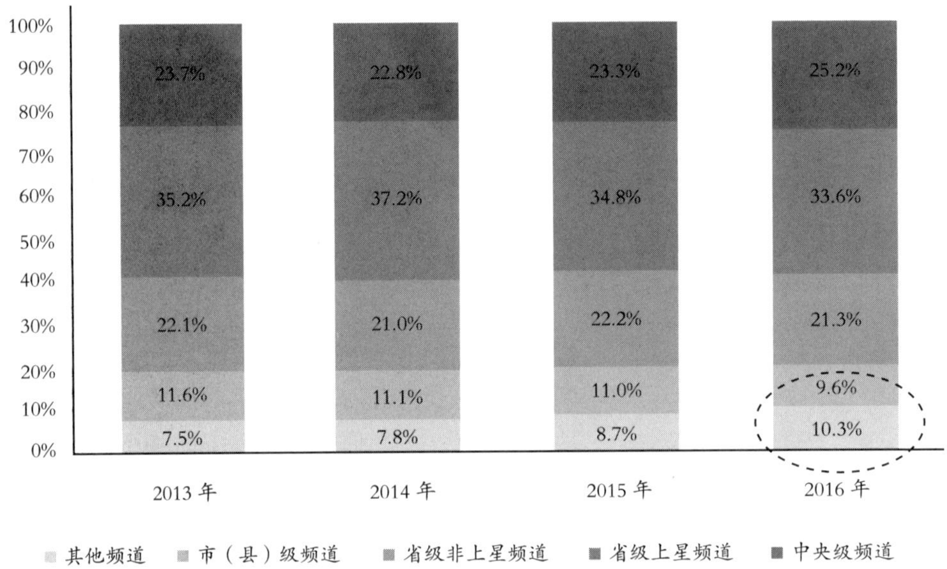

图 6 2013~2016 年国内各频道组收视份额变化①

缺乏规划还表现在对节目授权缺乏宏观把控，引发重复授权等法律纠纷，或者妨碍自身对节目版权的行使。2014 年，《爸爸去哪儿》第二季开播前，芒果 TV 宣布与 360 影视达成战略合作，后者成为《爸爸去哪儿 2》的首播网络视频聚合平台，而湖南卫视已经在 2013 年将《爸爸去哪儿 2》的网络独播权授权给爱奇艺，从而引发了芒果 TV 与爱奇艺的版权纠纷。电视台设立专职版权部门进行归口管理，避免各部门或分支机构各行其是，可以解决节目授权缺乏宏观把控这一问题。

2. 节目素材交易市场未能形成

随着新媒体内容制作水平的提高，以及民营制作公司的壮大，视频内容制

①沈浩卿："2020 年电视台生存模式猜想"，来源：微信公众号"媒介 360"。

作的玩家越来越多，电视台在内容制作上的优势正在逐步被消减，尤其是在综艺节目和影视剧方面。以 2016 年综艺节目网络播放量数据来看（见图 7、表 16），网络综艺虽然仍落后于传统电视综艺，但差距已经不是遥不可及。[①]在影视剧方面，电视台已经鲜少参与投资制作，只通过购买的方式取得播放权，而新媒体凭借资金优势，通过以投代购、订制、自制等方式，游到了产业链的上游，变为联合投资出品、联合制作方之一，从而参与所有相关产业开发和内容版权经营收入分享。2016 年的电视热播剧《芈月传》《翻译官》《老九门》都是视频网站投资订制，反向发行到卫视，或者是以投代购，参与所有收益分享；[②]《鬼吹灯之精绝古城》《余罪》《最好的我们》等纯网剧也都引发了不亚于电视热播剧的观剧热潮。

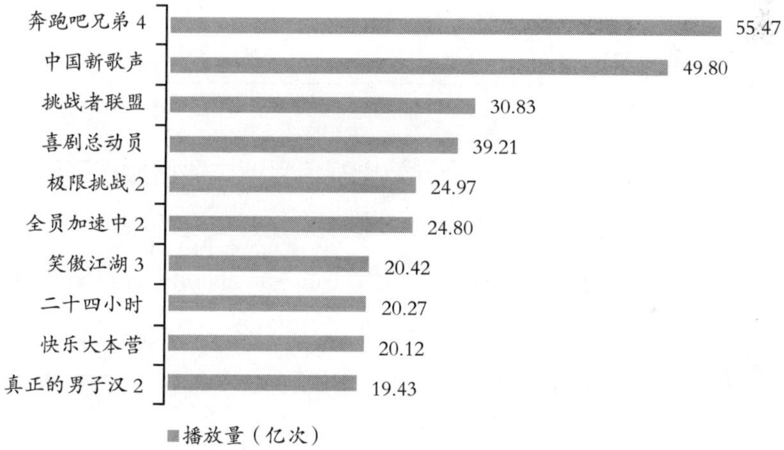

图 7 2016 年卫视综艺节目网络播放量排行榜 TOP10[③]

①王彦姿："2016 传统综艺被网综实力碾压，2017 或将被秒成渣？"，网址：http://mt.sohu.com/yule/d20161224/122498893_197694.shtml，最后访问日期 2017 年 3 月 26 日。

②老邓："特稿：中国式制播分离走向分水岭，买买买让卫视走向死胡同"，网址：http://mt.sohu.com/20161102/n472139925.shtml，最后访问日期 2017 年 3 月 26 日。

③中商情报网："2016 卫视综艺网播播放量排行榜 TOP10 2016 年总播放量达 295.3 亿"，网址：http://www.askci.com/news/chanye/20170315/17172993448.shtml，最后访问日期 2017 年 4 月 2 日。

表 16 2016 年网络综艺节目播放量 TOP10[①]

排名	节目	平台	播放量（万次）	豆瓣评分
1	《爸爸去哪儿 4》	芒果 TV、优酷土豆	342996	6.8
2	《火星情报局 1》	优酷土豆	108730	7.1
3	《黄金单身汉》	芒果 TV	90788	5.4
4	《明星大侦探》	芒果 TV	90330	8.5
5	《暴走法条君》	优酷土豆	80477	3.6
6	《拜拜啦肉肉》	优酷土豆	76643	6.5
7	《火星情报局 2》	优酷土豆	72161	7.7
8	《偶滴歌神啊 3》	爱奇艺	68895	6.7
9	《作战吧偶像》	腾讯视频	68558	5.4
10	《妈妈是超人》	芒果 TV	67388	6.7

新媒体视频内容的极大丰富将会导致电视节目新媒体播放许可价格的提升空间越来越小。近年来，各家主流电视台都在探索素材交易的市场化，希望能够挖掘电视台长久以来积累的珍贵库存资料以及不断生产的新闻、科教等优势类型节目素材的版权价值。但经过多年探讨和实践，目前较为成型的仅有秒鸽网、云鼎网、节目购等少数几个交易平台，其规模和影响力十分有限，距离真正的市场化还很远。

这种状况是多种因素造成的，仅就版权角度来看，素材交易存在以下几方面难点：第一，要进行素材级的授权，首先要求素材的版权归属明确，电视媒体长期以来较低的版权管理水平使大量库存节目版权归属不明，新节目制作中也仍然普遍存在版权权利处理上的瑕疵；第二，新媒体技术使人们获取作品的方法变得极为容易，同时有偿使用的观念尚未深入人心；第三，素材级的交易会使交易量大大增加，买卖双方不可能对每一笔交易进行单独议价，线上交易成为必然，但系统化的定价体系却难以成型。

①骨朵数据："数读 2016 | 网综年度 TOP10 榜单来了，5 亿播放量成头部内容门槛"，网址：http://mt.sohu.com/20170108/n478152535.shtml，最后访问日期 2017 年 4 月 2 日。

（二）维权工作异常艰巨

1. 维权难度大

新媒体环境下的版权保护问题，是文化产业领域的全球性难题，从早期的视频分享网站盗播（视频网站发展初期），到播放器盗播（快播、百度影音等），再到节目碎片化盗播、网络直播、网盘分享、电视盒子、APP 聚合平台等，新的侵权方式不断涌现，侵权主体越来越难以锁定，各种侵权行为在法律上也越来越难以界定，使维权的难度越来越大，造成电视节目版权价值的严重流失。

以近年来兴起的互联网电视机顶盒为例，一个盒子往往涵盖了生产商、销售商、内容提供商、牌照方、聚合视频软件运营方等多方主体，发生纠纷时各方互相推卸责任，法律关系难以厘清。2015 年，因“美如画 V8 机顶盒”向用户提供央视 24 个频道及节目的直播和回播服务，央视网公司起诉金亚太公司、美如画公司、邹某某侵犯著作权及不正当竞争。三被告中金亚太公司是硬件生产商，在诉讼中辩称自己仅是硬件生产厂家，出厂前没有加装任何软件，没有侵权行为；美如画公司是盒子的销售商，在诉讼中辩称盒子本身不包含内容，用户自行安装软件观看节目是一种类似于导航或搜索的行为；邹某某是 VST 全聚合软件的经营者，在诉讼中辩称 VST 是由志同道合的网友共同开发的非营利性的软件，与美如画公司没有合作关系。[①]本案能够在一定程度上反映出当前新媒体侵权的复杂性，大多数电视台维权力量比较薄弱，面对复杂的案情，考虑后续成本和回报，往往难以迈出维权的实质一步。

2. 维权成本高

面对网络侵权，维权工作不仅难度大，而且成本高。首先，每家电视媒体的力量有限，面对的却是无限的网络世界，维权对象是海量的，侵权行为也难以捕捉，需要专门的监测技术团队，进行 24 小时全网版权监控。据笔者了解，目前只有央视对其全部节目进行了网络监测，每年监测费用超过千万元，其他电视台只是对《奔跑吧兄弟》这类王牌综艺节目进行个案监测，每季节目的监测费用约为 10 万元至

①参见北京知识产权法院判决书（2015）京知民终字第 1324 号。

15 万元。其次，网络侵权行为的痕迹易被消除，侵权证据必须及时取得与固定，而因为媒体技术的发展，伪造图像十分容易，使法院在采信证据时较为谨慎，除公证以外的其他取证手段存在不被采信的风险，而公证费用却又十分高昂。按照北京市物价局发布的《北京市公证服务收费标准（2015）》，办理侵权行为和事实证据保全的收费标准是每件 1000 元，但现实情况中的收费标准是网页截图在 20 张之内为 1000 元，超过 20 张则要每张加收 100 元；如果采用录像或录屏方式取证，大约是 1500~3000 元 / 小时的收费标准；涉及手机 APP、电视盒子与互联网电视等其他平台的侵权，为保证设备清洁性，公证处还可能要求申请人提供全新设备，从而产生另外的支出。

3. 赔偿金额低

根据《著作权法》和有关司法解释的规定，侵犯著作权或者与著作权有关的权利的，侵权人应当按照权利人的实际损失给予赔偿；实际损失难以计算的，可以按照侵权人的违法所得给予赔偿；权利人的实际损失或者侵权人的违法所得不能确定的，由人民法院根据侵权行为的情节，判决给予 50 万元以下的赔偿。在 2013 年中南财经政法大学知识产权研究中心公布的《知识产权侵权损害赔偿案例实证研究报告》中显示，在著作权侵权案件的判赔中，采用“法定赔偿”的占 78.54%，法院判赔的平均额为每起案件 1.5 万元；2015 年网络视频著作权侵权案件的判决是 327 件，平均判赔 2.2 万元，其中 92% 的金额是在 3 万元以下。[①] 2016 年爱奇艺诉哔哩哔哩网侵害作品信息网络传播权案，一期《快乐大本营》仅仅判赔 3000 元。

维权的投入和回报严重失衡，使电视媒体的维权积极性不高，而维权不力更加助长侵权，如此恶性循环，对版权产业的发展带来很负面的影响。

（三）电视台版权义务加重

当前我国的电视媒体还没有形成普遍的签约意识，未经授权使用他人作品仍

①刁云芸：“损害赔偿数额的确定与知识产权价值实现”，网址：http://www.qiangulang.com/nd.jsp?id=294&_np=2_462，最后访问日期 2017 年 4 月 3 日。

然是节目制作中的常态，长久以来，由于作者维权意识不强或维权难度大，电视台并没有受到侵权纠纷的困扰。但随着互联网的发展和全社会版权意识的提高，尤其是社交媒体的活跃，使节目中的版权瑕疵越来越无从隐藏，《中国好声音》《我是歌手》《爸爸去哪儿》《极限挑战》等现象级节目都曾因为音乐、图片甚至字体的问题引发版权纠纷。这些纠纷不仅会给电视台带来经济上的损失，更重要的是会对声誉造成负面影响。为避免侵权风险，电视台必须更加谨慎地处理节目制作中的版权权利关系，改变长久以来只重节目制播而忽视版权的工作习惯。

二、新媒体为电视版权产业带来的发展机遇

（一）新媒体为电视版权运营创造了更广阔的市场

在版权产业的运行过程中，内容永远是核心，传播方式增多并不会降低内容的价值，反而会导致对优质内容的争夺，内容的持有者可以向不同类型的新媒体进行多种形式的授权。同时，新媒体还打破了地域限制，使原本仅具有地区性影响的优秀节目有机会成为具有更大影响力的品牌节目。新媒体的形式不断创新，这个市场就会不断扩大。近年来，电视台的网络销售收益增长迅速，个别强势电视媒体的版权收益已经有了超越传统广告收益的势头。

同时，新媒体还催生出了海量的独立创作者，一旦有偿使用成为社会普遍价值准则，这将是一片更大的蓝海市场，电视台数十年积累的视频资料将成为一座版权宝库。虽然如前文所述，目前素材交易还没有形成市场规模，但前景可期。中央电视台音像资料馆目前拥有 1 万小时胶片素材、150 万小时标清视频素材、9 万小时高清视频素材，此外还拥有 1.7 万小时的音频资料。[①]上海音像资料馆（SMG 版权资产

①数据来源：“中央电视台音像资料馆”百度百科，网址：https://baike.baidu.com/item/%E4%B8%AD%E5%A4%AE%E7%94%B5%E8%A7%86%E5%8F%B0%E9%9F%B3%E5%83%8F%E8%B5%84%E6%96%99%E9%A6%86/13582311?fr=aladdin，最后访问日期 2017 年 4 月 3 日。

中心）目前拥有 130 万盘 SMG 旗下广播电视节目资料、49 万小时广播电视数字化资料、每年 7.9 万小时新增广播电视节目资料、10 万盘上海影像资料、118 万条音视频内容资源（数据截至 2015 年 5 月）。[①]很多建立了媒资库的电视机构都拥有丰富的库存资料，一旦电视台媒资库实现社会化服务，甚至建立全国媒资网，就可以通过网络商业模式向自媒体和短视频创作者提供素材，带来巨大的收益。在未来，视频交易平台的普及是可以预见的，电视媒体版权资产的清理、回溯、确权工作必须走在它之前，否则等到版权作品真正实现商品化交易之后，面对大量的需求，却无法迅速拿出版权状态清晰的节目资源，将会错失大好的发展机遇。

除节目版权开发之外，电视与新媒体还在更多领域内不断探索新的合作模式。《舌尖上的中国》引发了观众边看节目边淘宝的现象，萌生出电商与电视节目相结合的新商业模式，此后的《女神的新衣》正式开始了电视和电商的合作，成为变收视率为购买力的成功案例，这些开创性的尝试都将会带来新的市场机遇。

（二）新媒体技术促进电视版权产业升级转型

1. 新媒体技术推动电视媒体向全媒体转型

全媒体化是电视转型的必然趋势，全媒体的基本特征在于内容的制作营销一体化和传播方式多元化。全媒体的中央编辑部门所生产的内容要适配各个媒体终端和平台，同时面向内容的外部使用者和购买者。

在全媒体转型之路上走在最前面的是 BBC 的新闻中心，BBC 的所有记者都是既可以做广播，又可以做电视，还可以做新媒体，BBC 的新闻中心不分广播、电视、互联网，而是直接分成总编室、用户创造内容部、素材加工部、全球视频资源部、视觉工作室、未来媒体技术中心六大部分。[②]国内电视媒体在全媒体转型方面的探索目前仍以开辟多媒体平台为主，很多广电单位都在发展自己的网站、APP 客户端、

①数据来源：SMG 版权资产中心（上海音像资料馆）官方网站，网址：http://www.sava.sh.cn/collection/others/2014-02-18/9.html，最后访问日期 2017 年 4 月 3 日。

②李纯博："打造与新媒体融合发展的全媒体格局——央视音乐频道的探索之路"，网址：http://www.cctv.cn/2016/05/16/ARTIVNh6n5xjuvY3I5xjegtU160516.shtml，最后访问日期 2017 年 4 月 16 日。

IPTV 等新媒体板块。截至 2016 年 12 月 7 日，“央视新闻”新媒体各平台总用户数突破 3 亿；[①]芒果 TV 手机 APP 安装激活量在 2016 年 8 月已达 3.37 亿。[②]传统媒体以优质内容为支撑所开发的新媒体平台，将成为新媒体领域有力的竞争者。而无论以何种方式实现转型，新的内容生产和传播方式必然要以新媒体技术的应用为基础。

2. 新兴技术为电视产业发展提供了信息化数据化工具

除节目生产和传播方式本身需要转变外，围绕节目资源所进行的管理和运营工作也需要借助新的工具，实现高效、精准、自动化的运作，从而适应新的需求。例如，传统的存储型媒资系统已经不能适应现实使用和交易需求，需要借助新技术实现云存储、自动碎片化、智能编目、快速提取整合等功能；传统的版权管理系统主要起到合同管理和信息记录的作用，未来需要将版权信息与媒资进行对接，自动产生节目及素材的确权结论，形成“媒资＋版权”的规范精准的产品体系；又比如，面对泛滥的网络侵权行为，需要运用技术工具进行全网实时监测和自动取证，为后续维权提供依据；还有节目版权价值评估系统、节目素材交易平台等等未来需要开拓的领域，都需要借助新技术来实现。

三、电视版权管理在新媒体环境下的调整与创新

（一）常规电视版权管理工作在新媒体环境下的必要调整

电视版权管理工作的内容就是围绕着电视节目的版权权利义务关系对电视媒体内各环节的工作进行规制，这些工作的具体内容在本书其他文章中将有详细论

①央视官网资讯：“‘央视新闻’新媒体用户数突破 3 亿”，网址：http://www.cctv.cn/2016/12/09/ARTI6ZTHp9jKqgfiFhJdXu91161209.shtml, 最后访问日期 2017 年 4 月 16 日。

②中国日报中文网：“芒果 TV 加速度发展 手机 APP 安装激活量达 3.37 亿”，网址：http://cnews.chinadaily.com.cn/2016-08/11/content_26434245.htm，2016 年 8 月 11 日。

述，在新媒体环境下，这些工作内容没有实质变化，但部分工作的侧重点和开展方式需要针对新的市场竞争环境做出一定调整。

1. 执行严格的版权管理制度，将版权信息记录工作前置

对于过去的电视媒体而言，版权瑕疵对节目播出、广告经营和有限的节目开发并没有什么实质影响，因此，国内能系统开展版权管理工作的电视台并不多，并且受各种因素的制约，大多没有发挥应有的作用。在当前新的市场竞争环境下，侵权引发纠纷的风险加大，节目开发层次亟待挖掘，必须要保证节目制作过程中的合法性，保证信息记录的准确性和及时性，为此，版权工作最需要做出的调整就是严格执行各项版权管理制度和奖惩制度，培养工作人员日常签约的习惯，通过合同界定一切权利。将版权信息记录工作放置在节目制作过程中同步完成，保证在节目播出前提交审核，审核人员通过素材的来源和使用方式判断节目是否存在侵权风险，以便及时做出调整。

目前央视“春晚”和上海东方卫视的重点自制综艺节目，都在节目制作过程中同时开展签约记录等工作，避免重点节目出现版权瑕疵。在趋于严格的知识产权保护制度和社会环境下，通过这些调整来保证电视媒体相对于新媒体在合法性、规范性上的竞争优势，将为后续节目开发奠定基础。

2. 节目采购及对外授权应符合新媒体的需求和特点

电视台在进行节目版权采购时要充分考虑到多屏播放和新媒体开发需求，在经费允许的范围内，合同条款中的授权范围尽可能包括信息网络传播权相关内容，播出渠道尽可能包括电视台旗下新媒体平台，最大限度地发挥外购内容资源的版权价值。

节目对外授权要细化授权层次。新媒体的传播方式多样，各类平台和渠道层出不穷。比如一家大型互联网公司旗下可能会有视频网站、软硬件客户端平台、专门的音乐平台、独立经营或与第三方合作的 OTT 平台等；终端可能包括 PC 端、手机及 PAD 等移动端、IPTV、数字电视、机顶盒、各类播放器和设备等；使用方式可能包括点播、直播 、P2P、下载等；传播网络可能包括互联网、通信网络、局域网等（见图 8）。电视媒体向新媒体销售节目播放权时，要针对不同平台渠道分别授权，或者在合同中细化授权项目，以此提高整体授权价格。概括来讲，对

于市场认可度高的节目，要拆开了、揉碎了来卖；对于常规节目，可以分平台打包销售；而对于市场认可度不高的节目，可以尝试通过收费分成、广告分成等模式与新媒体合作，有利于为节目打开市场，同时可以学习新媒体的运营模式。

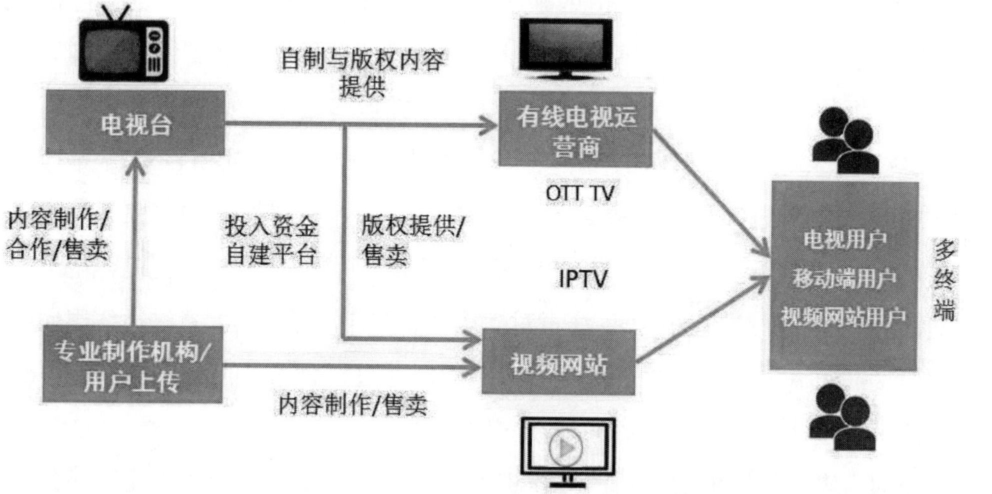

图 8 中国电视及在线视频行业制作播出产业链简图①

3. 积极开展维权

在网络侵权行为严重的大环境下，电视媒体应该以更加积极的态度来开展维权，下决心坚决打击，针对不同的侵权情况采取不同的维权方式。对于海量且规模小的网络平台，频繁的“通知责令下线——下线——再上线”的“打地鼠”式方法效果不大，可以尝试以全风险代理的形式与维权代理机构合作。目前在文字作品、摄影作品领域，作者委托专业机构海量维权，前期不向代理机构支付费用，成功维权所得款项按比例分配，这种方式已经越来越普遍。目前摄影作品著作权侵权案件的数量暴增，且赔偿额已基本稳定在 2000 元 / 张左右，这种局面在很大程度上是海量维权所促成的。而对于播放量较大的具有一定实力和知名度的网络平台侵权，首先要及时取证，之后尝试通过维权来促成合作，促使对方通过正规途径取得授权，谈判过程中注意保存证据，在必要的情况下坚决使用诉讼手段，敢于

①沈浩卿："2020 年电视台生存模式猜想"，来源：微信公众号“媒介 360”，网址：https://baijiahao.baidu.com/po/feed/share?wfr=spider&for=pc&context=%7B"sourceFrom"%3A"bjh"%2C"nid"%3A"news_3311031097185479603"%7D，最后访问日期 2017 年 3 月 25 日。

抓典型，为行业树立标杆。同时可以考虑借助行政力量，向相关主管部门进行投诉，或者通过网络曝光、反面宣传等多种形式。

电视媒体在开展维权工作的过程中还应努力提高维权技能。例如取证方法，虽然法院会倾向于公证方式，但如果取证方法严谨，有相关证据佐证，还是可能被法院采信的。例如使用录屏的方式，将设备清理过程全部录制清楚，排除法官对伪造证据的疑虑。具体来讲，在对视频网站播放节目的过程进行录屏之前，首先对电脑体检、杀毒、上网痕迹清理、进程检查、本机 IP 地址和 DNS 地址检查、被访问网站 IP 地址检查、跟踪目标网址访问节点、检查浏览器连接代理设置、检查 hosts 文件、目标网站 ICP 编号验证等一系列设备清理和验证过程完整记录，之后继续录制侵权网站播放过程，注意对播放量、广告、评论等信息进行突出显示，同时借助“时间戳”等新兴的证据固定方式，通过这种方法进行的取证，再配合邮件往来、通话记录等其他证据，就有望被采信。

在网络媒体盗播电视节目的侵权诉讼中，一般来讲侵权事实是比较清楚的，原告胜诉率比较高，重点在于下决心、抓典型，在难度大、成本高、判赔少的现实情况下看到积极的一面，近年来判赔在明显提高，突破 50 万元法定赔偿额的案例已屡见不鲜。电视媒体积极开展维权还具有重要的社会意义。首先，电视媒体强大的影响力，可以通过自身的维权意志与行动，引起社会公众对版权问题的重视，提高全民版权保护意识；其次，广泛的维权行动能够有力地打击侵权，营造良好的版权市场秩序，推动文化产业发展；最后，积极的维权行动和呼吁，能够推动著作权法律制度在立法和司法上的突破和完善，推动社会进步。

（二）电视版权管理在新媒体环境下的创新方向

1. 统一版权与媒资，打造节目价值评估系统和网络交易平台

媒体机构要最大限度地实现自有节目的使用价值和市场价值，就要将内容与权利统一起来，也就是要理顺“媒资 + 版权 = 资产”的基本逻辑。媒资就是各个媒资库中存储的大量视音频节目和素材，版权就是每条节目和素材对应的版权归属，有了内容，同时内容的版权又是归属于我的，那么这个内容才是我的资产。目前国内电视台普遍建有较为成熟的媒资库，但传统的存储型媒资已经不能适应市场化交易趋势，必须在原有的编目基础上，加强碎片化、标签化功能；而少数

电视台建立的版权管理系统也大多与媒资脱节，无法将版权信息与实质的节目资料对应起来。

要实现版权资产的充分开发，必须将媒资与版权统一起来，形成内容与权利的统一，通过基本信息、媒资信息、版权信息的完整数据实现精确的内容指向和权利依据，高效地进行再利用与多层次授权。同时，将媒资与版权统一起来，也是建立版权交易平台的基础。内容、版权、定价体系是建设交易平台的基本要素，将媒资与版权统一起来，一方面解决了内容和版权的问题，另一方面使媒资与版权部门掌握的媒资交易价格和版权合同信息等数据汇总到一处，有利于分析出决定价格的各项因素，形成定价方法，而定价恰恰是目前建设交易平台的难点。一旦内容、版权、定价都得到解决，媒资库就可以直接转型成为交易平台。

2. **积极推动电视版权行业联盟**

在电视行业的整体转型中，每家电视台的情况差异很大，能够调动的资源有限，通过行业内各种形式的联盟，将资源予以整合，在与新媒体的竞争与合作中找准目标、形成合力，就有望开拓新的市场，实现自身生存发展。

2012年1月5日，美联社与28家新闻机构组成“新闻权利联盟”（NewsRight），之后陆续有30家公司和800家网站（几乎囊括全美基于新闻的网站）加盟。该联盟的首要业务为授权原创新闻内容，并向大量使用新闻的聚合机构收取版税，旨在开创新闻市场上解决合法授权和付酬的一揽子解决方式。依靠大量的客户、大量的内容生产商以及运营顺畅的收费机制，“新闻权利联盟”成为新闻许可和新闻维权的一种非常有效率的方式。“新闻权利联盟”还将业务开展过程中收集形成的统计数据整合成巨大的数据库，这些数据还可以销售给对此感兴趣的公共关系公司、市场调研咨询公司，这些都是资源整合后形成的大数据所带来的商业机会。①

新闻是电视媒体一项亟待开发的资源，各地电视台都有各自富有特色的新闻，但一直以来被新媒体任意传播，完全没有实现其经济价值。2017年4月26日，由人民日报社、新华社、央视、中国搜索等10家主要中央新闻单位和新媒体网站联

① “NewsRight”维基百科，网址：https://en.wikipedia.org/wiki/NewsRight，最后访问日期2017年4月29日。

合发起的“中国新闻媒体版权保护联盟”在北京宣告成立。“中国新闻媒体版权保护联盟”以推动新闻有偿使用为重要目标，相比以往松散的行业协会更具有现实意义，未来有望在新闻领域建立类似集体管理的授权机制。广电媒体可以在更多领域尝试通过行业联盟进行理论探讨，逐步转为实际运作，为电视行业寻求更大的发展空间。

四、媒体融合环境下完善版权法律制度的思考与建议

（一）实行严格的版权保护制度

1. 提高著作权侵权损害赔偿标准，引入惩罚性赔偿

我国《著作权法》第 49 条规定，侵犯著作权或者与著作权有关的权利的，侵权人应当按照权利人的实际损失给予赔偿；实际损失难以计算的，可以按照侵权人的违法所得给予赔偿。权利人的实际损失或者侵权人的违法所得不能确定的，由人民法院根据侵权行为的情节，判决给予 50 万元以下的赔偿。由于侵犯信息网络传播权的案件，对于权利人实际损失和侵权人违法所得都难以举证，法院一般也不考虑侵权人广告收入等因素，导致赔偿额普遍偏低。相对于电影、电视剧等影视作品，电视节目的赔偿额就更低，很多电视台提起诉讼的目的主要在于打击对方侵权行为，并不期望获得高额赔偿，赔偿额甚至无法抵消诉讼过程中的各种支出。

以常规逻辑来讲，侵权赔偿金额至少应该与正规授权价格持平，否则对于侵权人来讲，即使败诉，也要比合法授权成本低，而目前的赔偿金额远远比不上节目授权价格，这是不符合逻辑的。近年来，无论是法律界还是行业内，都在呼吁提高著作权侵权损害赔偿，引入惩罚性赔偿机制。《加拿大著作权法》中有明确的关于惩罚性损害赔偿的规定，《英国 1988 年版权、外观设计与专利法》中的“附加性损害赔偿金”被认为具有惩罚性赔偿的性质，美国在专利法、商标法、商业秘密法中都有惩罚性赔偿制度。而我国《侵权责任法》中仅有的关于惩罚性赔偿

的规定仅适用于产品责任案件。[①]广电行业要积极推动立法改革，争取提高法定赔偿额度，引入惩罚性赔偿制度。同时在目前的司法实践中，建议法院将涉案节目的市场价格（以原告同类合同为参考依据）作为权利人实际损失的认定标准，以不低于1倍的标准进行判赔。

2. 降低维权成本

降低维权成本，提高权利人维权的积极性，也有利于加强版权保护。目前的维权成本主要体现在经济、时间、人力成本支出，笔者认为有可能在短期内达到降低成本效果的是在证据保全和维权渠道两方面进行优化。

证据保全的成本高，主要是由于公证费用高。针对这一问题，建议政府部门合理调整公证收费标准，这不仅将大大降低著作权侵权案件的维权成本，也能惠及全社会各行业各阶层。另外在司法实践中，建议法院对原告合理费用予以更大比例的支持，对第三方机构取证、原告自行取证以及新兴取证技术采取更开放的态度，在取证方式足够严谨、有其他证据相互佐证的情况下予以采信。

在维权渠道方面，建议提高行政举报投诉的处理力度。虽然近年来的"剑网行动"对网络侵权给予了沉重打击，但常态化的行政监督更能有效地帮助普通权利人维权，笔者认为，可以从强化线上举报平台入手。目前版权网络侵权的线上投诉渠道主要是原国家新闻出版广电总局的侵权盗版举报平台（http://www.gAPP.gov.cn/govinteract/6069.shtml）、中国互联网违法和不良信息举报中心（http://www.12377.cn），但笔者曾经向这两个平台发起数次投诉，结果都石沉大海。在实名举报等相关规则完善的前提下，加强对线上举报的处理力度，可以大大提高维权效率，对侵权行为进行有效威慑。

3. 降低著作权侵权行为追究刑事责任的门槛

1982年，因产业界的强烈诉求，美国国会通过了《美国反盗版和假冒修正法案》（Piracy and Counterfeiting Amendments Act of 1982），对侵犯版权犯罪行为创设了两类重罪。1992年《美国版权重罪处罚法》将重罪条款的范围扩展到了包

①朱丹:《知识产权惩罚性赔偿制度研究》，华东政法大学博士学位论文，第42页。

括计算机软件在内所有种类的作品，同时将对累犯的监禁延长到10年以下，此外对构成重罪的复制品数量的要求显著降低。1997年的《美国反电子盗窃法》（No Electronic Theft Act）规定了两种故意侵犯版权的行为将构成犯罪：①意图获取商业利益或个人私利；②在任何180天的期间内，以包括电子方法在内的方式，复制或发行一个或多个享有版权作品的一件或一件以上的零售总价超过1000美元的复制品或录音制品。[①]

事实上，很多发达国家都是从不尊重版权的路上走过来的，而最后殊途同归地建立起严格的知识产权保护制度。因为随着社会的发展进步，实行这种具有威慑作用的制度才能够有效地保障文化产业走向规范和繁荣。虽然我国《刑法》第217条设置了“侵犯著作权罪”，但在实际案件中很少适用。而刑法的威慑力是民法难以比拟的，如果能够在立法中降低追究刑事责任的门槛，在司法中大胆适用，将会对版权侵权形成强有力的打击和遏制。

（二）规范著作权集体管理制度

在新媒体环境下，作品的传播极为便捷、迅速、灵活，完全不依赖于作者与使用者之间的直接联系，作者难以有效行使权利，使用者也难以找到作者直接获得授权。电视媒体每天会使用大量他人作品，更加不可能逐一向作者取得授权，在这种情况下，著作权集体管理制度可以发挥很积极的作用，既能帮助电视台解决使用作品合法性的问题，又可以帮助著作权人获得作品许可使用费。

但我国目前的著作权集体管理制度非常不规范。以中国音乐著作权协会为例，根据《著作权集体管理条例》的规定，中国音乐著作权协会可以代替其会员行使包括表演权、放映权、广播权、出租权、信息网络传播权、复制权在内的权利人自己难以有效行使的权利。但中国音乐著作权协会与电台、电视台签订一揽子使用协议时也涵盖了非会员的音乐作品，收费的标准也是按照《广播电台电视台播放录音制品支付报酬暂行办法》来执行的，因此中国音乐著作权协会的一揽子许可应该属于法定许可的范畴，而法定许可只限于播放。因此，中国音乐著作权协会一揽子协议里如果涉及播放以外的复制权、表演权、信息网络传播权等，对于

①曹博："美国法上版权刑事保护的演进"，载《中国版权》2015年第2期，第72~73页。

非会员作品就是无效的，无法保证电视台使用这些作品的合法性。而中国文字著作权协会、中国音像著作权集体管理协会、中国摄影著作权协会、中国电影著作权协会四个著作权集体管理组织，则与广电媒体鲜有合作。

著作权集体管理在网络环境下是不可或缺的，针对目前存在的问题，一方面应该规范著作权集体管理组织的代理行为，严格区分会员作品与非会员作品的授权范围，严格监督许可费的发放情况，提高作者对著作权集体管理组织的信任感，从而增加会员数量、扩大管理作品的范围。另一方面对版权行业联盟和版权资源提供商等商业化的著作权集体管理形式应该持开放的态度，使之成为现有著作权集体管理制度的有力补充，在大量的消费者和大量内容生产商之间搭建桥梁，实现版权市场的规范和繁荣。在美国就同时存在几个大的音乐著作权集体管理组织，分别由不同的唱片公司联合组成，对其下管理的作品享有完全的代理权限，不会发生授权范围上的模糊，基本解决了大众媒体使用音乐作品的问题。

（三）强化司法解释的指导作用

在新媒体技术迅猛发展的背景下，著作权法律制度已经严重滞后于社会现实，在法律制定之时并不存在、无法预知的情形不断出现，导致著作权法领域的学术争议颇多，案件中的法律适用成了难题。电视媒体应积极参与到相关学术讨论中，在与新媒体等各行业的理论争鸣中为电视谋求最大程度的法律保护，但在司法实践中却不能由自身愿望出发来主张权利，司法者对法律的适用也绝不能各行其是，此时司法解释的指导作用就尤为重要了。

司法解释具有现实性、针对性、及时性的特征，能够起到阐明法律条文含义、完善现行法律功能、统一司法审判标准、揭示立法意图的作用，这些正是当前著作权司法实践中所急需的。但是，2002 年通过的《最高人民法院关于审理著作权民事纠纷案件适用法律若干问题的解释》已经不能满足现实需要，2012 年通过的《最高人民法院关于审理侵害信息网络传播权民事纠纷案件适用法律若干问题的规定》主要解决的是网络服务提供商的法律责任的认定问题。电视与新媒体所关注的网络实时转播行为、广播组织权的行使、新闻节目的版权认定、作者的二次获酬权等容易发生纠纷和争议的问题，还需要司法部门作出更为明确的解释，或者在同类案件的审判中形成统一的审判标准，从而对版权行业作出指引。

电视节目版权合同的管理

陈丽梅

陈丽梅，法学硕士，现就职于中央电视台版权和法律事务室。曾在《电视研究》《中国广播电视学刊》等专业杂志发表《网络环境下著作权保护》《电视台避免版权纠纷的思考》《IPTV的著作权法规制》《论电视节目模式的法律保护》等文章，并与他人合著出版《文化创意产业发展的法律调控》。

目前，版权交易产业已经成为我国政府重点支持的产业之一，电视节目版权交易的数量和规模也不断攀升，在这个过程中，电视节目版权合同的重要性日益凸显，当前对于电视节目版权合同管理的理论研究远远滞后于实践需求，考虑到版权合同对于电视节目产业的深重影响，笔者根据工作经验，对电视节目版权合同管理的意义、原则、流程、存在的问题和改进措施进行了尝试性探讨，以期能起到抛砖引玉的效果。

一、合同管理对于电视节目的重要意义

在文化产业日益发展繁荣的今天，电视节目经过早期随心所欲地肆意生长后，逐步走向了有序的可持续发展阶段，现阶段电视节目不仅要满足于电视媒体平台的播出，更多的是在市场化环境中，综合运用各种融资方式、制作手法及传播媒介，深度挖掘电视节目价值。电视节目市场化运作必然依赖于法律支撑，近年来，电视节目不同权利人间因权属不清、合同约定不明等原因而产生法律纠纷的报道不断见诸媒体，相应的法律案件也不断增加。可见合同管理是电视节目市场化运作中的重要一环，是基础保障。

电视节目从产业角度看，涉及节目制作、购买、播出、开发等环节，需要处理的法律关系可能涉及投资、证照申请、劳务、权属转让等。本文对合同管理的探讨仅限于电视节目的版权类合同。

二、电视节目版权合同管理的实施

（一）电视节目版权合同管理的基本原则

1. 预防风险为主原则

预防是最好的防范，电视节目版权合同需要尽量全面准确地用法律语言描述各方当事人的真实意思表示及权利义务关系，防止因合同约定不明或权益不清而产生不必要的法律风险。如在电视节目的采购合同中，要明确约定母带的提供时间、收视率数据采用标准、因节目停播而造成的损失承担等各类情况。如在新华环球影视公司与山东电视台因《淞沪风云》电视剧停播而引起的合同纠纷一案中，因双方对电视剧报备手续的执行主体及电视剧停播的损失分担等事项约定不明而导致双方产生纠纷。

2. 设置专业化合同管理团队

电视节目版权合同涉及的权利人众多、作品形式多样，与不同交易对象需要签署内容不同、专业性强的各类版权合同，同时，在合同谈判、合同条款拟定、合规性审查等方面均需要专业团队才能操作。因此，在电视节目的合同管理中，专业化团队的法律支持是必不可少的环节。

3. 坚持动态管理原则

电视节目制作周期较长，在电视节目的制作及运营过程中，电视节目构成元素易发生变动，从而导致权利状态发生变动。这就要求在合同管理过程中，要不断根据实际情况，及时调整合同管理措施，施行动态化管理，及时根据客观情况调整合同。

4. 注重提高合同管理效率

任何一项事务，效率的提高都能促进其发展，电视节目合同管理也一样，在信息技术时代，借助信息化手段，升级合同管理措施、优化合同管理流程，能够不断提高合同管理效率。例如，很多公司上线合同管理系统后，合同的报审及审核均可在线完成，使线性管理变成并发式管理，合同流转效率一般能提高 50% 以上。

5. 重视与业务部门沟通

与其他民事权利让渡不同，版权权利让渡分项特别细，不同业务需求对应不同的权利分项，为实现合同目的，必须与业务部门进行充分沟通，详细了解节目制作背景、目的、播出平台、使用方式、资金支付等信息。合同草拟完后，还需要提醒业务部门认真核对合同文本，了解合同条款的含义，主动就关键权益条款与业务部门进行探讨等。

（二）电视节目版权合同管理的基本流程

1. 电视节目版权合同管理制度的制定

合同管理流程需要制度化、体系化，以聚合各管理环节的力量，加强统筹协调，打通管理流程，提高审批效率，堵住管理漏洞。在具体措施方面，合同管理制度内容应明确相关合同管理部门的职责范围、审批节点等，具体应包含以下几点：管理原则；管理机构及工作职责；合同的订立；合同谈判；合同起草；合同的审批流程、审核职责、合同签署、履行与监督等。

2. 电视节目版权合同的起草

合同起草首先需要重点做好起草前的准备工作：第一，详细了解合同签订的目的及签订背景。合同的签订目的主要是指需要用合同解决哪类权属关系，业务部门对电视节目的定位等。合同的签订背景需要了解的是合同签署双方的交易地位、政策规定等信息。在这个过程中，应尽量多跟业务部门交流。第二，了解电视节目本身的基础信息。电视节目本身形式种类多样，不同类型电视节目的政策、法律规定存在较大不同，如新闻类节目可以适用法定许可及合理使用的情况较多，在此情况下就不需要事先获取权利人许可或付费；但类电影节目能够使用合理使用的情况非常少，往往需要逐项处理各类权利义务关系。第三，查找辅助性材料。辅助性材料包括类似的合同文本或示范文本，相关法律的规定及单项管理规定，学术性分析文章，类似案例等。第四，尽量参加相关合同谈判及业务交流活动。直接参与业务交流及合同谈判工作，能够第一手了解业务部门制作或交易电视节目的真实意图，准确把握合同相对方的目的及各方需求。

准备工作做到位后，需要用法律语言精准拟定各项条款形成合同文本，同时为了避免漏洞，草拟完成的合同文本最好经过多轮修订、反复推敲，并与相关人员进行谈论，征询业务部门意见，不断完善合同文本，达到文字清楚、逻辑严谨、权属清楚、内容合规、要素齐全。

3. 电视节目版权合同的签订

合同文本内容基本确定以后，需要与合同相对方就合同条款的内容进行协商、修改、签署，完成合同签署工作需要注意以下几点：第一，需要与具有合同签署权限的权利主体签署合同。就电视节目制作而言，嘉宾、演员的权利主体基本为个人，区分比较容易，但演员、嘉宾经常由经纪人代其签署合同，鉴于经纪人非法定代理人，此种情况下，一定需要出示书面授权书，其经纪人代签的合同才具有法律效力。图片、音乐、文字作品、视频素材的权利主体识别存在一定困难，与这类主体签署合同的时候，一定要审核权利主体资格，并在合同条款中注明担保条款，以确保合同相对方的签署行为具有法律效力。电视节目的交易一般都在公司主体之间进行，合同签署主体资格的识别更为容易。第二，注意合同签署时间与生效时间。电视节目版权合同存在大量的倒签合同现象，倒签合同一定要在合同中标明权利让渡的时间点，并说明合同的签署时间与生效时间之间的关系。第三，注意合同签署形式。没有特殊情况，必须以书面形式签订合同。如果实在无法签署书面合同，采用口头形式订立合同的，一定要有第三方的证明材料，并留存好相关证据。

4. 电视节目版权合同的审核

电视节目版权合同审核一般包括合法性审查、周密性审查、合需性审查。

（1）合法性审核。

合法性审核主要从合同主体、合同内容、合同签订手续是否合法三个维度展开。

并不是所有民事主体都可以成为电视节目版权合同签约主体，合同主体的合法性审核需要审查以下几个方面内容：首先，需审核合同相对方是否具备合同签约资格。如果合同相对方是公司，需审核公司的营业执照和参加年检的证明资料。如果相对方为自然人，主要审查由国家公安机关颁发的身份证、护照、驾照等证件，并且应审查其是否具备完全民事行为能力。其次，审查合同相对方是否具备电视节目版权合同的签署能力。依据我国现行法律规定，电视节目生产制作、发行实行行业准入管理，从事电视节目制作经营的机构必须取得《广播电视节目制作经营许可证》。另外，设立电视剧生产单位和制作电视剧，须由国家广播电视总局批准，并取得甲种或乙种《电视剧制作许可证》，制作完成的电视剧，应按规定报送省级以上广播电视行政部门审查，并申领《电视剧发行许可证》。从事广播电视节目的版权交易、转让、交换及代理等经营交易活动，必须由取得《广播电视节目制作经营许可证》的机构进行。发行节目时，必须向授权方提供合法的版权证明及制作经营许可证（复印件），发行电视剧（含引进电影片）、引进动画片时，还须同时提供《电视剧发行许可证》《动画片发行许可证》等证明。[①]最后，还需要审核合同相对方签约人的资格。根据《公司法》的规定，公司的法定代表人才有权代表公司对外签约，未获公司法定代表人授权的其他人无权代表公司对外签署合同。

合同内容合法性审查主要是对合同标的、电视节目的交易内容、结算方式、违约责任等条款的审查。合同内容是否存在违反法律法规的强制性规定，是否以合法形式掩盖非法目的，是否损害第三人的利益均是合同内容合法性审核的重点。例如电视节目版权合同交易标的依据我国法律规定，版权只能交易和转让财产性权利，而发表权、署名权等人身性权利不能交易和转让。

合同签署手续虽然只是程序性要求，但其是否合法也关系到合同是否成立。在审核合同签署手续是否合法时，重点考量法律法规是否有特殊性规定，以及合同条款是否对合同成立、生效期限有特殊约定。例如，如果合同中约定电视节目版权合同须经公证后生效，在合同的合法性审查时就必须审查该版权合同是否履行了公证手续。

（2）周密性审查。

在完成合同合法性审查的同时，需要对条款是否齐备、内容是否完备、语言是否准确这类合同要素进行审查。

①参照《关于实行广播电视节目制作、发行行业准入制度的实施细则（试行）》第1条、第4条、第6条规定。

在合同基本条款齐备的基础上，需要进一步审核条款是否具体、权利义务设置是否合理、描述是否准确等，避免因条款过于简单、抽象、原则而无法操作，在实际中无法履行。

电视节目版权合同交易标的为无形资产，对权利义务的描述要求精准、规范，避免使用模棱两可、容易发生歧义的语言，确保文字表述规范，意思表达准确。

（3）合需性审查。

电视节目版权合同必然围绕着电视节目制作或交易的需求进行，因此，在合同审核中，我们需要详细了解业务部门需求及签署合同所需达到的目的，并对比合同条款，判断分析合同是否符合本单位业务发展的需求。只有这样才能将版权合同审核工作提上一个台阶，使合同管理工作的价值得到更大的体现。

5. 电视节目版权合同的履行

电视节目版权合同经双方签章生效后，合同就进入执行阶段，一般来说，合同都是由业务部门来履行，合同双方均应该按照合同的约定，依据诚实信用原则全面履行自己的义务。全面履行合同需要做好以下几方面工作：第一，建立良好有效的合同履行内部流程，促进各部门间协调合作。电视节目版权合同的执行需要各个部门间的协作，业务部门、财务部门及其他合同管理部门均需要依照合同条款约定的时间节点按质、按量地完成，良好高效的合同执行流程能够有效分配各部门在合同执行过程中的职责，理顺各部门间关系，避免因内部环节的延迟和差错而导致违约。第二，建立合同监督检查机制。这种监督检查主要从法律方面入手，查看合同的执行情况是否符合合同的约定，是否存在违法违规情况，并且根据合同的履行情况复核合同内容的完备性。第三，及时监控对方当事人合同履行情况。合同履行中的最大风险在于对方当事人不按合同规定履约，因此，合同执行部门应该密切监控合同对方当事人的履约情况，一旦发现对方存在违约情况，要立刻采取措施维护本单位的利益。

6. 电视节目版权合同信息记录、归档、备案

电视节目版权合同信息记录中应包含文件名称、合同名称、对方当事人、版权变动信息、版权交易种类、承办人等核心信息。电视节目版权合同备案及归档

应根据本单位实际情况建立相应的制度规则，一般来说，备案及归档规则中应包含合同备案的执行部门、备案的流程、合同的分类、归档的基本规则、归档的程序等内容。

（三）电视节目版权合同中的信息管理及大数据分析

版权信息在管理路径上可以分为文档管理、标签管理、数字化管理三个方面。文档管理和标签管理是比较早期的电视节目版权信息管理方式，是对纸质电视节目版权合同的一种初级管理。数字化管理是目前常用的管理形式，它包括将纸质合同进行数字化处理及建立合同信息管理数据库两种方式，是将合同基础信息录入数据库，为版权信息数据的分析、使用提供数据支撑。

对于合同管理来说，合同信息数据库是基础，更为重要的是充分利用合同管理信息系统为版权信息数据挖掘分析及其他分析提供第一手资料。数据分析的路径有多种，单位可以结合自身需求采用不同分析方式。综合来说，电视节目版权信息的数据分析方向可以考虑以下几个方面。

一是阶段数据汇总，这是信息数据分析的一项日常工作，阶段性数据分析能够鲜明体现短期内电视节目制作或购买成本变动情况、工作重点、趋势变化，为整体数据汇总提供详细数据。

二是专题性分析，是针对特定对象进行专项深度分析，如对委托制作类电视节目进行专项分析。这类专项分析建立在阶段数据分析基础之上，但是分析更为全面客观，可能还会结合其他信息，进行一定的预测和判断，以便为决策者提供更为全面的参考。

三是个案分析，针对某一个特定合同进行分析，以点带面对某一事项进行深度分析，以便对相同类别的合同管理措施进行评估。如央视与湖南电视台共同购买、联合播出并联合开发的电视剧《咱们结婚吧》，取得了良好播出效益及开发收益，针对这个个案进行深入分析，能够为今后电视剧采购政策的制定提供数据。

四是定期分析，以年或季度为特定期间，进行定期分析。这类定期分析一般会综合运用上述三种分析方式，从不同角度和层面分析合同特征、存在的问题及可能的改进措施。

（四）电视节目版权合同管理需要注意的问题

电视节目版权合同在日常的管理中需要重点注意以下几个问题。

1. 合同主体与合同签约主体的区分

合同主体与合同签约主体是两个不同的概念，合同主体是实际承担合同权利义务的民事主体，而合同签约主体是实际签署合同的人，可能是代理人或者代表人。

签订合同的主体有自然人、法人和其他组织，它是合同存在的前提条件，只有适格的合同签约主体，才能签署有效合同。就电视节目版权合同而言，如果合同主体为自然人，其签约主体必须具备完全民事行为能力；如果合同主体是不具备完全民事行为能力的自然人，就必须由其法定代理人代为签署合同。例如，由儿童参演的晚会、表演、电视剧，在签署合同时，必须由其父母或其他法定代理人签署相应表演合同、演出合同。在这种情况下，合同主体为参与表演的未成年人，而合同签约主体必须是该未成年人的法定代理人。如果由法定代理人之外的其他人代签，则必须由法定代理人出具合法授权书。

如果合同主体为法人或其他组织，合同主体的确定主要依据企业法人营业执照、社团登记证等法律文件，法人的分支机构或某个部门没有独立经济和法律责任，不能成为合同主体。但在实际执行中，法人或其他组织的分支机构或部门往往成为合同的签约主体。从严格法律意义上说，法人的单个部门或分支机构不能成为合同主体，内部文件或授权书可以成为追认合同效力的一种方式，但对于合同相对方而言，仍然存在一定的法律风险。

法人或其他组织为法律拟制人，其意思表示必须通过特定的自然人来行使，我国合同法规定了法定代表人制度。法定代表人是合同的合法签约主体，除此之外其他人员代表法人签订合同时，必须由法定代表人或法人出具授权委托。

电视节目版权合同因其制作周期、交易标的虚拟性、人员变动频繁等特性，合同主体和签约主体都经常处于变动之中，在合同管理过程中，要充分注意合同主体及签约主体的资格审核。例如，电视剧、纪录片、电影等在制作许可证或发行许可证上显示的制作机构是 A 公司，A 公司的营业执照显示法定代表人某某，但在电视节目的制作过程中，因各种原因 A 公司可能将其在该电视节目中的权利义务转让给了 B 公司。电视台在购买电视节目时，与 B 公司签署了采购协议，且合同的签约人并非 B 公司的法定代表人。在签署这类协议时，就要梳理从 A 公司到 B 公司的授权链条是否完整，并且要查看合同签约人是否持有 B 公司有效的授权文件。

2. 合同审核部门与业务部门的职责划分

一般来说，电视节目版权合同都是因业务部门的需求而由业务部门发起的，合同审核部门需要依据业务部门的申请起草合同或 / 和依据法律、法规及单位的规章制度对合同条款内容进行审核，并向业务部门出具合同审核意见。如果合同审核部门的审核意见在合同修订中得到了充分体现，则合同流程能够顺利流转；如果合同审核部门的审核意见未能与合同相对方达成一致，那么，合同条款内容的最终裁决权将取决于业务部门和合同审核部门的职责划分。一般来说，各单位的管理规定或公司章程均会对各部门的职责划分做出规定，就电视节目版权合同而言，合同审核部门是电视业务的辅助部门，其职责在于防范法律风险、固化既有权益，而业务部门才是电视节目的第一责任人，需要对其制作、交易的电视节目承担首要的法律责任，合同是否签订、以何种方式签订、通过合同获取何种权利等内容均需由业务部门综合考量后做出决定。在这个过程中，合同审核部门有义务向业务部门描述清楚合同条款中存在的各种法律风险，给业务决策提供参考，并且有义务制止业务部门做出违反法律法规的行为。合理的职责划分需要业务部门及合同审核部门在实际业务中不断磨合与调整，最终形成比较完善的分工。

3. 滞后合同

所谓的滞后合同是指电视节目的相关项目已经启动，如已经开始制作或播出，但是相关的制作合同或采购合同尚未签署，导致节目版权不明。电视节目的播出效果、市场环境和广告招商能力时刻处于动态变化之中，版权情况不明，就不能及时开展节目的新媒体传播、再利用等业务，将严重影响电视节目的综合发展。特别是电视剧采购的滞后合同非常普遍，往往电视剧已经播出了，合同还没有签署，这就造成了权利状态非常不稳定。尤其是那些与收视率挂钩的合同，在合同签署前收视率的结果已经出来了，所谓的收视对赌没有了任何意义，还可能由此引发影视公司与播出机构不必要的纠纷。

滞后合同是电视节目版权产业的一块顽疾，针对这一现象，首先，应从观念上予以重视，只有合同的相关办事人员在理念上予以重视，才能在行动中积极签署合同。其次，在管理中加大滞后合同的纠错及处罚力度，可以联合合同的相关管理部门，严格落实各项合同管理规定和要求，加强合同后期抽查和监管力度，一旦发现问题，必须坚决按照规定执行处罚措施。

三、典型电视节目版权合同的管理

（一）电视节目制作类合同

电视节目制作主要分为自制、委托制作及联合制作，这三类电视节目因其制作过程中需要处理的权利义务关系不同，相关合同管理的关注重点也不尽相同。

1. 自制类电视节目合同

在自制类电视节目中，节目制作单位需要大量处理的是节目素材权利人、演员、嘉宾的权利义务关系。

节目素材主要包括文字、音乐、图片、摄影、美术设计等作品，在电视节目制作过程中使用了他人作品的，除法定许可及合理使用情形外，均需要获得权利人授权许可，并支付一定费用。通常可以下列方式实现。

一是签署集体授权合同，目前在我国主要适用于音乐作品的授权。电视节目制作机构需要使用大量音乐作品，与每一个音乐权利人签署授权合同，工作量大且难以实现。与音乐著作权集体管理组织签署集体授权的协议，能方便地获取各类音乐作品的授权。目前，央视及各省级卫视、部分地方电视台均已经与中国音乐著作权协会签署集体授权合同。签署集体授权合同一方面节约了版权谈判成本，另一方面使大量授权具有了可行性。除音乐之外，摄影、文字等作品也存在相应的著作权集体管理组织，但在中国目前的实践中，这类集体管理组织的工作开展得还不尽如人意。

二是签署标准格式合同，对于无法通过集体授权协议予以解决的节目素材，如果能够明确知晓权利人信息的，可以直接与权利人签署授权合同。为了节约签约成本，制作单位可以事先制订标准格式合同用于与权利人签约。例如，央视针对演员、嘉宾、作者等不同类型的著作权人制订了格式合同，供节目组使用。

三是签署一揽子协议，这类合同一般适用于与图片社等公司签署。目前市场上有很多专门从事图片、视频、音乐等版权经营的公司，对于节目制作公司而言，与这类专门从事版权经营的公司签署协议，能够有效节约素材搜集时间及签约成本。

四是签署全面权利合同，主要适用于制作机构内部成员，如摄像、主播或主持人以及记者、剧务等人员。这些成员一般来说均与制作机构存在雇佣关系，其职务作品的版权归属比较清晰，但在实践中，为避免因职务作品的确认所带来的法律风险，可以采用全面权利合同的方式来确定及获取职务作品权利人的权益，使得电视节目在后续的使用中不存在任何障碍。

2. 委托制作类电视节目合同

委托制作类电视节目一般是由需求单位定制好节目的主题、类型等核心要素后交由专门的电视节目制作机构制作，电视台是目前委托制作的最大需求方，部分电视台委托制作节目的数量甚至已经占到节目制作总量的一半以上。

对于委托机构而言，委托制作电视节目并不仅限于完成电视节目本身，更重要的是对电视节目进行各种形式的利用，因此，在委托制作合同中需明确以下几点。

一是委托事项描述清楚，包括节目名称、制作内容、制作意图、制作要求、委托制作周期等信息。

二是交付事项，包括交付时间、交付载体、交付审查标准、交付不合格后的处理方式等信息。

三是版权归属事项，包括完成作品的版权归属、署名方式以及权利担保条款。

四是双方在委托制作事项中所承担的权利义务描述，及其他常备性条款。

3. 联合制作类电视节目合同

不同机构采取各种方式联合摄制电视节目已经是一种普遍现象，联合制作类电视节目主要有两种方式，一种是多方投资共同制作；另一种是资源置换、对赌分成式的联合制作，这是一种新类型的合作模式，其中，以广告资源置换部分版权的模式最为常见。《中国好声音》《出彩中国人》《叮咯咙咚呛》等节目均是采用联合制作的模式。

对于节目制作机构而言，这种合作方式，大大节省了节目制作经费和投资风险，对电视节目的创新有一定推动作用，但这类合同需要处理的权属关系非常复杂，在合同管理中需要处理以下几点。

一是尽量掌握合同拟定权，拥有合同拟定权，在合同条款的制订方面就拥有较多的话语权，具备一定的先天优势。

二是合同合作方的资质审核，与其他合同相比，联合制作类合同当事人的资质审核尤为重要。

三是电视节目模式及电视节目版权归属约定。版权切割条款需要根据投资、资源、广告分成条款确定，若在广告方面给予对方足够多的回报，则另一方可争取更多的版权权益。在合同管理过程中，需要根据单个节目具体情况进行定制，涉及收益的确定、分成比例、版权切割及版权收益分成等问题，需要与联合制作各方进行逐一确定。尽量多地获取节目模式及节目内容的版权权益，以避免后期的版权纠纷，以《中国好声音》为例，2016 年因节目模式问题，该节目的制作方与版权方产生非常大的分歧，《中国好声音》被迫改名为《中国新歌声》。

（二）电视节目采购合同

购买电视节目是除自制电视节目之外最为重要的节目获取方式，在电视节目交易市场上，最为活跃的交易标的是电影、电视剧、动画片、纪录片、体育赛事，下面针对这类合同的管理重点进行简要分析。

1. 影视剧及动画片等类电影作品的采购合同

电影、电视剧、动画片、纪录片电视节目均是以拍摄电影或类似拍摄电影的方式完成的作品，可以统称为电影和类电影作品，从版权法的角度看，这类作品在拍摄方式、交易模式、节目素材的获取等方面基本相同，这类作品是电视节目交易市场的主体，其在合同处理方面存在一定的共性，主要需要注意以下几点。

一是在合同谈判前期介入，从法律角度评估电视节目的版权价值，制订明确的版权谈判策略。前期介入能够更好地了解交易各方的需求，明确版权交易目的。最好在节目立项启动阶段就开始提供法律服务。

二是着重审核权利义务关系链条。以电视节目制作许可证和发行许可证中记录的制作方为原始权利人，并以此为授权链条起点，以合同交易方为授权链条终点，逐一审核交易标的授权链条的连贯性及权限范围，授权链中间不能出现断裂或超出权限范围的情况。同时还需要核查授权书签字、盖章效力。如果制作许可证或发行许可证中载明的制作方为 A 公司或多家公司，但签署合同的为 B 公司，在采购这类节目时，一定要确保 B 公司确实获得了 A 公司及其他共同制作方的合法授权及授权书的真实性。

三是注重合同文本的完备性及适当性。交付条款中是否约定交付载体、规格要求，是否约定交付成本承担方等；验收条款是否包含验收不合格的救济；担保条款中是否约定权利担保条款及赔偿责任；版权权限约定是否明确、清晰等。例如，如果在合同中没有明确交付载体、交付时间及验收标准，那么交付就处于不确定状态，就可能导致采购方不能及时获取合同标的，无法实现合同目的。

四是及时更新版权信息。电影和类电影作品的交易比较频繁，大量作品获得的权限有时间限制，因此，合同信息管理尤为重要。例如，如果仅采购了某部作品 2 年的播放权，就一定要详细记录播放权的生效期间，在播放期间到期之后，一定要及时更新版权状态，以避免误播情况的发生。

2. 体育赛事转播权采购合同

体育赛事转播权交易是近年来版权交易市场的新宠，其交易价格也一路飙升，目前，体育赛事组织在体育赛事转播权交易中一般都拟定了合同模板，对转播、宣传、广告、制作赛事纪念品等周边物品的行为都有详细的约定与限制，作为交易双方版权谈判的基础。因单个体育赛事的影响力、受众、版权价值不同，不同体育赛事转播权合同内容均不相同，需要予以个案处理，从合同管理角度而言，体育赛事转播权需要注意以下事项。

一是形成法务部门与业务部门联合谈判的工作机制，由法务部门直接参与版权谈判。

二是通过多种途径审核合同相对方的资质，体育赛事转播权的授权方分为赛事组织者和代理公司，如果体育赛事转播权合同的相对方为代理公司，一定要严格审核代理公司的资质。可以通过授权书、赛事组织者的官方网站等途径确认合同相对方的资质。审核授权书时要注意查看授权书的范围与合同中的合同赛事授权范围是否一致，并对赛事授权进行一定的尽职调查。

三是在合同结构上要注意合同的一般条款和特别条款的效力及矛盾处理方式。授权范围中要明确授权赛事名称、授权地域、授权语言、播出方式、播出平台，播出次数的计算方式及授权方在独家授权区域内的权利保留等基本权利内容的要素。

四是在权利限制方面要注意新闻素材、短视频、图片及截图的使用权限；信号溢出的豁免权；宣传片播出、广告经营；赛事名称的使用等特别约定。这类条款的约定在其他类型的合同中基本不会出现。

五是严密监管合同的履行。为确保合同的正确履行，涉及与赛事转播相关合同的签约及赛事转播行为均应给与监管，以维护本单位利益。

以中超版权合同采购为例，2015 年中超联赛公司宣布体奥动力公司成为中超联赛新一周期内的电视公共信号制作及全媒体版权合作伙伴。体奥动力公司将 2016 年度及 2017 年度的独家新媒体版权转让给了乐视体育，乐视体育将其手中的版权继续向其他公司进行了分销。但在 2017 年初，乐视体育丧失了 2017 年度中超联赛独家新媒体版权。对于其他从乐视体育手中采购了 2017 年度中超版权的公司而言，乐视体育已经失去了履约能力，这时公司需要立刻调整己方的合同执行，以避免损失。

本文从合同管理对于电视节目的重要意义出发，探讨了电视节目版权合同管理的实施措施，并对典型电视节目版权合同的管理提出了一些思考，然而电视节目版权合同管理是一项系统而繁复的工程，需要在实践中不断地摸索、总结、前行。笔者虽以自己的工作经验为依据，努力对电视版权合同管理进行较为深入地探讨，但选取的分析视角是否适当，论证过程是否恰当，提出的措施是否妥当，是否能对业务实践有所促进，笔者深感惶恐，期待更多业界同仁的批评指正。

电视台音乐作品版权管理法律与实务探析

鲁佳　王德慧

鲁佳，美国印第安纳大学法学硕士，著有随笔集《美国法学院也有诗与远方》。曾供职于中央电视台版权和法律事务室，目前在伦敦学习文化产业。

王德慧，现就职于国家广播电视总局广播影视发展研究中心。硕士毕业于台北大学法律系，曾就职于中央电视台版权和法律事务室、北京中视瑞德文化传媒股份有限公司。在《中国广播电视学刊》、“国家广电智库”微信公众号等网络平台发表多篇文章。

本文从电视台音乐作品版权管理工作经验出发，系统介绍了音乐作品的概念、权利，以及电视台使用音乐作品的合法来源，分析了电视台使用音乐作品的常见版权问题及应对方法，并对电视台与音乐著作权集体管理组织的相关问题进行了分析和说明。希望为电视台以及视听新媒体的版权法务工作提供借鉴，也为学术界的著作权研究提供一定的实务参考。

一、音乐作品在电视节目中的权利

音乐作品作为艺术领域内具有独创性并能被复制的智力成果，被法律认定为著作权法意义上的作品，即意味着其享有著作权法意义上的专有权利。下面先基于音乐作品的基本概念，梳理其在著作权法中享有的专有权利如何在电视节目中体现。

（一）音乐作品的概念

根据《著作权法实施条例》的定义，音乐作品，是指通俗歌曲、古典音乐等能够被演唱或者能够被演奏的带词的作品或者不带词的作品。[①]在音乐作品中，词和曲各有其不可取代的意义。“词”可以理解为宗白华先生说的“字”，“‘字’就是概念，表现人的思想……然则‘字’还不够，还要进一步转化为‘声’，变成一种歌唱，到达音乐的境界”。[②]音乐作品离不开旋律，有的音乐作品没有歌词，有的音乐作品有歌词。

---

①参见《著作权法实施条例》第 4 条第 1 款第（10）项。

②宗白华:《美学散步》，上海人民出版社 1981 年版，第 59 页。

那么歌词应当作为音乐作品还是文字作品受到著作权法保护呢？有学者从立法目的的角度进行解释，由于我国《著作权法》规定了录音制品的法定许可，因此无论歌词是特意为配合曲谱而创作的，还是在曲谱产生之前就已经存在的文字作品，录音制品制作者只要符合法定许可的条件，均可以利用包括歌词在内的音乐作品制作录音制品。此时歌词在著作权法上的地位显然是音乐作品的一部分，而非单纯的文字作品。[①]但在其他情况下，歌词作为音乐作品和文字作品的保护力度是相同的。

（二）音乐作品的人身权

著作人身权是指作者对其作品所享有的各种与人身相联系或者密不可分而又无直接财产内容的权利。与著作财产权不同，著作人身权一般不能被转让。发表权、署名权、修改权和保护作品完整权这四项权利构成了著作人身权的全部，音乐作品的著作权人也同样享有这四项权利，以下将四种权利分别论述。

1. 发表权

著作权意义上的发表权，指的是权利人决定其创作的作品是否公之于众，以及何时公之于众的权利。[②]在电视节目的制作和播出过程中，如果音乐作品的作者尚未同意将其作品公布于众，而我们为了制作节目方便，在电视节目中使用了这首音乐作品，那么我们就侵犯了这首音乐作品的发表权。

2. 署名权

署名权，是指以创作者的意愿来表明或者不表明作者的身份，在作品上以作者认可的方式署名或者不署名的权利。[③]在电视节目的制作和播出过程中，如果词曲作者的姓名被署错，或者署名的方式违背了作者的意愿，那么我们就侵犯了词

①王迁：《知识产权法教程》（第三版），中国人民大学出版社 2011 年版，第 68 页。

②参见《著作权法》第 10 条第 1 款。

③参见《著作权法》第 10 条第 2 款。

曲作者的署名权。词曲作者的署名问题是电视台节目制作中使用音乐作品时最常遇到的版权问题。署名权对于词曲作者来说是一个很重要的权利，有时候词曲作者对于署名权的重视甚至远远大于经济权利。

3. 修改权和保护作品完整权

修改权对于音乐作品而言，一般指的是词曲作者享有的修改歌词或旋律的权利，保护作品完整权是指保护歌曲的词曲不受篡改、歪曲原意的权利。[①]音乐作品在电视节目的制作和播出过程中，如果节目制作者擅自对音乐作品的内容进行了修改，根据自己的理解或节目的需要对作品表达的本意和思想情感进行了不同形式和风格的表述，而又未事先征得作者本人同意，则有可能侵犯作者的修改权和保护作品完整权。

（三）音乐作品的财产权

著作财产权指著作权人享有的利用作品并获得经济利益的权利。音乐作品在电视节目的制作播出中，最容易被侵犯的财产权是复制权、广播权、信息网络传播权、改编权和表演权。此外，本文也将提及音乐作品中与财产权有关的邻接权——表演者权。

1. 复制权

复制权指的是以印刷、复印、录音、录像等方式将作品体现在一定的介质上，将作品制作成一份或者多份的权利。[②]在电视节目的制作过程中，电视台对音乐作品的复制，主要指电视台内部制作机构为其节目的播放而将音乐作品及其片段与画面、声音等其他元素进行的合成类复制使用；或者电视台委托的社会机构为电视台播出之目的而制作，且最终在电视台所属电视频道进行了实际播出的节目所涉及的将音乐作品及其片段与画面、声音等其他元素进行的合成类复制使用。

①参见《著作权法》第 10 条第 3 款、第 4 款。

②参见《著作权法》第 10 条第 5 款。

2. 广播权

广播权指的是以无线、有线等途径，以直接广播或者转播的方式向公众传播作品，或者通过传送符号、声音、图像的类似工具向公众公开传播广播的作品的权利。[①]

一般情况下，音乐作品的复制权和广播权的行使是不可分割的，因为音乐作品被复制到节目中的目的最终是为了播出。如果未获得合法有效许可的音乐作品被用于电视节目的制作和播出，那么电视台则可能同时侵犯权利人的复制权和广播权。

3. 信息网络传播权

信息网络传播权是在新媒体中应用最为广泛的权利，是以无线或有线的方式向公众提供作品，使公众可以在其个人选定的地点及时间获得作品的权利。[②]电视台通过其相关网络媒体向公众以传播节目为目的的网络广播使用，包括同步直播、视频点播、回看等形式，会涉及信息网络传播权。在如今的新媒体环境下，通过广播电视的方式来传播电视台制作的节目已经不是唯一的方式了，先在电视台播出，再在自己的网站上播出，或者电视、网络同时播出，对于很多电视台来说都已经非常常见。

4. 改编权

改编权，即改变作品，创作出具有独创性的新作品的权利。改编权与修改权不同，改编权强调产生新的作品，修改权侧重于对作者人格的保护。实践中，音乐作品的修改权与改编权往往很难区分，很难判断改变了几个音符、改变了音乐的曲风，或者对歌词做轻微改动是否产生了新的作品。这个问题本文在后面将进行讨论。

5. 表演权

表演权，指的是公开向公众表演著作权人的作品，以及用各种方式公开播送

①参见《著作权法》第 10 条第 11 款。

②参见《著作权法》第 10 条第 12 款。

包含著作权人的作品的表演的权利。[1]表演权一般分为两种情况，一是现场表演，即由演员对作品进行现场公开表演；二是机械表演，即对作品的表演录制下来之后进行公开播放。电视台为广播使用、网络广播使用之目的以各种机械手段公开播放音乐作品、以现场演唱或演奏等类似方式进行表演使用，是电视台使用音乐作品表演的主要方式。

6. 表演者权

表演权与表演者权是两个不同的权利，表演权由作品的创作者，即著作权人享有，表演权属于著作权中的财产权。而表演者权属于著作权中的邻接权，由表演者享有。“邻接权产生的主要原因，是某些有价值的成果由于独创性不足，无法受到狭义著作权的保护。”[2]“根据邻接权产生的原因，可将邻接权定义为：独创性不足以构成作品的特定文化产品的创造者或传播者对其创造或传播的文化产品所享有的专有权利。”[3]

表演者权不是音乐作品本身的权利，而是表演者作为音乐作品的传播者以及新的作品的创作者，在表演过程中进行艺术发挥所产生的权利。这种权利相对于词曲作者对音乐作品的创作而言，独创性不够，因此不能单独构成著作权法意义上的作品。由于电视台在使用音乐作品的实际过程中也常常使用表演者权，而且表演者对于作品的传播非常重要，所以在此也一并提及。

我国著作权法规定，表演者对其自身的表演享有允许他人从现场进行直播以及公开传送其现场表演，并根据此直播获得相应报酬的权利。因此在实务中，电视台的版权部门通常与表演者签署合同，取得表演者的授权。但根据我国著作权法规定，这种权利只能控制对现场表演进行同步直播的广播行为。如果电视台播放的是已经制作完成的录音录像制品，就不需要经过表演者许可或向表演者支付报酬，但仍然要向音乐作品词曲作者权利人支付相应的报酬。

我国立法这样规定其实是要强调原创作品的重要性高于表演者。因为在实际生活中，大多数音乐作品原创作者的报酬和经济收入是远远低于表演者的。音乐

①参见《著作权法》第 10 条第 9 款。

②王迁:《著作权法》，中国人民大学出版社 2015 年版，第 267 页。

③王迁:《著作权法》，中国人民大学出版社 2015 年版，第 270 页。

词曲创作者高晓松曾经在节目中提到，他当年那首脍炙人口的《同桌的你》，版税收入只有几百块钱，而这首歌的演唱者老狼的收入则动辄上万。这种现象不利于促进更多原创作品的诞生，也不符合著作权法激励创新的精神。因此，为了鼓励原创者的劳动，保护原创者的权利和经济利益，《著作权法》中对著作权人的权利保护要高于享有邻接权的表演者。

二、电视台使用音乐作品的合法来源

通过电视台版权部门的音乐作品版权管理工作经验归纳，电视节目制作中合法使用音乐作品主要有五种来源。

（一）职务作品

“电视音乐的创作起点不是作曲家而是电视专题片或电视剧的编导；这个起点不是作曲家乐思和感情的自我抒发，不能自由驰骋，不能想写什么就写什么；作品要实现的是编导的艺术构想，这就要求编导必须具有驾驭音乐表现手段和艺术风格的能力。”[①]从电视音乐的这个理念来看，由电视台的编导或相关工作人员创作完成音乐作品是电视台使用音乐的重要组成部分。从法律的角度来看，为了完成法人或者其他组织的工作任务，公民所创作的作品属于职务作品。[②]由此可知，电视台的事业编员工、台聘员工、企聘员工、项目制员工，[③]无论其从事的工作是编辑还是记者，或者其他行政工作，在工作期间因从事其本职工作，或主要利用了电视台的各种物质条件创作的音乐作品，都适用职务作品的规定。

电视台和员工可以通过劳动合同来约定作为职务作品的音乐作品的著作权归

①高廷智:《电视音乐音响》，中国传媒大学出版社 2014 年版，第 51 页。

②参见《著作权法》第 16 条。

③此四种员工的分类方式为电视台常见的员工身份分类方式。

属。根据《著作权法》规定，如果合同中没有事先约定著作权归属，创作者即享有音乐作品的著作权，但电视台有权在其业务范围内优先使用。

（二）委托作品

据电视台节目制作人员介绍，“传统的广播电视音乐委托作品的制作流程通常是这样：首先由节目制作人根据节目的需求提出创作构思和意向，其次由工作人员寻找合适的音乐创作人并与其反复沟通，然后由音乐创作人开始创作，创作完毕提交小样，向节目制作人反馈意见，反复修改直到完成。最后还要寻找乐队对作品进行演奏，寻找合适的录音棚录制，在后期合成最终完成后，取得授权方才可以使用音乐。”[①]

这类作品的合同签署非常重要，因为所有权利都可以在合同中明确约定。电视台应该在法务部门的协助下，与音乐制作公司或词曲作者签订委托创作合同。电视台的版权法务人员站在电视台的角度考虑，会建议合同里明确约定音乐作品的版权归电视台所有。如果不提前作这样的约定，根据我国《著作权法》，虽然是电视台出资委托创作的作品，版权仍然归受委托的词曲作者所有。

（三）已过保护期的作品

已过保护期的作品一般是指财产权保护期已经过去的作品。根据《著作权法》第 21 条规定，公民的作品，其发表权，及复制权、广播权等财产权的最长保护期限为作者终生及死亡后的五十年。作者除发表权以外的人身权一般不受保护期限制。

因此，那些作者去世五十年以上的国内外音乐作品，已过保护期，任何人都可以使用。电视台在制作播出节目时当然也可以使用这些作品，但从著作人身权的角度来看，仍然需要尊重作者的署名权、修改权和保护作品完整权。

①李慧："广播电视制作中音乐的使用方式及版权问题"，载《辽宁广播电视学刊》2013 年第 4 期。

（四）统一购入版权的作品

“在电视节目制作中，电视音乐的一个必然趋势是重复运用现成的音乐。同一段音乐经常可在不同的节目中被人们听到。”[①]这种音乐在业界被称为“罐头音乐”（production music）。罐头音乐又名制作音乐，版权音乐[②]。“版权音乐指的是由版权公司以本公司名义制作、收集与购买的，为不同的情境、情绪、氛围创作出来的背景音乐。”[③]“中央电视台比较早的就与松巴制作音乐亚洲公司合作，每年以支付一笔购买费用获得年度许可证的方式获得在电视节目中使用松巴提供的版权音乐的许可，中央电视台音频部现有一千多张松巴版权音乐碟，这些音乐每年都在不断更换、更新、补充和增加。”[④]

值得强调的是，音乐作品光盘或其他载体的购买并不意味着音乐作品著作权的获得。我们说的电视台对音乐的购买是指买版权，买的是无形的财产，而不是我们看得见的那些 CD 光盘。另外，购买正版 CD 或光盘并不意味着购买了光盘中音乐的版权。在实际操作中，有人认为，只要买的是正版光盘，就代表购买了光盘中音乐的版权，光盘中的音乐就可以随便在节目中使用，这种想法是错误的。

（五）获得授权的作品

据电视台节目制作人员介绍，“电视台选择并使用已发表作品的工作流程通常是这样：首先是节目制作人从市面上众多的唱片 CD 中选择适合节目主题的音乐作品，其次电视台联系唱片公司或相关音乐机构寻找音乐词曲作者（如果词曲作者同时有好几个人，那么每个人都需要被联系上），然后电视台出面与词曲作

①陈义成：《电视音乐与音响》，中国广播电视出版社 2001 年版，第 8 页。

②此处的“版权音乐”是一个专有名词，应在具体的语境中进行理解。这与我们通常理解的“有版权的音乐”的概念完全不同。

③毛薇薇：“版权音乐与原创音乐在电视节目中的选择与应用”，载《电视研究》2015 年第 6 期。

④李宁：“电视节目制作中使用音乐音响版权的思考”，载《中国广播电视学刊》2009 年第 7 期。

者沟通，取得他们的授权后，才能使用其创作的音乐作品。”[①]此时双方签订的合同是判断双方权限的重要标准，合同中应明确规定音乐作品的使用范围、授权权限等内容。比如电视台获得的是音乐作品的部分版权转让还是全部版权转让，相关音乐作品是由电视台独家使用还是非独家使用等。

通过这样传统的手段来选择已经发表的音乐作品制作节目，对电视台来说，无疑成本很高，周期也比较长，已经完全不适合现代电视节目制作节奏的需要。

自从《广播电台电视台播放录音制品支付报酬暂行办法》（本文以下简称《录音制品付酬办法》）颁布以后，以央视为代表的电视台就开始与中国音乐著作权协会（本文以下简称音著协）签订一揽子许可音乐作品使用协议。“所谓一揽子许可……可以完全授权使用者以某种方式使用全球范围的全部音乐作品，并就此承担全部法律责任的授权方式”。[②]这个协议中涵盖的音乐作品，电视台所有节目部门都可使用。主要有三种：音著协会员的所有音乐词曲作品，国家授权音著协收转的音乐词曲作品，音著协通过与海外同类协会签订相互代表协议所代表的海外音乐词曲作品。从电视台、制作播出单位整体层面看，一揽子许可大规模地节约了制作单位和权利人的沟通成本，从根源上对音乐使用的正版化作出了保证，并且避免了因随意使用音乐作品而可能产生的法律隐患。但在实践中，电视台与音著协在沟通配合方面还存在一些问题，本文后面将进行讨论。

三、电视台使用音乐作品时常见的法律问题

（一）音乐署名错误及署名查询问题

音乐署名错误是电视台使用音乐作品时遇到最多的法律问题。这与节目制作

①李慧：“广播电视制作中音乐的使用方式及版权问题”，载《辽宁广播电视学刊》2013年第4期。

②杨东锴、朱严政：《著作权集体管理》，北京师范大学出版社2010年版，第99~100页。

周期短、工作量大有较大关系，也与音乐作品流传版本较多、音著协无法查明非会员的正确署名有关。随着权利人版权意识的觉醒，电视台一旦在节目中出现署名错误，就有可能面临权利人的投诉和维权。

如本文之前所述，署名权是著作权人的一项重要精神权利，同为内容生产者的节目制作者，更应当尊重音乐著作权人的署名权。如果媒体能够严格遵守《著作权法》，能够表现出对创作者的足够尊重，将对形成尊重创作的社会风气产生极大的推动作用，从而激发全社会的创造活力。[①]

在实务中，电视台的版权部门一般会要求节目部门不要轻易采用网上的信息，而是先在“署名清单”中查询，如果找不到，则向版权部门提交查询申请，由版权部门与音著协进行核实，再将核准后的词曲作者姓名反馈给节目部门。

如果在电视节目的播出中出现词曲作者署名错误的情况，电视台的版权部门会根据节目造成影响的大小采取不同的措施进行补救。比如，版权部门会下发通知提请节目部门注意，并要求该节目在重播时对署名进行更正，在再次使用这首音乐作品时进行准确署名。电视台的版权部门还会在与音著协核实后，制作音乐作品署名清单并及时更新，下发节目部门，供节目部门在署名时对照使用。如果节目部门多次在同一首歌的词曲署名上犯同样的错误，版权部门还会对该节目部门提出批评并采取更严厉的措施。

近年来，随着电视台版权管理工作的不断深化细化，坚持不懈地对节目制作者进行普法培训，节目制作者的版权意识显著提升，越来越多的节目制作者在节目制作过程中遇到问题会主动寻求版权部门的帮助。

（二）权利人声明禁止或授权某一歌手演唱

电视节目制作者有时会发现，想要使用的某首歌已被权利人声明不得由某人演唱，或指定由某人演唱，此时节目制作者该如何应对？

权利人提出的主张涉及权利人的表演权，而表演权作为一项专有权利，其中包含“权利人有权指定演唱者，禁止某人成为演唱者”等内容，即通常所称的“限唱”“禁唱”等。音乐使用者在得知权利人此类诉求后，应充分尊重权利人并尽全力配合。

①石村：“新形势下媒体版权保护工作的意义”，载《电视研究》2014 年第 2 期，第 19 页。

由于电视台与音著协签订的一揽子协议中包含了表演权，即音著协的会员已经将音乐作品的表演权授权给音著协统一管理，因此需要分情况讨论：若某一权利人是音著协的会员，其已经将表演权授予音著协集体管理，因此电视台可以根据与音著协签订的一揽子协议，直接使用；但若权利人不是音著协会员，该音乐作品的表演权依然由该权利人享有，其有权指定表演者。

（三）使用非音著协会员的作品

电视台与音著协的一揽子协议中有兜底条款："如电视台按照本协议约定的授权范围及许可方式行使涉及音乐作品（包括但不限于音著协管理的其会员的音乐作品及非音著协会员的音乐作品，如已经发表的音乐作品和录像制品、电影和录像制品中以现场表演或演奏等方式使用到的音乐作品）的相关权利而被任何来自国内和／或国外的第三方诉称侵犯其音乐著作权时，由音著协负责与该第三方协商解决，并承担由此产生的法律责任。"也就是说电视台使用音著协非会员作品而引发纠纷时，法律责任由音著协承担。

该条款的渊源来自一种国际惯例，"在国际上，当一个著作权集体管理组织代表的会员达到一定程度即可推定可以代表全部权利人进行许可授权"。[①]但约定权利不能对抗法定权利，推定权利也可以被推翻。一旦电视台和音乐作品权利人发生纠纷，势必影响电视台的声誉。因此，电视台在使用非音著协会员作品时还需慎重评估其中的法律风险。

有关电视台与音著协的合作将在后面进行阐述。

（四）音乐作品的改编与改编权问题

近年来，音乐类选秀节目备受大众欢迎，为了取得良好的收视效果，节目制作者往往会对节目中使用的音乐进行改编，如改变曲风、节奏等，使得音乐富于变化，观众更加喜闻乐见。此时这种对音乐进行的轻微改动是否构成著作权法意义上的改编，即是否产生新作品？如果构成，无疑给节目制作者带来很大不便，

①杨东锴、朱严政：《著作权集体管理》，北京师范大学出版社 2010 年版，第 129 页。

造成的结果可能是因联系不到权利人而无法对音乐进行任何改动，这将十分不利于鼓励创新。因此，厘清一般程度的改动与著作权法意义上的改编十分必要。

那么，对于著作权法意义上的改编行为，如何取得权利人授权？由于改编权并非音著协管理的范畴，必须另外取得授权。按照电视台与音著协的一揽子协议，音著协承诺在使用音乐的过程中，如涉及音乐作品的改编权，无论是否为音著协会员的作品，音著协都应积极协助电视台与相关音乐著作权人取得联系，并尽快回复。

然而实践中，往往难以与音乐著作权人取得联系，尤其是境外或港澳台的音乐著作权人。按照协议，音著协管理的音乐作品包括其通过与海外同类协会签订相互代表协议所代表的海外音乐词曲作品，音著协网站也明确承诺："如果使用者有使用海外音乐作品的缔约意向，我会可以通过以上相互代表协议的架构向相关海外著作权集体管理组织进行具体查询。"①

（五）法定许可问题

电视台使用音乐作品是否适用法定许可，是困扰相关从业人员的一个难题。《著作权法》第 43 条第 2 款："广播电台、电视台播放他人已发表的作品，可以不经著作权人许可，但应当支付报酬。"这一条是关于法定许可的规定，主要问题在于对"播放"和"已发表作品"应如何理解？按照华东政法大学王迁教授的解释，"播放"仅指将作品单独播放。《著作权法实施条例》第 20 条规定："著作权法所称已经发表的作品，是指著作权人自行或者许可他人公之于众的作品。"由此可知，电视台使用的"已发表作品"主要包括电影作品、类电影作品、录像制品和已制作为录音制品出版的作品。

不同于广播电台在使用音乐时大多是单独进行播放，电视台往往是将音乐作品制作在节目中使用。按照现有的法条，电视台在制作节目时使用已发表的音乐作品，若不是为了单纯地播放音乐，则应当取得音乐作品权利人许可。这也是为什么电视台在与音著协的一揽子使用协议中需要约定"电视台使用音著协非会员作品而引发纠纷时，法律责任由音著协承担。"若认为电视台在制作节目时使用

①参见音著协音乐作品公示说明，网址：http://www.mcsc.com.cn/ash-1604.html.

音乐作品适用法定许可，则不会引起纠纷，只需要向权利人付费即可。

本文认为若将《著作权法》第43条对广播电台、电视台的法定许可中的“播放”作扩大解释，比如包括临时复制、适当改编、表演、录制、摄制等制作电视节目时常见的素材使用方式，则可降低电视台使用非音著协会员音乐作品的法律风险。

2014年，央视提交的《著作权法》修法意见指出：希望立法者进一步考虑广播组织的利益，建议继续拓宽法定许可的范围。如广播机构播放他人作品，还涉及对其他权利的使用，比如临时复制、适当改编、表演、录制、摄制等，法定许可的广播能否涵盖这些行为？建议立法予以明确。

“有效的版权制度应当在保护作者利益和保持社会公共利益之间，找到一个合理的平衡，实现激励创新和促进社会经济发展双重目的。”[①]扩大广播组织的法定许可正是在实践中寻找某种平衡，在保障权利人利益的同时，为方便电视台使用音乐作品，创作出更多更好的电视节目保驾护航。

四、电视台与音乐作品著作权集体管理组织

（一）合作的必要性

音乐作品著作权集体管理组织的主要工作是向分散的使用者发放权利许可并收取报酬，然后向音乐著作权人分配报酬。“著作权集体管理组织管理着庞大的版权资源，而电视节目的制作、播出和开发本身均需要使用大量版权资源，著作权集体管理组织在寻找权利人、确认权利人、协调授权关系、转付使用费、长期稳定提供海量版权资源等方面具有较大优势，对电视节目的制作、播出和电视台的经营有重大意义”。[②]

①郑直：“加强版权管理 促进产业发展——版权制度与文化产业发展研究”，载《中国广播电视学刊》2012年第4期。

②中央电视台总编室：《电视版权88问》，新时代出版社2013年版，第19~20页。

著作权集体管理组织的工作对于使用者和权利人都极为必要。对于使用者而言，他们需要的是方便快捷地使用音乐作品，他们希望获得权利的最好方式是如同去便利商店购物那样简单，而联系权利人获得授权并谈判各种条件是一件极其耗费精力与时间的事情。对于音乐作品的权利人而言，直接与众多的使用者进行谈判和授权并一一收取使用费也存在效率低下等问题。

（二）音乐作品著作权集体管理组织管理哪些权利

需要注意的是，并不是所有的权利都应该由著作权集体管理组织来代替权利人行使。著作权集体管理组织只负责行使那些权利人自己难以有效行使的权利，比如权利人行使权利的时间成本大，不方便单独行使的权利。

“传统的著作权集体管理组织主要是音乐作品著作权的集体管理组织。其原因就在于音乐作品最经常地以公开表演和广播等方式向公众传播，而著作权人又最难以行使表演权和广播权”。[①]在实务中，音著协还会代表权利人行使复制权和一部分信息网络传播权，因为电视台在节目的制作和播出中，不可避免会用到这些权利。

电视台应该争取通过与音著协进行谈判而签订协议，尽可能多地解决节目制作和播出中需要使用的权利。因为《录音制品付酬办法》中规定的付酬标准只解决电视播出中的音乐版权，并不能解决网络传播等其他形式传播中的音乐版权，而电视台所有播出的节目，需要放到自己的网站上进行传播以及其他方式传播。电视台应该根据事业发展需要，通过与音著协积极谈判，争取签订一揽子协议解决电视播出、网络传播、付费数字电视播出、音像制品出版等各种传播途径的合法授权。

（三）《录音制品付酬办法》的意义

为了方便广播电台和电视台播放音乐作品，同时为了保障著作权人依法行使著作权中的广播权，国务院第62次常务会议于2009年颁布了《录音制品付酬办法》，

①王迁：《著作权法》，中国人民大学出版社2015年版，第389页。

该办法于 2010 年 1 月起施行。

《录音制品付酬办法》的立法指导思想特别强调充分尊重双方当事人的意愿，一定要从我国实际情况出发，要以广播电台和电视台实际使用录音制品的多少为基础确定付酬标准，还要具有可操作性，这就为电视台根据各自的情况与音著协进行谈判留出了巨大的空间。

《录音制品付酬办法》颁布实施后，电视台与音著协等集体管理组织的谈判更显得不可避免。《录音制品付酬办法》的颁布实施，促使各电视台采取与音著协进行合作的方式来支付音乐作品使用费。

《录音制品付酬办法》对录音制品版权费的支付，非常明确地设计了三种可供选择的支付方式，一是每年约定一个固定的数额；二是按时间使用时长付费，五年过渡期内每分钟 1.5 元，过渡期后每分钟 2 元；三是按广告收入扣除 15% 成本费用后的余额乘以本办法规定的付酬标准付费，且播放录音制品越多所乘以的付酬比例越高。由于不同方法之间的付酬测算存在很大差距，所以《录音制品付酬办法》规定，双方在谈判过程中如果未能以第一种和第二种方式达成一致时，则应当按照广告比例的方式支付版权费。

以上三种支付方式各有利弊，如果按照时长计算，电视台支付的金额较少；如按照广告收入计算，电视台为此将支付很高的版税。目前电视台与音著协都倾向于通过谈判达成一致意见，约定付酬的固定数额。这个方式的好处在于，一旦数额谈妥后，省去了统计音乐作品使用时长或者按照广告收入计算付酬标准的麻烦，电视台可以要求音著协负责解决在节目制作和播出中可能遇到的全部音乐使用相关的版权问题。对于音著协而言，只要谈好了一个双方都比较认可的价格，接下来的工作重点就是如何向权利人分配这笔使用费了。这样就避免了在每一首音乐作品使用的过程中单独投入人力物力进行管理。

（四）电视台与音著协的工作机制探讨

1. 完善音乐作品信息记录与报酬分配机制

如前所述，当前电视台并不是按照实际音乐使用量向音著协付费，这主要是由于电视台没有建成采编播全程数字化、信息化网络，难以提供完整的使用播出清单；音著协也未建成统一的下载平台，无法完成电视台下载使用音乐作品数量统计。若有一方可以做成，使电视台可以按实际使用量付费，将会更加公平合理，同时也便于音著协向权利人分配报酬。

《录音制品付酬办法》规定，电视台在向著作权集体管理组织支付报酬时，有义务提供其在节目的制作播出中使用过的作品名称、词曲作者姓名、播放时长等情况，以方便相关组织向会员和非会员转付版权费。“对于中国这样一个第一次通过集体管理组织进行结算使用作品报酬的国家，作品使用情况的详细记录和汇总统计是一件十分重要的基础性工作，各广播电台、电视台提供的使用记录中须包括：播出节目中所含音乐内容的词作者、曲作者姓名；表演者（歌唱者、演奏者）和录音制品制作者的姓名和机构名称；音乐的长度和起始点”。[①]这些记录形成的作品使用清单或使用报告是音著协分配版权收入的重要依据。

2. 建立便捷的音乐署名查询系统

如前所述，音乐署名问题是电视台音乐作品使用中最常遇到的版权问题，音乐署名查询工作也是电视台版权部门遇到较多的服务请求。但由于节目需求量大、版权部门人手不足，有时无法及时应对节目部门的查询需求。目前，音著协给电视台提供的常用歌曲署名清单并不定期更新，当节目部门查询的音乐在“署名清单”中找不到时，需要通过版权部门与音著协沟通人工查询，这种工作机制不管是从效率上还是数量上都远远不能满足节目部门的需求。

目前音著协有八千多会员，会员的作品信息和署名信息都有系统记录，若该数据库能与电视台进行某种互通，将大大缩短音乐署名查询时间，提高工作效率。

①石村：“音乐付酬对当前电视业的若干影响”，载《电视研究》2010 年第 4 期。

五、结语

电视台音乐作品版权管理中的法律与实务问题看似非常微观、聚焦，然而展开来讲包含了很多著作权法的基础问题。音乐作品是较为复杂的一种作品类型，了解电视台如何使用音乐作品，如何对音乐作品进行版权管理，对于其他类型作品的使用和版权管理工作也有触类旁通之效。

保护版权就是保护创新，电视台作为各种版权的拥有者、使用者，在节目的制作和播出中，从使用一首音乐作品开始，就应该树立全面的版权意识，实行严格的版权保护，为文化和艺术的创新尽职尽责，为实现文化强国的中国梦尽心尽力。

视听媒体版权管理系统的设计与实现

张永来

张永来，现任优酷网络技术（北京）有限公司法务部资深产品经理，负责优酷版权资产管理平台的设计和改进，覆盖文学、音乐、视频等作品的版权业务全流程管理；曾任北京版映科技有限公司产品总监，北京中视广信科技有限公司项目经理。

一、版权管理系统之于视听媒体的重要意义

（一）必要性分析

随着《三网融合推广方案》的深化实施，传统电视媒体已丧失渠道的独占优势，内容争夺成为企业的核心战略，而内容之争实质就是版权之争。[①]

如果说创作优质作品是第一战线，那么对作品的有效保护就是第二战线。从法规层面，对作品的保护，实质是对版权的保护；从产业的层面，科学有效的版权管理，可以使权属清晰、收益分配更趋合理，从而为权利人提供更加高效、安全的创作、经营环境，最终促进整个行业的健康发展。

面对台网融合的大趋势，以电视台为代表的传统电视媒体，在版权管理上存在如下不足。

从内容来看，节目形式单一，缺乏针对年轻受众群体的节目创新能力，年轻受众流失明显；[②]同时大量的媒资库存因为版权信息不足、权利不清晰而难以进入交易环节拓展到新渠道发行，造成惊人的资源浪费。

从产业链协作来看，"我国电视内容产业仍然存在着产业链短且不完整、各环节衔接不紧密、各环节发展不平衡等种种问题"。"这些问题的根源无不和版权管理缺失有关。比如，产业链短是因为节目版权的开发环节没有建立起来；电视节目播出和制作环节结合不紧密是因为产业内播出方和版权提供方未形成版权利益的合理分配机制，尤以播出机构对民营制作机构和作品作者的版权激励不足问题较大；各环节发展不平衡更是由于节目内容创作和提供方没有得到合理的版

①彭祝斌:《中国电视内容产业链成长研究》，新华出版社 2010 年版，第 95 页。

②艾瑞咨询:"2016 年中国电视台转型研究报告"，网址：http://www.iresearch.com.cn/report/2633.html, 最后访问日期 2017 年 1 月 2 日，第 15 页。

权利益分配所致。”①

（二）重要意义

构建版权管理系统，将现代化信息技术应用于媒体企业版权经营管理实践，正是解决如上问题行之有效的手段。版权管理系统不仅是记录版权权属、收益分配、权利流转信息的工具，还是版权管理理论、经验和规章在信息技术平台上的实现和固化。建设版权管理系统能在如下四个方面助力企业。

第一，建立规范、统一的版权信息共享平台。打通部门间的信息孤岛，消除不同知识背景人员间理解上的偏差，实现版权数据一次采集、共享使用，保证信息的准确和可靠，降低人员流动带来的负面影响。善用版权管理系统，能从根本上解决版权信息不足，权利不清，清权低效带来的侵权风险和资源浪费问题。

第二，建立一体化的业务管理与协作平台。通过管理流程、业务规则在系统中的固化，打破职能部门业务领域的条块分割，形成一个职责明确、流程清晰、执行规范的线上业务流转机制，有效地解决业务分散与管理集中的矛盾，实现整个企业的高效协作。

第三，为版权经营决策提供有力的支持。经营决策的精准程度，取决于对业务数据的掌握程度。版权管理系统记录了全面翔实的版权业务信息，这是版权价值评估的直接依据，是经营决策最基础的数据储备，是实现基于大数据的商务智能必备的条件。

第四，对于生态链上的企业间协作，亦有积极的意义。市场竞争激烈，企业间合众连横、抱团取暖已成常态，形成了生态圈，圈内企业间协作的紧密程度，如同企业内职能部门一般。实现跨企业的版权信息共享和业务一体化，能够提高企业间的协同作战能力，提高生态链整体的决策效率和水平。

① 严波：“试论我国电视产业化发展中版权管理的作用与缺失”，载《电视研究》2011 年第 1 期。

（三）版权管理系统核心业务目标

1. 清库存、明两头

版权管理系统最基本、最核心的目标就是要记录版权来龙去脉的信息，套用一句哲学命题，就是解决版权层面“我是谁，我从哪里来，我要到哪里去”的问题（见图 9）。

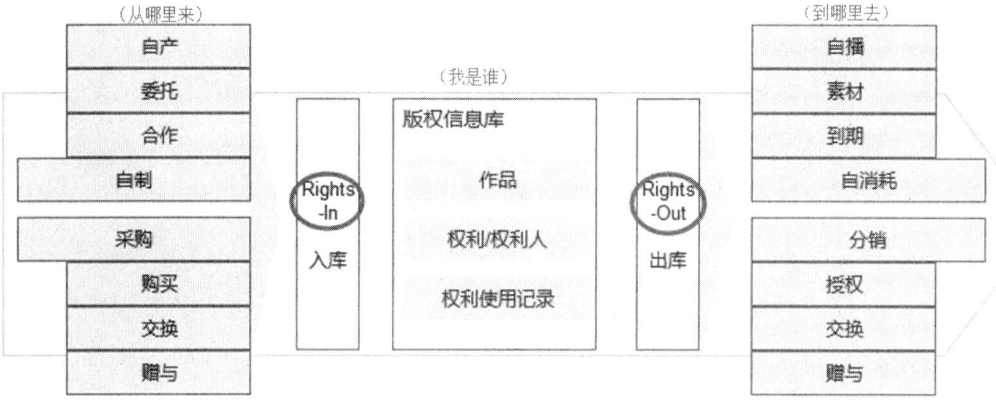

图 9　版权管理系统“清库存、明两头”

所谓“清库存”是摸清企业现有版权库存之意。具体讲就是企业有多少作品，哪些有版权，版权能被怎样使用、开发等，主要从如下几个方面进行考量。

第一，版权的状态，是针对版权总量的考量。比如有多少是购买的版权，有多少是自产的版权，又有多少是对外授权了的，当前还“剩”多少版权等。

第二，版权的可用性范围，具体到某一个或某一类作品可用性的评估。比如是否能在海外发行，网站平台能不能播，能不能上星，有期限限制吗，是不是独占专有等。

第三，版权的关系，是作品与作品，作品与权利人，作品与合同①间的关联关系。比如哪些是从节目中拆分的子作品版权，哪些是购买的素材版权；此作品在哪些节目中使用过，或此节目引用了哪些版权；作品的版权方是谁，权利的来源是什么（合同议定、法定许可等）。

第四，侵权事件，是版权瑕疵的信息记录。比如投诉、举报、侵权立案事由

①本文所说的“合同”，泛指实际使用的版权合同、授权书、确认书等正式的文书或邮件、短信等非正式文书，为行文方便，统一用“合同”代之。

及结果，赔偿等。

所谓“明两头”，是指实现“Rights-In 入”与“Rights-Out 出”两个最基本的版权合同与版权库存联动事务。在企业里，版权的创立、变更、失效，主要依据“版权合同”。如果把企业的版权信息想象成一个库房，版权的变化无非“出”和“入”两种形式。Rights-In 主要是采购业务和自制业务；Rights-Out 主要是销售业务和版权到期。这两类业务是引发版权信息变化的最核心要素，其标准化和规范性直接影响版权管理系统数据的质量。

2. 一体化、成闭环

“清库存、明两头”是版权管理的基础目标，“一体化、成闭环”是版权管理系统的高阶目标。

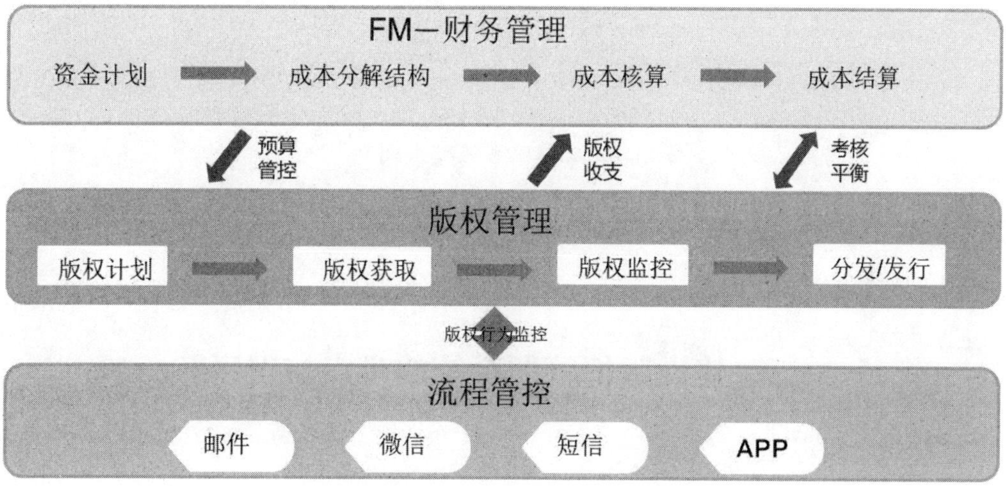

图 10 版权管理系统“一体化”

“一体化”是对业务协作层面的目标要求，有两层含义（见图 10）。

首先，数据的一体化。积累数据最终目的是服务企业经营决策，这要求在企业经营过程的任何一个环节，都能准确地提取其所关联的数据，生成有用的报表服务决策。企业经营涉及人、财、物、管理信息等多种数据，必须着眼全局，进行数据架构的一体化设计，以融通各个环节，为业务拓展预留足够的空间。

其次，财务业务的一体化。财务业务一体化以数据一体化为基础，其基本要求是版权业务流程、财务会计流程和管理流程有机融合、协同工作，实现版权生命周期的全程自动化管理。

“成闭环”是对信息流层面的目标要求。分析和洞察市场需求，以此驱动版权战略战术规划，形成版权中长期的业绩指标，由各职能部门分解指标，最终落实到版权的 Rights-In，Rights-Out 事务上，协调人、财、物按既定的时间、质量落地执行，所有的数据通过商务智能反馈到市场环节，指导市场预测，以修正下一次的版权规划，以此滚动执行，形成良性循环（见图 11）。

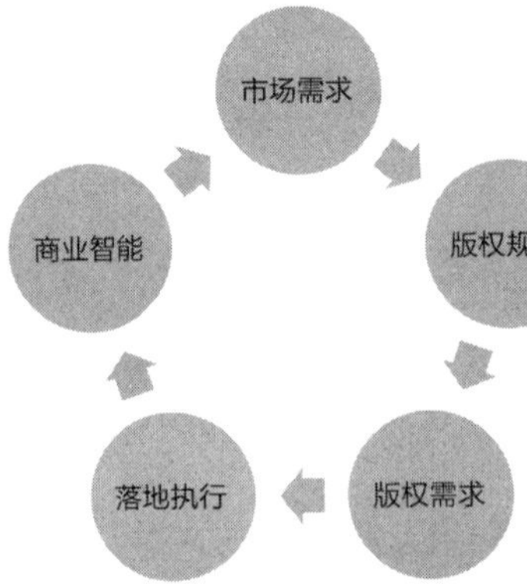

图 11 版权管理系统“成闭环”

二、建设版权管理系统的难点与误区

（一）技术选型的难点

实践中，如下两个问题，是版权管理系统的技术选型被问及最多的。

1. 关于定制开发和选用套件

目前市面上能见到的国际上较为先进的版权管理系统主要是 Oracle 和 SAP 两大厂商提供的套件。Oracle 的产品名为 OMIPM，主要客户有 CBS，BSkyB 等，产品专业灵活，覆盖电视、电台、出版等多种行业。SAP 的产品名为 IPM，是 SAP-CRM 套件中的一个模块，主要客户有 EM.TV，RTL Enterprise GmbH，其特点是严谨，针对性强；相比 Oracle 产品灵活性不够，技术体系封闭。国内的厂商分散，起步于客户项目，尚处于摸索阶段，功能性、扩展性不足，但扎根本土企业，更懂企业现状。表 17 对比了各自优缺点。

表 17 国内外主要版权管理系统优缺点对比

厂商	功能性	部署特点	技术特性	服务	价格
SAP	功能丰富，适用版权分销型业务，与财务模块强集成	与 SAP-CRM 捆绑在一起，不能独立部署	封闭技术，难于二次扩展；不能用于云平台	无国内实施团队	产品与服务价均为最高①
Oracle	功能非常丰富，适用产、供、销业务，支持丰富的版税计算	可独立部署	基于 Java 技术和 Oracle 数据产品，产品开放，易于再定制	无国内实施团队，无国内客户	次高
国内厂商（如版映科技、瑞德传媒等）	够用，扩展性有限	独立部署	可用于云平台，通用技术，易于定制	本土团队	产品价格约是 Oracle 1/5，服务价格约是 1/3~1/2

SAP 和 Oracle 这样的厂商在理念上占优势，我们可以学习和借鉴其理念，但因其价格高昂、国内实施团队匮乏及本土化实施经验接近于“零”，使得其实施风险过高，可用性大打折扣。国内的厂商因起步晚，多数从定制项目中移植，业务的适应能力有限，涉及定制项目的知识产权问题，仍然需要大量定制。

因此，**自主研发还是绝大多数媒体企业的最佳选择**。因市场和法规环境不同，即使借鉴国外成功经验，亦不能照搬，还是应以我为主，洋为中用，立足于本土版权产业现状和未来。

自主研发的关键在于选择合作团队。管理系统的核心，是其所包含的管理理念和沉淀的业务经验，有经验的团队可以起到事半功倍的效果。如果团队有自主版权的产品或可复用的模块，那将大大缩短整个版权管理系统的建设周期。

① SAP，Oracle 产品和实施服务分开定价。产品定价策略非常复杂，和企业的规模有关，省级台约几百万元，像央视这样的规模，就是千万级了，每年还要支付购买价 20% 左右的产品服务费。实施的顾问服务按天计价，平均约为 5000 元每人每天。

2. 关于云平台

传统的版权管理系统建设，必须采购应用软件(或开发服务)、服务器和数据库。云平台打破了这种模式，这些都可以“租”了。云平台最大的优点在于极低的 IT 资源拥有、运行和维护成本。对于版权管理系统来说，其主要缺点有两点。

其一，开放性带来的数据安全风险；

其二，无法运行多数传统商业软件系统。

私有云可以解决开放性带来的敏感数据泄露风险，但是私有云建设需要大量的 IT 基础设施投入，资源雄厚的大企业可以改建原有 IT 架构，并不适合多数中小企业。传统的企业管理软件绝大多数基于商业软件环境开发，短期实现平台移植也不现实。因此，版权资产雄厚，涉密较多的大型企业，并不适合公有云平台。轻资产的中小企业可以考虑公有云平台，但需要注意以下三点。

首先，做好商业敏感信息的保密；

其次，关键媒资实体内容不进公有云；

再次，所采购的服务商技术产品必须支持云平台部署。

（二）建设版权管理系统的难点分析

因版权所保护的客体——作品的特殊性，建设版权管理系统，所要面对的难点问题也与传统的管理系统不同，主要体现在如下几个方面。

1. 版权信息结构的复杂性

不同于物权转移非此即彼的特点，版权最大的不同处就在于“一女多嫁”。业务上，描述一个作品的授权，可以从时效、地域、传播平台等多个维度去组合，每一组合都可以有不同的授权主体，其收益分配的方式亦可以不同，版税计算复杂多变；技术上，需要考虑交互体验、检索效率等问题。既要符合业务人员的习惯，又要兼顾便于计算机处理的信息结构化、规范化，这是一个很大的挑战。

2. 庞大的版权信息数据

为使经营决策分析更加精准，版权管理系统不仅需要记录作品、权利人、权利以及他们之间的关联信息，还需要记录交易合同、流程控制及与播控有关的策略信息。“一女多嫁” 的特殊性，使得同一作品的版权交易对象可按地域、渠道等多种方式拆分组合，授权给不同的主体。准确地记录这些信息，会产生庞大的数据量，算法和处理效率的优化将是企业必须面对的挑战。

3. 集团化与国际化

在产业深度融合的大环境下，电视媒体企业都在向集团化、国际化发展，企业间的兼并重组频繁，既要管理层的集中统一，又要业务层相互独立，还要能“走出去”，系统设计必须考虑国际化交易中的规范和特殊要求，还要兼顾组织架构的复杂性和权限设计的合理性。

（三）版权管理流程与节目生产流程之间衔接的难点

完整的版权生命周期管理，必然涉及版权的生产过程。版权管理与节目生产流程本就应该是一体管控。由于历史的原因，多数情况下这两个系统是分开建设的。对于还没有建设节目生产管理系统的企业，建议与版权管理系统一体考虑，这是另一话题，我们另行讨论。在此只讨论和解决现实已经存在的问题。

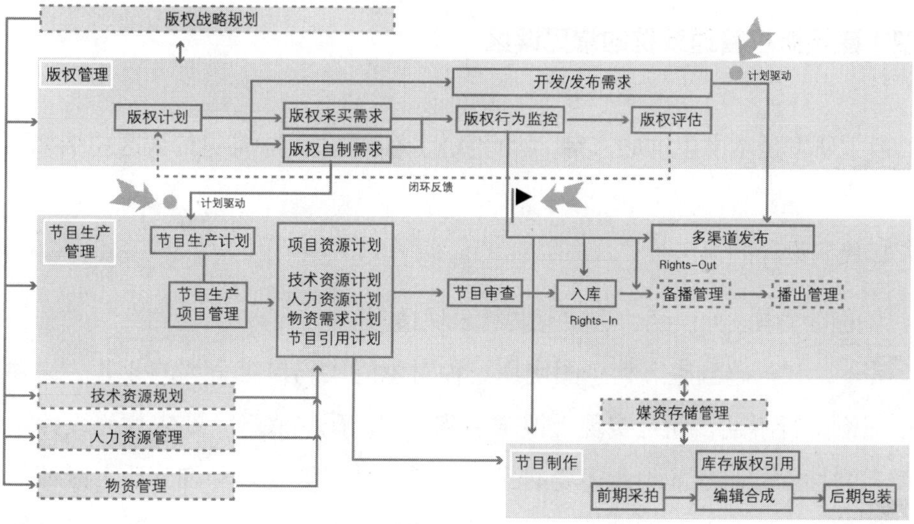

图 12 电视媒体版权生命周期管理

图 12 是一个典型的电视媒体完整版权生命周期管理的示意图。完整的版权生命周期是一个计划、执行、评估、再计划的闭环系统。计划是战略在市场、渠道、预算上的落地，执行是 Rights-In，Rights-Out 和合规预警的落地，评估完成效绩考核、优胜劣汰，最后通过再计划闭环反馈，纠偏扶正。节目生产实际是闭环系统中执行阶段版权落实的核心环节。如图燕尾箭头所指，版权管理流程与节目生产流程间最为重要的衔接点有两处。

1. 计划阶段的宏观控制

此阶段的主要管控点有两项。一是版权价值评估，确定版权未来如何利用的方向性问题，对接到生产流程，为版权引用、开发设置最低标准。二是资金预算，确定版权投入产出评估的基准，对接到生产流程，为版权成本设置最高警戒线。这是以计划为龙头，实现版权风险事前预防，驱动版权生产经营的核心管控点。

2. 执行阶段的版权行为监控

版权行为监控体现的合规性预警和控制，对接到生产流程，在节目实体入库、渠道分发、自有平台备播前进行合规性检查，是避免侵权风险的主要控制点。

同时，这些环节也是采集版权实现成本的核心环节。

（四）建设版权管理系统的常见误区

自主研发是本文主推的方案，因此我们就自主设计中常见的误区总结如下。

1. 代码设计的误区

常见的代码设计误区，主要有两种表现情形。

其一，“一码到底”，企图使用一种对象的代码贯穿全部的业务。这种方式不是理论上行不通，而是实现上很难达到。“一码到底”，要求代码设计不仅要有极高的抽象和概括能力，还要有足够的兼容性，能在各种细分业务区域很好地适用。落地时，各业务管理部门得有足够的配合度，方才可行。企业建设系统有先有后，每个系统又有各自的代表厂商，已经上线的系统都有自己的代码规范，代码又和具体业务单据耦合。“一码到底”谈何容易，时间、沟通和人力成本都是难以承受的。

其二，机器“串码”作为业务对象唯一标识。其形式主要有：数字串码，如 321085；全局唯一标识符（GUID）[①]，如 f82eb9b0-beba-11e6-9b09-f0def1ae2d52。数字码难于阅读，不适合业务部门使用。编码为业务服务，应当表达一定的业务特性，实践证明，一眼能辨别出对象的关键特性，远比组合几个属性高效。遗憾的是，使用“串码”现象并不少见。市场三甲的某视频网站，作品标识是数字串码，业务单据使用的是 GUID，当整理数据时，代码对我们毫无帮助，必须结合分类、名称、制作日期等其他属性才能确认一个实体的大体唯一性和归属，这使得数据的利用非常低效。

2. 应用架构的误区

为了追求所谓的“短平快”，只针对当前问题设计系统，结果没多久，发现原先的设计不能适应新的业务变化，返工调整，甚至推倒重来，低效重复，各方怨声载道。如某视频网站，因单位最初主要是信息网络传播相关的授权，就以地域、应用平台、接收设备为要点进行版权信息登记，过了几个月发现如下几个问题。

第一，节目有正片、样片、花絮之分，节目还有系列之分，系列之间的版权要求还不一样；

第二，业务发展，出现广播和出版授权，原来基于信息网络清理的授权信息不能反映这种变化；

第三，就信息网络传播权而言，出现了新的媒介，原来的地域、应用平台、接收设备不足以表达。

两年下来，不断返工，清理、转换、迁移，系统勉强是个信息网络传播权的查询工具，远达不到管理版权的业务目标。

经验告诉我们，缺少预见性的设计对系统是致命的。我们不反对“短平快”的务实做法，但绝不能因为狭义的务实而放弃系统全局架构上的前瞻性。

①全局唯一标识符（Globally Unique Identifier，GUID）是一种由算法生成的二进制长度为 128 位的标识符。在理想情况下，任何计算机和计算机集群都不会生成两个相同的 GUID。

3. 不重视规范合同条款的误区

近年，媒体行业发展过快，人员流动频繁，版权是个新型而专业的领域，专业知识的传承已成为业务快速发展的掣肘。

版权合同条款作为版权数据的载体和前端入口，通过规范合同条款，降低学习成本，是解决知识传承的重要手段，应当是系统设计的核心。数据采集功能设置在数据生产的地方，是最合理的，能有效避免数据冗余和不一致，提高效率和质量。垃圾输入必然会导致垃圾输出（GIGO 原则）①，因此必须高度重视规范合同条款。好的系统设计，应该起到规范业务、培养良好习惯的作用。

4. 版权管理系统所涉权利范围的误区

将系统所涉权利限定在著作权法规定的范围内，将极大地限制版权管理系统的可用性。

版权管理系统所管理的权利，不仅描述版权本身，还需要描述行使版权时“不得侵犯他人的合法权益”的主张。很多版权侵权案例，不是直接侵犯著作权法规定的某项权利，而是因行使版权时侵犯了与其紧密相关的“肖像权”“名称权”或“商标权”。实践中，知名节目，其名称、商标权的商业价值巨大，侵权风险自然也高。从系统建设来看，毕竟这些权利主张是版权附加诉求，分散到不同的系统，显然不合理。

版权管理系统为版权经营业务服务，经营领域的版权业务侧重市场行为的细分，这和律师维权侧重法条的适用差别还是很大的。版权管理系统决不能生搬硬套《著作权法》法条，要依业务习惯设计，服务于版权经营。比如“转播权”，实践中常见，法条就很难对应，勉强可适用“广播权”中的“以有线传播或转播的方式”，但在合同中要写作“广播权”，那就会引起重大误解。如果出口版权，不同国家的版权适用会更复杂，如《美国版权法》中放映权和广播权都归入机械表演权，而我国立法中机械表演权和放映权、广播权是相互独立的。如果必要，可以单为律师维权设计一个法条对应的模块，而不是机械地再现法条。

① GIGO 原则（Garbage-In Garbage-Out），垃圾输入必然导致垃圾输出。信息系统设计术语，强调高质量的数据获取是保证信息系统的可用性的关键。

5. 交互体验的误区

交互体验的重要性对于一个系统的成败往往起关键作用，因为使用人员只能通过交互界面来验证系统所有功能。一个看着就烦、用着折磨的系统，岂能有生命力可言？

企业应用可以不讲究花哨，但必须讲究便捷、易用和高效。好的设计要做到数据项的组织合理、清晰，操作贴近习惯。常见的现象是，交互设计人员就是负责实现的技术人员，直接或稍加转换就将技术人员理解的逻辑呈现给最终用户，导致使用别扭、理解困难。

互联网产品的成败，一次次验证了追求极致“用户体验”的重要性，企业应用也应与时俱进。

三、版权管理系统的核心技术实现方案

版权管理系统起着承上启下的作用，上承企业的经营战略、财务概算，下启版权采购、生产与开发。因此，选择技术实现方案要着眼全局、通盘考虑，如下几方面的考量，是保证系统长期有效的关键。

（一）关键的考虑点

1. 有效的代码标识体系

信息系统的代码设计，绝不能简单地理解成一个“编码”。代码是一个体系，既要做到有效标识管理对象，又要兼容并蓄，衔接新老系统。管理系统的最终目的是要信息互联互通，代码作为互联互通的纽带，不仅是技术系统间，亦是人与系统、人与人间的共识纽带。

版权管理系统的核心对象是版权的客体——作品。为了能通过技术手段有效地标识作品，必须拥有一个唯一标识码，作为其“身份证”号，来关联权利信息、交易信息和内容描述信息。作品标识码以版权主张的客体为标识的最小单位比较

合适，比如购买一部 30 集的电视剧，因分集版权都一样，只需要一个表示整部电视剧的代码即可；自制类综艺节目，每期的嘉宾、演员、使用的素材可能不一样，就需要单独标识；节目开发时仅涉及一组镜头，需要把镜头拆分出来分配一个标识码。作品标识码其范围远大于平时所说的“节目代码”。成片、片段以及能作为独立作品的图片、文字、音乐作品、节目版式等均是其所覆盖的范围。

只有一个作品代码还不够。拿一个标准的电视台版权生命周期来看，涉及“频道”“栏目”“节目”“版权合同”“版权项目”“媒资实体”等一系列业务管理对象，这些都需要代码标识。作为一个完整的版权生命周期管理，各个业务领域的代码必须能有机地结合，互联互通，在任何一个环节都能得到版权数据，分析经营状况，预防、阻止侵权发生。

因此，必须考虑建立一个代码体系，为现在和未来留有足够的扩展空间。代码体系体现了各管理对象间的一种内在联系，对后建系统或模块起指引作用，使不同时期建设的系统更易集成，互联互通。

企业的业务不同，代码体系的内容也会有些差别，图 13 是一个传统电视台的代码体系，供读者参考。

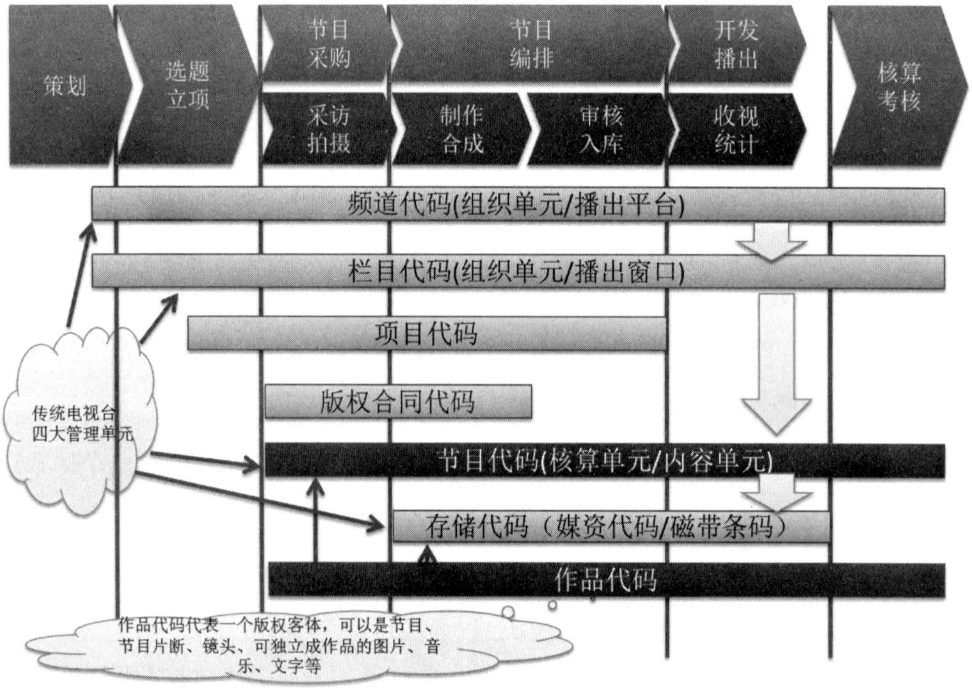

图 13　传统电视台的代码体系

注：纵向分割线代表版权生命周期的各个阶段，代码条长度代表其所关联跨越的阶段

2. 足够的灵活性和可扩展性

为了适配业务的演进，版权管理系统设计需要从行业发展的角度，考虑未来至少 5 年的功能覆盖，在实现上才能留有足够的灵活性和可扩展性。这样说，并不是要求把 5 年后的功能在当下实现。设计上的远见能避免实现上的短视。在功能的设计上，应该考虑如下这些点。

第一，包含行业最佳实践的、企业级的、端到端的版权管理解决方案。他山之石，可以攻玉。最佳实践意味着少走弯路、少踩坑，加快系统见效步伐。

第二，科学合理的数据结构，应对庞大的、精细的数据。因“一女多嫁”的特性，优秀的作品，随时间的推移连带的版权使用、交易记录可能会成千上万；企业壮大后，必须面对这种细分的复杂性和急增的数据量。

第三，应对复杂的版权管理合同条款。版权合同结构化表达，是一个很有挑战性的工作，它既涉及多维度的版权表达和可用性计算，还得考虑未来与财务一体化时所需的复杂费用计算。

第四，支持组织和管理对象的复杂组合关系。企业在壮大，未来可涉及集团化的运作，系统在组织架构的设计上要考虑这种扩展。

第五，考虑国际化，支持多国语言和币种，用以满足企业全球范围的经营扩张。

（二）实现技术设计

技术设计都是细节，囿于文章篇幅，撮其要点表述一二，供读者参考，希望有机会通过其他方式和读者进一步交流和分享。

1. 科学的结构与模型

版权管理系统最基本、最核心的是权利表达的模型，即三个核心业务对象权利人、作品和权利义务之间的逻辑关系（见图 14）。

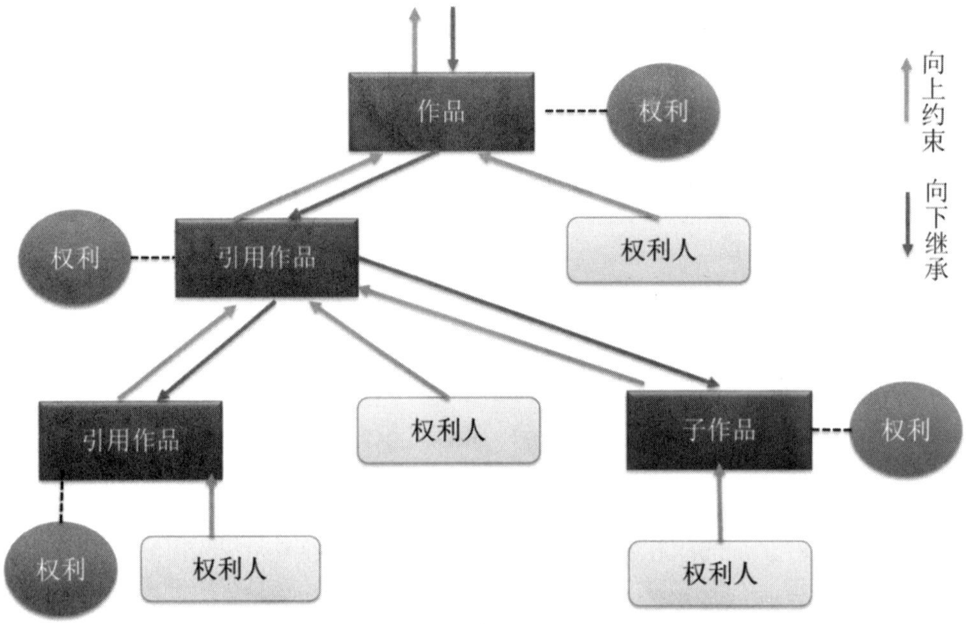

图 14 权利人、作品和权利之间的逻辑关系

权利人：权利转移的主体对象，包括企业自身、关联企业、合作伙伴、演员、嘉宾等。

作品：权利的客体，指一般意义上的节目、素材、文字资料等；也可以是衍生、合成、汇编而来的新作品；还可是因开发需要拆分出来的子作品。

权利：这里所指的权利包含义务，即主体、客体间的法律关系的结构化表示。通俗地讲，即分权和分钱的规则和条件。权利传递的逻辑取决于作品间的组合关系。引用作品时，逐级向上约束，即“木桶原理”，最后的容量取决于最短的那块板。拆分作品时从父作品继承，外购作品从合同继承。

随着版权的流转、增值，版权的关联复杂性将会越来越高，必须对其进行科学的建模。视听作品涉及多种形态的作品组合，权利的模型必须要有足够的广度和适用性，因此权利表达的维度就必然是可变的，以适应业务的场景。

我们在多年经验基础上总结出一个“版权数据魔方”的模型，是可以覆盖电视台、电台、制片公司、出版社等媒体企业版权管理的统一模型，具备很好的扩展性和实用性。该模型主要包括两方面，一方面是改进型的树形结构，另一方面是多维可变的权利限制结构。

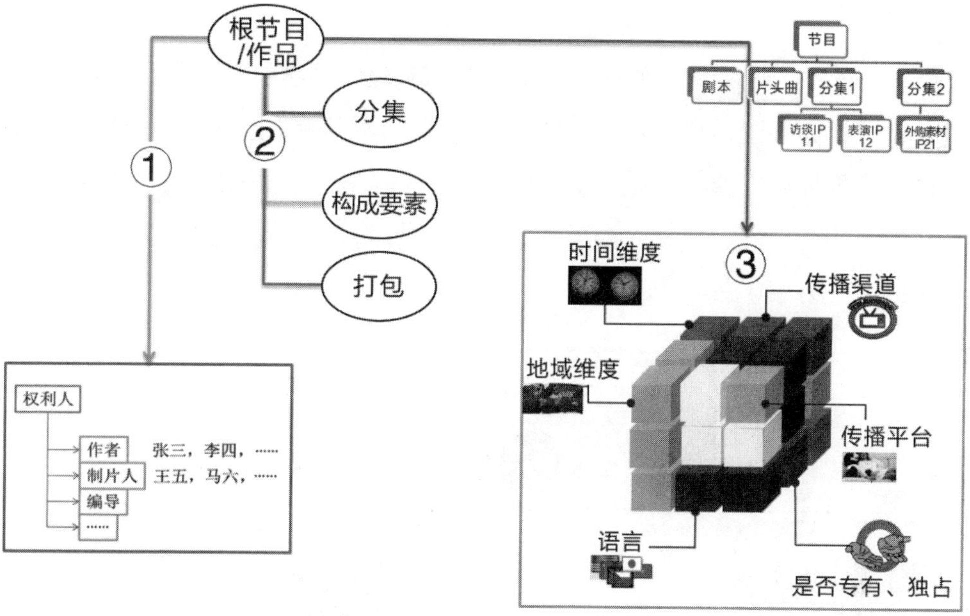

图 15 “版权数据魔方”模型

（1）改进型的树形结构。

作品与权利人之间的关系，为三层的树形结构（见图 15 中①），第一层为“作品”，第二层为“角色”，第三层为权利人（个人或集体组织）。作品与作品之间的关系（见图 15 中②），为多层可递归定义，相邻两层间的作品与作品之间的关系有三种：其一，“分集”或称“部分”关系，子作品为父作品中的完整分段，其权利和限制完全来自父节点，电视剧的分集是最典型的代表；其二，“构成要素”，子节点的作品内容融入父节点作品中，无法明确分离，父节点作品的版权由子节点的作品版权通过“木桶原理”交集而成，绝大多数电视台节目都是这种形式；其三，“打包”，也称作产品配置，常见的出现场合是节目开发，按题材、受众等市场要素，临时组合在一起，组合后的授权范围小于或等于按“构成素材”方式汇集后的权利范围。

（2）可变维度（见图 15 中③）。

所谓“维度”又称维数，即描述版权权利限制的独立参数的数目，如权利适用的期间、市场渠道、地域等。将描述版权的各类独立的参数抽离出来，形成独立的字典项目，再通过排列组合适应不同作品、不同授权场景，最终达到在统一平台下，实现作品业态多样化、版权应用场景化，实现理论上的完备性和使用上的个性化有机结合。

2. 版权合同的结构化表达

版权合同作为权利信息的前端载体，其结构化的表达，既有利于规范业务，实现标准化，亦利于系统识别。总结多年经验，我们归纳出 4121——4W1H2P1A 这样的一个描述合同的结构化方法，此技术融合了版权数据魔方技术的框架，摆脱了传统合同条款的简单文本摘录，使得作品的版权信息可直接由合同权利条款自动生成（见图 16）。

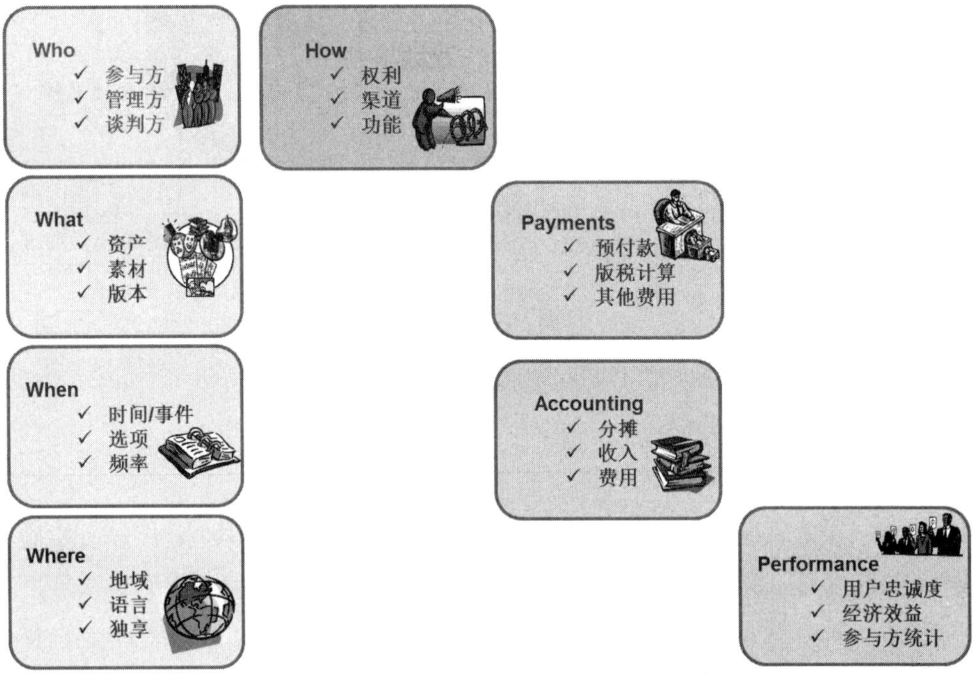

图 16 版权合同要素：4W1H2P1A

4 个 W，其中 Who 代表合同的签约方，合同的签约方按其对合同履行的贡献分为参与方、管理方、谈判方等； What 表示合同约定的版权客体对象，如某电视剧，某些图片素材，有的节目分版本，海外版、大陆版等；When 表示合同约定的时效性定义，时效分为多种，如合同签订日期，权利的生效日期，内容的交付日期等常规的日期，还包括事件、选项、频次这样的定义；Where 表示版权的使用范围，如地域、市场渠道、语种等。

1 个 H（How）表示对版权权利的描述，实际业务中，常常将《著作权法》定义的权利以“组合”的方式出现，使用一些约定俗成名称如播映权（含广播权、复制权、放映权）、素材使用（含修改权、复制权、汇编权）等。2 个 P（Payments，

Performance），Payments 表示支付条件、时间、计算公式等内容，Performance 表示合同的执行情况，如合同方忠诚度评级，执行健康度分析等。

1 个 A（Accounting）表示投入和收益，以及成本分摊等与作品版税收、支有关的财务信息。2P1A 是传统意义的合同条款，不再赘述。

合同的结构化能有效地发挥信息系统处理数据的巨大优势。合同条款中的“权利条款”是重中之重。When，Where，How 对应的就是“版权数据魔方”模型中的维度。

3. 领域设计的一般模块

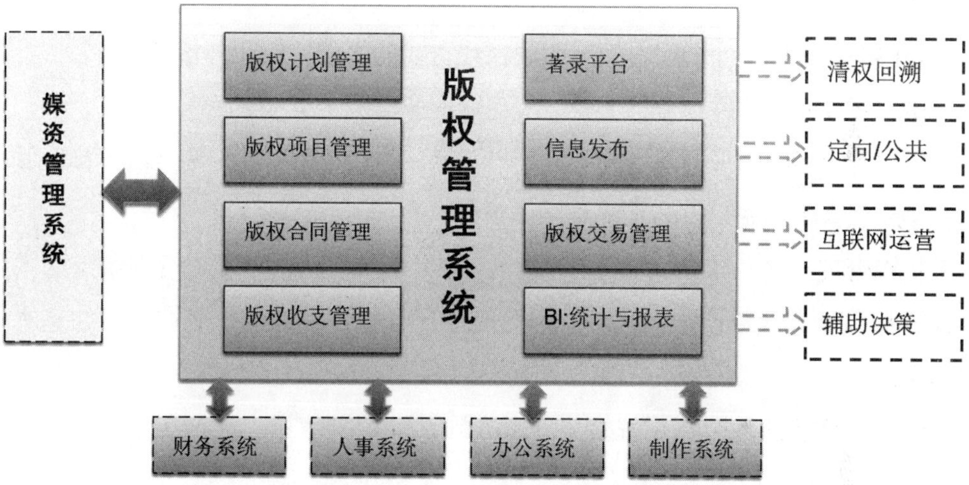

图 17 版权管理系统的模块设计

版权管理系统的标准领域层涉及 8 大模块，其中版权计划管理、版权项目管理、版权合同管理、版权收支管理为基础通用功能；著录平台、信息发布、版权交易管理、BI 属于个性化功能（见图 17）。

版权计划管理：版权计划是实现闭环管理的关键，历史经营分析、市场预测、预算宏观管控在这里交汇、平衡，最终产生企业的中长期计划。主要业务管理点为：版权预测、计划、栏目定级、计划变更及对应的审批管理。

版权项目管理：版权项目管理是版权计划的执行管理，分为采购项目、销售项目两大类，自有平台的发布管理一般都有专门播出管理系统，不包括在此。主要业务管理点为：概算预算分解、任务分解、任务执行、任务完工、项目核算等。

版权合同管理：版权合同管理的目标是提高版权合同的处理效率，使版权管理人员从繁重的文字、案卷工作中解放出来，从事更具创造性的工作。也是提高用户体验的关键。主要的业务管理点为：合同模板管理、标准条款库管理、合同创建/变更/续约/结案管理、合同附件管理、存档管理。

版权收支管理：这是与财务系统一体化的基础，实现收入、支出单据管理，催缴、催收管理，退转并等例外的收支管理。

著录平台：个性化的版权信息收集平台，适用于专项著录、回溯清理、系统分阶段实施的过渡时期的数据收集。

信息发布：包括定向推送的报表和面向企业全体用户的信息公示，如侵权案例、版权知识等。

版权交易管理：面向可实现互联网在线交易的版权授权业务管理。

BI：版权业务的统计分析工具，实现管理所需的各类报表。

版权管理系统与周边系统的主要接口交互，常见的有5类系统：媒资管理系统、财务系统、人事系统、办公系统和制作系统。

版权管理系统与媒资管理系统接口，同步存储信息，为媒资管理系统的内容实体调用提供有效性检查，回溯清理一般也多从媒资管理系统获取节目的基本编目信息。

版权管理系统与财务系统接口，以实现预算控制信息、凭证信息的传递和版税收支信息的同步。

版权管理系统与人事系统接口，同步人员信息和组织架构，发送人员工作考核信息。

版权管理系统与办公系统接口，实现工作流程的审批。

版权管理系统与制作系统接口，下达、监控制作任务，收集版权使用信息。

四、结束语

综合来看，**自主研发版权管理系统是当前绝大多数媒体企业的最佳选择**。版权管理系统的设计与实现，是一个非常专业和有挑战性的工作，参考案例少，受法规和政策环境影响大，不仅要求设计人员有足够的法律知识，丰富的业务实践经验，还要求对 IT 技术有相当深厚的理解和认识能力。

随着信息技术的大众普及和我国版权环境的快速进化，未来版权管理系统不仅是企业的必备管理平台，还将向社区化、个体化发展，支撑整个创意产业的版权生态运行。版权京东、版权淘宝完全有可能在不久的将来出现。

希望本土版权服务企业能抓住版权产业发展浪潮，坚持自力更生，实现弯道超车，成为我国媒体生态发展的有力推手和最佳伴侣。

限于文章篇幅，很多细节没有展开，欢迎对此感兴趣的读者通过邮件、微信与作者交流，互勉共进。

库存节目的版权确权及清算业务研究

倪晓娜

倪晓娜，毕业于中国政法大学，现就职于优酷法务部，主要从事新媒体内容资源版权管理的相关工作。从事视听作品版权管理工作已 10 年，曾任北京中视瑞德文化传媒股份有限公司总监职务。

近几年传统广播电视媒体广告收入普遍下滑，很多媒体甚至出现断崖式下滑，广播电视媒体必须寻求新的经济增长点，才能在媒体竞争的“风暴眼”中站稳脚跟。传统广播电视媒体也已经意识到危机的存在，不断在发展中寻求新突破，而内容资源的产业化无疑是很多广播电视媒体在大背景下寻求突破的着力点。如何将传统广播电视媒体拥有的宝贵内容资源转变成能产生经济效益的资产，实现内容资源的经济价值的最大化，成为各广播电视媒体在内容资源开发时需要考虑的问题。广播电视内容资源产业开发从本质上说属于版权产业，无论广播电视媒体如何寻求内容资产的市场化道路，版权问题都是无法回避的关键问题。各广播电视媒体在开展对节目内容资源版权开发时，从版权保护及维护自身权益的角度出发，都有一个无法回避的关键流程——版权确权及清算。所谓节目版权确权，就是确定节目及作品的版权权利归属，通俗来说就是节目及作品归谁所有。通过对节目版权信息的回溯清理，厘清节目及节目中单个作品的版权归属，确定权利人信息，进而明晰节目的整体版权状况。权利清算工作，简单来说就是针对有开发需求但存在版权瑕疵的节目及节目中单个作品，根据确权工作获得的权利人信息，评估权利清算成本，与作品的版权方及相关权利人取得联系，获得授权，并支付版权费用，从而消除节目的版权瑕疵，达到开发使用的目的，实现节目的版权价值、经济效益。

近几年随着传统媒体对内容资源版权开发力度的加大，陆续有传统媒体如央视、中央人民广播电台、上海台等，开始有针对性地开展库存节目版权确权及清算工作，如针对重点品牌栏目开展的集中性版权确权及清算，对多个栏目进行的批量化、规模化确权清算，对不同类型栏目有重点、有选择地进行确权清算。但库存节目版权确权及清算目前仅在少数几家传统媒体中开展且各家开展的程度也有所区别，大多数传统媒体对库存内容资源的版权开发仍然停留在单一开发、单一确权、单一清算的阶段。

一、传统媒体开展版权确权及清算面临的困境

（一）内容资源版权开发缺乏整体规划，节目开发使用率低

版权确权及清算工作主要是为版权开发服务的，尤其是清算工作，涉及版权权利人的授权、授权费用的支付，这些必须与产业化开发相结合，才能真正实现其效用，避免资源的浪费。但由于长期以来传统广播电视媒体内容资源开发的市场运作机制不成熟，内部管理部门职能划分不清等多种因素的存在，使得传统广播电视媒体内容资源的产业化并没有形成一个完整的开发协调机制，产业化链条并未形成，与内容资源产业化相关的各部门如开发部门 、版权管理部门、制作部门之间沟通不畅、各自为政，甚至各项职能交叉的状况频发，这都直接造成内容资源产业化开发与版权确权、清算工作脱节，影响了工作的开展及推行。如某传统媒体的版权管理部门在未与开发部门进行协调，不了解市场需求及动态的情况下，从版权管理的角度出发挑选出节目进行版权确权并进行了清算。这对于版权管理工作来说有着积极的意义，但由于部门之间缺乏沟通，确权及清算完成的节目并没有进行市场化运作，而是继续尘封在库房里，等待着授权期限的到来，这样的内容资源确权及清算不仅浪费了人力、财力，还无法实现该项工作应有之用处。

其实传统媒体由于多年的节目制作经验，拥有丰富、优良的节目内容资源，这些内容资源是传统媒体的宝贵财富，如上海台音像资料馆，截至 2014 年已拥有 46.4 万小时的广播电视节目；央视的音像资料馆保存了自 1958 年央视开播以来的所有节目内容及拍摄素材，共计 160 万小时，其中央视库存中 1 万小时的胶片素材包括了开国大典、中国第一颗原子弹爆炸等珍贵历史资料，这些资料都拥有极高的历史价值。但以目前传统媒体节目版权的开发状况，传统媒体库存内容资源的价值仅仅是显示在资料馆的存储数据上，大多数内容资源仍然是躺在仓库的“死资料”，节目内容资源开发使用率低，版权价值得不到体现。

（二）版权管理发展滞后，版权信息内容缺失

传统广播电视媒体版权管理发展较晚，很多广播电视媒体至今没有一个职能

完善的版权管理部门，更不必提针对全台的版权管理体系了。而版权确权工作需要在版权管理工作的基础上进行，借助版权管理中的节目版权信息管理、版权合同管理等工作获得节目或者作品的权利授权信息、权利人信息，以实现对节目的确权。任何版权管理环节中的信息管理工作不完整，均会直接影响节目最终的确权工作。

从目前版权管理的现状来看，影响版权确权的版权信息管理漏洞主要有以下几点：一是，不同类型节目素材版权管理存在盲区。例如，节目版权信息记录系统中记录的版权信息易偏重于嘉宾、音乐等类型，视频类素材记录较少，甚至不进行记录，这与电视节目视频大多为自采素材有很大关系。二是，版权合同管理工作尚待完善。版权合同的存档、管理中记录的版权合同信息，由于查询方法等原因无法与节目进行一一对应；版权文书（如嘉宾确认书等小合同）签订时合同文书内容不完整，无法与具体节目内容进行对应。三是，节目制作人员对版权信息记录工作缺乏规范化、系统化的认识与管理。节目制作人员仅会针对获得授权的素材、嘉宾进行记录，对于一些通过网络获得的资源、口头协议获得的素材往往忽略，不进行记录。

（三）版权信息查询难度大、成本高，严重影响确权效率

由于传统媒体版权管理发展滞后，版权信息不透明、不公开等因素，在对库存节目进行确权时，很多节目中使用的作品通过常规的版权确权工作、版权信息搜寻渠道无法获得权利人信息。而由于我国版权产业发展相对较晚，大众版权意识不强，尚未形成权威、公开、透明的查询渠道，这就直接导致未确权作品版权信息查询难度加大，确权成本提高。

例如，某广播电视媒体要对自己的长寿品牌栏目进行版权确权及清算时，发现大量的库存内容资源（尤其是一些年代久远的作品），版权信息记录不完整或者缺失，无法判断作品的来源、权利人是谁；即使是记录了权利人的作品，也由于年代久远，存在无法判断是否为真实姓名或者真正的权利人已去世存在多个继承人等各种复杂情况，而某些作品的版权信息除了该广播电视媒体的记录信息及查询渠道，要寻找社会上其他公开的查询媒介基本不可能，这些都无形中增加了信息查询的成本，使版权确权工作进展缓慢。

（四）行业内价格评估体系尚未形成，清算缺乏价格指引

在进行版权清算过程中，经常会遇到版权管理部门由于无法确定版权授权价格，进而无法进行清算的情况。版权管理部门甚至开发部门，都不太清楚自己的内容资源到底值多少钱，与权利人进行谈判时，需要支付多少的授权费用，才能符合市场规律。

由于相关的内容资源在交易市场上缺乏相关的交易价格指引，使得版权管理部门、开发部门在确定节目或者素材作品的市场价值时没有一个标杆的指引，常出现定价难、乱定价的情况。广播电视媒体迫切需要一个可以指引内容资源产业开发的价格评估体系，通过科学、合理的价格评估，为版权确权及清算工作进行价格指引。

目前传统媒体节目版权开发，一般是实行“一事一理”的原则，即由拟购买传统媒体内容资源的单位提交购买作品内容及价格，传统媒体根据该单位的报价，参考其他因素如该单位的市场影响力、购买作品的知名度等来决定交易是否进行。

二、版权确权及清算工作所遇困境的解决之道

虽然目前开展确权及清算工作仍然存在诸多问题及困境，但这些困境并不是绝境，尚有解决之道。笔者在广播电视行业从事版权服务多年，针对版权确权及清算工作中遇到的难题，有以下几点建议。

（一）理顺体系内版权开发协调机制，清晰职责划分

传统广播电视媒体内部尚未形成有效的版权开发协调机制，版权开发相关的各个部门长期处于一种沟通不畅的尴尬局面中，这与传统广播电视媒体的机关性质不无关系。要真正实现打通各个环节、建立版权开发的完整链条，需要从上而下的制度建设，在制度建设中理顺各部门在版权开发链条中的职责及权限，划清

范围，实现真正归口管理，切忌分散职能，造成各个部门在实际工作中因职责不清而出现扯皮现象。

同时，各个职能部门也需要实现良性互动及沟通。开发部门依靠其敏锐的市场洞察力，发掘内容资源的市场开发潜力，以市场需求为前提为版权确权及清算的相关工作提供开展空间及市场支持。版权管理部门依靠专业的版权管理能力主导版权确权及清算工作，通过版权管理体系的建立和完善，保障节目内容资源确权工作完成的完整度，同时在清算阶段与开发部门密切配合，以市场需求为清算前提，与权利人进行版权权利授予、版权费用支付等方面的谈判。节目制作部门是这个版权开发链条的核心。只有制作部门制作出精良的节目内容，才能有充分的市场需求；制作部门制作节目最了解节目内容的版权来源及权利人信息，只有制作部门配合版权管理工作，做好版权信息的记录、版权合同的签订等常规工作，才能保证版权确权工作中版权信息的完整。

只有各个部门沟通顺畅、通力合作，才能真正完善内容资源产业开发体系，促进版权开发产业链条的整合，通过开发部门反馈的产业开发需求，指导版权管理部门版权确权清算工作的权利授予、费用支出，使确权及清算工作与内容资源的产业开发需求高度配合，最终最大限度地实现内容资源的版权价值、经济效益。

（二）完善版权管理体系，理顺各环节版权管理细节

通过版权确权各环节工作的开展，可使版权管理部门重新认识自身版权管理工作的开展程度、取得的效果及暴露的不足，尤其是版权管理工作在保障节目日常播出与实现节目版权开发之间的平衡。

版权管理常规工作一般为日常的节目制作服务，但版权确权及清算更多的是以版权开发为目的，版权管理部门应借助版权确权及清算工作寻找日常版权管理工作在为版权开发服务时存在的漏洞及不足，进而不断完善版权管理体系，真正实现节目从生产、制作、播出到开发的全产业链管理服务体系。

针对版权管理环节中的漏洞，版权管理部门可从以下几个方面进行改善：一是针对版权开发的需求，有重点、有选择地加强视频类素材的版权管理。对于电视媒体来说，视频素材价值巨大，但是从目前的版权管理信息来看，电视媒体对于视频素材的版权信息记录却甚是缺乏，这与电视媒体视频素材大多来源于自采

有很大关系。实际工作中电视媒体很多自制节目使用的视频素材，确实大部分来源于自采内容，因此在日常版权管理尤其是版权信息记录环节，并没有引起足够的重视。另外，从版权确权工作的实际情况来看，很多有市场价值的纪录片类节目使用的视频素材并不均为自采，而是存在很多口头协议甚至是网络获得的方式，这些口头协议的方式对于播出可能风险较小，但对于版权开发则是极为不利的。二是加强自制栏目的版权合同管理。对于权利来源为委托制作、购买、联合制作等形式的栏目来说，由于受到合同签审流程的规制，需要使用相对规范的合同文本，因此存在的问题较少。而对于自制栏目签订的一些不需要走签审流程的小合同来说，由于签审流程相对简单，规范程度就受到很大影响，漏签、签约不完整、不规范的情况比比皆是。此类小合同主要是针对参与节目的单一嘉宾而设置，由节目制作部门填写，嘉宾签字盖章。在实际操作中经常会出现嘉宾参与节目期次、内容填写不全，嘉宾身份、参与节目情况填写不完整的情况，这些有瑕疵的小合同因为种种漏洞在版权确权中基本无用，对于版权开发极为不利，也是版权合同管理中容易忽视的部分。三是版权信息记录工作需要有侧重、分重点地进行。很多广播电视媒体的版权管理工作中都有版权信息记录工作，通过建立版权信息记录审核系统，对节目中使用的版权信息进行记录，这有利于版权确权及清算工作的开展。但在实际确权工作中，由于版权信息记录系统的版权信息记录不以版权开发为目的，造成在版权确权工作开展时有效版权信息数据并不多，大量作品的版权信息仍需要与编导进行问卷调查来获得。因此建议版权管理部门在开展版权信息记录工作时应有侧重、分重点地进行，对于开发价值比较大、素材信息比较多的栏目，版权信息记录应保证内容的有效性、准确性。

（三）构建版权信息共享机制，搭建版权信息共享平台

在进行版权确权及清算工作时，很多内容资源通过版权确权流程无法确定权利人信息，需要通过其他渠道进行搜寻，但由于版权信息查询渠道的限制，往往投入人力、物力搜寻版权信息，成果却并不显著。

目前已经开展了版权确权及清算工作的传统媒体，在对库存节目尤其是一些相对较早年代的节目进行版权确权时，对于一些无法确定版权信息的作品查找方法，一是通过网络查询，但是通过网络查询成功确权的案例，一般都需要作品或

者作者具有一定的知名度。二是通过寻找节目制作编导，甚至是邀请已退休的老员工，通过他们的回忆来补充。但是依靠节目制作人员的回忆补充节目版权信息，受到不同人记忆能力的限制，很多有价值的老资料，老员工也无法确定其准确的权利人信息。三是通过集体管理组织查询，这需要权利人是相关集体管理组织的成员，如某作家加入了作家协会。这些查询方法都在版权确权及清算项目中成功获得过版权信息，但查询过程复杂曲折，受到各种环境、条件的限制，成功率低。

因此，版权确权及清算工作迫切需要搭建一个信息相对公开、透明的内容资源版权信息共享平台，并逐渐构建一套有效的信息共享机制，降低版权信息搜寻成本，提高版权确权的工作效率，实现内容资源的版权价值及可持续发展。

（四）构建行业内版权价格 / 价值体系，指导版权开发中清算成本核算

从目前的内容资源版权交易市场行情看，传统广播电视内容资源的版权交易市场机制尚未成熟，内容资源的版权价格体系也尚未形成。由于缺乏一个成熟的市场环境，在实际的内容资源版权交易中，各广播电台电视台仍然遵循个案原则。这对于在激烈的市场竞争中想要通过内容资源产业化经营实现盈利的传统广播电视媒体来说，无疑是极为被动的。

近一两年，传统广播电视媒体尤其是版权开发发展相对较好的电视台，如央视的音像资料馆、上海文化广播影视集团都纷纷意识到了版权价格 / 价值评估体系的缺失对于工作开展的制约，相继开发了节目版权价格评估、节目版权价值评估模型。虽然这两个评估体系尚未推行，是否可在行业内广泛推行也尚未可知，但广播电视媒体已经意识到，要建立内容资源版权交易市场，需要一个行之有效的价格 / 价值评估标准，这对于内容资源的产业化运营，可以说是迈出了重要一步。

权利清算涉及向权利人支付版权费用，版权费用如何支付，支付多少，是权利清算的关键。这个版权费用的支付，需要以行业内行之有效的价格标准作为基础，同时参考制作成本、权利授权类型、传播渠道、授权方式与时间等各种要素，核算出一个相对合理的清算成本。

同时，权利清算作为版权开发的必要环节，通过该项工作的开展，不断对数据进行整理、总结，不断完善版权价格 / 价值评估体系，逐渐在行业内形成一个有参考价值的节目内容资源清算付酬标准。

三、构建一套完整的版权确权及清算流程体系

传统媒体通过开展版权确权及清算工作不仅能为节目内容资源的版权开发扫清权利障碍，还能实现以下目的：一是厘清自家库存。通过节目版权确权工作，厘清节目内容资产的版权状况，使广播电视媒体更加了解自家库存节目内容资产的状况，进而促进节目内容资源的版权开发，追求节目内容资源版权价值的最大化，增加节目内容资源版权开发收入。二是确定价格标准，指导版权开发。节目版权清算通过与相应版权权利人的洽谈沟通，了解权利人的意向，同时综合版权开发市场需求、版权价值、权利人市场行情等各方面因素，确定合理的版权清算价格评估标准，为日后节目内容资产的版权开发提供价格指引。三是理顺规范流程，完善版权管理。由于节目版权确权及清算工作涵盖版权管理的多个环节，主要借助这些环节的工作成果进行信息的完善和补充，可以说该工作是检验日常版权管理工作质量的试金石，通过该工作的开展，能够帮助广播电视媒体的版权管理部门深入了解已建立的版权管理体系的运转情况，发现工作中的漏洞、不足及其症结所在，并通过及时采取相关措施来不断完善版权管理工作，从而进一步巩固和完善广播电视媒体已建立的节目版权管理工作体系。

因此，传统媒体应改变目前节目版权开发一事一理，节目版权确权及清算被动开展的局面，将版权确权及清算工作纳入常规的版权管理工作中，版权管理部门、开发部门密切合作，彻底盘活传统媒体库存内容资源，实现节目内容资源的版权价值、经济价值。

由于版权确权及清算工作尚未在行业内普遍开展，对于该项工作如何开展、流程如何进行等问题并未形成统一认识，笔者有幸参与几家传统媒体的版权确权及清算工作，对于该项工作累积了一定的经验，在此抛砖引玉，希望对传统媒体实际开展版权确权及清算工作提供参考。

（一）节目版权确权及清算的对象及内容

广播电视媒体经过多年节目制作的累积，拥有丰富的内容资源，但由于行业

内版权管理工作的长期缺失，广播电视媒体并不清楚自己拥有的节目内容资源的版权状况，不敢贸然进行版权开发，这直接导致很多有价值的内容资源长期躺在仓库里，无法实现其应有的价值。

版权确权工作，就是针对这些版权状况不明、存在版权瑕疵但同时开发价值、版权价值较大的节目内容资源而开展的。其目的一是可帮助广播电视媒体厘清自身内容资源的版权状况；二是可助力节目版权开发，消除版权侵权风险。

根据不同类型节目使用作品的不同，节目需确权的内容也有所不同。权利清算的对象，不同的作品指向的权利人也所有区别，在实际工作中需要根据具体情况具体分析。

权利清算工作，根据广播电视媒体对节目的开发需求及确权成果，可分为两种不同程度的清算。一是针对节目及节目中单个作品的单一性版权权利进行的权利清算，如仅针对权利清算内容中涉及的音像制品出版发行权进行清算。二是针对节目及节目中单个作品的全部版权权利进行的权利清算。此种清算主要是对权利清算内容中涉及的相关权利信息，如电视播放权、网络播放权、广播权、电视播映发行权、音像制品出版发行权、衍生品开发权、手机电视播放权、IPTV 播放权、VOD 视频播放权、图书出版发行权等权利逐一清算。

下面列举几种不同类型电视节目进行版权确权及清算的对象、内容，可更形象地了解节目版权确权的内容（见表 18）。

表 18 三类电视节目版权确权及权利清算的对象、内容

节目类型	节目描述	确权作品类型	权利清算的对象
纪录片	一般为纪实性质的单集或多集独立成品节目。例如央视的《探索·发现》《舌尖上的中国》等节目	美术作品、音乐作品、影视作品、摄影作品、口述作品、文字作品、视频素材等（根据经验，此类节目存在很多委托制作、购买的情况，因此在确权时需要针对该纪录片的整体版权情况与合同文本进行比对）	音乐作品的著作权人或权利持有人、影视作品制片者、文字作品的作者、摄影作品的摄制者等

续表

晚会	包括各类节日庆典、综艺晚会等。例如央视“春晚”	可单独使用的音乐作品、舞蹈作品、曲艺作品、杂技艺术作品，以及偶尔引用的影视作品片段、摄影作品、美术作品等	音乐作品的著作权人或权利持有人，各类型作品的表演者，文字、美术、摄影作品的创作者等
专题栏目	电视台制作的各类电视节目。例如访谈类节目	音乐作品、照片、外来视频、嘉宾、库存节目等（整体栏目存在委托制作、购买等情况，因此确权第一步需要与版权合同进行比对）	音乐作品的著作权人或权利持有人，美术、摄影作品的创作者，嘉宾，视频资料的制片者等

（二）节目版权确权及清算的流程设置

版权确权及清算流程是建立在相对完善的版权管理基础上，需要版权管理各个环节的配合，如版权信息记录审核系统、版权合同管理系统等。其工作流程大致分为七大环节，分别是：版权信息清理，版权信息系统的权利查询补充，合同文书信息核对，节目版权确权成果，权利人信息及联系方式的收集整理，与权利人洽谈沟通，与权利人签订权利授权合同（见图 18）。

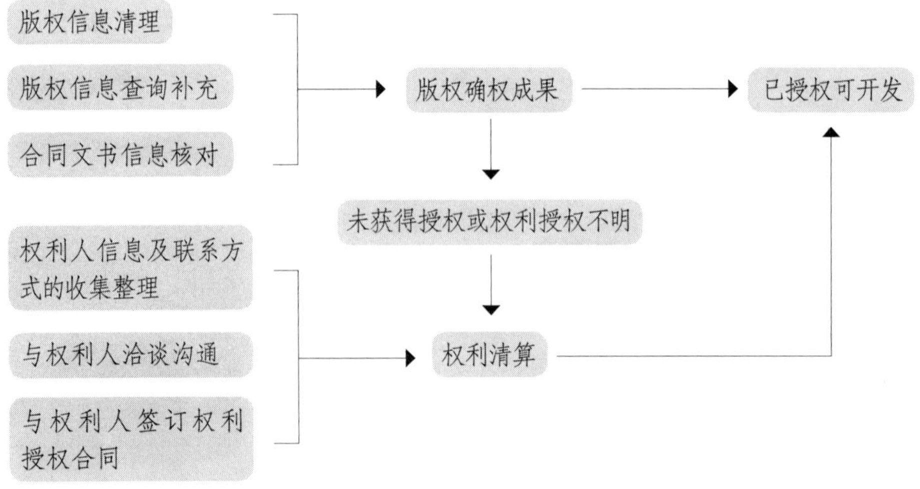

图 18 版权确权及清算流程

（1）版权信息清理。

即对广播电视节目中使用的作品、作品权利人等信息进行清理。为获得全面、准确的版权信息，版权信息清理工作需要针对确权节目音视频的全部内容，这是清理工作的基本要求。以作品为基本元素对节目内容进行拆分、整理，然后以节目文稿等节目制作信息作为补充，力求全面提取出待确权节目中使用的作品及相关权利人的信息。

（2）版权信息系统的权利查询补充。

此环节需要建立在版权信息清理的基础上，需要借助版权信息管理系统。版权信息管理系统以节目制作人员填写的节目中使用的版权信息为主要内容，例如一档电视节目使用了哪些作品，不同类型作品的基本情况，包括名称、来源、是否签约、权利人信息等；邀请了几位嘉宾，嘉宾的身份信息、联系方式、付酬情况，合同签约情况等，通过版权信息记录系统的良好运行，可帮助版权管理部门更好地掌握节目使用作品情况。

（3）合同文书信息核对确认。

合同文书信息确认，即对待确权节目及节目中作品签订的版权合同信息进行信息提取，一般通过版权合同管理系统进行版权合同的查询、比对、提取。合同文书信息核对确认是确权工作的关键，通过合同文书内容的补充，可直观判断出节目或节目中作品的版权状况，如是否为广播电视媒体享有版权，广播电视媒体享有哪些权利，权利期限、权利行使的方式、权利行使的地域等。

若上述环节获得的信息完整，可基本判断出节目整体的版权状况，获得节目版权确权成果。这是各环节信息最完整，也是确权工作最理想的状态。

（4）权利清算。

权利清算，即与未获得相关授权的作品权利人就作品的使用以支付相应版权费用的方式达成授权协议，获得权利授权，满足节目版权开发需求。具体包括权利人信息及联系方式的收集整理，与权利人洽谈沟通，与权利人签订权利授权合同三个环节。其中权利人信息及联系方式是清算工作的关键，若无法获得具体权利人信息，可通过相关的集体管理组织完成清算。

权利清算需要相关的价格标准、评估报告作为基础，需做到有的放矢。根据节目开发部门的开发需求及确权情况，有选择、分重点地进行，是否进行权利清算工作，需要在节目确权工作完成后，根据开发需求判断，毕竟清算涉及相应的版权费用支出，版权管理部门与开发部门需要对节目开发的市场需求、开发收入、版权费用支出等进行评估，切忌盲目清算。

四、节目版权确权及清算业务发展中的前瞻性问题

（一）关于孤儿作品的探讨

在对广播电视节目进行版权确权尤其是针对一些库存的老资料进行确权时，会遇到一些作品如音乐作品、文字作品，这些作品由于年代久远、信息保存不当等原因，穷尽了版权确权流程的信息搜寻渠道，仍然无法确定权利人身份或虽确定权利人身份但无法联系到权利人。此类作品会直接导致节目版权确权及清算工作无法进行。

此类作品对于版权确权及清算工作的顺利开展，是一个非常大的阻碍及困扰。因此，如何很好地处理此类作品的版权，也成为版权确权及清算工作亟待解决的问题。我国《著作权法实施条例》中提到，作者身份不明的作品，由作品原件所有人行使除署名权以外的著作权，作者身份确定后，由作者或者继承人行使著作权。但除在《著作权法实施条例》中有所提及，《著作权法》中并无关于该类作品的直接规定。

在国际上该类作品也被称作孤儿作品、无主作品。目前世界上关于孤儿作品并没有统一的定义。《美国2006年孤儿作品报告》将孤儿作品定义为使用者利用版权作品并且需要得到授权时，该作品版权人的身份无法定义、界定或者无法与其取得联系。欧盟在《欧盟孤儿作品指令》中提出孤儿作品是指在尽到勤勉搜索义务后仍然无法找到作品的权利人。国际图书馆协会将孤儿作品定义为在使用需要版权许可的作品的时候，无法联系作品的合法持有人。①

虽然各个国家或组织对孤儿作品的定义有所不同，但内容大同小异，都是针对一些无法确定权利人身份或者无法联系到权利人的作品。

对于如何解决孤儿作品的版权问题，目前国际上常被提及的制度有三个：一是合理使用制度，二是法定许可制度，三是集体管理组织制度。

（1）合理使用制度。

法律规定使用人使用作品可以不经著作权人或相关权利人的许可，可以不必

①马羚、杜伟："论孤儿作品的利用与保护——以英国孤儿作品立法为例"，载《法制与社会》2016年。

支付费用。合理使用制度适用起来对于作品权利人比较不利，因此适用条件比较严格。虽然各国并没有明确关于孤儿作品可以适用合理使用的条件，但一些学术界人士认为非营利性的图书馆及档案馆等为了教学、学术研究之目的，将孤儿作品提供给公众的，可以适用合理使用制度。因此要使用合理使用制度，一般应以非营利为目的，广播电视媒体以版权开发为目的而开展的版权确权及清算，基本不能适用。

（2）法定许可制度。

法定许可制度规定，作品使用人使用作品可以不经著作权人或相关权利人的许可，但必须支付费用。关于孤儿作品可以适用法定许可制度有明确规定的国家，主要有英国。2014 年英国推出了“著作权许可新制度”，即通过法定许可制度扩大孤儿作品范围，但要将法定许可扩大到孤儿作品的范围，对于孤儿作品的认定需要有严格的认定程序，为此英国知识产权局制作了极为细致的搜寻清单，只有在穷尽所有的搜寻渠道仍无法联系到著作权所有者的前提下，才能被认定为孤儿作品。

（3）集体管理组织制度。

在实施集体管理制度时引入延伸性集体许可制度，是解决孤儿作品版权问题的重要途径。延伸性集体许可制度，是指法律允许具有代表性的著作权集体管理组织与作品使用人达成的集体许可协议，根据法律规定，该许可协议可自动延及非集体管理组织的成员。延伸性集体许可条款适用于国内外特定领域的所有权利持有人，也自动涵盖所有未知的或无法查找的已故权利人及其继承人。[①]由于延伸性集体许可制度对于权利人来说相对不利，因此美国版权法引入延伸性集体许可制度，是为了非营利性的教育或研究目的。

虽然国际上对孤儿作品有很多研究及实践，但我国公众版权意识相对薄弱，著作权管理机关设立较晚，集体管理组织制度尚不规范，这些国际做法是否适应我国国情，尚未可知。如何合理解决孤儿作品的版权问题，尤其是传统广播电视媒体在版权开发时如何解决孤儿作品的归属，做到既不让优质内容资源长眠库房，又保障可能存在的权利人的权利，目前尚有很大的研究空间。

①肖少启、张保红：“美国孤儿作品的版权立法及其对我国的启示”，载《图书情报工作》2016 年第 14 期。

（二）关于职务作品的探讨

职务作品，是指公民为完成法人或者其他组织工作任务所创作的作品。我国《著作权法》中关于职务作品的相关规定主要有：①法人作品。《著作权法》第 11 条第 3 款规定，由单位主持、代表单位意志创作并由单位承担责任的作品，单位被视为作者，行使完整的著作权。②一般职务作品。除单位作品外，公民为完成单位工作任务而创作的作品，称为一般职务作品。其著作权由作者享有，但法人或者其他组织有权在业务范围内优先使用。作品完成两年内，未经单位同意，作者不得许可第三人或者其他组织以与单位相同的方式使用该作品。作品完成两年内，经单位同意，作者许可第三人以与单位使用的相同方式使用作品所获报酬，由作者与单位按约定的比例分配。作品完成两年的期限，自作者向单位交付作品之日起计算。③特殊职务作品。《著作权法》第 16 条第 2 款规定，主要是利用法人或其他组织的物质技术条件制作，并由法人或其他组织承担责任的工程设计图、产品设计图、地图、计算机软件等职务作品，或法律、行政法规规定或合同约定著作权由法人或者其他组织享有的职务作品。特殊职务作品的作者享有署名权，著作权人的其他权利由法人或者其他组织享有，法人或者其他组织可以给予作者奖励。在版权确权及清算工作中，节目制作人员创作的作品所占比重最大，这些作品如何界定版权归属，成为版权确权工作的重点之一。

目前，广播电视媒体普遍采取的解决职务作品的方法，是在与员工签订劳动合同时，将职务作品的相关归属进行约定，当然约定的内容就是归单位所有。这种约定方法当然是可行的，也符合法律的规定，但这种做法存在诸多问题：一是，劳动合同中关于职务作品的约定相对比较简单、笼统，可解决一般性职务作品归属，但实际作品创作中的情况各种各样，单凭劳动合同中关于职务作品的简单约定即认为完全解决了员工的职务作品问题，未免有点偏颇。二是，在劳动合同中将职务作品直接约定归单位所有，若作品进行版权开发获得收益，基本与员工无关，在一定程度上打击了员工创作的积极性，现在传统广播电视媒体人才流失严重，若仍一味地不顾及员工的利益，会严重影响员工的创作激情，不利于整体内容资源的产业开发。三是，此方法仅适用与单位签订有关于职务作品约定的劳动合同的员工，对于未签订此类劳动合同的员工、已退休的老员工，职务作品的问题仍然需要单独解决。

版权确权及清算工作在行业内并未广泛推行，这与内容资源开发运营市场尚未形成有很大关系，但传统广播电视媒体要实现内容资源的版权盈利，版权确权及清算工作势在必行。

数字版权管理技术（DRM）在视听行业中的应用

——辛悦　王云云

辛悦，中国广视索福瑞媒介研究（CSM）资深研究员。英国莱斯特大学新媒体与社会专业硕士，在媒体融合传播、影视内容分析、用户调研等领域有多年项目经验。

王云云，中国传媒大学受众研究中心（ARC），传播学硕士。

一、困境：视听行业苦于盗版侵害，呼吁技术解决之道

（一）数字时代盗版防不胜防

数字时代，互联网和数字多媒体技术使得人们可以通过各种终端，在任何时间、任何地点享受视听服务；同时也使得无损拷贝和分发变得轻而易举，尤其是大规模盗版。曾经轰动一时的“快播”案件，规模之大，惊动了整个视听行业。除了规模庞大外，盗版手段也愈加隐蔽多样。从传统的盗链模式、P2P 下载分享模式到网盘模式、移动 /OTT 聚合模式，盗版手段层出不穷，由此带来的盗版损失也逐年攀升。据推算，2015 年因为网络视频盗版而对行业造成的潜在广告和版权损失超过 150 亿元。[①]盗版成为阻碍行业发展和制约企业经营的重要因素，是行业及其从业者、生态体系难以根除的毒瘤。如何打击盗版，保护视听行业的数字版权已成为当下亟待解决的问题。

（二）法律手段维权作用有限

在我国，涉及数字版权保护的法律主要包括《著作权法》《计算机软件保护条例》《信息网络传播权保护条例》《电信条例》。由于数字版权保护方面立法较晚，经验又比较匮乏，再加上技术发展更新迭代较快，导致面对盗版现状，单纯依靠法律手段维权十分困难。本文认为，法律维权的困境主要体现在三个方面：首先，在我国现行法律制度下，盗版行为的违法成本过低，盗版带来的利润远超违法判罚的金额，使得大批盗版商无所顾忌，甘愿铤而走险。其次，对权利人而言，法律维权成本相对过高，面对形形色色的盗版手段，光是进行法律取证就要花费巨

①王开广："2015 年网络视频盗版致行业损失超 150 亿"，载《法制日报》2016 年 4 月 25 日。

大的物力、财力。再加上法律诉讼的程序、流程，即使打赢了官司，获得的收益与付出的时间、精力也很难成正比。最后，就法律本身而言，往往难以跟上技术日新月异的变化以及市场新兴业态的快速发展。面对数字时代千变万化的盗版手段，法律无法及时、全面地覆盖，单纯依靠法律手段，并不能从根本上解决盗版危机，维护视听行业数字版权权益。

（三）行业自身版权管理缺失

除了法律手段作用有限外，包括电视和视频网站在内的视听行业对版权的重视和管理缺失，无论行业版权管理制度的完善，产业各方利益的平衡，对创作者版权利益的激励和介入，乃至对节目版权保护的意识和执法等各方面都严重不足。[①]目前多数电视台、视频网站尚未建立起系统的版权管理体系。原因多种多样，既包括工作人员版权意识淡薄，也包括数字时代版权保护的复杂性和难度较大，更是由于版权资产还未进入到企业资产的核算体系，从而导致当下数字版权管理的混乱局面，版权资源无法得到最大程度的开发利用。与此同时，视听行业版权管理的缺失，面对互联网复杂的信息环境，也容易使自身陷入盗版的泥潭，遭受名誉、经济的双重损失。

由于以上提到的种种原因，数字版权保护问题已经成为行业最为突出的问题之一。而随着三网融合进程的加快，视听行业引以为豪的渠道优势将慢慢褪去，内容将变成各方角逐的核心竞争力。如何在激烈的竞争环境中，根据市场需求激发创作者的热情，保护原创内容，最大程度二次开发、利用既有内容资源等，都取决于对数字媒体内容版权的保护程度。换言之，没有对数字内容的版权保护就没有内容价值的实现。因此，行业开始将目光转向版权管理技术的提高，希望通过技术的完善来实现数字版权保护的愿望越来越强烈。

①严波："试论我国电视产业化发展中版权管理的作用与缺失"，载《电视研究》2011年第1期，第23~26页。

二、破局：传统版权保护措施落后，DRM 理论模型应运而生

（一）传统版权保护措施落后

数字时代，通过技术方式解密文件已经不再复杂，越是技术能做到的事情，反向也就越简单，因为对于盗版或侵权人而言，技术的使用是同步的。而当下视听行业用于版权保护的技术主要包括传统 CA 技术[①]、人工监控、防盗链等，这些技术已经落后，不足以应付数字时代的版权风险。

第一，行业无法对盗版的风险来源进行有效控制。首先，在内容传输环节，盗版无法被杜绝，这主要是因为网络运营商数字版权保护的需求并不明确。对于运营商来说，最直接的盈利是用户的流量，盗版与否并不妨碍其切身利益。在某种程度上，越是盗版严重越能增加下载的流量，反而能获取更多利益。因此，数字版权保护其实在传输环节就缺失了重要一环，而传统版权保护技术未能有效弥补。其次，盗版风险出现后移。当下视听行业用于数字版权保护的技术重在对传输过程的保护。在数字技术、网络技术大发展的情况下，盗版风险已经开始后移。盗版重灾区未必在传输过程中，而是在终端，比如电视高清机顶盒可以直接被当作盗版源来使用，而在之前的信号传输中，该现象并不突出。

第二，传统技术本身跟不上版权保护的要求。现在视听行业版权保护中心一般采用两种版权保护方式，一是举报措施；二是大范围检索，通过网络警察实行实时监控。但很多环境监控不到，视频源存在后台，但页面只有截图，不能够完全确认。有些 DNA 技术，需要提前获取 DNA，如果无法获取将很难达到实施。用户端一般还需要监控，但目前尚未被法律允许，倘若被黑客利用，反而提升了安全风险。另外，内容传输方式变得复杂，如果利用分片或者 P2P 方式来传输，就无法判断是否存在侵权行为。

因此，无论是盗版的风险来源还是技术本身，传统的版权保护技术已经捉襟见肘。破解技术的发展倒逼数字版权保护技术的更新换代，而视听行业实质上还没有找到

① CA 技术：有条件接收系统 Conditional Access System，简称 CAS。

真正有效的数字版权保护技术。虽然市场上提供的形形色色的版权保护技术，声称能解决一切版权保护问题。但对于视听行业而言，对数字版权保护的需求并不仅仅满足于一般意义上的技术保护，技术保护仅仅是保护版权所有者的利益，而需求的关键之处在于管理和保护整个数字内容发布链中所有参与者的权益。

（二）DRM 理论模型诞生

基于业界的需求导向，2004 年 ChinaDRM 成立，并于 2011 年发布了数字版权技术（Digital Rights Management，DRM）的参考模型。DRM 又被称为数字权限管理技术、数字权利管理技术或数字内容权利保护技术等。它在数字内容的创造、生产、传播、销售、使用等整个生命周期内对版权进行管理和保护，确保数字内容的合法占有、使用、传播和管理。[①]需要注意的是，DRM 指的是用来控制与管制数字产品的一系列技术，并非是某一项技术的特指。其主要作用是防读取、防运行、防拷贝。

在 ChinaDRM 发布的《中国广播影视数字版权管理（DRM）技术白皮书》中，提供的 DRM 参考模型如下（见图 19）。

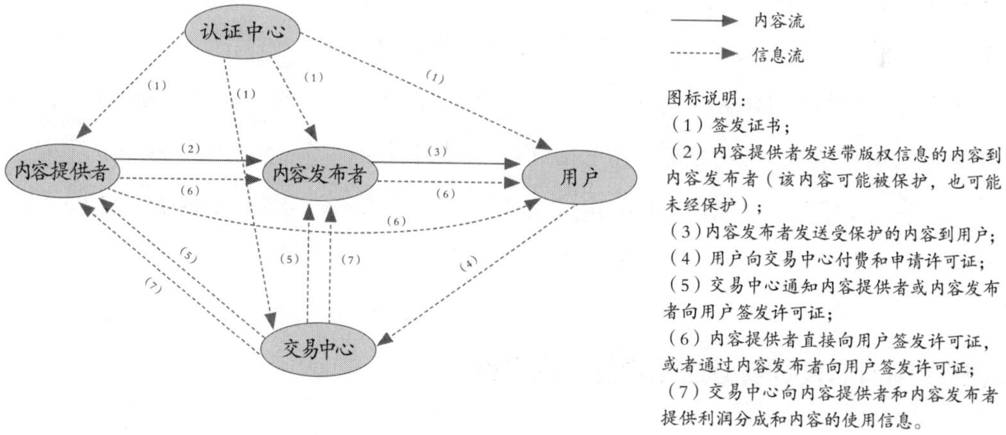

图 19 DRM 参考模型[②]

①施勇勤、张凤杰、马畅：“数字版权保护技术的概念、类型及其在出版领域的应用”，载《科技与出版》2012 年第 3 期，第 57~59 页。

②内容来源：《中国广播影视数字版权管理（DRM）技术白皮书》。

虽然 ChinaDRM 提供的参考模型对理解 DRM 的实现有一定的指导意义，但也存在富于理想化的理论通病，不具备现实操作性。因为它是把所有可能的业务都抽象出来，制定的通用性标准。而越是抽象的理想模型，越不具备实际层面的指导意义，因为一旦进入实际的业务中，就会完全无所适从。这主要体现在三个方面。

第一，建构的主体过于理想化。在这个 DRM 模型中，存在内容提供者、内容发布者、用户、认证中心、交易中心 5 个主体。所谓的“认证中心”“交易中心”在现实中由谁来充当？元数据由谁来提供？由谁来进行密钥匹配和证书发放？这些在现实环境中，至少在现阶段是很难实现的。

第二，建构的关系过于简单化。实际情况中，仅是用户一个转发的行为，整个过程中牵涉的主体或者运营商就数量众多。而就内容产品本身，广播电视播出机构和社会上的节目制作公司、音乐图片等作品的著作权人、各类主创人员、外请的演员、嘉宾、各类撰稿人、配音演员、配乐师以及用户之间因授权权利关系及各类限制交织组成复杂的版权权利关系网。[①]随着商业模式的变化，其中涉及的关系也会随之改变，并不是模型中简单的箭头所能说明的。

第三，实现的环节过于复杂化。按照白皮书中对于 DRM 模型的描述，要实际应用起来，起码涉及 200 多个环节。这是不现实的，而且也没有必要。因为在具体的应用中，可能对于一个场景或者一个运营商来说，考虑的就是能控制权限和点播，尽管只是 DRM 的一部分，但是足以满足需求。

理论上设想的 DRM 非常完美，但是在具体应用中，现实环境却没有办法按照理想的模型去实现。白皮书的 DRM 模型从理论到实务之间还存在一段鸿沟。那么到底该如何让 DRM 从理论走向实务？如何能够将实验室里的 DRM 技术应用在实际业务层面？这是视听行业当下迫切需要关注的问题。

（三）廓清 DRM 实际应用中的认识误区

1. 没有必要对免费公开的内容资源进行 DRM 保护

对于付费模式下的内容资源，业界均会毫不犹豫地支持进行 DRM 保护。而

①严波：“版权技术性管理在电视台媒资内容产业化经营中的作用及方法”，载《中国广播电视学刊》2012 年第 5 期，第 94~96 页。

对免费公开的资源，业界有观点认为没有必要进行保护，既然本来就是对所有人开放的，是否发生侵权也不是很重要。这可能是国内电视台、视频网站对数字版权保护动力不强的重要原因之一。此类观点乍一听不无道理，实际上却是失之毫厘，谬以千里。一方面，与国外情况不同，国外优秀的节目都在付费频道上，而国内最好的节目都在公共电视、视频网站上免费公开播出，付费的资源反而不如免费的资源更贵、更具有价值。另一方面，免费公开的资源也同样是版权方许以重金购买或打造的，必然要产生相应的商业价值，或是广告增值，或是品牌营销，或是公益宣传等，而这些均要依靠观众通过平台收视点击来实现。如果没有进行数字版权保护，收视率或者流量均将流失至盗版商，电视台、视频网站将会面临高投入、低产出的窘境。

2. 严格的 DRM 保护反而限制了内容的广泛传播

当下视听行业盛行“眼球经济”，只有吸引了大批量的用户，才能获得与广告商进行议价的筹码。因此，有观点认为，严格的 DRM 保护，反而限制了内容的广泛传播，无法实现广告增值。此类想法未免过于片面。一方面，当采取 DRM 进行严格的数字版权保护，盗版难以取得市场空间时，消费者其实会不断权衡。如果收看盗版付出的时间、精力较多，且收看体验不佳，观众最终会倾向于选择正版内容。另一方面，即使在没有数字版权保护、盗版泛滥的环境下，电视台和视频网站也面临着有流量没收入，有用户但低忠诚度的尴尬境地。而这正是由于盗版泛滥，正版内容的价值没有得以凸显，电视台、视频网站无法找准细分市场，才会对“眼球经济”更加依赖。Hulu 是美国一家以正版影视内容播放为基础、以大量优质广告为收入来源的视频网站，它的广告收入份额远高于用户份额，这表明广告主正日渐疏离用户原创内容为主的视频分享类网站，转而青睐正版化的网络视频平台。Hulu 的成功也再一次颠覆了对于 DRM 作用的认知，提醒业界合理盈利模式的确定是何其重要。坚持正版，吸引更精准的广告策略，才是赢利之道。

三、深耕：DRM 应用于视听行业版权保护的方法和路径

目前，在视听市场上，已有部分主流媒体率先开始采用 DRM 技术。不论是电视台还是视频网站，采用 DRM 的初衷可具体分为三方面：一是对版权方的承诺。以好莱坞为主的版权方，对版权保护要求十分严格，作为内容运营平台需要兑现承诺。二是维护自身运营权益的要求。各种盗链、盗版横行造成运营方的权益很难得到保证，DRM 在此方面可发挥重大作用。三是为用户提供可靠服务的要求。特别是对于大型赛事直播类节目而言，在采取反盗链措施之前，盗链的流量能够占到整个平台流量的 90%，实施 DRM 保护以后，这些现象可以得到较好的遏制。不管是主动采取 DRM 技术还是外在力量倒逼下的尝试，都说明整个视听行业有着非常强烈的对于内容保护的诉求。接下来的关键之处在于，如何将 DRM 应用于实际工作层面？为了进一步理解 DRM 如何与行业对接，更好地指导业界应用，本文将分两方面进行阐释，一方面是市场上现有的主流 DRM 技术类型；另一方面是电视台、视频网站如何运用此类技术来具体实现对数字版权的保护。

（一）广播电视行业采用 DRM 保护的主要手段

广播电视行业现行的数字版权保护技术主要有四种，分别是数字水印技术、数字指纹技术、数字版权唯一标识符（DCI）[①]和数字对象标识符（DOI）[②]。但是，若想利用 DCI 维权，就要求所有内容资源都通过中国版权保护中心登记、认证。这有一定的操作难度，因为版权方并不想把自身的节目或者版权维护的职责交给

① DCI：数字版权唯一标识符（Digital Copyright Identifier）是为适应数字网络化环境的版权公共服务需求，由中国版权保护中心自主创新研发的集在线版权登记、交易结算和监测取证等于一体的一整套的服务体系。

② DOI：广义指在数字环境下标识和交换知识产权对象的一种开放性系统，遵从 URI（统一资源标识符）规范，并为基于数字对象结构公认标准的知识内容管理和知识产权提供了一个可扩展的框架。狭义指标识任何数字化对象的一种永久性标识符。

第三方负责。同时，从知网上展示的科研成果可知，DOI 技术体系主要应用于学术研究、文献等的保护。因此，DCI 和 DOI 在当下并没有得到较好的实际应用，市场上现实可用且发展得较为成熟的是数字指纹和数字水印技术。

1. 数字指纹技术（Digital Fingerprinting）

为了区别通常概念上的指纹技术，本文将用于数字版权保护的指纹技术称为数字指纹技术。数字指纹也被称为信息指纹技术，是指利用数字作品中普遍存在的冗余数据与随机性，向被分发的每一份作品中嵌入与用户及其某次购买过程有关的信息，使得该数字资源拷贝是唯一的，从而可在发现了非法拷贝后，发行者可以根据该信息对进行非法分发的用户实现跟踪的一种数字作品版权保护技术。[①]工作原理是对数字内容采用数学函数（hash 函数）计算之后得出一个结果，并对其进行保护；如果内容更改或变化，计算出来的结果就会与原来的结果不一样，进而比对使用者是否被合法授权。数字指纹技术是目前国内视听行业数字内容保护中的主要应用性技术。

数字指纹技术被广泛采用，在于它具备两个优点：第一，指纹技术易于应用，不需要再进行额外的技术加成，是较简便地解决问题的方法。第二，该技术能很方便地与现行的网络爬虫等技术相结合，快速发现被盗版内容，能够提升维权的效率。但是指纹技术也有其缺陷，对于版权方而言，该技术只能确认侵权人是谁，却无法追踪内容流出渠道，这就不能从根源上制止侵权发生，盗播行为会继续出现。

国内采用数字指纹技术用于版权保护业务比较成熟的有上海冠勇科技和浙江博通影音两家企业。上海冠勇科技针对新媒体版权监测研发了 CPMlive 系统。CPMlive 采用技术手段对互联网正版视频实现版权保护、内容监测服务，并可结合现有的网络爬虫、海量视频搜索、分布式集群处理等技术进行版权监测。此外，该系统还推出互联网视频版权云监测平台，可避免人工检测的烦琐。浙江博通影音的版权保护可对电影、电视台和唱片商等提供服务，该公司的技术能自动发现

①曹军梅、张震："新型数字版权保护技术——数字指纹"，载《计算机与信息技术》2006 年第 8 期，第 4~6 页。

互联网上的版权内容并进行主张和申诉，进而与音视频传播平台、网站等进行收益分成。

2. 数字水印技术（Digital Watermarking）

为了区别通常概念上的可见水印，本文将用于数字版权保护的水印技术称为数字水印。数字水印是将代表著作权人身份的某些特定信息，按照某种方式嵌入被保护的数字媒体中，但不影响原内容的欣赏价值、使用价值，且不容易被人的知觉系统觉察或注意到的一种版权保护技术。通过这些隐藏在数字媒体内容中的信息，可以达到验证版权归属，确保著作权人合法利益，避免非法盗版侵扰的目的。[①]数字水印技术的运用主要表现为一串镶嵌在视频内容当中全屏幕、全时长的不可视代码，可抵御包括盗录、噪音插入、色彩变化、角度倾斜、屏幕裁剪和文件格式变化等各种形式的攻击，用于确认每个视频接收者的身份。若盗版方想要完全移除水印，就必然会使整个视频破碎且完全黑屏化，如此，即使内容被盗版也不再具有任何商业价值。

目前数字水印技术发展较为成熟，得到了业内的广泛认可。包括派拉蒙、迪士尼、HBO 和 TVB 等在内的世界知名电影制作公司和电视台都选择了数字水印技术来保护他们的视频内容。在中国，原国家新闻出版广电总局和电影质检所已经同 Nexguard 公司展开合作，针对院线电影版权保护共同作出努力。许多视听媒体播放平台，包括爱奇艺和 DB Star 直播星（航天数字传媒）也已经开始使用数字水印技术。

以数字水印技术典型代表 Nexguard 公司为例，数字水印的相关产品和解决方案可在视听行业以下三个方面和领域提供产品和服务：节目内容公开发行前、付费电视和网络视频、水印探测。

在节目内容正式发行前，水印可提供保护。以一般电视台工作流程为例：电视台首先生产、生成电视节目，进行相关后期加工后就进入宣传期，在完成宣传之后则可以正式和观众见面。在节目正式播出之前，每一个环节都至关重要，因为如果节目内容在正式播出之前泄露，会给电视台造成巨大损失。没有水印保护

①左英："数字水印技术在视频产品安全中的应用"，载《广播与电视技术》2007 年第 9 期，第 29~30 页。

的情况下，每一个环节，电视台都承担着风险。但是如果能够添加水印，虽然没有办法阻止内容外泄，但是通过分给不同接收方的不同水印，可以精准定位到泄露源，明确盗版方的身份，方便电视台采取后续的相关措施。针对每一个向Nexguard购买水印技术的客户，Nexguard都会提供两种服务器，分别是Global Manager和Local Manager。Local Manager可以针对不同的工作流程和文件格式进行水印的镶嵌过程，不论是录像带、文件还是直接在转码机上进行整合添加水印，都是可以实现的；而Global Manager可以理解成是一个数据库，其中包含了提供给该客户所有水印和视频内容接收方对照的名单，即在网上发现盗版视频之后，客户将Nexguard协助提取出的水印，通过和Global Manager里面的水印进行比对之后，就能够知道对应的是哪一家接收方。

对于B2B和B2C，Nexguard都供了不同的解决方案使Nexguard产品能够尽量融合到客户现有的工作流程之中，减少客户的额外劳动。针对不同的工作流程，Nexguard有不同的水印插入工作流程，可以在转码过程中进行植入水印的镶嵌，整个过程是伴随着文件转码同时进行的，之后生成的文件中水印就已经镶嵌完毕。

针对地方电视台和播放平台等相关B2B用户，若无水印保护，在地方电视台或其他播放平台收到视频内容进行解码之后就不存在任何保护措施，之后若出现盗版，盗版源根本无从查起。如果使用水印技术，那么分发给各地方电视台或播放平台的视频内容就都是镶嵌了独一无二水印的，后续若出现盗版也可以及时定位到盗版源头。另外，水印技术也可以根据不同的信号源来区分各个视频副本。就目前情况来看，发行方式主要有卫星发行、地面发行和在线发行三种方式。客户可针对三种不同的发行信号来源在加码过程中设置不同的水印，如果之后出现盗版，可以通过水印来判断泄露渠道。

在付费电视和网络视频领域，水印也十分有必要。其必要性体现在付费电视和在线视频所提供的内容往往价值较高，如点播视频、影院内容和体育赛事直播、转播。对于这类视频资源，如不加以保护，一旦造成盗版，造成的损失往往较大。而许多大型电影制作公司已经意识到了这一点，例如MovieLabs就在内容保护的技术要求中加入了水印。若无水印保护，在电视台把节目发送给订阅用户之后，订阅用户可以肆意进行盗版。在添加水印之后，个人订阅用户的盗版行为虽然不能被遏制，但是电视台可以快速确定盗版源。在客户方面可使用硬件添加水印，可以直接在智能电视及机顶盒上进行植入；还可以通过服务器添加水印，在点播视频提供商处利用服务器添加水印之后再发送给个人移动端。现在网络盗版现象日益猖獗，各种盗版手法也日益翻新，但不论使用何种手段，盗版方始终无法将水印从视频内容中完全移除，这也使得水印成为保护版权方权益的重要武器。

在整个辨别盗版的过程当中，提取水印并确定水印对应的视频接收方是关键，Nexguard 也提供了比较完善的水印探测工作流程。当版权方在网上发现了盗版的视频之后，可将盗版的视频内容下载下来然后上传至 Nexguard 24 小时运行专门分析 Portal 当中，在 Portal 中可以提取出视频中包含的水印，对盗版视频进行分析，随后形成分析报告回传给版权方。依据盗版视频质量的不同，提取水印的时间可能从几秒钟到几分钟不等，如盗版视频质量较差，则 Portal 需要相对时长较长的盗版视频文件来进行提取分析。在版权方拿到分析报告之后，可自行去 Global Manager 中对比水印对应的视频接收方，Nexguard 只能提取水印而无法得知对应方是谁，所以可以保障版权方的信息安全。

综上所述，在视听行业发挥作用的主要是数字指纹技术、数字水印技术。数字指纹技术的主要优势是通过对接收者权限的管理实现版权保护，数字水印技术重在对版权所有者的权利确认和盗版源的追踪。从未来发展趋势看，数字指纹技术、数字水印技术能够对接收端口的权限进行有效管理，相对来说内容生产者对版权有较大的自主管理权，会成为主要的数字版权保护手段。

（二）网络视听行业运用 DRM 的主要方法

1. 依托各自特点选择 DRM 技术

视频网站版权保护技术目前尚未形成统一标准，不同网站大多根据自身需求选择合适的技术产品。选择主要基于三方面的考量：第一，达到好莱坞认证的 DRM 保护标准的产品，以便引进国外片源；第二，由于视频网站本身要对 DRM 产品进行技术评估，因而采用的技术必须与网站本身的生产以及播放体系相对接；第三，商务因素，包括价格、风险、技术支持等。

表 19 国内主要视频网站数字版权保护技术应用情况一览

视频网站	技术描述
CNTV	外国公司的 DRM 技术，地域数字版权保护技术，Vadio DNA（“影视基因”比对技术），防盗链，数字水印
爱奇艺	Adobe Flash Media Server，Marlin DRM，Nexguard DRM
网易视频	Adobe DRM，SONY DRM，自主研发的技术
腾讯	Marlin DRM
乐视	乐视终端，VideoGuard Everywhere DRM

如表 19 所示，整体来看，视频网站多以引进国外成熟方案为主，这主要是因为国内自主研发起步较晚，早期只能使用国外的 DRM 产品。2004 年 ChinaDRM 成立，研究探讨中国数字媒体版权管理的应用需求、解决方案、技术标准、发展方向、发展战略及其与国家数字媒体发展密切相关的问题，关注最新的 DRM 技术动态。技术公司太和、数码视讯、艾迪德等，以及五大电视机厂商都在研发 DRM 产品，打造内容安全体系。国内在 DRM 技术自主研发方面的尝试开始增加，未来将会为视频平台提供更多的选择机会。

2. 在分发、播放环节重点应用 DRM 技术

若要实现对内容的 DRM 保护，理想状态下，内容制作、内容发布、内容传输、内容消费的整个数字发布链条都应得到全方位的技术保护。但在实际应用中，视频网站主要在分发、播放环节重点应用了 DRM 技术。一方面，由于成本原因，在重点环节进行重点保护，性价比相对较高，效果也更为显著。另一方面，控制了分发、播放环节，基本上就遏制了盗版状况的发生。这主要是基于视频网站整体上是作为一个内容播出和运营平台的性质决定的。具体而言，多数主流视频网站获取内容资源后，开始运用 DRM 技术进行加密转码和分发，分发至 CDN 网络上的内容是加密的，最后传输到用户端的内容是加密的。播放流程是播放过程中要解密，但整个解密流程不会被破坏，解密的 key 完全受保护。因此，在分发、播放环节采用 DRM，基本上就遏制了视频网站的盗版现象。目前，视频网站在分发、播放环节对 DRM 的应用较为普遍，应用效果也比较好。

3. 运用 DRM 硬件保护高清、高价值资源

当下，部分商业视频网站引进了相当体量的好莱坞 4K 影视资源，海外内容供应方对版权内容的维护标准极高，倒逼各视频网站对重金购入的高清、高商业价值的资源进行 DRM 硬件保护。所谓 DRM 硬件保护，相比软件保护成本更高，为了防止针对终端的破解，DRM 选择把全流程都放在一个可信的硬件环境当中，解密、解码均通过硬件完成，可以抵御侧信道攻击，对解码后的信号流提供信道级别的保护。而对一些常规内容资源，基本上是“裸奔”。不能对所有资源全面推广的主要原因在于，DRM 按点击次数计费的方式导致保护成本过高，成本与实际效益之间很难达到平衡。一旦点击率攀升也意味着 DRM 成本随之增长，直接导致了视频网站难以对所有资源一致采用 DRM 保护。

4. 点播 DRM 保护较为充分，直播仍是清流

视频网站存在直播、点播两种主要的内容播出形式，而对其进行保护的难度也有所不同。如在直播大型赛事等节目时，对于直播流的保护需要 DRM 技术对其进行持续的解密；而对于点播内容，加密和解密只需在产生播放行为时进行一次。因此，直播、点播对 DRM 技术要求存在差异。相比之下，对直播的保护要更严密，难度也更大。当下视频网站的情况是，对点播的 DRM 保护相对比较充分，而对直播流的保护则缺乏一个规模性的系统，导致大多数直播仍是清流。但直播流是网站重金购入的体育赛事或大型演唱会等，商业价值高，一经盗播其损失也十分惨重，这也是视频网站在应用 DRM 技术时十分棘手的问题。

四、未来：DRM 使用方与生产方的应对策略

不难发现，DRM 能够有效保护数字内容产业链中各个环节的利益，能促进数字内容消费体系有序管理，必将逐渐成为数字媒体产业的关键性技术基础设施。[①]

①范科峰、莫玮、曹山：“数字版权管理技术及应用研究进展”，载《电子学报》2007 年第 6 期，第 1139~1147 页。

同时，DRM 技术的引入虽然有效地解决了版权保护问题，但如何进一步将数字版权保护系统更好地融入实际工作环境中，提高相应产品在行业中的实用性，是推动视听行业大规模应用 DRM 技术的关键所在。因此，DRM 的应用仍需在生产、使用两方面重点努力。

（一）生产方提升 DRM 产品的适配性

针对具体应用场景，DRM 产品在实际应用中与使用方还存在多处不适配的情况。生产方应及时跟进业界应用动态，提升 DRM 产品的适配性，加强产品与实际需求的对接，进一步提高 DRM 技术的实用性。

第一，优化 DRM，提升用户体验。DRM 的使用，应当是以不影响用户消费体验为前提的。当下的 DRM 产品尚未达到要求，在编码解码速度、播出质量等方面还有很大的优化空间。

第二，将编码技术与 DRM 结合，从内容生产源头对其进行版权保护。

第三，控制 DRM 采用与日常维护的成本。一个良好的 DRM 系统应该尽量避免由于技术本身造成费用的增加，从而使媒体节目保持在较低的价格水平。

第四，进一步压缩 DRM 大小，适配各个媒体平台。当下的 DRM 产品，由于本身文件过大，导致搭载 DRM 产品的内容在新媒体平台不能正常上线。

第五，加强数字水印的盗版跟踪功能，提升鲁棒性。当下的水印产品，不能完全做到盗版追踪，仍存在破解风险。

（二）使用方完善对 DRM 技术的运用

视听行业中，广电系统仍普遍应用 CA 这一适用于单向传输时代的技术，DRM 仍未推广开来；视频网站则是受好莱坞等国外内容方的倒逼对其进行高效的 DRM 保护。而随着付费、会员制度、自制内容等商业价值的提升，DRM 技术必然要对不同层次的内容进行全面的保护，硬件保护、软件保护等融合使用。因此，使用方应逐步完善对 DRM 技术的采用，在使用中有针对性地提出技术需求，帮助生产方进一步提高 DRM 的实用性。

1. 电视台：完善指纹技术，加快数字水印等盗版追查技术的实施步伐

指纹技术是电视台目前应用最为广泛和成熟的版权保护技术，它有其自身的独特性，简便易使用，能够较快处理盗播搜查。因此在电视台的资源配置规划内，该技术依旧能为版权保护提供相应的支持。同时，为了应对越来越严峻的版权保护形式，电视台可逐步加快采用数字水印技术等盗版渠道追查技术的实施步伐，使其协助电视台管理分发渠道的版权权限，防止非法传播，从关键环节上消除盗播的可能性，进而保障好电视台版权方的权益。

2. 视频平台：根据平台特性选择保护技术，从多环节切入保护版权

国内网络视频平台大多采用的是数字指纹技术，从国内外现有视频平台技术采用现状看，版权技术在进一步完善，但行业内尚未明确权威性的技术，各平台都是根据自身特点和经济性进行取舍。较简便的追查盗播的做法是，每一个平台上的用户须注册，得到唯一的身份信息，再结合技术手段监测或追查其是否为盗播源。

博弈·破冰·共赢

——从广播电视版权付酬透视著作权集体管理制度建设

毛武群

毛武群，西北政法大学法律硕士，现供职于陕西广播电视台。在《今传媒》《中国广播》《中国广播电视学刊》等刊物发表多篇论文，包括《西部广播电视媒体版权管理现状及前景分析》《媒资管理当版权先行》《广播电视媒资版权状况及工作思路》《广播电视媒体经营管理困境与建设路径》等。

著作权集体管理起源于18世纪下半叶的欧洲，迄今已有200余年的历史。然而，对于我国而言，著作权集体管理尚处初步施行、制度探索阶段。我国已颁布实施的《著作权法》《著作权法实施条例》及《著作权集体管理条例》等法律法规均对著作权集体管理进行规范；2009年11月，国务院第566号令《广播电台电视台播放录音制品支付报酬暂行办法》（本文以下简称《录音制品付酬办法》）正式公布，对于广播电视媒体来说，“白吃多年的午餐”自此需要买单。

笔者试从近年广播电台、电视台版权付酬的工作实践出发，对我国著作权集体管理制度建设提出几点看法，希望能够促进广播电视媒体与著作权集体管理组织的合作共赢。

一、利益博弈推进版权付酬

（一）版权付酬的艰苦谈判与利益博弈

1992年，我国第一个著作权集体管理组织——中国音乐著作权协会（本文以下简称音著协）成立。自《录音制品付酬办法》颁布之后，音著协曾与全国广播电视媒体就音乐作品版权付酬问题进行过多次切磋，然而双方达成付酬协议的过程并不顺畅。例如，2010~2013年间，全国广播行业曾派代表与音著协就广播电台使用音乐作品版权付酬问题进行过五轮艰苦谈判，但双方却迟迟不能达成协议。不能达成协议的主要症结在于：各广播电台代表对《录音制品付酬办法》中所确立的付酬方式和付酬标准存有疑义；由于广播电台均无成熟的音乐作品播放统计技术，无法履行音著协根据《录音制品付酬办法》要求提供所谓“播出清单”的义务；音著协不同意签署“兜底条款”，即“电台所属广播频率在授权范围内使用音乐作品被第三方诉称侵权，由音著协承担法律责任”；音著协不同意提供音乐作品版权付酬查询平台。

2012 年，在中国广播版权委员会、电视版权委员会的组织促进下，我国广播电视业界与音著协签署了《关于音乐作品一揽子使用的合作协议》。此付酬协议能够签署，首先，来自音著协对全国广播电视媒体在以上所述“兜底条款”上的让步；其次，双方完全打破了《录音制品付酬办法》的付酬模式，以维护己方利益为立足点，在付酬标准、权利保障、风险规避等主要内容上进行了大量创新，如双方共同创造了以广播电视媒体广告年收入为数额基础，以媒体所处东、中、西部地域来划分不同比例的付酬模式；协议确定了五年有效期限，为后期付酬适应市场变化做好谈判铺垫；为体现对少数民族、少儿媒体的保护，协议添加了相关倾斜条款等。可以说，《关于音乐作品一揽子使用的合作协议》最后的签订，是以双方都能接受的方式，自行创造了一套适合广播电视运营规律的付酬规则，十分难能可贵。

然而，协议签署，仅走出了“万里长征”第一步，这套规则还必须经过实践的检验，在后续的坎坷执行中发现问题、解决问题，从而完善提升。事实上，该协议的执行仍然是颇费周折。

（二）付酬协议的执行大费周章

广播电视《关于音乐作品一揽子使用的合作协议》签署后，出现了大量广播电视台拖延付酬的情况，致使音著协不得不安排专人负责督促各台按协议约定进行付酬。这成为延续数年的拉锯战，也是近年音著协一项最为烦琐和艰难的工作。2014 年音著协先后向 14 家未付酬的电台、电视台发出了催款律师函；之后，音著协又安排法务部门启动诉讼程序，多次与广播电视台就催缴付酬款项问题对簿公堂，如 2015 年，音著协提起 10 桩音乐作品广播权诉讼，被告方涉及厦门、济南、南京、宁波、广州、苏州等多地广播电视媒体。

上述广播电视媒体与音著协多年在音乐作品著作权领域的博弈，其深远意义在于：提升了广播电视媒体版权权利意识，创造性地丰富了著作权集体管理的方法和内容；借助实践挖掘出著作权集体管理面临的现实问题，也凸显了当前制度建设的难点和缺陷。

二、版权付酬困境凸显管理制度缺陷

（一）著作权集体管理制度的不足

为什么著作权集体管理组织针对广播电视媒体推进版权付酬工作如此之难呢？除了部分媒体版权权利意识缺失，还有就是广播电视媒体对以音著协为代表的著作权集体管理组织在权力范围、服务效率、运营状况等方面心存质疑。通过以上所述的付酬博弈，代表性地凸显出我国著作权集体管理组织在从事著作权管理过程中的诸多缺陷。总结起来，主要包括以下几项。

首先，音著协作为我国唯一有权许可广播电视媒体使用音乐作品的著作权集体管理组织，其身份的确认来自行政许可，其代表的会员范围狭窄、类型单一，目前全国会员数量仅限于七千多人，管理的作品量也十分有限，对外版权合作业务开发乏力。鉴于音著协的垄断性，我国广播电视媒体无可选择地与音著协签署了“一揽子协议”，且在协议中明确了兜底条款。然而，实际情况却是，音著协因其管理的作者、作品数量及管理能力的限制，使广播电视媒体实质上难以规避音乐著作权侵权的法律风险。

其次，音著协负责向其委托人——广大音乐作品著作权人转付版权费用，却因其未建立公开公平的付酬模式，又缺乏为广大音乐著作权人所认可的管理机制，而导致其付酬公信力严重不足。

最后，对于音乐作品的信息网络传播权和表演权等相关权利，音著协迄今也并未获得全部会员的授权，导致与音著协签约的广播电视媒体在现场表演、网络等相关领域对音乐作品的使用十分受限。

（二）音著协管理存在的问题

1. 版税信息不充足、不明晰

据央视《一线》栏目播出节目《音著协首度公开回应“退会”事件：我们的账目明细比国际标准还高》报道，著名音乐人王晓峰曾出示一份他从音著协那里得到的版税通知单，单子上除了扣税和实付金额外，并没有使用者究竟支付给音著协多少钱的明细。王晓峰因此对音著协分配版税的方式和比例提出质疑。

《人民日报》消息也曾提到，很多著作权人都曾要求过著作权集体管理组织将账单明细实现公开透明，但是，著作权集体管理组织往往借口自己所负责的著作权人太多，公开是一件成本很高的事情，可操作性低，予以拒绝。[①]

2. 版税金额与著作权人的预期差距太大

《涛声依旧》的词曲作者陈小奇曾在 2012 年“晒”出了刚到手的版税单，总额不到 3 万元。他认为“在香港，好的词曲作者每年都能拿到几百万港元的版税收入。”香港作曲家及编曲家顾嘉辉“有多少年没写歌了，但每年还有超过 20 万元的收入，老歌还是能收到那么多版税。”陈小奇认为，按正常情况，音乐人应该靠版税生活，写一首好歌就能换来一年的潇洒，但现在的条件的确做不到。音乐人靠版税生活依然是一种奢谈。[②]

3. 缺乏公信力，管理成本存疑

因音著协的版税分配一直不向社会公开透明，故此遭到大量著作权人以及作品使用方的质疑，被指“集体管理组织过高管理费”。“在权利人看来，集体管理组织的收费和分配过程都不透明：权利人的作品究竟被哪些机构使用了多少次？管理成本和收费成本究竟在总收入中占了多大比例，被用在了什么地方？诸如此类的问题，包括音著协在内的集体管理组织其实一直并未能很好回应。”[③]

正是由于著作权集体管理组织在版权费用分配、使用上的不公开、不透明，使著作权人和使用者（包括部分广电媒体）对著作权集体管理组织产生了一定程度的信任危机。

①杨旭、马龙：“《涛声依旧》词曲作者微博‘晒’版税账单：‘好声音’要给好价钱”，载《人民日报》2012 年 11 月 28 日第 13 版。

② 同上。

③张贺：“郑钧唱自己的歌竟成被告 音著协为何不招待见？”，载《人民日报》2013 年 4 月 26 日。

4. 著作权信息查询与统计不能满足需求

音著协至今未能建立起完整的会员音乐作品著作权信息查询系统和著作权作品使用统计系统。其所建立的会员网站，因其会员创作的作品资料统计不完备、资料播放下载不同步，导致可查询的作品内容、数量远远不能满足媒体日常使用需求和著作权人的版权费用查询需求。这一现实情况大大打击了媒体与著作权集体管理组织签约、向其付酬的积极性。

（三）音乐作品版税收缴方式仍有缺漏

《录音制品付酬办法》规定的付酬方式有两种：一是以使用作品时间总量乘以单位时间付酬标准；二是广告收入去除15%的成本，再乘以《录音制品付酬办法》第5条规定的相应付酬标准。应该说以上两种付酬方案在广播电视媒体音乐作品版权付酬实践中基本都面临无法履行的问题。

第一种模式，其根本在于确定广播电视媒体使用音乐作品的时间总量。就眼下来说，无论是音著协还是广播电视媒体，均无法创建、推出准确严密的音乐作品使用量统计系统，所以这一付酬方案在实践中并未采用。

第二种模式，因《录音制品付酬办法》规定的比例无法得到广播电视媒体的认可，导致广播电视媒体与音著协的谈判历经多轮才迟迟定稿，最终是采用双方自创的付酬模式、比例执行。自创模式不可回避的缺点在于：付酬模式、比例、数额处于不稳定状况，双方任何一方提出异议，就需要投入精力再次进行谈判博弈。这种拉锯战漫长持久、耗费精力，加剧了音著协与全国广播电视媒体的相互指责和相互质疑，使双方的信任度随着利益交涉的增多而愈降愈低，甚至诉诸公堂，使双方的合作意识离携手共赢的美好愿景愈行愈远。

三、依法管理亟待制度破冰

（一）著作权集体管理制度当前面临的主要问题

我国现行的著作权法律法规能否有效规范著作权集体管理当中的法律关系、法律行为，能否通过法律法规的相互衔接、补充，最终成就一个著作权集体管理法律制度体系，这些都需要极高的立法智慧。笔者浅见，认为针对著作权集体管理的法制建设，目前主要有三方面的问题。

1. 著作权集体管理组织应从“强制管理”向“私权自治”方向发展

（1）音著协的“强制管理”特征。

无论是何种制度规范，著作权集体管理组织要施行“管理”权能，首先需要明确的就是，著作权集体管理组织的法律地位，以及其与著作权人的法律关系。

我国《著作权集体管理条例》第 3 条规定，著作权集体管理组织，是指为权利人的利益依法设立，根据权利人授权、对权利人的著作权或者与著作权有关的权利进行集体管理的社会团体。同时，《著作权集体管理条例》又通过多个条款明确规定这一“社会团体”的设立必须经国务院著作权管理部门的批准，其管理活动必须在著作权行政主管部门的直接监控下开展进行。由此可见，我国著作权集体管理组织绝不同于普通的社会团体，其身份显示出浓厚的“强制管理”特征，是与公权力紧密联结，受到公权力管理、监督的特殊的社团组织。

客观地说，我国著作权集体管理组织在实际工作中呈现的“强制管理”特点在著作权集体管理制度推行初期对提升效率有一定益处。然而，依笔者浅见，保证效率绝不能以伤害著作权法律法规的公平公正，阻碍著作权法律保护体系的未来发展为前提。因为现代著作权法，其立法意图是尊重作者，鼓励创作，平衡作者、传播者和使用者三方利益。著作权集体管理制度的构建、施行也不能脱离这样的立法思想。

（2）集体管理组织宜向“私权自治”方向发展。

第一，权利人、使用者对著作权集体管理的选择权缺失。从近几年音著协对音乐作品开展著作权集体管理的实际情况看，权利人面临的选择只有两个：一是成为音著协会员，其作品著作权被管理；二是退出会员身份，拒绝自己的作品著作权被管理。作为著作权人，第二条实际上很难做到，因为音著协与使用者的授权协议，通常采用签订兜底条款进行风险代理的模式。碰到作品著作权被侵权情况，权利人只会迫于音著协的强势地位选择和解，或者拘于维权的成本而忍气吞声。从使用者角度来说，则根本没有选择：只要其需要正常播放、使用音乐作品，就唯有和音著协签订授权使用合同这一条途径，否则，侵权风险在所难免。

第二，权利人、使用者对著作权集体管理组织的管理行为均难以施行监督和约束。《著作权集体管理条例》第31条明确规定，著作权集体管理组织的资产使用和财务管理受国务院著作权管理部门和民政部门的监督。作者、使用者对著作权集体管理组织的监督，只能通过向国务院著作权管理部门检举、举报来实现。这样的制度设计对权利人和使用者行使监督权提出了“准确举证”的要求，而类似授权合同、财务报表、作品使用记录、使用费发放数额等重要证据，唯有从被检举、举报方——著作权集体管理组织才能获得。对于权利人和使用者来说，看似被法律赋予监督权利，真正实现起来却困难重重。

第三，著作权集体管理组织完善管理手段、提升服务效率后续乏力。著作权集体管理组织依法获得了优势地位，无须为提升服务水平、完善管理手段、提高维权效率而倍加努力，更不可能对以上三项工作投入资金开启后续建设。著作权集体管理组织在中国的业务开展还处在起步摸索阶段，从法律建构、运营模式、硬件搭建几个方面都需要通过实践不断予以完善。然而，实际情况却是，著作权集体管理组织陷于收缴版权使用费、参与版权诉讼等具体事务中难以自拔，其在提升服务水平、完善服务措施方面几年来成效寥寥。这显然不利于著作权集体管理制度在中国的长远发展和成长壮大。可喜的是，2016年6月22日，民政部、国家发展改革委联合发布了《行业协会商会与行政机关脱钩联合工作组关于公布2016年全国性行业协会商会脱钩试点名单（第二批）的通知》，根据该通知，包括音著协在内的五家著作权集体管理组织全部被列入脱钩试点名单。此举对于消除著作权集体管理组织的“强制管理”特征，确其位、明其职，推动其以市场身份开展工作具有重要意义。

最后，应坚持“私权自治”原则，免除著作权集体管理法律法规的强制性条款。著作权和邻接权均为私权，依法应该由权利人自行支配。相对于著作权集体管理组织而言，分散而维权能力不一的作者完全处于弱势地位。笔者以为，对于作者权利的保护，首先要保护作者进行著作权“授权”的自由。WIPO相关条约同样确定，著作权的集体管理应由作者任意选择，而绝非强制。著作权作为知识产权的一种，无论采取什么样的管理方式，其私权性质都不可能改变。权利人针对著作权可以选择行使权利或者不行使权利，可以选择授权的对象、方式、范围。所以说，对著作权人的权利进行集体管理，一定要本着自愿原则；强制著作权人许可著作权集体管理组织管理其权利，违反了私权自治的法律精神，是对著作权人私权的侵权行为。

2. 应加强规范著作权集体管理组织自身的管理运营行为

《著作权集体管理条例》第三章、第四章分多个条款对我国著作权集体管理组织的机构设立和管理活动进行了规定。然而，其中存在的不明确、不成熟、不便于执行之处，导致法律制度对集体管理行为的实际约束缺乏力量。

如《著作权集体管理条例》第28条规定，著作权集体管理组织可以从收取的使用费中提取一定比例作为管理费，用于维持其正常的业务活动。这个“一定比例”是多少？没有明确标准。其实，作为立法机构，对管理费比例的确定并非无据可查，如美国音乐著作权协会（ASCAP）管理费扣除比例最高在20%左右，之后一度下降，2004年曾达到13.5%。在立法中就管理费提取给予一个比例范围的规定，应该可以做到，更有利于法律的执行。

另外，《著作权集体管理条例》第29条规定，著作权集体管理组织收取的使用费，在提取管理费后，应当全部转付给权利人，不得挪作他用。然而《著作权集体管理条例》却并未规定集体管理组织在收取著作权使用费后如何返还著作权人；通过“一揽子协议”打包方式收取的许可费用，如何在具体著作权人之间进行公平分配，也没有明确的规范。

类似以上法律规定的不完善之处，我国现行的《著作权法》和《著作权集体管理条例》中还存在不少。

（二）著作权集体管理制度修订的具体建议

1. 关于我国《著作权法》修法的建议

目前，我国对于著作权集体管理进行直接约束的法律条款，主要存在于《著作权法》《著作权法实施条例》《著作权集体管理条例》等法律法规当中。

以社会各界广泛关注的《著作权法》为例，曾历经两次修订，其第三次修订的草案尚在审议当中。对于 2014 年的《著作权法》修订草案送审稿涉及著作权集体管理方面的内容，质疑之声主要体现在以下方面。

送审稿第 64 条规定，著作权和相关权权利人依据本法第 14 条和第 40 条享有的获酬权，应当通过相应的著作权集体管理组织行使。这项规定对著作权人实现自身权利具有强制性约束。有法学家建议，此处的“应当”改为“可以”较为合适，允许著作权人对行使权利进行自主选择。

送审稿第 62 条规定，著作权集体管理组织应当根据管理的权利提供使用费标准，该标准在国务院著作权行政管理部门指定的媒体上公告实施。于是，有著作权人提出意见认为：著作权使用许可费标准不能由著作权集体管理组织一家说了算，建议创立由著作权人参与的使用费标准论证机制，为权利人发表意见提供途径。

送审稿第 65 条对“两个以上著作权集体管理组织就同一使用方式向同一使用者收取使用费”的情况予以规定，明确“应当共同制定统一的使用费标准，并且协商确定由一个著作权集体管理组织统一收取使用费”。这样的规定，明显体现出在著作权集体管理问题上的排除、限制竞争的思路，具有鼓励垄断之嫌。

立法思路的偏差将可能使著作权集体管理出现重大的制度缺陷，以致进一步加剧矛盾，伤害整个行业的发展。所以，《著作权法》立法、修法工作至关重要，将为著作权集体管理确立基本原则。只有制定合乎实际需求的《著作权法》，才能为下一位阶法律、法规、规章的制定和完善铺平道路。

2. 关于修改完善《著作权集体管理条例》的建议

现行《著作权集体管理条例》于 2005 年 3 月 1 日颁布实施，标志着中国著作权集体管理制度自此正式建立。《著作权集体管理条例》共分为七章 48 条，其特点是针对性强、规定详尽。

《著作权集体管理条例》明确规定，著作权集体管理组织，是指为权利人的利益依法设立，根据权利人授权、对权利人的著作权或者与著作权有关的权利进行集体管理的社会团体。因此，在对著作权实施集体管理的体系架构搭建过程中，须时刻明确我国著作权集体管理组织的市场主体地位，并作为市场主体参与著作权交易。因此，只有正确地将著作权集体管理组织定位为市场交易主体而不是行政管理主体，才能够保证其投入更多精力致力于发展会员、完善服务等基础建设。

3. 关于强化著作权集体管理制度建设、完善管理手段的建议

第一，引入集体管理组织竞争机制。凡是经国家版权管理行政机构批准的著作权集体管理社会团体，享有同等权利。通过充分市场竞争，优胜劣汰，著作权人和媒体均有自主选择著作权集体管理组织的权利。

第二，著作权集体管理组织的服务制度化。在服务会员过程中，完善会员著作权代理的工作流程，促进广大著作权人权利管理的规范化；在与媒体合作中，规定为媒体及时提供作品版权信息措施，帮助媒体避免侵权风险等。目前，我国著作权集体管理组织的“管理”主要集中体现在许可证的发放、收费和分配步骤上，面对数以百万计甚至更多的作品数据库，如何确定收费和分配的规则并能付诸实施，才应该是集体管理组织当前最重要、最迫切的工作。

第三，将审查、审计制度引入著作权集体管理体系。应指定监管机构定期对集体管理组织的工作进行审查；审计机关定期审计其账务往来、收支；集体管理组织定期向广大会员公开日常账务等。通过各项措施保障著作权人的利益在多重监督下不受侵害。

第四，应大力完善著作权版税计费方式和技术建设，为后续著作权集体管理的准确化奠基。

四、遵法守约推进双方共赢

（一）广播电视媒体应从长远出发，积极推进著作权集体管理制度的建设和执行

1. 守法为先，要严格履行与音著协为代表的著作权集体管理组织共同签署的付酬协议

应该说，广播电视媒体开展版权付酬是大势所趋，与著作权集体管理组织签订一揽子协议是中国广播、电视两个版权委员会的大多数成员台认为比较便于操作的形式。是否参与集体签约由各台自行选择；但只要同意协议内容，参与签约，就必须履约；今天如此，以后更要如此。否则不但给自身运营埋下法律风险，还会给两个版权委员会与著作权集体管理组织的后续谈判造成不利影响，可以说是以不诚信和一己之私伤害著作权集体管理制度的实施和发展。

2. 从自身做起，应完善对自身所有的频率频道、网络平台、移动传媒、手机传播渠道的著作权管理

现代的广播电视媒体传播渠道呈现多样化特征，须对著作权作品的使用采用分发方式，完成全方位、多形式、多渠道广泛传播。媒体将自身对著作权作品的使用进行管理统计，做到心中有数，这是必须要走的一条路。广播电视媒体要发展，绝不能取小利而失大义，须从完善自身的版权管理开始，与著作权集体管理组织深化合作，以最小成本为多渠道分发铺平道路、扫除障碍方为正道。

3. 提高能动意识，应积极通过实践从作品使用方角度对著作权集体管理制度提出建设性建议

我国的著作权法律法规及著作权集体管理制度在我国建立均属初创，主要条款的制定大多来自相关行政管理机关和著作权研究领域的意见，所以出现法律规范的不明确、不合现实、行政化等问题尚属正常。迄今，著作权集体管理制度的建立已有时日，作为著作权作品的使用者，广播电视媒体在制度的履行过程中碰到了不少问题，也积累了诸多经验，对著作权集体管理制度提出意见和建议，是推进制度发

展的良好方式，也是广播电视媒体对我国著作权集体管理工作的大力支持。

（二）著作权集体管理组织须搭好共赢平台，实现我国版权管理水平的切实提升

1. 要强化对著作权保护的宣传，提升著作权集体管理的服务水平

我国著作权集体管理组织起步晚，历练少。尤其首当其冲的是音著协，其开展著作权集体管理这第一步成功与否，至关重要。从近几年情况看，音著协着重推进的催收使用费、开展侵权诉讼工作取得了一定成效，但从长远看，此非长计。

长期依靠催讨欠款，大量启动诉讼等救济手段，易把使用者和集体管理组织逼到对立的位置，也会使著作权集体管理工作越来越被动。著作权集体管理组织目前应该正视管理当中的弱项，着眼于宣传效应和服务水平的提升。只要有服务意识，就能产生共赢手段；依靠法律暂时的“强制”规则，仅限于收费，难以持久和长远。

2. 应严格执行《著作权法》《著作权集体管理条例》等法律法规要求，不得越权进行著作权管理；规范管理费的提取和使用，坚守非营利机构的定位

我国著作权集体管理组织均依法设立，其开展业务的范围、管理方式、管理费提取使用是否合法，近年颇受质疑。《著作权集体管理条例》对著作权集体管理组织的设立、活动、监督、法律责任均有详细规定，但在集体管理组织代理行权须经“权利人授权”，“表演权、放映权、广播权、出租权、信息网络传播权、复制权”等“可以”由权利人选择“由著作权集体管理组织进行集体管理”等方面，还有争论。所以，著作权集体管理组织在开展管理时还需注意不得越权管理。

管理费的提取和使用，虽然《著作权集体管理条例》只模糊地规定了“一定比例”，但是按照国际惯例来说，著作权集体管理组织一定是非营利性质。本着这个原则开展业务，著作权集体管理组织方可得到信任，才能坦然应对质疑。

3. 需大力提升著作权集体管理的技术手段，创建符合现代权利人和使用者需求的版权作品使用记录系统和版权信息查询系统

现代计算机信息技术为准确记录、查询著作权作品资料，开展全方位的著作

权信息管理提供了可能性。而目前以音著协为代表的著作权集体管理组织建设的信息平台，内容更新慢、信息疏漏多、功能单一、版税发放信息无法同步，长时间以来被权利人和使用者诟病。著作权集体管理组织亟须提取部分管理费进行专项投入，用于技术系统的研发建设，此举有利于完善管理方式、提升管理能力，更利于权利人及使用者对其管理行为实施监督。

总之，著作权集体管理的完善开展，靠的是使用者广播电视媒体与权利人代表方著作权集体管理组织的共同磨合、努力、成长。在这个过程中，需要随时监控和反思问题、检验制度缺陷，才能造就双方合作的共赢模式，创建各方权利主体共同的发展平台，才能使著作权集体管理走上有效保护、良性循环的轨道。这才是著作权集体管理制度设计的终极目标。

03
案例篇

论电视节目的版权使用、保护与维权

——以广电行业典型版权诉讼纠纷案分析为视角

翁才林

翁才林，现为上海融力天闻律师事务所高级合伙人，战略发展委员会主任，全国律师协会知识产权专业委员会委员，版权分会负责人，中国电视版权委员会委员、欧洲独立律师联盟海外会员。代理的多起案件被最高人民法院等司法机构评为当年度的十大知识产权案件之一。

一、电视节目版权保护与维权的重要意义

近年来，随着我国文化产业的发展和国家法治进程的不断推进，广播影视行业面临着愈来愈激烈的市场竞争，同时也面临越来越多的法律风险。运用法律手段精准识别、科学防范、有效处理各种法律风险，是保障广播影视主体行业发展的重要一环。而作为广播影视主体，在面临众多的法律风险防范工作中，最为突出且尤为重要的是知识产权的法律风险防范。

2014 年，湖南卫视播出的《宫锁连城》电视剧陷入版权侵权纠纷，2013 年，江苏卫视著名综艺节目《非诚勿扰》卷入商标侵权纠纷，再到央视国际公司 2015 年将迅雷公司诉至法院，无一不透露出“版权保护”在电视行业中越来越重要的地位。

为了进一步说明知识产权尤其是著作权在广播影视业发展的重要性，笔者在一个刊载全国司法裁判文书的法律专业网站（无讼案例网）上，进行了一次随机的不完全统计（见表 20），发现在各家电视台或相关单位发生的各类诉讼中，著作权案件占据了相当大的比重。通过比对各大广播电视台涉诉案件中版权案件的占比，我们也能一窥影视节目版权保护与维权之重要性。

表 20　版权诉讼纠纷案统计

广播电视台	随机检索到的诉讼案件总数（件）	其中所包括的著作权纠纷或维权案件数量（件）	著作权案件占比（%）
央视	108	66	61.1
湖南电视台	23	15	65.2
湖南快乐阳光互动娱乐公司	2054	1642	79.9
央视国际公司	185	135	73.0
浙江广播电视集团	113	48	42.5

注：数据查自“无讼案例网”。

如表 20 数据所示，其中所列广播电视台或其旗下子公司都是当前我国广电行业中的领军者，统计其著作权案件的所占比例更具有说服力。他们的著作权案件占各类案件的比重全部超过 40%，有的甚至接近 80%。诉讼历来都是各方保护自身合法权益的最重要也是最终的手段，上述统计结果反映出版权的管理与保护，对于广电行业而言，是何等的重要。

上述一系列的案件与数据，都透露出一个讯息，那就是广播影视行业开始转变成一个以版权为制作、运营及保护核心的产业。在当前大量新媒体不断兴起并对传统媒体构成严重挑战的互联网时代，“内容为王”逐渐成为各种媒体之间竞争取胜的不二法则。而优秀的影视节目恰恰是媒体竞相追逐的最主要内容。如何制作、产生优秀的影视节目，如何最大化地开发使用这些影视节目的价值，又如何有效保护这些节目不被他人盗版使用，这其中的每一个环节，处理好了就会给广电部门带来可观的效益，处理不好就有可能导致巨大的损失。故而，在任何一家广电企事业单位寻求转型升级、突破创新的道路上，一个完善的包含影视节目版权开发、运营与维权工作在内的管理体系，已成为其今后长远健康发展的前提和基石所在。

表 21 广电单位版权管理工作的主要内容

版权运营	版权开发	影视节目制作
		影视节目采购
	版权运营使用	影视节目播出
		版权二次开发
	版权维权保护	影视节目反盗版

表 21 涵盖了电视台等广电单位的主要版权管理工作内容，及其对应的版权管理的三个重要环节，这三个环节串联起来，就可以构成一个完整的广电版权管理体系。

根据表 21 我们不难发现，电视台等广电单位若要实现全面的版权管理，首先，应当实现自主优质版权的开发制作，即制作或采购大量内容优质、权利清晰的广播影视节目或素材，并逐渐积累建成一个自主版权节目库，从而形成自己的核心竞争力。现在国内上千家电视台每天都不间断播出海量的电视节目，但其中又有多少家拥有一个庞大的有价值的自主版权节目库，就像BBC、Discovery那样，能够用来长期运营持续产生收益呢？

其次，在实现优质版权开发的基础上，再进行相应的版权运营管理。这一环节既包括自主版权的运营管理，也应当包括第三方拥有版权的版权运营管理。

最后，对自主版权节目进行合理有效的维权保护，也是相当重要的一个环节。应该说，影视节目的盗版现象，在当前的中国还是非常普遍。如若广电单位投入巨大的人力、物力、财力打造出来的影视节目，由于不懂如何开展版权维权，轻易就被他人盗用，势必会影响这些版权商业价值的实现，破坏其赖以长期产生收益的合法市场环境，最终阻碍其自身长远的健康发展。

故而，将版权管理工作深入落实到影视节目的开发制作、运营使用以及维权保护的每一步当中，全方位构建影视节目版权管理体系，对于广大电台、电视台来说，是迫在眉睫的事情。以下笔者就从发生在这三个环节的大量实际案例出发，逐一分析、阐述如何针对一些普遍发生的具体问题落实版权管理工作。本文将借助切实发生在电视台或相关企事业单位身上的一桩桩、一件件版权诉讼案件，运用案例评介的方法，力图详尽分析阐述这一版权管理体系在构建过程中可能遇到的方方面面的问题、风险与机遇及其应对之道，为广播影视行业版权事业的发展，提供一些作为参考的思路和方法。

二、版权运营使用过程中的版权保护

在版权运营使用层面，广播影视主体的运营工作，主要体现在对自有版权节目进行使用，引进他人版权节目并使用两个方面。这其中都牵涉非常复杂的知识产权法律问题，稍有不慎，就会引发纠纷、诉讼。而且这类诉讼，都是牵一发而动全身，会对广播影视主体单位的正常运营造成巨大的冲击。

为此，笔者建议，广播影视主体在开发制作完成一个影视节目后，对于如何运营这一节目，要有一个系统的规划与设计，并在这一规划中充分考虑知识产权，譬如商标、版权、反不正当竞争的因素，将影视节目版权保护理念运用到版权运营的方方面面，既防止节目播出后自身被诉导致节目被判停播或者改名，也遏制他人对自己的侵权现象，从而建立起完善的版权运营保护机制。

版权运营的第一点，应当针对版权内容进行一个完整的价值评估。价值评估应当从内容发布价值，内容变现价值，内容投入、产出等角度进行，一个完整的价值评估可以帮助广电对自主版权内容合理、分层级地进行相应的版权运营。

版权运营的第二点是版权营销，广播影视主体在针对自主版权内容评估的基础上，有选择性地将具有版权营销价值的版权内容进行制度化、规模化的营销。广电可以选择搭建自己的版权营销平台，如构建内容销售平台，与其他相关的媒体、广播影视主体进行相应的内容销售合作等。版权营销需要建立在足够的、优质的、丰富的版权内容开发基础上，且需要广电不断地进行创新与改进，最终，广电可以通过完整的版权营销机制实现版权内容价值变现以及实现新的广播影视主体营收的模式。

版权运营的第三点是版权交易，在版权营销模式的确定下，具体到每一个版权内容来看，广电需要进行具体项目内容的版权交易。在版权交易环节，广电需要针对不同的版权内容构建不同的版权交易模式，比如重点、优质版权内容可以采用独家授权给行业领先媒体的方式，利用版权内容交易相对方行业内优秀的内容传播地位，实现该项版权内容的快速化传播，进而引导用户实现内容平台关注度转移，实现广播影视主体自我平台的发展。

案例 1：节目名称的商标权纠纷

——金阿欢与电视台就《非诚勿扰》侵害商标权案[①]

案情简述

本案原告金阿欢公司经国家商标行政管理部门核准，依法取得“非诚勿扰”注册商标，核定服务项目为第 45 类，包括“交友服务、婚姻介绍”等。被告电视台电视节目名为《非诚勿扰》，与原告文字商标相同。原告遂于 2013 年诉至深圳市南山区人民法院，起诉被告在其婚恋交友节目中商标性使用“非诚勿扰”这四个字，侵犯了原告的商标权，请求法院判定被告侵权。本案二审法院认定被告将“非诚勿扰”四个字作为交友电视综艺节目名称的行为，

①中国裁判文书网，网址：http://wenshu.court.gov.cn,（2016）粤民再 447 号判决书。

能够导致公众产生服务来源混淆，认定被告构成商标侵权。被告不服法院判决，申请再审，广东省高级人民法院再审判决电视台不构成商标侵权。

法院观点

（1）电视台对被诉标识的使用是否属于商标性使用？

广东省高级人民法院认为，相关标识具有节目名称的属性并不能当然排斥该标识作为商标的可能性，而关键在于相关标识的使用是否为了指示相关商品/服务的来源。而电视台将该商标作为节目名称的行为，可以达到指示其节目来源的目的，故认定电视台对被诉标识的使用属于商标性使用。

（2）江苏电视台是否构成商标侵权？

被诉《非诚勿扰》节目系一档以相亲、交友为题材的电视文娱节目，其借助相亲、交友场景中现代未婚男女的言行举止，结合现场点评嘉宾及主持人的评论及引导，通过剪辑编排成电视节目予以播放。其服务目的在于向社会公众提供旨在娱乐、消遣的文化娱乐节目，服务对象是不特定的广大电视观众等。而第45类中的“交友服务、婚姻介绍”系为满足特定个人的婚配需求而提供的中介服务，服务目的系通过提供促成婚恋配对的服务来获取经济收入，服务对象为特定的有婚恋需求的未婚男女。故两者无论是在服务目的、内容、方式和对象上均区别明显。以相关公众的一般认知，能够清晰区分电视文娱节目的内容与现实中的婚介服务活动，不会误以为两者具有某种特定联系，两者不构成相同服务或类似服务。最终法院认定电视台对于“非诚勿扰”节目名称的使用不构成对原告金阿欢公司商标侵权。

“非诚勿扰商标侵权案”经过广东省高级人民法院的再审尘埃落定。电视台被判不构成侵权，终于赢回对“非诚勿扰”这一节目名称的使用权。经过法院对这一案件的三级审理，电视台与广电行业经历了一次过山车。由于最终结果符合广电单位与社会大众的心理预期，所以终审结果反而不像二审裁判出来时那样引起大家的广泛关注。但实际上，这一裁判结果所反映出来的一些司法观点，还是值得引起广电单位对于如何合法运营大型综艺节目这一问题的重视与思考。首先，从再审法院就“非诚勿扰商标案”最终的裁判意见来看，法院仍然认定“非诚勿扰”不仅是节目名称，同时也是一个商标。这一观点是客观、公正的，正如大众汽车公司旗下有多款汽车产品，每款汽车产品都有其特定名称，诸如“桑塔纳”“帕萨特”“高尔夫”等，但“大众”是商标，并不妨碍“桑塔纳”等也成为商标。所以“江苏卫视”是商标，同样不妨碍“非诚勿扰”等节目名称也成为商标，因为对于电台、电视台来说，广电节目就是其最典型的产品。所以，在今后的工作中，一定要重视节目的商标属性，不仅把它看成一个名字，还应该把它当作一个潜在的商标、品牌来加以对待。今后在给任何一档节目取名时，一定要将事前的商标检索和申请注册工作，作为一种常规制度加以落实。

如果已有人就相同名称申请注册了商标，尤其是在第 41 类“电视文娱节目”和第 38 类“电视播放”服务上，我们就应慎重考虑甚至尽量避免再使用这一名称了，以免今后陷入可能的法律纠纷，产生巨大损失。节目名称是否有可能构成商标，这一问题在本案发生以前可能还有所争议。但本案发生后，若再发生类似案件，节目名称，尤其是那种反复被使用、广泛被传播的品牌栏目的节目名称，被法院视为一种商标，对节目名称的使用，被视为一种商标性使用行为，将会是大概率事件。如果还没有其他人将我们所选定的节目名称注册为商标（包括提出注册申请），电台、电视台应尽快就选定的节目名称提出商标注册申请，至少在第 38 类和第 41 类进行注册。一些有志于向境外输出的节目，还应考虑申请境外特定国家或地区的商标注册。

三、版权开发过程中的版权保护

版权的开发层面，总体来说可以分为三步。

第一步，前期的开发计划的制订。广播影视开发主体，在开发制作影视节目前，应当充分搜集节目版权市场信息，调研节目开发制作的可行性及所需投入，有针对性地制订适宜后期版权二次开发使用，能够长期产生收益的版权内容开发制作计划。

第二步，明确权利与法律风险防范。在基本确定内容开发方向和内容开发模式的基础上，应当针对版权开发的目标，厘清权利关系，梳理开发所需的元素，然后进一步进行权利明确，力求确保开发该项版权无法律风险。

例如，针对广播影视主体内部人员创作的初始版权进行深度开发，应当确保与内部职工的劳动关系明确，职工创作职务作品或法人作品的权利归属或适用范围清晰，有效避免源头上产生权利瑕疵，从而导致后期的版权法律风险；而针对他人创作的初始版权进行深度开发，则应当事先签订权利义务关系明确的委托创作协议、版权转让协议或授权许可、合作开发协议等。

第三步，具体的开发制作工作。所谓谋定而后动，在前两步工作到位的情况下，这一步的成功则是顺理成章的了。以下是在这一过程中由于前两步的工作不到位，而产生的一些纠纷案例。

案例 2：职务作品判定标准

——胡某某、吴某某与上海美术电影制片厂著作权权属纠纷二审案[①]

案件简述

1985 年上海美术电影制片厂委派职工胡某某和吴某某设计了“葫芦娃”的角色造型，后胡某某先后绘制了《葫芦兄弟》的十三集台本，上海美术电影制片厂将其拍摄为影片并播放，于 1996 年将涉案影片制作成 VCD 发行。

胡某某和吴某某于 2011 年诉至上海市黄浦区人民法院，两原告诉称其实际创作了涉案作品《葫芦兄弟》，请求法院判定涉案美术作品著作权归两原告所有。法院最终判决驳回两原告的诉请，认定涉案作品著作权由上海美术电影制片厂所有。

法院观点

法院认为诉争美术作品属于“特殊的职务作品”。

第一，本案当事人双方未就系争作品权利归属签订书面合同，但属于特殊历史条件所为。应深入探究当事人行为时采取的具体形式及真实的意思表示加以认定。

第二，本案系争美术作品的创作无须高度借助被告的物质技术条件，创作的过程也不反映被告的意志，而是体现了作者独特的思想、感情、人格和意志。无论是葫芦娃造型的线条、轮廓、色彩还是服饰等的选择都体现了作者个人

①胡某某、吴某某与上海美术电影制片厂著作权权属纠纷二审案，无讼案例网，网址：http://www.itslaw.com.

的构思、选择和表达。虽然，被告陈述摄制组成员和被告的部门负责人提出过修改意见，但是并不影响对涉案葫芦娃造型作出实质性贡献的仍然是作者个人。而且从片尾的署名看，造型设计也确为两原告个人，因此涉案美术作品不应当认定为法人作品。

第三，本案两原告在创作涉案美术作品期间都属于被告上海美术电影制片厂的员工，涉案美术作品是在被告的主持下，原告为完成被告交付的工作任务创作而成，责任由被告承担，应当认定为职务作品。

第四，本案系争作品确由两原告创作，体现了二人的智力成果，对原告作为作者的人格应当予以尊重，所以判定属于特殊的职务作品，署名权由两原告享有。

本案是一起在版权开发过程的权利明确与法律风险防范环节中，影视单位针对内部人员未作版权权属约定，从而导致创作出的影视相关作品产生权属纠纷的典型案例。所幸该案发生时我国还未颁行《著作权法》，这也是法院最终判定被告不承担进一步法律责任的最主要原因。但如今的影视单位，如果再出现类似情况，肯定就不会这么幸运了。该案被最高人民法院列为公报案例是有其道理的，正确区分个人作品、一般职务作品、特殊职务作品以及单位法人作品及其相应的版权归属，对于版权开发中的版权保护和法律风险防范确实非常重要。

一部作品若被认定为个人创作的作品，那么其著作权属于个人；若被认定为一般职务作品，则著作权归作者享有，但法人或组织可以在其业务范围内优先使用；而对于特殊的职务作品，作者仅享有署名权，著作权的其他权利由法人或其他组织享有，法人或其他组织可以给予作者以奖励；单位法人作品的著作权则全部归属单位。[①]

那如何来判定一部作品是否属于职务作品呢？我国《著作权法》第16条规定，公民为完成法人或者其他组织工作任务所创作的作品是职务作品。据此，要构成职务作品必须符合两个条件：第一，创作作品的自然人必须是法人或者其他组织（本文以下简称单位）的工作人员，与单位有实质意义上的劳动或雇佣关系，包括正式工作人员、临时工、实习生或试用人员。第二，作品必须是为履行职务行为的

①李俊平、曾芳芳:《著作权纠纷案例与实务》，清华大学出版社2016年版，第69页。

需要而创作。[①]现实中，在这两点上个人与单位都容易产生争议，譬如常见的各类签约作者，与单位之间算不算雇佣关系？职工自行创作的作品被单位采用，算不算履行职务行为？预防这些争议产生的最好办法，是影视单位在与创作者个人之间建立关系时，签署一份完备的知识产权协议，或者至少在劳动或雇佣合同中加入知识产权条款。将创作者个人在被雇佣期间的身份隶属关系、工作内容、任务、范围及创作出的成果性质都约定清楚。

再进一步，即使一部作品被判定为职务作品，还要看它是属于一般职务作品还是特殊职务作品，这决定了这部作品的著作财产权的最终归属。“特殊职务作品”，即主要是利用单位的物质技术条件创作，并由单位承担责任的工程设计图、产品设计图、地图、计算机软件等职务作品。[②]本案法院最终判定“葫芦娃”美术作品即属于该类“特殊的职务作品”，著作财产权归被告上海美术电影制片厂所有，原告作为自然人创作者，仅享有署名权。但说实话，这一判定在很大程度上是基于创作当时的具体历史环境（20 世纪 80 年代，作者个人无论是从经济待遇、精神意志还是创作条件而言，都高度从属于单位）而做出的。所以创作之前的著作权归属合同约定以及创作过程中的相关证据保留都很重要。这里需要进一步提醒的是，影视单位在与作者签订授权协议时，最好进一步写明，对原作及改编后的作品，影视单位均享有全部的著作权。

如果影视节目的编剧并非影视单位的正式员工，与单位之间的身份隶属关系不明确，那就尽量将剧本协议签成委托创作协议，并在协议中明确约定所有著作权归委托方影视单位所有。这比将剧本协议签成版权许可协议要好得多。后者以原始著作权归剧本作者为前提，然后影视单位再从作者手中获得授权使用该剧本。《著作权法》第 17 条规定，受委托创作的作品，著作权的归属由委托人和受托人通过合同约定。如果双方据此约定，受委托创作的剧本归影视单位所有，影视单位就成为了原始版权人，这一地位比被授权人要高得多。所以广播影视主体在版权开发的法律风险防范这一步上，应步步慎重，全面厘清影视节目所涉所有作品的版权链条上的全部权利状况，查漏补缺，力图避免各种可能的纠纷与后患。

广播影视节目在制作中可能会大量使用他人享有版权的作品，剧本只是其中

①王迁：《著作权法》，中国人民大学出版社 2015 年 3 月版，第 225 页。

②《著作权法》第 16 条第 2 款。

之一，还有音乐、图片、视频等资料，同时节目中也可能存在大量嘉宾、艺人的表演，所有这些外来元素的作品权利和表演者权利都需要通过签署协议或确认书的形式，依据法律相关规定予以明确。一旦权利约定不清，影视节目的版权就极有可能出现瑕疵，如此隐患不可谓不大。

案例3：影视节目剧本抄袭

——琼瑶诉于正著作权侵权纠纷案①

案情简述

原告陈喆（笔名琼瑶）于1992年至1993年间创作完成了电视剧本及同名小说《梅花烙》，并自始完整、独立享有原告作品著作权（包括但不限于改编权、摄制权等）。原告作品在中国大陆地区多次出版发行，拥有广泛的读者群与社会认知度、影响力。2012年至2013年间，被告余征（笔名于正）未经原告许可，擅自采用原告作品核心独创情节进行改编，创作电视剧本《宫锁连城》，被告、湖南经视公司、东阳欢娱公司、万达公司、东阳星瑞公司共同摄制了电视连续剧《宫锁连城》（又名《凤还巢之连城》），原告作品全部核心人物关系与故事情节几乎被完整套用于该剧，严重侵害了原告依法享有的著作权。在发现被告侵权之前，原告正在根据其作品《梅花烙》潜心改编新的电视剧本《梅花烙传奇》，被告的侵权行为给原告的剧本创作与后续的电视剧摄制造成了实质性妨碍，让原告的创作心血毁于一旦，给原告造成了极大的精神伤害。原告遂于2014年诉至北京市第三中级人民法院，请求法院判令被告承担相应的侵权责任。最终两审法院均判定被告构成侵权，并判令其承担相应的侵权责任。

法院观点

（1）《宫锁连城》剧本构成对《梅花烙》的侵权。

法院综合比对两部作品的内容、人物设置及其相互的关系，以及由具体事件的发生、发展和先后顺序等构成的情节选择、结构安排和推进设计，最终认定《宫锁连城》在基本情节和表达层面与《梅花烙》构成实质性相似，本质上属于对电视剧本和小说《梅花烙》的改编。

①无讼案例网，网址：http://www.itslaw.com,（2014）三中民初字第07916号判决书。

（2）法院适用“酌定赔偿”原则，判定被告赔偿原告500万元人民币。

法院认为根据原告提起的初步证据，已经能够判定被告非法所得肯定已经远远超过法定赔偿的上限50万元，因此酌定判决被告赔偿500万元。

每天我国的上千家电视台都要播出数百集影视剧。琼瑶诉于正案给广大电视台提了一个醒，在投资制作影视剧之前，还是应对其版权权利状况作一个专业的了解和判断，尽量避免可能的著作权侵权法律风险及其导致的节目停播、投资亏损等严重不利后果。本案的两审判决书洋洋洒洒上万字，其中透露的许多信息值得我们重视与牢记。

首先，该案判决使得我们更清楚地认识到著作权法所保护的表达，在文学作品领域，究竟包括些什么。著作权法保护表达，不保护思想，而其保护的表达不仅指文字、色彩、线条等符号的最终形式，当作品的内容被用于体现作者的思想、情感时，内容也属于受著作权法保护的表达。剧本、小说等文学作品的表达，不仅仅局限为对白台词、修辞造句，人物设置及其相互的关系，以及由具体事件的发生、发展和先后顺序等构成的情节选择、结构安排和推进设计，只要具体到一定程度，能够反映出作者独特的选择、判断、取舍，作为一种完整的个性化表达，就能成为著作权法保护的对象。本案中，虽然被告所摄电视剧《宫锁连城》剧本中的人物设置更为丰富，故事线索更为复杂，但由于其包含了剧本《梅花烙》的主要人物设置和人物关系，故两审法院均认定前者是在后者作品的基础上进行的改编及再创作，从而构成侵权。

其次，该案判决告诉我们如何判断两部文学作品是否构成实质性相似。如果被诉侵权作品中包含足够具体的相似表达，且这种紧密贯穿的情节设置在被诉侵权作品中达到一定数量、比例，可以认定为构成实质性相似；或者被诉侵权作品中包含的紧密贯穿的相似情节设置已经占到了权利作品足够的比例，即使其在被诉侵权作品中所占比例不大，也足以使受众感知到来源于特定作品时，可以认定为构成实质性相似。而且，即使作品中的部分具体情节属于公共领域或者有限、唯一的表达，但是也并不意味着这些公有具体情节与其他独创情节的有机联合整体，就不能构成著作权法保护的表达。部分情节不构成实质性相似，并不代表整体不构成实质性相似。

再次，从该案的判决中可以得知，“停止侵权”仍然是著作权侵权案件中法院判决所采用的首要和基本的救济方式，侵权人不承担停止侵权责任是一种基于利益衡量之后的政策选择，是一种例外情形，只在少数情况下被严格适用。而是否对权利人的停止侵害请求权加以限制，主要考量的是个人利益之间的利益平衡以及个人和社会公众利益之间的平衡。本案法官在作出是否支持原告提出的停止侵权即停播侵权节目的诉请的决定时，具体是从以下几个方面进行了判断并作出了判令被告停止继续传播涉案侵权影视剧的判决：第一，权利人和侵权人之间是否具有竞争关系。第二，侵权人市场获利是否主要基于对所侵犯著作权的行使。第三，权利人维权的主观积极性以及侵权人停止侵权的实际可行性。第四，判令停止侵权是否会损害社会公众利益。

最后，两审判决除了说理充分，给出了多条具有价值的司法裁判规则。更重要的是，其透露出的我国法院下决心加强知识产权保护的司法实践发展趋势，值得大家高度关注。一方面，广电单位是众多版权的权利拥有者，当然应该为这一发展趋势而感到欢欣鼓舞；另一方面，也应该认识到，广电单位在投资、播出影视剧的版权运营过程中，所面临的法律风险与责任也大幅增加，为此更应该加强对知识产权法律制度的理解与把握，谨慎处理影视剧运营各个环节中的知识产权问题。

四、广播影视主体版权维权方法论

如果说版权开发和版权运营是广播影视主体自主内容开发的价值变现核心，那么版权维权就是广电自主内容开发价值变现的有力保障了。在当前版权侵权大行其道的情况下，如果广播影视主体不注重相应的版权维权，极有可能导致优质版权内容的价值遭受贬损甚至毁损，所以说单靠建立完善的版权开发和版权运营机制还不足以保证广电单位在版权发展之路上走得平稳、高速，还要建立完整的版权维权机制才能为长远健康的发展保驾护航。笔者在这个部分将通过一些典型案例来分析、建议广播影视主体进行版权维权的一些方式方法，具体包括：如何主张维权作品的类型；主张的权利类型；赔偿金额的确定。

（一）维权作品类型的主张（以综艺、体育节目维权案为例）

电台、电视台拥有自主版权可以进行维权的影视节目中，有相当一部分是综艺节目。那么综艺节目究竟属于哪一种作品类型呢?

根据目前司法审判的情况来看，一些大制作、多机位，前期有文字脚本、后期有剪辑，具有统一构思和较高独创性的大型综艺节目影像，还是非常有可能被法院认定为“以类似摄制电影的方式创作的作品”，即使是一些较为简单的综艺节目，至少也会被认定为“录像制品”。另外，不管这一节目的摄制是简单还是复杂，如果其以独特的风格与主题思想，汇编播出了众多的独立节目，还有可能同时构成汇编作品。以下笔者就列举一个涉及央视“春晚”的典型案例。

案例 4：综艺节目作品性质的判定及争议

——央视国际公司与华数公司著作权侵权纠纷案[①]

案情简述

2015 年 2 月 18 日，央视国际公司发现华数公司在其开发经营的手机 APP“华数 TV”及“华数 TV 网”（网站首页：www.wasu.cn）中，通过信息网络向用户提供央视制作和拍摄的 2015 年“春晚”的实时转播服务。经确认，华数公司提供该服务并未取得央视国际公司授权。原告经央视授权，对央视拍摄、制作或者广播的享有著作权或与著作权相关的权利，或者获得相关授权的，央视所有电视频道及其所含之全部电视节目享有独占性的通过信息网络（包括但不限于互联网络、移动平台、IPTV、车载电视等新媒体传播平台）向公众传播、广播（包括但不限于实时传播或延时传播）、提供之权利。故央视国际公司于 2016 年诉至北京市海淀区人民法院，请求判令被告华数公司承担相应侵权责任。最终法院判定被告华数公司侵权并承担相应的侵权责任。

法院观点

（1）涉案“春晚节目”作品的属性。

央视国际公司主张的 2015 年“春晚”系观众通过互联网看到的央视“春晚”，与现场舞台演出不同，该画面系央视对“春晚”现场摄制并经过一定

①无讼案例网，网址：http://www.itslaw.com,（2015）海民（知）初字第 27389 号判决书。

编辑后形成的影像。因“春晚”现场拍摄并非对现场表演进行简单的机械录制，而是经过了复杂的设计和编排。通常由总导演、总摄像、总编导统一指挥，按照事先拟定的脚本，由各个机位通过不同角度对现场表演进行多角度拍摄，同时，编导需在现场对摄制画面进行现场取舍、编排，并插入字幕、事先录制的短片及外景等，因此，从独创性的角度分析，通过互联网呈现给观众的涉案“春晚”，既非对现场表演活动的简单、机械录制，亦非仅对机位设置、场景选择、镜头切换等的简单调整，其所呈现的连续画面恰恰反映了制片者的构思，融入了创作者的创造性智力劳动，因此，较录像制品，春晚影像具有更高的独创性特征，应当认定为以类似摄制电影的方法创作的作品。

（2）侵犯涉案作品何种权利。

通常而言，网络实时转播是指将电视台或广播台直播的节目信号采集、转换为数字信息后通过网络服务器实时提供给网络用户观看，与信息网络传播权所控制的行为不同，网络实时转播采用了非交互式的传播方式，用户无法在个人选定的时间或地点获得作品，而只能在网络服务提供者指定的某个特定时间内获得作品。同时，该行为的传播途径并非我国现行广播权所控制的无线广播、有线转播及公开播放广播等方式，亦无法为广播权所调整。鉴于华数公司的行为无法通过著作权的某个具体权项调整或扩大解释进行适用，而该行为又侵犯了央视国际公司所享有的著作权利，故应适用《著作权法》第 10 条第 1 款第（17）项的规定对央视国际公司进行保护。

在《著作权法》中，“类电影作品”受保护的程度要远远高于“录像制品”，作品作者享有 17 项权利，而录像制品的录制者仅享有 4 项权利。因此在维权时，主张自己的综艺节目是具备较高独创性的电影作品或汇编作品，而不仅仅是简单的录像制品，对于维权的成功非常重要。上述案件中，原告央视国际公司之所以最终能够胜诉从而成功维权，与其主张央视“春晚”是作品从而受《著作权法》第 10 条第 1 款第（17）项规定的权利保护，密切相关。

《北京市高级人民法院关于审理涉及综艺节目著作权纠纷案件若干问题的解答》中指出，综艺节目影像，根据独创性的有无，可以分别认定为以类似摄制电影的方式创作的作品或录像制品。所以目前理论界和司法实践中对于综艺节目影像的性质认定有两种认定方式。而对其进行性质二分的关键因素即是独创性，所以针对不同的综艺节目，根据其独创性是否达到作品的高度，就能较为清晰地对其性质进行确定。而一部综艺节目影像独创性的高低，一般体现在镜头的运用是单一的、机械的，还是多机位的、丰富的；节目整体是否具备一个或几个主题；拍摄前是否会有脚本或者拍摄计划，拍摄后是否会有剪辑与后期制作；节目是否会体现出创作者的思想感情等。影视单位在维权案件举证时，应积极组织、准备、提交相关证据来重点强调、证明节目创作过程中的独创性劳动过程。

在主张某部综艺节目影像是作品而不仅仅是录像制品时，最为关键的是，向法官举证证明该影视节目的创作过程具备较高的独创性。

但需要指出的是，虽然《北京市高级人民法院关于审理涉及综艺节目著作权纠纷案件若干问题的解答》中仅仅将综艺节目影像进行“类电影作品”和“录像制品”的二分，但对于一些综艺节目影像而言，其性质上同时也可以认定为“汇编作品”。如央视“春晚”，其独特的节目编排和串联方式体现了相当高的独创性，晚会本身即可以达到作品的要求，形式上是编排多个单独的作品或非作品节目，所以“春晚”可以认定为汇编作品。而针对其录制的影像，则是该汇编作品的载体。

所以针对不同的案件，在主张影视节目为作品（非录像制品）时应当通过两个角度来考量。其一是主张影视节目为“类电影作品”，针对该项主张作品类型，适合于非晚会类综艺节目，如传统的脱口秀、真人秀等综艺节目，这一类节目往往没有过多的单独节目的编排，整个影视节目是一种整体的根据时间线进行发展制作的模式。所以针对该类节目，应当主张以“类电影作品”进行保护。同时晚会类综艺节目也可以适用该项进行权利主张，如若整场晚会节目无法取得所有单独节目作者的许可，那么主张其为“汇编作品”就可能导致权利瑕疵，所以针对该种情形，也应当主张其归为 “类电影作品”。在本案央视国际公司与华数公司的纠纷中，央视国际公司就是运用了这一思路，最终得以从“类电影作品”的高度对自身权利进行保护。其二是主张影视节目为“汇编作品”，如若第一个关于“类电影作品”的主张不能得到支持，针对“晚会类节目”也可以“汇编作品”进行权利主张。但需要注意的是汇编作品著作权的行使不得侵犯单独作品权利人的权利，所以取得相关单独权利人的授权是相当重要的。综艺节目认定为“汇编作品”，这在目前司法实践中较为常见，因为“类电影作品”的独创性要求高，权利人在举证涉案节目独创性时很难得到法院的认可。所以，在进行相关维权诉讼中也应当作好以“汇编作品”进行权利主张的准备，同时取得相关单独权利人授权，在源头避免权利瑕疵。

案例5：体育赛事节目作品性质的判定及争议

——央视国际公司与风行网著作权侵权纠纷案[①]

案情简述

2014年6月13日，风行公司在其经营的网站（www.fun.tv）的首页显著位置推荐2014年巴西世界杯，并在网站直播频道中，向网络用户提供了2014年巴西世界杯开幕式及小组赛A组第1轮比赛视频的在线直播服务。经确认，风行公司提供该服务未经央视国际公司授权，经国际足球联合会（FIFA）和央视授权，央视国际公司独家享有在中国大陆地区，通过互联网、手机移动、IPTV等新媒体平台对2014年巴西世界杯足球赛决赛阶段比赛进行转播的权利。央视国际公司于2016年诉至北京市海淀区人民法院，诉称风行公司侵犯其著作权并请求判令其承担相应侵权责任，最终法院判决支持了原告央视国际公司的主张。

法院观点

法院认定涉案赛事节目构成作品。

央视对世界杯赛事现场画面进行了加工、制作并直播，在直播过程中通过多镜头切换，对于不同位置的摄像的信息截取，并辅以解说员的解说和回顾，付出了创造性劳动，使得其制作、直播的足球赛事节目具有了较高的独创性，属于作品，应受法律保护。

近年来，学界及司法界关于体育赛事相关电视节目是否属于作品，以及属于何种作品，均有一定的争议。

一部分法院判决认定其属于“录像制品”，而非“以类似摄制电影的方法创作的作品”。持这一观点的判决法院认为体育赛事的电视节目，不具备著作权法中规定的“电影作品或以类似摄制电影的方法创作的作品”所要求的独创性，因为录制者创作的空间很小，所做的一切录制工作，无非是为了让观众更清楚地看

①无讼案例网，网址：http://www.itslaw.com,（2015）海民（知）初字第14494号。

清球是如何踢进球门的，都仅仅属于忠实反映客观事实。据此观点，体育赛事节目若要阻止他人未经授权的传播，就只能依赖著作权法针对邻接权——广播组织权或录像制作者权的保护。如果体育赛事节目认定为录像制品，这对于周延地保护体育赛事节目是非常不利的，所以在具体维权诉讼中，应当防止因为认定为“录像制品”从而导致著作权保护的不足。

另一部分法院判决认定体育赛事节目达到了“作品”的要求，应当认定为“类电影作品”。这部分法院判决指出，在一场完整的体育赛事现场录制过程中，有以下两个关键的要素和环节决定了录制的质量：机位设置、镜头运用。其大致的过程如下：体育赛事节目制作者往往会在比赛现场不同位置布置多台摄像机，每台摄像机均由资深的摄像师操纵，根据事先设定的拍摄方案、目标和主题，选取最佳视角和景深范围，自主连续拍摄。每台摄像机拍摄的镜头，包括比赛场地、运动员、裁判员、教练员、观众等，统一被录制在各自对应的硬盘中并同时显示在控制台，并由导演进行选择后安排播出，期间导演还会选择、调取精彩镜头进行重放或慢动作重播。由此可以得知，并不是所有体育赛事现场直播节目都是没有创造性的机械录制，现场观看体育赛事与观看体育赛事直播有很大的区别，观看机械录制的体育赛事直播与观看精心设置拍摄的体育赛事直播更是有天壤之别，相当一部分大型体育赛事的具有专业水准的现场直播，都是具有创造性的、融入了丰富独创性要素的作品，应当受到著作权法的保护。①所以在进行体育赛事节目具体维权中，应当根据此类法院判决中指出的几种认定因素，举出充分的证据和说理，促使法院支持我们认定其为“类电影作品”的主张。

录像制品与类电影作品，虽然都能受到《著作权法》的保护，但如前所述，这两种类型受到的保护程度是天差地别的。所以，在进行相应维权诉讼中应当在主张的作品类型上下足功夫，于源头上取得优势地位，这对于电视节目版权维权有举足轻重的意义。

①邱政谈：“体育赛事节目高判赔首案，央视国际诉迅雷一审胜诉”，“智合法律新媒体”微信公众号。

（二）主张的权利类型

在维权案件中，权利人主张自己享有何种权利，诉请法院予以保护，是非常有讲究的一件事情。权利人所主张自己在案件中遭受侵犯从而要求法院予以保护的权利，一定要能够控制被告的侵权行为，也就是说，被告的侵权行为，一定要落入到原告所主张的权利所控制的范围之内，如果主张的权利不对，很可能会使维权行动最终功败垂成。

案例 6：网络实时转播行为的法律性质及侵权认定

——央视国际公司与百度公司侵害著作权纠纷案[①]

案情简述

央视享有 2012 年“春晚”的著作权，央视国际公司经授权取得涉案作品的专有使用权。在 2012 年“春晚”直播期间，央视国际公司发现百度公司在其经营的网站上可以直接观看涉案节目的“直播”。央视国际公司认为百度公司这一行为系对涉案“春晚”的实时转播行为，该行为构成对其著作权的侵犯，据此要求百度公司赔偿损失。原告于 2012 年诉至北京市海淀区人民法院。

最终二审法院于 2013 年作出二审判决，央视国际公司对涉案“春晚”享有广播权及信息网络传播权等权利，被告百度公司未经许可进行网络实时转播的行为构成对原告央视国际公司广播权的侵犯。

法院观点

（1）网络实时转播行为是否属于“信息网络传播权”调整的行为？

法院认为，《著作权法》第 10 条第 1 款第（12）项规定，信息网络传播权是指以有线或无线……在其个人选定的时间和地点获得作品的权利。该规定明确了信息网络传播权调整的是“交互式传播行为”，而网络实时转播行为显然不具有交互性，所以网络实时转播行为不应受到信息网络传播权调整。

（2）网络实时转播行为是否属于“广播权”调整的行为？

《著作权法》第 10 条第 1 款第（11）项规定，广播权是指以无线方式

---

①罗东川:《中国著作权案例精读》，商务印书馆 2016 年版，第 259 页。

公开广播或传播作品，以有线传播或转播的方式向公众传播广播的作品……由此可知，广播权调整三种行为：无线广播、有线转播、公开播放广播。其中无线广播是后两种行为的前置行为，也即后两者均是对前者的转播（必须接收到无线广播信号）。所以在判断一个行为是否受广播权调整时，首要判断因素是其前置行为是否是“无线广播”。所以界定网络实时转播行为是否属于广播权调整的行为，应当判断其前置行为是否是“接收无线广播的信号”，如若是则属于，否则不属于。

（3）网络实时转播若不属于广播权调整的行为，则应当利用《著作权法》第10条第1款第（17）项兜底权利对其进行调整。

目前对于网络实时转播行为的性质认定和权利救济方式，理论和司法实践都有较大的分歧，本案中法院给出了一个较为妥善的认定思路。首先，确定网络实时转播行为并没有“交互性”，进而否定其受信息网络传播权的控制。其次，根据判定网络实时转播前置行为（即转播的信号来源）是否是“接收无线广播信号”，判定其是否应受广播权的控制。最后，如若网络转播行为不受广播权和信息网络传播权的控制，那么可以《著作权法》第10条第1款第（17）项兜底权利对其进行调整。

虽然权利法定是著作权权利设定的基本原则，对于这一兜底性权利条款的适用，原则上应采用较为严格的标准，以尽量避免在法律规定之外设立新的权项，从而对权利法定原则产生不利影响。但如果对于某类行为，若对其不予禁止将明显有失公平，则应考虑适用兜底条款对其予以调整。初始传播采用“有线”方式的网络实时转播行为，即属于此种情形。相对于受广播权调整的初始传播采用“无线”方式的网络实时转播行为，二者的差别仅在于采用的技术手段有所不同（即采用的是有线方式，还是无线方式）。在此情况下，如果仅因该转播行为的初始传播行为采用的是“有线”方式，而非广播权中所规定的“无线”方式，从而认定此种网络实时转播行为不属于著作权的调整范围，将意味着完全相同的两个传播行为将仅因其采用的技术手段有所不同，而对侵权与否得出不同结论，这一结果不仅显失公平，亦同时违反了著作权法具体权项设置与划分的基本原则。通常情况下不同权项之间的划分应以行为本身的特性，而非该行为所采用的具体技术手段为依据，也就是说，仅仅是技术手段的不同并不会影响行为性质的认定，目前《著作权法》各权项的设置均采用了这一原则。[①]我国《著作权法》对广播权采用的以技术手段作为划分依据的作法，系由立法缺陷所致，而非一般的适用原则。基于上述考虑，为尽量弥补“广播权”的立法缺陷，对于初始传播采用“有线”方式的网络实时转播行为适用《著作权法》第10条第1款第（17）项调整较为合理，现有司法实践中通常亦采用这一作法。[②]

回到这个案例中，原告究竟应该主张什么权利？是信息网络传播权，广播权还是《著作权法》第10条第1款第（17）项规定的其他权利？这就与被告的网络实时转播行为究竟落入上述哪种权利所控制的范畴密切相关。法官对被告在本案中所实施的网络实时转播行为的法律性质进行了深入的分析阐释，得出该行为落入著作权人所享有的广播权控制范畴的结论，最终判决被告侵犯了原告的广播权。而如果原告在本案中主张了信息网络传播权或者《著作权法》第10条第1款第（17）项规定的其他权利，就很有可能无法获得充分赔偿。

当然，有时候各地法院对同一种行为所属性质的认定不尽相同，这就会使得原告在起诉主张权利时陷入不知所措的境地。这时原告应该积极与法院沟通，了解法院对这一问题的看法，要求法院对相关问题进行释明。如果原告起诉时所主张的权利确实与法院认定的不同，也要在法院释明后积极争取重新主张权利的机会。如果《著作权法》规定的16项基本权利都无法控制被告的侵权行为，那么著作权人还可利用《著作权法》第10条第1款第（17）项兜底权利要求法院予以保护。例如前面案例4“央视国际公司与华数公司著作权侵权纠纷案”就是一个很好的例子。

同时，如果连兜底权利也无法保护，原告还可尝试从反不正当竞争的角度提起诉讼。而适用反不正当竞争法进行具体维权诉讼时的侧重点不在于保护某项特定的权利，而在于规制违反诚实信用原则和公认的商业道德，破坏公平竞争秩序的行为。但由于很多侵权盗播行为不属于《反不正当竞争法》特别条款规定的不正当竞争行为，故认定相关行为是否构成不正当竞争，应遵循《反不正当竞争法》原则条款的适用条件。而适用原则条款认定不正当竞争行为应当具备以下条件：一是法律未对诉争行为作出特别规定；二是诉争行为对其他经营者的合法权益造

①王迁:《知识产权法教程》（第三版），中国人民大学出版社2011年版，第143页。

②罗东川:《中国著作权案例精读》，商务印书馆2016年版，第262页。

成了损害；三是诉争行为因确属违反诚实信用原则和公认的商业道德而具有不正当性，不制止不足以维护公平竞争秩序。除具备上述要件外，认定不正当竞争行为还应审查当事人之间是否存在竞争关系。当然，对于竞争关系的认定，并不局限于狭义的直接竞争关系，而是采用广义的竞争关系。竞争关系一般是指经营者经营同类商品或服务，经营业务虽不相同，但其行为违背了《反不正当竞争法》第 2 条规定的竞争原则，也可以认定具有竞争关系。[①]《反不正当竞争法》作为版权维权诉讼中常见的兜底维权工具，深入了解其立法价值并加以实践适用，能够给版权维权诉讼提供很大的帮助。

（三）赔偿金额的确定

我国《著作权法》第 49 条规定了确定赔偿金额的三步法：先按权利人实际损失赔偿，若不能证明实际损失那么就按照侵权人实际获利进行赔偿，若不能证明侵权人实际获利那么就适用法定赔偿。

1. 权利人的实际损失

北京市高级人民法院制定的《关于确定著作权侵权损害赔偿责任的指导意见》（本文以下简称《指导意见》）可以为我们提供一个很好的思路。《指导意见》第 7 条规定，权利人的实际损失可以依据如下方法计算：①被告侵权使原告利润减少的数额；②被告以报刊、图书出版或类似方式侵权的，可参照国家有关稿酬的规定；③原告合理的许可使用费；④原告复制品销量减少的数量乘以该复制品每件利润之积；⑤被告侵权复制品数量乘以原告每件复制品利润之积；⑥因被告侵权导致原告许可使用合同不能履行或难以正常履行产生的预期利润损失；⑦因被告侵权导致原告作品价值下降产生的损失；⑧其他确定权利人实际损失的方法。

2. 侵权人的违法所得

《指导意见》规定，“侵权人的违法所得”包括以下三种情况：①产品销售

①苏志甫：“网络实时转播行为的规制路径及其分析”，“知产力”微信公众号。

利润；②营业利润；③净利润。一般情况下，应当以被告营业利润作为赔偿数额。被告侵权情节或者后果严重的，可以产品销售利润作为赔偿数额。侵权情节轻微，且诉讼期间已经主动停止侵权的，可以净利润作为赔偿数额。适用上述方法，应当由原告初步举证证明被告侵权所得，或者阐述合理理由后，由被告举证反驳；被告没有证据，或者证据不足以证明其事实主张的，可以支持原告的主张。[①]

3. 法定赔偿

《指导意见》规定，法定赔偿应当根据以下因素综合确定赔偿数额：①通常情况下，原告可能的损失或被告可能的获利；②作品的类型，合理许可使用费，作品的知名度和市场价值，权利人的知名度，作品的独创性程度等；③侵权人的主观过错、侵权方式、时间、范围、后果等。最后，如果有证据显示被告侵权所得或原告损失明显超过 50 万元的，法院还有可能在 50 万元之上酌定判决被告应赔偿原告的金额，前面琼瑶诉于正案就是一个例子。

广播影视主体在进行版权维权诉讼中，可以参照上述步骤，来准备赔偿证据材料，这样也能够有的放矢、有轨可循。

案例 7：大型体育赛事节目侵权纠纷案的赔偿

——央视国际公司与迅雷公司著作权纠纷案[②]

案情简述

被告迅雷公司在苹果商店向公众提供其开发的手机应用软件“迅雷”，于 2014 年 7 月向用户提供央视制作的 2014 年巴西世界杯决赛阶段比赛节目的在线点播及下载服务。原告央视国际公司获得央视的全世界范围内针对该节目的通过信息网络向公众提供节目点播和直播之权利。原告未授权被告以任何方式向公众提供涉案节目的在线播放服务。原告于 2015 年将被告诉至深圳市中级人民法院，请求法院判令被告侵权并承担相应的侵权责任。

①崔国斌:《著作权法：原理与案例》，北京大学出版社 2014 年版，第 898 页。

②邱政谈：“体育赛事节目高判赔首案，央视国际诉迅雷一审胜诉”，“智合法律新媒体”微信公众号。

法院观点

本案法院认为，涉案节目是观众在屏幕前观看的经摄制而成的电视节目，该节目是经FIFA拍摄、央视制作而成，节目的独创性体现在对比赛的拍摄及解说，包括机位的设置、镜头的选择、往届赛事精彩画面的剪辑、主持人和嘉宾的解说、编导的参与等方面。该节目也在制作过程中体现了一定的独创性，应当受到《著作权法》的保护。被告是提供视频内容的网络公司，其与原告在通过网络提供视频内容方面存在竞争关系。其在为自身获取极大的经济收益时，损害了原告的经济利益，该行为违背了公认的商业道德和诚实信用原则，同时也构成了不正当竞争。被告为此应承担赔偿原告损失的相应民事责任。

在裁量判赔金额时，法院采取了酌定赔偿的方式。法院综合考虑了2014年巴西世界杯现场直播和制作播出所倾注的人力、物力、财力以及被告未经许可传播涉案节目的场次数量，被告提供的点播、下载的侵权行为方式，侵权行为持续时间，侵权行为发生时涉案体育赛事节目的热播程度，原告为本案维权支付的合理费用等因素，酌情确定了被告赔偿原告经济损失的数额为500万元。

在版权维权司法实践中，绝大部分案件判赔都适用了酌定赔偿的方式，酌定赔偿本质上是法院在司法审判中适用法定赔偿的具体方式。现有规范中，专门针对涉著作权案件酌定赔偿考量因素的规定很少，一些高级人民法院发布的指导意见中，有关于著作权或知识产权案件酌定赔偿考量因素的规定，一般有如下几个关于酌定赔偿考量因素。

（1）作品本身因素。

第一，作品类型。根据著作权法关于作品的规定及实践中涉网络著作权案件情况，一般来说，涉网络著作权案件的涉案作品包括文字作品、音乐作品、摄影作品、美术作品、电影电视剧等影视作品及计算机软件作品，不同作品由于在资金投入、创作难度、收益等方面有较大差别，因此酌定赔偿额范围也应当不同。

第二，作品知名度。作品知名度因素包括作品本身知名和作品创作者或表演者知名两种情况，一般来说，影视、音乐、软件作品较多参考作品本身的知名度，美术、摄影、文字作品对于作者知名度因素也予以考虑。司法实务中对于作品知名度的认定标准主要有：作品获奖情况、票房（指影视作品）、销售情况等。

第三，市场价值。市场价值因素与知名度因素在一定范围上存在重合，但更强调经济方面的利益，实践中认定标准包括作品的投入或创作的成本（包括制作成本及宣传发行成本）、销售利润、票房收益、上映档期、所占市场份额等。

第四，许可费（或合理使用费）。许可费是酌定考量因素中相对客观和容易确定的因素，实践中，根据许可费计算赔偿数额时需要对许可使用合同或证明许可费的证据的真实性、合理性、可比性等都进行严格审查，避免权利人故意夸大许可费或为追求高额赔偿提供虚假许可使用合同的现象。

第五，独创性程度。独创性是指一部作品是经作者独立创作产生的，是作者独立构思的产物，而不是对已有作品的抄袭。对于独创性程度的判断，理论界存在争议，实务界也没有统一标准，基本依赖于法官的自由裁量，实践中应当综合考虑作品属性、所属领域作品现状、创作空间、是否具有使人们辨识作品的独特特征等因素。

（2）侵权情节因素。

第一，侵权方式（或侵权行为性质）、范围。有的判决中将侵权方式和范围作为侵权程度的内容，侵权方式主要是指侵权行为的形式或性质。侵权行为方式可分为上传、存储、播放（分为定时播放和随时播放）、搜索、链接等形式，另外还包括是否商业性使用等因素；侵权范围包括侵权使用作品的数量、片段篇幅、网络传播的广度（如播放次数、点击量、下载量）、网络的开放性程度等。

第二，侵权持续时间。

第三，主观过错程度。网络著作权案件中，侵权人主观过错程度的判断标准与其侵权行为方式有直接关系，一般认为将未经授权的作品直接置于其服务器上的网络内容提供者，其作为直接侵权责任人的侵权过错程度应当大于仅提供侵权作品搜索、链接服务的间接侵权责任人，此外如侵权人接到权利人通知后仍继续侵权行为，以及就侵权情节存在不真实陈述的，认为其主观过错程度较高。

第四，侵权后果。侵权后果主要强调侵权行为对权利作品市场的影响，有观点认为，侵权范围、侵权持续时间与侵权后果形成一个完整的因素，侵权后果包含了侵权范围与持续时间，范围与持续时间是衡量侵权后果的重要因素，也有将侵权后果与可能的获利或权利人损失因素相结合，以侵权方通过点击、下载、广告等可能获得的利润或权利人可能因此减少的收益作为侵权后果进行考量。[①]

①易珍春、李青："涉网络著作权案件酌定赔偿问题研究"，载《中国版权》2014年第5期。

法定赔偿（酌定赔偿）的问题，一直是近年来知识产权审判领域的热点和焦点问题之一。在进行具体的版权维权时，在不同地域的法院进行诉讼，应当根据当地高级人民法院的一些关于酌定赔偿的规定，进行对应的诉讼证据准备工作。

以北京地区进行相关版权维权诉讼为例，北京市高级人民法院的《指导意见》中提出了在适用法定赔偿时的考量因素。针对《指导意见》关于法定赔偿规定的第 1 款，通常情况下，原告可能的损失或被告可能的获利。在具体维权诉讼中可以通过举证涉案作品通常的授权合同（内含授权费等条款）以证明原告可能遭受的损失。同时通过列举计算被告网站或其他平台因涉案节目增长的用户流量、广告投放量等也可以证明被告可能的获利。

针对《指导意见》关于法定赔偿规定的第 2 款，作品的类型，合理许可使用费，作品的知名度和市场价值，权利人的知名度，作品的独创性程度等。在维权诉讼中可以通过举证作品知名度、授权费用、广电主体知名度等证据为法院酌定考量赔偿额提供有效的支撑。

针对《指导意见》关于法定赔偿规定的第 3 款，侵权人的主观过错、侵权方式、时间、范围、后果等。也可以相应举出被告作为合法经营主体及其知名度证据，用以证明其主观恶意和过错。同时通过证据向法院反映其侵权行为持续长时间、侵权范围广等，这对于提高法院最终的酌定赔偿额具有重要的意义。

《最高人民法院关于当前经济形势下知识产权审判服务大局若干问题的意见》第 16 条也指出，在确定损害赔偿时要善用证据规则，全面、客观地审核计算赔偿数额的证据，充分运用逻辑推理和日常生活经验，对有关证据的真实性、合法性和证明力进行综合审查判断，采取优势证据标准认定损害赔偿事实。积极引导当事人选用侵权受损或者侵权获利方法计算赔偿，尽可能避免简单适用法定赔偿方法……[①]这充分说明了法院在适用法定赔偿时秉持的充分考量、优势证据的原则。所以在进行具体的维权诉讼中，应当注重挖掘与判赔相关的证据，争取在法定赔偿的适用上取得优势以提高判赔。回归到本案中，原告举出了授权合同、支付凭证、发票等各种证据，证明了巴西世界杯赛事节目信息网络传播权的正版授权价值等证据。正是基于这些证据，法院最终适用酌定赔偿作出了高判赔判决，而这一判赔金额将成为我国著作权侵权案件中的最高金额之一。

①《最高人民法院关于当前经济形势下知识产权审判服务大局若干问题的意见》第 16 条。

五、结语

行文及此尚有意犹未尽之感，限于篇幅，笔者在本文中对于广播影视主体版权保护与维权方法论的探究也只能到此为止。希望本文能够帮助广大广播影视主体在进行以“版权发展”为核心的发展过程中，树立完善的版权保护意识，进而构建合理有效的版权保护与维权制度及方法。谨记一点，将版权保护与维权的观念深入发展的每一个环节，就能在当前竞争激烈的广播影视行业中取得平稳、快速的发展。对于广播影视行业而言，版权之重，重犹泰山！

与时事新闻有关的著作权问题

芮松艳

芮松艳，中国政法大学法学学士、国际私法硕士，中国社会科学院知识产权法博士。2014 年调入北京知识产权法院工作至今。先后荣立个人三等功、二等功，2011 年、2013 年两次荣获北京市高级人民法院审判业务标兵。在《知识产权》《法律适用》《人民司法》《中国专利与商标》等期刊发表论文约50篇。2016 年荣获“首都十大杰出青年法学家”荣誉称号。

长期以来，新闻报道是否可以获得著作权法的保护，以及如何进行保护在业界一直存在争议。这一争议很大程度源于《著作权法》第5条的规定，该条款中将“时事新闻”排除在著作权法保护范围之外。这一规定使得业界相当数量的从业人员认为包括文字、图片、视频等在内的新闻报道不应获得著作权法保护，实践中亦存在着如下情形，即很多新闻机构所制作的新闻类节目被他人未经许可使用，同时其亦未经许可使用他人的新闻类节目。

司法实践中，涉及新闻报道的案件虽绝对数量不多，但在为数不多的案件中，被告通常会提出《著作权法》第5条这一抗辩理由。就现有情况而言，此类案件的作法并不完全一致，有些案件中法院支持了被告这一抗辩理由，但有些案件中则作出相反的认定。即便对于认定结论一致的案件而言，其所采用的具体理由亦可能有所不同。上述情形的存在使得对《著作权法》第5条有关时事新闻的研究对于统一司法尺度亦有着重要的现实意义。

对于这一问题的研究，不能脱离新闻报道的特点，该特点决定了新闻报道通常情况下可能会涉及“著作权”以及“邻接权”两类权利的保护。本文中，笔者将分别从“著作权”及“邻接权”两个方面对新闻类节目的保护分别阐述。

一、著作权保护

新闻类视频节目的著作权保护，虽然会涉及作品的认定、权属的认定、侵权认定等多个方面的问题，但相比而言，实践中争议最大的在于此类节目是否可以作为作品予以保护。

（一）现行作法

现有与新闻类作品有关的案件，通常涉及的是文字作品、摄影作品以及电影作品。鉴于上述类型作品的独创性空间，以及其与新闻事实本身的关联性程度有所差别，故不同类型作品的认定结论会有所不同。而针对同一类型作品，实践中亦存在有不同的认定，且即便认定结论相同，在不同案件中所采用的具体理由亦可能有所不同。

1. 新闻文章

（1）认定构成作品。

在经报证券日报公司诉亚洲金控公司案中，法院认为涉案的包括《信息不透明成城商行 IPO 瓶颈》等在内的 17 篇文章，“根据涉案文章内容可以确定，涉案文章并非纯粹时事新闻。根据我国著作权法规定，未经著作权人许可，他人不能随意使用”。①

此外，在中国经济时报社诉北京群鹰创业公司一案中，法院亦作出了相同的认定，法院认为，“群鹰公司辩称经济时报社的《多赢的节能住宅》和《现有建筑八成不节能 兰州加快建筑节能步伐》两篇文章均为不受著作权法保护的时事新闻，缺乏事实与法律依据，本院不予采信”。②

上述两个案件中虽均认为涉案作品未构成时事新闻，但对于具体的理由却并未涉及。但在王艺案中，法院则进行了详细论述，指出“时事新闻是指通过报纸、期刊、电台、电视台等传播媒介报道的单纯事实消息。从立法本意出发，由于时事新闻只是用简单、平实的文字和机械的录制手段将客观现象或事实记录下来，因而不需要记录者的创造性劳动。同时，作为一种信息，时事新闻的价值就在于它的可迅速传递性和扩散性，以满足社会公众的需要。在本案中，《买断经营向生活用品辐射，使滨城出现不少怪现象》虽然也是针对当时在大连商场发生的因商家买断经营而产生的社会现象予以报道，但《凭》文的内容以及在文中对各个素材的选取均体现了作者本人对报道对象持有的特有视角和理解，且在《凭》文

①见北京市西城区人民法院（2013）西民初字第 78 号民事判决书。

②见北京市海淀区人民法院（2008）海民初字第 15891 号民事判决书。

结尾处对所报道事件给予的评价，也反映了作者对该事件的态度或认识。该文内容也不属于需要迅速传递及扩散，以满足公众需要的即时性订阅。因此，《凭》文不属于著作权法规定的时事新闻范畴……本案被告关于《凭》文属于时事新闻的主张没有事实与法律依据，本院不予支持”。①

此外，在新京报案中，法院亦有详细论述。法院指出，新京报文章《公益慈善组织透明度平均分 35.49》虽系对北京大学公众参与研究与支持中心发起的公益慈善组织测评活动的描述，但报道中并非仅仅使用了最简洁的语言文字，亦并不仅仅涉及该事件的基本要素，而是对该事件进行了相应整理、加工（包括依据不同标准对公益慈善组织的测评结果进行分类总结，对测评机构负责人的采访等）。可见，该文章已不属于单纯事实消息，未构成《著作权法》第 5 条所规定的“时事新闻”。②

（2）认定不构成作品，属于时事新闻。

在金报中心诉国联公司案中，法院认定涉案文章《克里斯・卢埃林：国际期刊联盟在电子时代的新发展》构成时事新闻。该案中，涉案文章是对第 36 届世界期刊大会第二天活动的介绍，内容包括议题、出席人员、克里斯・卢埃林发言的照片和发言全文。法院认为该文章构成时事新闻的理由为，该文章的“议题、出席人员、发言人员等都是客观事实的组成部分，没有明显的思想、情感、修辞、评论成分。基于新闻报道的真实性要求，报道者只能按照时间、地点、顺序对客观事实进行叙述，没有作者发挥的余地，也没有个性表达的空间。因此，《克》文中议题、出席人员、发言人员的部分，属于单纯事实消息”。③

应注意的是，上述案件中所得出的不同结论主要系基于涉案作品本身所具有的不同特点，而非法院对于文字类作品的时事新闻认定存在不同标准。由王艺案以及金报中心案判决中的表述可以看出，法院在认定是否属于时事新闻时，均考虑的是在涉案文章的创作过程中，是否具有作者的独创性空间以及独创性劳动。在王艺案中，鉴于该文章中的内容选取以及主观评价等部分明显体现出了作者的独创性劳动，故法院认定构成作品。但在金报中心案中，则因为涉案文章并无作

①见北京市第一中级人民法院（2001）一中知初字第 256 号民事判决书。

②见北京知识产权法院（2015）京知民终字第 1697 号民事判决书。

③见北京市海淀区人民法院（2009）海民初字第 13593 号民事判决书

者的发挥余地，基本上是对于事件的最为简单的记录，并无独创性劳动，故未构成时事新闻。

2. 新闻图片

（1）认定构成作品。

在涉及范冰冰婚纱照片案中，法院认为，“时事新闻是指通过报纸、期刊、广播电台、电视台等媒体报道的单纯事实消息，着重于所报道事实的客观性、时效性。涉案照片是有明确著作权人的由明星范冰冰代言的婚纱摄影作品，属于艺术创作，并不是客观反映明星范冰冰结婚的事实报道，不属于著作权法规定的时事新闻，故不应适用著作权法关于时事新闻构成合理使用的规定”。[①]

在涉及陈冠希照片的案件中，法院则认为，“就摄影作品而言，即使其内容系反映时事，通常亦体现了拍摄者对于拍摄时机、角度、构图等的选择，具有作品的独创性，而且使用照片亦非传播时事性消息或相关事实所必需。”[②]因此，涉案的关于陈冠希抵京的照片不属于时事新闻，构成作品，应受到《著作权法》的保护。

由上述判决中的表述可以看出，两案虽均认为涉案摄影作品未构成时事新闻，但评述的角度却有所不同。范冰冰案强调该婚纱照片是否反映的是客观事实，即其是否是对范冰冰结婚这一事实的报道，但在陈冠希案中，法院则强调的是作品的独创性，法院认为任何摄影作品均在一定程度上体现拍摄者的独创性，因此，应认定其构成作品，而非时事新闻。

此外，在《1970 年 12 月 18 日，毛泽东在天安门会见斯诺及夫人》照片案、[③]《1959 年毛泽东在杭州》等照片案中，[④]法院亦均认为涉案照片并非时事新闻，构成受著作权法保护的摄影作品。

（2）认定不构成作品。

该作法在实践中较为罕见，典型案例为金报中心案，在该案中，原告主张的

①见北京市海淀区人民法院（2011）海民初字第 11870 号民事判决书。

②见北京市第一中级人民法院（2010）一中民终字第 10328 号民事判决书。

③见北京市第二中级人民法院（2001）二中知初字 175 号民事判决书。

④见北京市西城区人民法院（2013）西民初字第 2654 号民事判决书。

作品中不仅包括对现场情况的客观描述，同时亦包括发言人克里斯·卢埃林的发言照片。对于该照片是否属于时事新闻，法院给出了肯定的答复，法院认为，该照片“也是对第36届世界期刊大会发言席现场的描述，是以图片形式表达发言人的身份、形象、现场等客观事实，该幅照片与上述文字一起，共同表现世界期刊大会的活动进程和现场。因此，该幅照片也是时事新闻的有机组成部分，属于以图片形式表现的时事新闻。上述内容都属于著作权法上的时事新闻，不受著作权法保护”。①

3. 新闻类电视节目

新闻类电视节目认定上的主要分歧在于，此类节目构成作品，还是录像制品。如果属于时事新闻，则不构成作品，不能受著作权法保护，但可以认定该节目属于录像制品，受邻接权保护。

（1）认定构成作品。

在涉及凤凰卫视《时事直通车》和《有报天天读》两档电视节目的案件中，法院认为上述节目构成著作权法保护的作品，并非时事新闻。法院指出，上述节目“虽属新闻类节目，但经过精心设计，包括多个环节，如记者深度采访，特约评论员点评等内容，风格独特，并非单纯对新闻的介绍播报，而是形成了具有独创性的整体内容，应当受到著作权法的保护”。②

（2）认定构成录像制品，而非作品。

在涉及《上海双年展“巡演”进行时》等40个访谈节目的案件中，法院认为上述节目构成录像制品，而非电影作品。法院指出，“结合节目形式及制作过程来看，虽然所有节目均添加了标识及字幕，部分节目还穿插了作品展示或活动现场展示等内容，但受访谈节目本身形式的制约，采访方式基本为问答式，机位或镜头切换较少，制作者在拍摄、剪辑、加工等方面能够做出的表达非常有限，未能达到作品所要求的独创性高度。因此，根据我国《著作权法实施条例》的有关规定，认定涉案40个访谈节目系电影作品和以类似摄制电影的方法创作的作品以外的任

①见北京市海淀区人民法院（2009）海民初字第13593号民事判决书。

②见北京市海淀区人民法院（2008）海民初字第22558号民事判决书。

何有伴音或者无伴音的连续相关形象、图像的录像制品”。[①]

就上述两案而言，其结论虽有不同，但通过判决中的相应表述可以看出，法院仍然采用的是独创性的判断标准，对于满足独创性要求的，则不构成时事新闻，属于著作权法保护的作品，反之，则适用录像制品保护。

4. 纪录片

与新闻类电视节目不同，纪录片虽然亦涉及对新闻或事实的记录，但在司法实践中，对其作品属性的认定却通常并不存在分歧。

如在涉及纪录片《地下宫殿》的案件中，法院认为，该片构成电影作品，应受著作权法保护，对于被告认为其属于时事新闻的抗辩理由未予支持。[②]此外，在涉及《撼天记》的案件中，法院同样亦认为该片构成著作权法保护的电影作品，应受到保护。[③]

（二）《著作权法》第 5 条的理解

判断新闻类节目是否可以获得著作权法保护的关键在于，对《著作权法》第 5 条中所规定的“时事新闻”应作何理解。

《著作权法》第 5 条规定，本法不适用于时事新闻。对于何为时事新闻，《著作权法实施条例》第 5 条对此有所论及，该条款中规定，时事新闻，是指通过报纸、期刊、广播电台、电视台等媒体报道的单纯事实消息。

上述规定意味着，“时事新闻”与“时事新闻作品”并非同一概念。只有构成“单纯事实消息”的时事新闻才被排除在著作权法的保护之外，除此之外的其他情形，即便与事实相关，亦并非不受保护，而是可能构成时事新闻作品从而获得著作权法保护。

这一含义在《伯尔尼公约》的相关规定以及解释中亦可见一斑。公约第 2.8

①见北京市朝阳区人民法院（2012）朝民初字第 33384 号民事判决书。

②见北京市海淀区人民法院（2013）海民初字第 7016 号民事判决书。

③见北京市第二中级人民法院（2005）二中民终字第 48 号民事判决书。

条中规定，本公约的保护不适用于日常新闻或纯属报刊消息性质的社会新闻，而1978年的《伯尔尼公约指南》中则指出，公约做出这一款规定，说明它并不打算保护单纯的新闻或各类事实，因为这类素材并不具备可以被确认为作品的要件。此外，采访记者和其他记者用于报道和评论新闻的文字如果包含充分的智力创作成分，足以看作是文学和艺术作品，则是受到保护的。由此可知，《伯尔尼公约》中实质上亦是将时事新闻与时事新闻作品进行了区分。

鉴于只有构成单纯事实消息的时事新闻才不受著作权法保护，故如何理解单纯事实消息是此类案件认定的关键。因《著作权法》及《著作权法实施条例》中对于“单纯事实消息”均无相关界定，故对这一概念只能结合著作权法的基本原理予以理解。

著作权法之所以不对单纯事实消息提供保护，其根本原因在于，著作权法仅保护表达，而不保护事实。“时事新闻作为一种事实，是不为著作权法所调整的”。[①]因此，著作权法这一规定的目的在于避免作者通过获得对时事新闻的著作权法保护，而客观上获得对事实本身的垄断。“按照著作权法的原理，不能因为第一个人报道了某一客观事实，他人就不能再去报道”。[②]

在具体案件的审理过程中，单纯事实消息的认定无疑需要一种相对有效的判断方法。对此，笔者认为，通常情况下，如果一则新闻仅用最为简明的语言记录了该新闻事实的各构成要素（时间、地点、人物、事件等），因他人对这一事实的记录必然也会采用基本相同的表达，故此时应认定其属于单纯事实消息。原因在于，“简单的语言表达很容易与被描述的事实发生‘混合’。正如‘思想’与‘表达’发生混合时，‘表达’不能受到保护一样，当‘事实’与‘表达’发生混合时，‘表达’也不能受到保护”。[③]

以金报中心案为例，[④]虽然涉案《克里斯·卢埃林：国际期刊联盟在电子时代的新发展》这一文章整体较长，但因其仅是用最为简单的文字记载了该事件的必要因素，任何他人要记录该事实时不可避免地要采用这一表达，因此，此时便存

①胡康生:《中华人民共和国著作权法释义》，法律出版社2002年第1版。

②李明德、许超:《著作权法》，法律出版社2009年1月第1版，第54页。

③王迁:《知识产权法教程》（第三版），中国人民大学出版社2011年版，第60页。

④见北京市海淀区人民法院（2009）海民初字第13593号民事判决书。

在事实与表达的混合。如认定其构成作品，则意味着任何人如果报道这一事实，均需经过原告许可，这一结果显然使得作者通过著作权法的保护客观上获得了对这一新闻事实的垄断，这显然与著作权法仅保护表达，而不保护事实的基本原理相悖。

实践中，仅仅报道单纯事实消息的情形较为少见，多数情况下作者均会在该消息中增加其个性化的“独创性”表达因素，而对此个性化要素而言，不同的作者显然具有不同的选择，对其提供保护并不会从客观上产生保护事实的效果，故此种情况下应认定其并非单纯事实消息。如在王艺案中，《买断经营向生活用品辐射，使滨城出现不少怪现象》中虽然也是针对当时在大连商场发生的因商家买断经营而产生的社会现象予以报道，但其同时亦对所报道事件给予了相应的评价，[①]鉴于“新闻报道如果不是单纯的‘单纯事实消息’，而是加入了以文艺手法创作的新闻评论，其中具有独创性的表达成分仍然是受著作权法保护的”，[②]故该文章符合著作权法的规定，应获得保护。

要指出的是，新闻类作品可能涉及文字作品、口述作品、摄影作品、美术作品及电影作品等多个作品类型，但并非上述类型的作品均可能构成单纯事实消息。对于摄影作品、美术作品以及电影作品等而言，因上述类型作品的构成要素（如光线、取景、角度等）相对复杂，不同的作者即便报道同一事实，其对构成要素的选择亦具有较多的选择空间，故上述作品通常不会构成单纯事实消息。但对于文字作品以及口述作品，则情况有所不同。文字及口头表达是人类最为基本的表达方式，对于事实最基本构成要素的最为简单的表达通常会采用上述两种表述方式，故对于上述两类作品的保护最为可能导致客观上对于事实的保护，从而被认定构成单纯事实消息。

此外，笔者要强调的是，因判断标准有所不同，故新闻本身价值的高低与该新闻是否可以获得著作权法保护并不具有必然联系。新闻本身的价值通常在于其快捷性、独家性等，此类新闻即便仅仅是对事实的最为简单的描述，因该事件本身所具有的新闻价值，从新闻本身的判断标准而言其亦会具有较高的新闻价值。但这一判断标准却并不适用于著作权法。著作权法保护的是表达，而非事实，该

①见北京市第一中级人民法院（2001）一中知初字第256号民事判决书。

②王迁:《知识产权法教程》（第三版），中国人民大学出版社2011年版，第60页

事实是否具有很高的新闻价值，与是否构成作品无关。当然，法律并不排除对此提供其他角度的保护。如1978年《伯尔尼公约指南》指出，新闻和事实尽管不受著作权法保护，但也不是可以任随抄袭和盗版的。对寄生行为可以采取其他的防范方法。例如，对从竞争对手那里窃取而不是向通讯社订购新闻的报社，可以根据反不正当竞争法提起诉讼。

二、邻接权保护

新闻类视频节目的构成要素不仅包括文字、图片，一些情况下会有记者或主持人等人员的参与，同时该视频亦通常会采用某种载体固定，广播组织亦可能将该视频通过信号的方式予以播放，因此除著作权保护外，其还可能涉及以下邻接权的保护。

（一）表演者权的保护

《著作权法》第四章第二节规定了表演者权，而《著作权法实施条例》第5条则对表演者权的主体——表演者进行了规定，“表演者，是指演员、演出单位或者其他表演文学、艺术作品的人”。依据这一规定，新闻类视频节目的视频参与者将有可能获得表演者权的保护。

以前面提及的《上海双年展“巡演”进行时》案为例，[①]该案中，法院虽然最终未认定上述新闻类访谈视频构成电影作品，但鉴于其中所涉人员的口头表述可能构成对“文字作品”的表演，因此，上述人员依据著作权法的规定享有表演者权，如他人未经许可而以《著作权法》第38条规定的方式使用该视频，则表演者可以主张表演者权。

实践中，对于该权利的理解应注意以下两点。

①见北京市朝阳区人民法院（2012）朝民初字第33384号民事判决书。

1. 只有对“作品”的表演者才享有表演者权

我国现行著作权法中有关表演者权的规定强调表演者应是表演文学、艺术“作品”的人，因此，如果表演的客体并非作品（如单纯模仿自然界声音的口技等），则表演者将无法获得表演者权的保护。

具体到新闻类视频，以金报中心案所涉作品为例，①如果播音员播报了该新闻，且该播放被录制下来，因该新闻本身系单纯事实消息，不构成作品，则该播音员的播报将无法获得表演者权保护。但如果该视频中播音员所播报的内容构成作品（如王艺案中的涉案作品《买断经营向生活用品辐射，使滨城出现不少怪现象》），则此时播音员对其播报行为享有表演者权。

2. 如新闻类视频节目构成电影作品，则表演者无法主张表演者权保护

新闻类视频如果满足独创性要求，则其可以作为电影作品获得保护，但应注意的是，如果他人未经许可使用该电影作品，则该电影作品中的表演者无权单独主张权利。这一结论的得出系源于《著作权法》第 15 条的规定，电影作品和以类似摄制电影的方法创作的作品中的剧本、音乐等可以单独使用的作品的作者有权单独行使其著作权。虽然从该条款中无法看出对电影作品中的表演者单独行使权利进行了限制，但既然对于享有更为广泛权利的作者尚且有此限制，对于权利范围显然应小于作者的表演者而言，该限制当然亦应适用。

鉴于此，对于构成电影作品的新闻类视频而言，如他人未经许可使用该视频，则表演者无权单独主张表演者权。但如果该视频仅构成录像制品，则因著作权法对于录像制品的使用并无特别性规定，故此类视频中的表演者可以单独主张权利。

（二）录像制作者权的保护

《著作权法实施条例》第 5 条规定，录像制品，是指电影作品和以类似摄制电影的方法创作的作品以外的任何有伴音或者无伴音的连续相关形象、图像的录

①见北京市海淀区人民法院（2009）海民初字第 13593 号民事判决书。

制品；录像制作者，是指录像制品的首次制作人。

因为新闻类视频节目必然会被录制下来，因此，此类视频还有可能涉及录音录像制作者权的保护。首次将其录制下来的录制者，可以主张录像制作者权的保护。

在此类案件中，最为复杂的问题在于如何认定该视频系构成电影作品，抑或是录像制品。就现行著作权法的规定而言，电影作品的权利范围（《著作权法》第 10 条）显然远远大于录像制品的权利范围（《著作权法》第 42 条），因此，被认定构成电影作品将非常有利于对权利人的保护，但是否能够被认定构成电影作品原则上应以独创性为标准。如在《时事直通车》案件中，法院认为因其包括多个环节，如记者深度采访，特约评论员点评等内容，具有独创性，故构成电影作品。[①]同理，在《上海双年展“巡演”进行时》等 40 个访谈节目的案件中，法院认为受访谈节目本身形式的制约，采访方式基本为问答式，机位或镜头切换较少，因此，未达到独创性高度，仅构成录像制品。[②]

（三）广播组织权的保护

新闻类视频节目的制作目的在于传播，制作者很多情况下亦是其传播者，在《著作权法》邻接权部分针对传播者规定了“广播组织权”的情况下，此类节目的传播者亦可以主张广播组织权的保护。

《著作权法》中有关广播组织权的规定为第 45 条，广播电台、电视台有权禁止未经其许可的下列行为：将其播放的广播、电视转播；将其播放的广播、电视录制在音像载体上以及复制音像载体。 由上述规定可以看出，广播组织权的适用主要涉及对如下三个要件的理解：广播组织、播放以及转播。

1. 广播组织

因广播组织权的权利主体为广播组织，因此，对于新闻类视频节目而言，只有在其传播者符合《著作权法》中所规定的广播组织要求的情况下，其才可能享

①参见北京市海淀区人民法院（2008）海民初字第 22558 号民事判决书。

②参见北京市朝阳区人民法院（2012）朝民初字第 33384 号民事判决书。

有广播组织权的保护。当然，该权利可以转让，受让者并非必然是广播组织。

通常意义上的广播组织与著作权法意义上的广播组织并非同一概念。实践中所包括的三类广播组织：无线广播组织（broadcasting organization）、有线广播组织（cablecasting organization）、网播组织（webcasting organization）。其中只有前两者属于著作权法中所规定的广播组织，网播组织则不属于广播组织的范围。因此，新闻类视频节目的传播者如果系通过互联网络对该节目予以传播，则其不符合现有规定对于广播组织的限定，无法获得广播组织权的保护。

2. 播放

虽然广播组织权的产生是基于广播组织对广播电视节目所实施的播放行为，但著作权法中对这一播放行为所采用的具体方式具有特殊限定，其并非及于全部播放方式。

我国《著作权法》中对于播放方式的限定包括“有线方式”及“无线方式”，而其中的有线方式则限于“有线电视电缆”的传播方式。我国对于广播方式的限定显然要宽于现行国际条约的规定。按照《罗马公约》①和 TRIPs 协议的规定，②“广播”仅指以无线方式。《著作权法》中虽未明确其系指通过无线还是有线方式，但原全国人大常委会法律委员会主任王维澄在其所作的“关于修改著作权法决定”的报告中提道：“决定草案第 35 条第（1）项规定，广播电台、电视台有权禁止他人未经许可‘将其播放的广播、电视以无线方式重播’。广播电影电视总局提出，目前有线电视发展很快，应增加规定有线方式的播放权。”根据这一报告的表述可知，我国著作权法中的广播或播放不仅指无线方式，也包括有线方式，鉴于该有线方式的增加系基于有线电视的传播，而当时有线电视的传播方式均为有线电缆的方式，因此，对于有线方式的理解应限于有线电缆方式。

具体到新闻类视频节目，只有其播放者对该视频节目的播放系采用的无线或

① 《罗马公约》第 3 条规定，广播是指供公众接收的声音或图像和声音的无线传播。

② TRIPs 协议第 14 条规定，广播组织应享有权利禁止未经其许可而为的下列行为：将其广播以无线方式重播，将其广播固定，将已固定的内容复制，以及通过同样方式将其电视广播向公众传播。如果某些成员不授予广播组织上述权利，则应依照伯尔尼公约 1971 年文本，使对有关广播之内容享有版权之人，有可能制止上述行为。

有线方式时，其才可以主张其广播组织权的保护，如果采用的是网络播放方式，则其将无法获得广播组织权的保护。

3. 转播

广播组织权中的核心内容为“转播权”，即广播组织有权禁止他人实施法律规定的转播行为。虽然现行《著作权法》中对于转播并未进行进一步的限定，但依据《著作权法释义》中的相关解释可以看出，转播行为应符合以下三个限制条件。

其一，主体限制，即转播是指一个“广播组织”的节目被另一个“广播组织”进行的广播。亦即如果转播者并非广播组织则该行为不属于广播组织权所控制的范围。至于广播组织的限定，前面已指出，其仅指向无线及有线广播组织，网播组织并不在此限。

其二，时间限制，即转播强调“同时”，其指的是同步转播，至于将节目录制下来再播放的行为则属于重播而非转播。

其三，客体限制，即转播行为所控制的是截取另一广播组织发送的广播信号并进行同步广播的行为，而非该信号中所承载的具体的节目内容。

现有司法实践中亦采用的是此种作法。在嘉兴华数公司诉中国电信嘉兴分公司案中，原告经黑龙江电视台授权，对黑龙江卫视频道电视节目信号享有权利。被告通过 IPTV 宽带业务应用平台，通过电视用户的机顶盒和电视机向用户实时转播黑龙江卫视的电视节目，原告认为被告行为侵犯其广播组织权。对此，法院认为，广播组织不能控制互联网领域的传播。根据现行法律的规定，尚不能将被告通过网络转播黑龙江电视台节目信号的行为视为《著作权法》第 45 条规定的“转播”行为。据此驳回原告的诉讼请求。[1]

①参见浙江省嘉兴市南湖区人民法院（2011）嘉南知初字第 24 号民事判决书。

导演聘用合同纠纷案件的裁判思路

——以电影《杀戒》导演聘用合同纠纷案为分析样本

宋健

宋健，毕业于北京大学法律学系，现任江苏省高级人民法院审判委员会委员、副巡视员、二级高级法官。曾被评为“全国知识产权领军人才”“国家知识产权战略实施工作先进工作者”，被授予全国“巾帼建功”标兵荣誉称号；2014 年被最高人民法院评为“全国审判业务专家”；2015 年和 2018 年入选为最高人民法院知识产权司法保护研究中心研究员。

我国历史上曾长期实行导演中心制，即导演在影视创作中占据主导地位，而代表投资方的制片人居于次要地位。近年来，随着我国影视行业市场化和产业化的快速发展，特别是影视行业资本投入不断增大，投资方日益通过加大对影视制作全过程的审查和管理，以期获得更大的商业回报，而与此同时，导演在影视创作中的核心地位亦日益被投资方所削弱，各种纷争时有所见。2014 年年底，笔者作为二审法官主审了由刘烨、倪妮主演的电影《杀戒》导演聘用合同纠纷案[①]。本案的争议焦点是，投资方在最终公映的《杀戒》电影片头给予总导演“前期总导演”的署名方式是否恰当，以及剩余酬金是否应当给付？案件所折射出的问题是，电影创作究竟实行导演中心制还是制片人（投资方）中心制？双方就终剪权发生争议后，究竟应当采取何种方式解决争议？在本案诉讼中，投资方强调，电影拍摄投资浩大且风险巨大，司法应当维护投资方的利益；而总导演则强调，司法应当还导演权利和社会公道，以促进中国电影产业的发展，促进高质量电影作品的出现。在同一个案件中，双方当事人均要求司法给个说法并不多见，足见目前我国影视行业不仅市场规则不够明晰，而且被普遍遵守的行业惯例也远未形成，需要司法通过裁判厘清当事人各自权利义务的边界。据统计，2017 年全国电影总票房为 559.11 亿元，同比增长 13.45%；全国影院数达到 9169 家，全国新增银幕 9597 块，银幕总数已达到 50776 块。[②]据分析，近年来中国电影产业发展如此快速，原因在于整个中国电影产业链的运作越来越成熟。众所周知，市场经济是法治经济，影视产业亦不例外，无论是剧本策划、编剧、拍摄、后期制作，还是日益重要的电影营销、电影宣传等都与法律规范密切相关，因而司法裁判的价值引领作用显得尤为重要。本文拟以电影《杀戒》导演聘用合同纠纷案为样本，通过重点分析并阐述该案的基本案情及裁判思路，抛砖引玉，引发讨论，以期推动影视行业尽快形成成熟规范的行为准则，进一步促进影视行业的繁荣与发展。

①一审：江苏省南京市中级人民法院（2013）宁知民初字第 164 号民事判决书；二审：江苏省高级人民法院（2014）苏知民终字第 0185 号民事判决书。

②《法制日报》：“2017 年全国电影总票房达 559 亿元 过亿元影片 92 部”，网址：http://finance.sina.com.cn/chanjing/cyxw/2018-01-02/doc-ifyqchnr8, 最后访问日期 2018 年 5 月 12 日。

一、电影《杀戒》导演聘用合同纠纷案基本情况

（一）当事人基本情况

一审原告、反诉被告、二审被上诉人：章某某，电影导演。

一审被告、反诉原告、二审上诉人：真慧公司。

法定代表人：张某，该公司董事长。

（二）合同约定情况

2012年2月9日，真慧公司与导演章某某签订《真慧影业电影 < 杀戒 > 项目总导演聘请合约》。合同约定：真慧公司决定聘请章某某担任电影《杀戒》一片的总导演，章某某同意，并向所有投资方负责。第2条约定：章某某作为本片总导演，其工作内容为与真慧公司共同商定关于影片的重大事项：①总导演本片的拍摄及指导张某（注：该片导演张某，即真慧公司法定代表人张某）工作，争取在国内国际电影节上展映和获奖；②监控整体预算，在预算期完成制作；③监控本片的商业片市场定位，力争获得理想的票房；④确定制片管理方式；⑤影片宣传发行及娱乐营销。章某某的具体职责：①具体负责本片剧本完善磨合；②与真慧公司共同选定主创团队；③与真慧公司共同选定电影所需主要演员；④与真慧公司一起确定电影整体拍摄方案，指导该影片导演的拍摄工作并负责重要场景的具体拍摄；⑤与真慧公司在内地物色宣传发行策略伙伴；⑥指导监督后期制作（剪辑、音乐、声音及最终影片合成）工作；⑦指导本片参与国内、国际重要电影节的展映、申报奖项工作。合约期至本片完成国家送审拷贝并得到发行许可证为止。第4条约定：真慧公司向章某某支付合约期酬金为税后现金100万元。现金分5次支付，其中第4次支付时间为电影后期制作完成前3个工作日内支付10%，即10万元；第5次支付时间为电影片送审通过后3个工作日内支付10%，即10万元。本片荣获国际、国内电影节奖项及展映，真慧公司奖励章某某人民币30万元。第5条约定：未经真慧公司同意，章某某不得在电影公映之前向第三方泄露剧情、演员、拍摄进度等与电影片相关的一切信息。第7条约定：在影片拷贝上，如有主创人员的

片头字幕时，真慧公司同意章某某的名字及职衔独立排名在本片片头字幕出现。第8条约定：章某某作为总导演，对本片的艺术创作具有其最终的决定权。章某某同意以刘恒剧本为定稿蓝本，可在结尾、女主人公等方面再做修改，其他剧情结构不做大的改动。第11条约定：章某某保证其有能力履行本合同项下的所有义务，否则赔偿真慧公司因此而遭受的所有损失。

（三）合同履行情况

2012年4月25日，电影《杀戒》开机新闻发布会在北京国家会议中心召开，总导演章某某、导演张某和主演刘烨、倪妮出席了此次发布会。5月29日，该影片开机拍摄，7月9日全部拍摄完成关机。8月25日，该片剧组章某某、张某、刘烨、倪妮等集体登场亮相出席长春电影节闭幕红毯晚会。章某某、张某两位导演首度公开宣布《杀戒》已完成所有前期拍摄。

2012年10月8日，张某发短信给章某某，询问章某某是否看过她剪辑的版本，并称已组织12个70后、80后群众分两组分别观看了两个剪辑版本并打分，结论是章某某的版本为67分，张某的版本为84分。

2012年10月11日，章某某发短信给张某，内容为："我从韩国回来了。看了你的那一版，难以接受，也很绝望。我不知道该如何和你面对面沟通。如你坚持这一版，我也无话可说。我给你邮箱发去了由我签字的一份声明。你如果同意就在声明上签个字再回复给我。之后，关于剪辑的事，我再不参与，你想怎么办就怎么办吧。"《声明》的主要内容为：章某某与真慧公司就电影《杀戒》签订的总导演合同第8条约定"章某某作为总导演，对本片的艺术创作具有其最终的决定权"，为此章某某对《杀戒》的剪辑具有最终决定权。如真慧公司坚持用导演张某所剪定的版本，便构成违约。因此有关《杀戒》电影最终剪定版的相关事宜，特作如下声明，如真慧公司坚持用导演张某所剪定的版本，用于影院发行、参展参赛电影节等，如票房惨败、获奖全无所带来的一切损失，皆与章某某无关，章某某对此不负任何责任。同时章某某作为本片的总导演，本着对影片负责任的态度，将同时向其他相关投资方及参与影片的主要演员、小说原著、编剧等主创声明，导演张某所剪定的版本不代表章某某的艺术创作主旨。如影片给章某某在声誉上造成不良影响，章某某将向媒体发布声明表明该影片并不完全代表章某某的艺术创作即章某某的电影作品。张某通过电子邮件收到《声明》后，回复短信称："你这个声明是极其恶意的。我不会签。无论境内外，投资方拥有最终剪辑权，这是本行业最基本的常识。如果你拿出合同第8条来做这样的声明，置我们投资者的利益于不顾，那你就既对不起投资方支付给你的片酬，也没有起码的职业道德，更会贻笑大方。关于最终剪辑不代表你的水平、风格，如果你要求片子不署你的名，我可以尊重你的选择，签署补充协议。"章某某回复短信称："正是因为对你及投资方负责，我才发出此声明。照这个版本拿出去，不但什么奖都拿不到，而且还会票房惨败。我的意见上次在电话里就跟你沟通过了，你还是一意孤行。我实在没办法，才出此下策。当初很不情愿接这个片子就是怕你在艺术创作上和我分歧太大，才加上第8条的。至于你说的剪辑权在投资方是圈里的常识，这不对。最终要看合同里是否明确。"张某回复短信称："你是文艺片导演，我力排众议和你签约，那是我认为我们对人文精神的追求高度一致。但我还是担心你的风格没有票房。在南京组织12人的问卷打分是客观的，是让我做出版本选择的关键。如果你提某些局部调整，我们是可以探讨的。如果你坚持用你的版本，我是不敢接受的。我必须要尊重调查的结果。我不希望像你声明的做法发生，把我们的分歧公布于众，但我也绝不怕那样做。现在我们属于艺术创作分歧，如果你按刚才声明的做法，你行为的性质都变了。谁都不希望看到影片的负面消息，谁都会维护自己。"

在一审庭审中，章某某陈述，自2012年10月11日双方发生争议后，其一直在家等消息，没有主动联系过真慧公司。真慧公司陈述，因章某某在《声明》和短信中已经明确如果采用张某的剪辑版本，其退出后期，故真慧公司在双方发生争议后，也没有主动联系过章某某。2012年10月11日后，真慧公司委托北京银河星光公司、北京和声创景公司、音乐制作人王某等对电影《杀戒》剪辑版本进行后期制作。

2012年12月27日，电影《杀戒》获原国家广电总局颁发的电审故字〔2012〕第659号电影片公映许可证，该片的出品单位为真慧公司等。2013年2月26日，该片在北京召开新闻发布会，张某、刘烨、倪妮等主创悉数到场，片方公布了先导概念海报及预告片。2013年4月16日至23日，"第三届北京国际电影节"在北京举办，电影《杀戒》在该电影节上进行了展映。在获准公映的《杀戒》影片中，章某某的署名为"前期总导演章某某"，并与该片艺术总监王某某的名字出现在同一画面上。张某署名为"张某导演作品"，并以比较醒目的方式独立出现在画面的中间。

（四）双方诉辩情况

章某某一审请求法院判令真慧公司：①按照双方的约定将章某某的名字及职衔（总导演）独立排名在电影《杀戒》片头字幕上；②赔偿因其违约给章某某造成的经济损失 50 万元；③按照双方约定给付章某某总导演未付酬金 20 万元；④承担章某某由于本案而支付的公证、律师等费用 41590 元；⑤赔偿章某某精神抚慰金 10 万元；⑥承担本案全部诉讼费用。庭审中，章某某明确真慧公司的行为既构成侵权，又构成违约，其选择按照违约来追究真慧公司相应的民事责任。

真慧公司一审辩称：①投资方真慧公司拥有电影《杀戒》剪辑版本的最终决定权。对合同第 8 条约定的艺术创作最终决定权的理解，应当按照合同的相关条款、合同的目的、交易习惯来确定该条款的真实意思。从行业交易习惯来看，由于对影片投资最终承担责任的主体是投资方，所以影片重要事项的最终决定权包括剪辑权皆应由投资方拥有，这是行业遵循的基本准则，也与“谁投资、谁负责、谁受益”的权利义务对等原则相一致。此外，第 8 条中还明确约定，章某某“同意以刘恒的剧本为定稿蓝本……其他剧情结构不做大的改动”。但在剪辑过程中，章某某违背合同约定，以艺术创作为借口，完全改变了原剧本结构，导致其丧失了第 8 条约定的所谓艺术创作的最终决定权。②真慧公司不存在任何违约行为。章某某已通过《声明》和短信单方宣布退出影片后期制作，双方在合同履行过程中均已同意终止履行合同，事实上也终止了合同的履行。真慧公司为此重新组织创作团队，进行音乐、灯光、动效、配音等后期创作。真慧公司已在影片中将章某某署名为“前期总导演”并支付了 80 万元报酬，故真慧公司已按约履行了合同。③章某某主张赔偿经济损失 50 万元、精神抚慰金 10 万元以及维权费用不符合客观事实，也没有法律依据。章某某没有产生任何损失，即使产生损失也应由章某某自行承担，其主张精神损失更不应得到支持。

真慧公司一审反诉称：真慧公司对影片《杀戒》投资 2000 万元，其中一部分是通过多方融资方式取得。由于章某某的退出和干扰，真慧公司原计划安排影片 2013 年 3 月在全国公映的计划落空，致使影片整整推迟数月公映，使得真慧公司不能及时收回投资，无法按时偿还借款，产生直接经济损失。此外，合同第 5 条约定，未经真慧公司同意，章某某不得在电影片公映之前向第三方泄露剧情、演员、拍摄进度等与影片相关的一切信息。然而，章某某在《杀戒》影片公映的前夕，通过有关媒体、网络散布对影片《杀戒》极为不利的信息，使该影片的票房受到影响，给真慧公司造成了更大的经济损失。真慧公司提出反诉，请求判令章某某：①立即停止对真慧公司及其法定代表人张某名誉的损害以及对《杀戒》电影商誉的损害，并在网络和《扬子晚报》等媒体上向真慧公司公开赔礼道歉；②支付因违约给真慧公司造成的损失90万元；③承担本案的诉讼费用。

章某某反诉辩称：章某某在发出声明后，其一直在等待对方给予关于影片后期制作的明确答复，但是对方没有给予任何说法。真慧公司背着章某某做了后期工作，其反诉事实不成立，请求法院驳回其反诉请求。

（五）法院审理结果

一、二审法院经审理认为，章某某已经全面完成合同约定的总导演工作，依约应当享有《杀戒》电影作品总导演署名权以及剩余20万元报酬请求权。一审判决：①被告真慧公司在判决生效之日起15日内将本诉原告章某某的名字、职衔（总导演）独立排名在电影《杀戒》片头字幕上；②被告真慧公司在判决生效之日起15日内支付本诉原告章某某合同约定报酬20万元；③驳回本诉原告章某某的其他诉讼请求；④驳回反诉原告真慧公司的诉讼请求。

真慧公司不服一审判决提起上诉。二审判决：驳回上诉，维持原判。

二、电影《杀戒》导演聘用合同纠纷案所涉主要法律问题

（一）关于剪辑版本最终决定权的解释问题

在本案诉讼过程中，双方当事人均认可，在影片前期筹备及拍摄过程中双方合作融洽，双方纷争缘起于对《杀戒》电影最终剪辑版本的确定，即究竟是采用

章某某作为总导演剪辑的版本还是采用真慧公司剪辑的版本。根据合同第 8 条的约定：章某某作为总导演，对本片的艺术创作具有其最终的决定权。但是对于该条款是否包含剪辑版本的最终决定权即终剪权，双方当事人给出了完全不同的解释。

章某某认为，真慧公司并没有在合约中明确约定影片最终剪辑权归真慧公司所有，而相反的是，合同中有三条约定的内容均支持章某某具有创作包括剪辑的最终决定权。具体是：第一，合同第 2 条之①明确约定章某某“总导演本片的拍摄及指导张某导演的工作”，该条构成章某某与张某之间创作上的从属关系；第二，合同第 8 条明确约定，章某某作为总导演对本片艺术创作拥有最终决定权，同时明确其必须按照刘恒的剧本为蓝本，只在结尾和女主人公方面可以有修改，其他大的部分不改动，章某某的剪辑版本正是按照刘恒剧本第 16 稿进行的剪辑，而真慧公司最后剪辑的公映版本已经违背了合同约定；第三，合同第 2 条关于章某某具体职责之⑥明确约定，总导演指导和监督后期制作工作，该条再一次补充约定了总导演负责指导导演工作，而张某正是从属于并在总导演指导监督下进行的工作。

真慧公司则认为，由于合同明确约定章某某同意向所有投资方负责，且约定章某某的具体职责包括“指导监督后期制作（剪辑、音乐、声音及最终影片合成）工作”，故章某某的艺术创作不能凌驾于投资方真慧公司之上，其所谓艺术创作的最终决定权必须服从于投资方对影片的商业取向，故真慧公司拥有影片艺术创作（包括剪辑）的最终决定权。

关于合同条款的解释规则，我国《合同法》第 125 条规定：“当事人对合同条款的理解有争议的，应当按照合同所使用的词句、合同的有关条款、合同的目的、交易习惯以及诚实信用原则，确定该条款的真实意思。合同文本采用两种以上文字订立并约定具有同等效力的，对各文本使用的词句推定具有相同含义。各文本使用的词句不一致的，应当根据合同的目的予以解释。”根据法律规定，合同条款的解释大致分为两个步骤：首先，是探求当事人的真意，不拘泥于合同文本的字面含义；其次，在不能求得当事人真意，或按字面解释明显不公平、不符合常理、违背诚实信用原则时，应当运用诚实信用、交易习惯等目的解释方式确定合同条款的含义。由此可见，我国合同法对合同条款的解释，采取的是折中主义的立场，即以诚实信用与交易习惯等客观标准对当事人的意志进行适当限制，以体现合同法帝王条款诚实信用原则对合同法适用的统领作用，实现维护交易秩序和交易安全的目的。

本案中，对于终剪权归属的解释，笔者认为，需要分析双方就“艺术创作最终决定权”问题发生争议的背景。如前所述，目前我国影视行业正处于由导演中心制向制片人中心制过渡的特殊时期，而完善的制片人中心制尚未完全确立，因而在影视行业尚未形成完善且公认的商业模式的情况下，需要回到合同法框架内讨论影视作品创作最终决定权的归属。具体而言，合同明确约定导演享有终剪权或者投资方享有终剪权的，应当从其约定；只有在合同约定不明确时，才考虑以行业惯例加以确定。简言之，有约定从约定，无约定依惯例。

经分析，本案二审最终认定，根据合同解释规则，双方关于终剪权归属的约定是明确的，并非约定不明。具体理由如下：首先，依据合同条款的字面含义进行文义解释。合同第 8 条明确约定，章某某作为总导演，对本片的艺术创作具有其最终的决定权。由于影视作品艺术创作过程较长，包括前期筹备、中期拍摄及后期制作，因此，除非合同明确约定将总导演的终剪权排除在外，总导演对整个艺术创作全过程拥有最终决定权包括终剪权，应当属于总导演工作内容的应有之义。其次，结合其他合同条款的内容进行整体解释。在合同条款未明确将总导演同意向所有投资方负责定义为投资方享有终剪权的前提下，对该条款的常规理解应当是，总导演依据合同完成总导演工作任务并保证其达到相应的艺术水准就是对投资方负责。而真慧公司将总导演的艺术创作必须向投资方负责直接解释为投资方享有终剪权，明显不符合合同本意，属于不适当地扩张了投资方的权利。况且，章某某在庭审中明确说明，其之所以要求约定第 8 条内容，就是担心因双方艺术见解不同而产生创作上的争议。最后，从影视作品创作规律进行解释。本案特殊性在于，真慧公司法定代表人张某既代表投资方，同时又是电影《杀戒》的第二编剧和导演，其本人的多重身份增加了涉案影片艺术创作过程中发生冲突的可能性。从投资方角度看，影视作品投资风险巨大，投资方除关注影片艺术价值外，更关注投资的直接市场回报。但无论如何，影视作品创作首先是艺术创作活动，有其基本的艺术创作规律，投资方在聘请总导演时，必然事先对总导演的艺术水准有着基本认同，因而当投资方与总导演在艺术创作上产生重大分歧时，双方首先应当协商解决，如协商解决不成，则投资方仍应秉持契约精神，尊重合同约定。当然，就终剪权的归属，双方事先在合同中明确作出约定，对于预防纠纷发生以及发生纠纷时妥善解决争议，都具有重要意义。以上裁判思路，体现了使此类纠纷回归到合同法框架内进行处理的基本理念，即提倡契约精神，提倡尊重合同约定。

（二）关于章某某的行为是否构成违约问题

合同履行是合同制度的核心，是实现合同目的的关键。我国《合同法》第 60 条规定：“当事人应当按照约定全面履行自己的义务。当事人应当遵循诚实信用原则，根据合同的性质、目的和交易习惯履行通知、协助、保密等义务。”当事人只有全面正确履行合同义务，才能实现双方订立合同的目的。审理合同纠纷案件，首先应当明确合同双方的权利义务内容，然后确定是否存在违约行为，最终确定合同责任的承担。

本案中，双方对于章某某是否依约全面正确履行合同义务争议很大，二审对此进行了细致审理。在诉讼中，双方当事人均确认，合同第 8 条约定的刘恒剧本定稿蓝本即是电影《杀戒》拍摄时所采用的第 16 稿剧本，该剧本共有 120 场戏，而第 17 稿剧本是影片的最终定稿版本，与获准公映的影片一致，是获得编剧认可并可以出版的版本。真慧公司主张，章某某剪辑的版本对第 16 稿剧本的改动达到 15 场之多，其行为构成违约；而章某某则认为，其剪辑的版本 95% 都是严格按照第 16 稿剧本剪辑的，完全符合双方合同的约定，相反真慧公司剪辑的最终公映版本 96% 与第 16 稿剧本不符，且顺序颠倒。由于双方争议极大，二审根据真慧公司提交的“章某某导演剪辑版本与剧本对比表”，组织双方当事人就章某某剪辑版本、公映版本与第 16 稿剧本进行了详细比对，并听取了双方的诉辩意见。最终，二审认定，根据合同第 8 条约定，章某某的主要合同义务是按照合同约定的第 16 稿剧本全面执导完成影片拍摄工作，章某某已经全面完成了合同约定的义务，并无违约行为存在。具体理由如下。

第一，根据合同第 2 条，章某某系真慧公司聘请的总导演，导演为张某，总导演的具体职责之一是“与真慧公司一起确定电影整体拍摄方案，指导该影片导演的拍摄工作并负责重要场景的具体拍摄”。具体而言，章某某作为总导演只负责重要场景的具体拍摄，其他场景仅负责指导导演张某的拍摄。根据庭审查明的事实，章某某虽为总导演，但几乎亲自执导完成了所有场戏（除男主人公回家乡找弟媳要孩子一场戏外）的具体拍摄工作，包括美术布景、道具、灯光、演员说戏等，故应当认定章某某执导完成的拍摄工作已超出了合同约定的具体要求。

第二，章某某已提交体现其总导演艺术风格的影片剪辑版本。根据合同第 2 条，章某某作为总导演的具体职责包括“指导监督后期制作（剪辑、音乐、声音及最终影片合成）工作”。从查明的事实看，双方在完成全部影片镜头拍摄后，即由剪辑师张某某剪辑完成了两个版本，章某某与投资方等一起参与了审片并共同提出了修改建议，其后章某某又根据真慧公司的要求，完成并提交了体现其总导演监督指导后期制作意图且已合成音乐小样的剪辑版本，后只是因真慧公司决定不采纳该剪辑版本，且双方发生分歧后未能妥善处理争议，才导致章某某最终未参与公映版本的后期制作。据此，应当认定章某某已完成合同约定的总导演“指导监督后期制作”的具体工作。

第三，章某某剪辑的版本更符合第 16 稿剧本的要求。合同第 8 条约定：“乙方同意以刘恒剧本为定稿蓝本，可在结尾、女主人公等方面再做修改，其他剧情结构不做大的改动。”二审中，法庭组织双方对相关剧本进行详细比对，结果是章某某剪辑的版本更符合第 16 稿剧本的要求，而真慧公司自己亦认可，其公映的版本对第 16 稿剧本进行了再度创作，即通过调整两个时空交互叙事的节奏、采用意识流的手法随男主人公的当代时空展开闪回，并在此基础上形成了第 17 稿剧本。

第四，章某某剪辑版本对第 16 稿剧本的调整，尚未超出合理范围。合同第 8 条约定，总导演“可在结尾、女主人公等方面再做修改，其他剧情结构不做大的改动”。由于该条款约定的内容本身比较弹性模糊，因而对于何种程度的改动不属于“大的改动”，必然会产生很大争议，这恰是本案审理的难点和重点。由于艺术创作活动本身带有强烈的主观特性，艺术创作过程本身是深化艺术理解并不断追求艺术完美的过程，因而在创作过程中对相关内容进行适度调整，对于任何艺术创作领域而言均属常态，符合艺术创作的规律。事实上，艺术家基于对创作规律的理解，很少对创作过程和内容的适度调整过于纠结，而合同明确约定不得作任何改动亦极为罕见。最终，本案二审判决认为，从比对内容看，就第 16 稿剧本的 120 场戏而言，章某某剪辑版本的改动之处占比很小，主要涉及几场过去时空闪回戏的调整。真慧公司在诉讼中称，涉案影片的艺术特色在于如何完美体现刘恒剧本两个时空交互叙事的风格。比较而言，双方两个剪辑版本的差异，主要体现在闪回顺序的调整改动不同，章某某剪辑版本对闪回顺序的调整改动，远小于真慧公司公映版本对第 16 稿剧本再创作的内容，可见双方争议的本质仍属于艺术创作理念及具体表现手法的不同，正如真慧公司所言：“现在公映版本的内容虽然进行了改动，但与原来相比没有太大的改动，没有改变其内容。”而张某本人给章某某的短信亦称：“咱们所有的尝试都是值得的，都是形成现在最后这个版本的基础。”基于以上分析，二审认为，即便章某某剪辑版本对第 16 稿的闪回顺序进行了适当调整，但鉴于调整的量占比很小，且双方关于剪辑版本的争议系发生在后期制作过程中，故真慧公司据此主张对方行为构成违约，依据明显不足。

（三）关于涉案合同是否事实上已经终止问题

真慧公司认为，章某某已通过《声明》及其短信表明其不再参与后期制作，双方事实上已终止了合同履行，故其将章某某署名为“前期总导演”符合实际，符合章某某本人的意愿，也符合行规。对于如何看待章某某于 2012 年 10 月 11 日给张某所发短信以及《声明》的性质，不同的人由于认识不同极易产生不同的判断结果。对此，二审认为，由于双方纷争系艺术创作上的分歧，且真慧公司并未在章某某的声明上签字，故双方的合约并不发生自然终止的法律效果。具体而言，在影视作品创作过程中，一般情况下导演聘用合同不能由单方任意解除，这既是对导演权利的必要保护，同时也是对投资方利益的必要保护，因为如果允许任何一方单方任意解除合同，则势必造成合同履行的极度不稳定，并进而造成双方利益的损害。本案中，分析双方纠纷产生的原因，大致有两点，一是双方艺术创作理念不同；二是双方沟通方式欠妥。故法院在裁判理由中对如何解决此类争议给出了以下明确指引：当发生剪辑版本的争议时，解决争议的正确解决方式是，双方应当立即进行协商，尽可能寻求双方认可的解决方案，或者就终剪的版本达成妥协，或者就终止合同履行签订补充协议，并就署名及其余款支付及合同终止的补偿等达成合意。而本案中，由于双方并未就争议解决达成妥协，亦未就终止合同签订补充协议，而鉴于章某某已经完成全部导演工作，并已提交用于“监督指导后期制作”的总导演剪辑版本，尤其是公映版本采用了章某某执导拍摄的全部镜头，故应当认定章某某已经全面正确完成了合同约定的主要义务，同时合同并未如真慧公司所言已被单方解除。

（四）关于真慧公司是否存在违约行为的问题

根据合同第 7 条约定，真慧公司应当在片头字幕上给章某某以“总导演”独立署名，但在获准公映的《杀戒》影片中，章某某的署名情况为“前期总导演章某某”，并与该片艺术总监的名字同时出现在同一幅画面上，而张某的署名是“张某导演作品”，并以比较醒目的方式独立出现在画面中间。对此，真慧公司给出两点解释：一是章某某没有参与后期制作，二是署名“前期总导演”符合行业惯例。法院最终没有采纳真慧公司的主张，而是认定其行为构成违约。主要理由是：第一，鉴于法院已经认定章某某作为总导演具有艺术最终决定权，而章某某未参与后期制作系双方艺术理念发生争议所致，故其本人并无过错。第二，张某在收到章某某《声明》后给其回复的短信中称：“如果你要求片子不署你的名，我可以尊重你的选择，签署补充协议”，这说明张某本人是知晓应当通过签订补充协议的方式终止合同的履行。第三，虽然章某某本人并没有参与后期制作，但根据合同第2条约定，章某某作为总导演的职责是“指导监督后期制作（剪辑、音乐、声音及最终影片合成）工作”，故在章某某已超额完成执导拍摄工作，且已提交体现其总导演艺术风格的影片剪辑版本的情况下，除非章某某本人放弃在实际公映的影片上以独立字幕署名“总导演”，真慧公司未经同意，擅自以非独立字幕署名其为“前期总导演”，其行为构成违约。

二审中，真慧公司主张，电影《假装情侣》的投资方与导演刘某斗之间采取“前期导演”的署名方式解决终剪权争议，系行业惯例。根据媒体相关报道，电影《假装情侣》的出品方是电广传媒影业公司，刘某某是该公司的董事长。由于刘某某与导演刘某斗之间发生分歧，《假装情侣》公映的版本并不是刘某斗剪辑的版本。电广传媒影业公司认可刘某斗完成了电影中90%内容的拍摄，双方经协商约定采取 “前期导演”的署名方式解决争议。[①]该事件被媒体称为中国电影开始往“制片人中心制”转型的标志性事件。对此，二审法院认为，电影《假装情侣》的投资方与导演刘某斗之间采取“前期导演”的署名方式解决终剪权争议，是投资方与刘某斗导演协商一致的结果，即刘某斗导演自己要求如此署名，该署名方式被媒体称为首例，显然难以解释为已构成真慧公司所主张的行业惯例。在不能成立行业惯例的情形下，本案中根据双方关于章某某负有“指导监督后期制作”职责的约定，即使真慧公司作为投资方最终未采用章某某剪辑的版本，也应当在公映版本上署名章某某为总导演，这一方面符合章某某已经依约完成总导演工作的实际，另一方面亦并不会抹杀公映版本中张某作为影片第二编剧和导演所作出的艺术贡

①腾讯娱乐：“刘某斗成首位‘前期导演’ 独家揭秘风波始末”，网址：http://ent.qq.com/a/20110623/000033.htm，最后访问日期2017年3月25日。

献，即张某不仅具体参与了剧本的编剧工作，还实际组织并具体参与了影片前期筹备、中期拍摄及后期制作等具体导演工作，其根据合同约定本身亦享有导演的署名权。据此，二审认为，真慧公司在《杀戒》电影的片头字幕上，未按合同约定给予章某某独立字幕署名“总导演”，且拒绝给付剩余 20 万元酬金的行为均构成违约，应承担相应的违约责任。

三、结语

综上所述，笔者认为，通过对电影《杀戒》聘用合同纠纷案案情及裁判理由的梳理，本案对于影视行业的发展，至少给出以下三点启示。

一是要尊重影视作品的创作规律。影视作品创作相关的合同履行，明显不同于其他一般合同。在影视作品的创作过程中，因艺术创作或者市场需求进行必要的创作内容调整属于影视作品创作的常态，因而在确定当事人的合同履行行为是否符合合同约定时，要结合影视作品创作规律加以合理确定。

二是合同履行要强调契约精神。正是由于影视作品创作过程具有一定程度的不确定性，因而无论是导演还是投资方对合同内容进行调整时均应秉持善意，且以不损害艺术创作水准为原则。在合同履行过程中如果发生争议，首先应当协商解决，若双方协商不成，则强调当事人应当具有契约精神，遵守合同约定，仍具有相当程度的必要性，如此才能有效减少纠纷，减少不必要的损害后果。

三是裁判结果要充分体现利益平衡。影视作品的创作是文化创意产业发展的重要组成部分，其高投入、高风险且艺术创作活动的复杂性，决定了对艺术创作与市场需求两方面都具有很高的要求。因而在强调尊重艺术创作规律、遵守合同约定的同时，也应当切实关注投资方与艺术创作者之间的利益平衡。就投资方而言，在关注影视作品投资回报的同时，应当注意尊重艺术创作规律；就艺术创作者而言，在专注艺术创作的同时，也应当注意兼顾投资方投资利益的回报。只有实现两者利益的平衡，才能实现艺术创作与市场的双赢，从而真正实现促进影视艺术创作繁荣、促进影视行业发展的目标。

综艺晚会电视节目的著作权性质

——央视“春晚”维权典型案例分析

朱晓宇

朱晓宇，中国政法大学法学学士、墨尔本大学知识产权法硕士。北京嘉润律师事务所律师、高级合伙人，深圳仲裁委员会仲裁员。长期专注于版权领域，曾多次参与奥运会、世界杯等重大国际体育赛事媒体合作项目谈判，曾代理央视“春晚”、新闻、奥运和世界杯节目等多起国内外有重大影响的著作权案件。

央视于 1983 年除夕首次向电视观众播出春节联欢晚会电视节目，开创了我国综艺晚会电视节目的先河。随着各种创新表演形式的不断丰富，诸多舞美、拍摄、转播等新技术设备逐步投入应用，广播电视机构不断推陈出新，使综艺晚会电视节目发展成为广播电视机构有别于其他传媒机构的最重要和最具特色的节目类型之一，央视“春晚”已经成为全球华人除夕夜难以割舍的精神文化大餐。近年来，各省广播电视台也开始逐鹿荧屏，不断推出各具特色的综艺晚会电视节目。同时，随着网络视频传播技术的飞速发展，越来越多的观众通过视频网站、视频软件等各类影音传播平台收看影视剧和电视节目，催生了庞大的互联网版权许可市场。以央视“春晚”为代表的综艺晚会电视节目也随之成为特定时间段内互联网版权许可市场的宠儿，版权许可费逐年攀升。版权许可如火如荼的同时，盗播行为也日益猖獗。以央视“春晚”为例，从许可视频网站转播的第一年开始，违法盗播就没有停止过。为了维护自身和被许可单位的权益，权利人被迫启动综艺晚会电视节目的版权保护工作。

央视“春晚”是众多综艺晚会电视节目中最为典型的代表。央视“春晚”是央视投入大量人力、物力、财力制作和播出的年度最大和最重要的综艺晚会，受到全球华人观众的普遍关注，具有极强的社会影响力和巨大的商业价值。央视“春晚”更是最早开始版权许可和启动版权保护的综艺晚会电视节目。央视“春晚”于 2009 年启动维权诉讼，各法院均认定央视“春晚”应当受《著作权法》保护，但就其应当作为何种客体受《著作权法》保护却持不同观点。在多份生效判决中，有的认定为录像制品，有的认定为汇编作品，近年来，亦有认定为以类似摄制电影的方法创作的作品（以下简称类电影作品）。2015 年以前，相关法院和权利人也曾为此组织过多次研讨，与会专家也未能就此形成一致观点。

在与综艺晚会电视节目维权相关的著作权纠纷中，准确判断权利人主张权利的客体属性，即判断权利人主张享有权利的具体内容是构成作品、录音录像制品、广播电视信号抑或是其他邻接权客体，是权利人依法维权和审判机关准确适用法律条款裁判的前提。为此，笔者通过对央视“春晚”维权典型案例的梳理，深入探讨综艺晚会电视节目相关的多种著作权客体属性，以期为权利人准确主张权利和审判机关正确适用法律提供有效参考。

一、司法实践中综艺晚会著作权法律定性的分歧

（一）作为录像制品予以保护

在央视网诉某网站提供央视“春晚”完整节目和片段侵害著作权一案中，被告通过其网站提供央视“春晚”完整节目的视频点播服务并提供晚会中 36 个节目视频的点播服务。法院认为，原告主张保护的央视“春晚”是广大观众在荧屏前看到的经摄制而成的电视节目，与舞台现场表演的“春晚”不同，更不同于其中所涉及的音乐、舞蹈、戏剧等具体作品。[①]法院认可央视摄制的电视节目“春晚”具有一定独创性，且认可央视在机位设置、镜头选择及编导参与中投入了大量精力、付出了大量劳动。但在判定其“电视节目”的著作权性质时，法院提出，央视“春晚”作为以展现现场精彩表演为主要目的的电视节目，在创作方法上仍与电影作品存在着较大区别，特别是在对拍摄内容的选择、舞台表演的控制、相关节目的编排等方面，摄制者并非处于主导地位，而节目的编导、摄像等人员按照其意志所能做出的选择和表达也都非常有限。由此决定了央视“春晚”所具有的独创性尚未达到电影作品所要求的高度，不足以构成电影作品。[②]判决将央视“春晚”作为凝聚了一定智力创造的录像制品予以保护。

（二）作为汇编作品予以保护

在央视网诉某网站同步转播央视“春晚”侵害著作权一案中，被告于央视“春

①参见北京市海淀区人民法院（2009）海民初字第 9477 号民事判决书。

②参见北京市海淀区人民法院（2009）海民初字第 9477 号民事判决书；北京市第一中级人民法院（2011）一中民终字第 7463 号民事判决书。

晚”首次直播过程中，通过其网站实时转播央视“春晚”。判决认为，央视“春晚”既不属于类电影作品，亦不属于录像制品，而是属于汇编作品。“央视春晚是一台综艺晚会，由多种形式的文艺节目构成，如歌曲、舞蹈、相声、小品、魔术、杂技等。上述节目虽均是独立的作品，但中央电视台需根据当年春节联欢晚会的主题和对节目内容的质量等相关要素，对所选送的节目进行筛选、编排、串词、衔接，最后形成每年一度、各具特色的春节晚会，上述过程体现了组织者对春节晚会内容选择和编排的独创性，符合汇编作品的构成要件”。[①]在央视网诉某应用软件同步转播央视“春晚”侵害著作权一案中，法院亦作出相同认定。[②]

（三）作为类电影作品予以保护

在央视网诉某网站及应用软件同步转播央视“春晚”侵害著作权一案中，法院认为，“春晚现场拍摄并非对现场表演进行简单的机械录制，而是经过了复杂的设计和编排。通常由总导演、总摄像、总编导统一指挥，按照事先拟定的脚本，由各个机位通过不同角度对现场表演进行多角度拍摄，同时，编导需在现场对摄制画面进行现场取舍、编排，并插入字幕、事先录制的短片及外景等，因此，从独创性的角度分析，通过互联网呈现给观众的央视春晚，既非对现场表演活动的简单、机械录制，亦非仅对机位设置、场景选择、镜头切换等的简单调整，其所呈现的连续画面恰恰反映了制片者的构思，融入了创作者的创造性智力劳动，因此，较录像制品，春晚影像具有更高的独创性特征，应当认定为以类似摄制电影的方法创作的作品”。[③]

①参见上海市浦东新区人民法院（2011）浦民三（知）初字第168号民事判决书。

②参见北京市海淀区人民法院（2013）海民初字第21471号民事判决书。

③参见北京市海淀区人民法院（2015）海民（知）初字第27389号民事判决书。

二、综艺晚会“现场演出”“电视节目”和“音像制品”的著作权客体属性分析

前述央视“春晚”维权案例中，多数判决并未区分央视“春晚”的著作权保护客体，便直接分析、判断其著作权性质，难免角度不同，结论各异。笔者认为，综艺晚会的“现场演出”“电视节目”和使用“电视节目”制作的“音像制品”均是著作权法保护的不同客体且分别具有不同的客体属性。

（一）“现场演出”是集合多种艺术作品类型且在内容的选择和编排上具有独创性的汇编作品

综艺晚会的“现场演出”是否构成作品，构成何种作品目前尚处于争议之中。讨论“现场演出”是否构成作品，先要厘清作品的概念。作品是指文学、艺术、科学领域内具有独创性并能以某种有形形式复制的智力成果。[①]有观点质疑“现场演出”属于即时表演，而表演并不能以人身为载体进行复制，因此其不符合作品可复制的要求。[②]另有观点认为，现场表演是邻接权的保护客体，表演者的表演与著作权人的作品不能混为一谈。[③]笔者以为，我国《著作权法》仅要求作品可复制，并非要求其已固定或已复制，以即兴演讲、授课、法庭辩论等以口头语言形式表现的作品为例，此类作品亦不具备有形载体，但《著作权法》仍将其列为口述作品予以保护。每个节目中表演者的表演确与该节目中著作权人的作品相互独立，但并不妨碍多个表演组成的综艺晚会“现场演出”受到著作权的保护。依据我国《著

①《著作权法实施条例》第 2 条。

②李琛教授认为，“活表演是在现场生成的，一个晚会所有的节目都表演完了，创作完了以后，这个晚会就已经完了……”中国音乐著作权协会副总干事刘平先生认为，“作品有其固有的法律属性，即那些可以用某种有形形式固定再现的智力劳动成果。晚会只是一个演艺活动的俗称，根本就不具有固定特征……”参见刘春田、熊文聪：“著作权抑或邻接权——综艺晚会网络直播版权的法理探析”，载《电视研究》2010 年第 4 期，第 14 页。

③邓志新：“‘春晚’在著作权法上的定性”，载《南京理工大学学报（社会科学版）》2014 年 3 月第 27 卷第 2 期，第 52~53 页。

作权法》，汇编作品的汇编对象除作品或片段外，还包括不构成作品的其他材料。因此，表演亦可以构成汇编作品的组成部分，进而在节目内容的选择、编排上具有独创性的综艺晚会“现场演出”可以构成汇编作品。

1.“现场演出”在内容选择上有独创性

以央视“春晚”为例，为将最具思想性、艺术性和娱乐性的文艺节目呈现给观众，央视通过多种途径和方式（包括选送、委托创作等）准备了大量备选节目。央视在演出前反复对节目进行比较和取舍，历经多次审查、联排、彩排，并结合主题、热点和各时段所需表达的具体思想，在“现场演出”通过电视实时转播前数日才最终确定参演节目。尽管有的节目已经参加多次彩排，但导演组为追求更好的演出效果，也可能在最后关头将该节目换下。由此可见，央视“春晚”的“现场演出”在节目内容的选择上是一个复杂的创作过程，具有独创性。

2.“现场演出”在内容编排上有独创性

在选定参演节目的基础上，央视还要对参演节目进行精心的编排。从编排节目的演出顺序、节目间衔接和过渡，到设计演员的出场和退场、现场演出与场外活动的切换（例如，各地庆祝春节情况、使领馆拜年等），再到主持人的串场和现场采访，都体现了央视在内容编排上付出的创造性劳动。最能体现在内容编排上具有独创性的莫过于对演出时间的严格编排及单个节目时长的控制。每个节目必须根据“现场演出”的整体安排预先调整好内容和时长。单个节目的时长确定后，演职人员必须准确把握演出节奏，切忌延长或缩短演出时长。对于现场直播而言，主持人的语速都会影响直播效果。可想而知，如果除夕夜零点钟声敲响时，上一个节目没有演完或者过早演完，对于央视“春晚”而言都将是严重的事故。央视正是通过对“现场演出”中各个节目进行缜密地编排，才使得长达四个半小时的“现场演出”衔接顺畅。由此可见，央视“春晚”的“现场演出”在内容的编排上亦具有独创性。

因此，综艺晚会的“现场演出”具备了《著作权法》要求的认定汇编作品所必需的全部要素，是独创性很强的汇编作品。“现场演出”在音乐编曲、舞美特效、服装道具等多方面的进一步创作也是具有独创性的艺术表达方式，亦应当受到《著作权法》的保护。

（二）“电视节目”衍生于“现场演出”，可以构成类电影作品

认为综艺晚会“电视节目”构成汇编作品的观点，混淆了综艺晚会“现场演出”和“电视节目”的区分。综艺晚会“电视节目”是对“现场演出”的拍摄，而非对综艺晚会中众多独立节目的选择或编排。当然，也有观点认为，“电视节目”的制作过程中也存在对多个机位拍摄画面的即时选择和编排，据此认为综艺晚会“电视节目”应为汇编作品。电影作品同样需要对拍摄所得画面进行剪辑、编排，若依照前述观点，所有的电影作品都应视为汇编作品，这显然不适当。北京市高级人民法院在针对综艺节目著作权案件相关问题的调研中指出，综艺晚会“电视节目”不构成汇编作品，因为这不符合著作权法认定作品的通常方法，亦无法反映出制作单位对综艺节目制作的巨大投入。①

电视台投入巨大的人力、物力和财力编排和制作综艺晚会的目的，不仅是为现场观众欣赏，而是让全球观众收看到精彩的“电视节目”。为此，在综艺晚会演出现场，多位摄像师根据预先制订好的拍摄计划，从多个不同机位同时对“现场演出”进行拍摄。多个摄像机位获取的不同画面汇总到导播台，由晚会总导演根据其在多次彩排中预先设计好的电视节目画面选取计划即时地选取画面，并在节目开场及播出过程中多次插入预先制作好的主题动画、特效字幕等节目素材，形成连贯的综艺晚会“电视节目”。电视台再对形成的“电视节目”进行存储，并同步或延迟将综艺晚会“电视节目”通过电视信号向公众播出。当前的综艺晚会“电视节目”不是对“现场演出”的简单录制，而是导演组多次彩排后反复推敲、精心选择的结果。“电视节目”中穿插的各类节目素材同样凝结了导演组的心血，作品创作过程均体现了对美与艺术的表达。

观看“现场演出”和收看“电视节目”有着很大差别。以 2005 年央视“春晚”中由多位聋哑演员表演的“千手观音”节目为例，观众通过电视画面看到的是一个演员的形象和其身后 21 位演员的手臂，及由全体演员共同完成的整齐划一且极

① “从汇编作品和电影作品的分类来看，电影作品属于《著作权法》第 3 条规定的具体的作品类型，汇编作品出现在《著作权法》第二章第二节著作权归属中，有观点认为汇编作品具有‘兜底’作用。也就是说，在《著作权法》第 3 条规定的作品类型确实不能涵盖的情况下才会选择汇编作品进行保护。如果可以认定为某具体的作品类型，则没有必要向‘兜底’条款逃逸。”参见北京市高级人民法院知识产权法庭：“北京市高级人民法院关于审理综艺节目著作权案件相关问题的调研”，载《中国版权》2015 年第 3 期，第 7 页。

富美感的舞蹈动作。这是摄像师通过多次尝试，预先选定最佳的机位和拍摄角度进行拍摄的结果。而现场观众由于其位置不同，观看节目的效果也各不相同，无法获得电视观众通过电视节目画面观赏精彩演出的效果。演出中演员的表情特写、动作特写等细节，现场的观众很难注意到，而电视观众跟随电视节目画面对精彩瞬间一览无余。因此，综艺晚会“电视节目”不同于“现场演出”，其经过拍摄创作完成，凝聚了导演和摄像师的创造性劳动，可以构成类电影作品。

有观点认为，将综艺晚会“电视节目”认定为类电影作品，将影响各节目权利人的利益。我国《著作权法》规定，电影作品的著作权归制片者所有，导演、摄影等作者享有署名权和获得报酬的权利。如果将综艺晚会“电视节目”认定为类电影作品，第三方开发、利用综艺晚会“电视节目”便无须再获得单个节目著作权人及表演者的许可，相关的表演者和著作权人也无法获得相应的许可费，如此将有失公允。①笔者对前述观点不敢苟同。综艺晚会“电视节目”衍生于综艺晚会“现场演出”，实务操作中，综艺晚会“现场演出”的制作者不仅需要向单个作品的著作权人获得汇编权、表演权许可，还需要向单个节目的表演者、表演单位获得表演者权许可。为便利作品后续的开发利用，综艺晚会“现场演出”的组织者在与各节目著作权人及表演者签订许可或演出合同时，通常会约定组织者自行或许可他人开发利用“现场演出”汇编作品，无须再向前述著作权人、表演者权人获得许可。而综艺晚会“电视节目”的制片人，为了开展高效、稳定的许可交易，也需要向相关权利人获得前述许可。如此，衍生作品的被许可人便无须再向原始著作权人获取许可。简言之，并不是被许可人无须向相关权利人获得许可，而是前期解决了向相关权利人获取许可并支付报酬的问题。由此，相关著作权人和表演者的权益并未受到损害。因此，笔者以为，将具有独创性的综艺晚会“电视节目”认定为类电影作品并无不妥之处。

（三）“音像制品”衍生于“电视节目”，可以构成录像制品

有观点认为，综艺晚会“电视节目”在拍摄上达不到类电影作品的创作要求，应当作为“录像制品”予以保护。笔者推测，此类观点分歧源于我国现行法律仅以独创性高低区分类电影作品和录像制品。我国《著作权法实施条例》第5条规定，

①王迁:“论‘春晚’在著作权法中的定性”，载《知识产权》2010年第4期，第23~24页。

录像制品，是指电影作品和以类似摄制电影的方法创作的作品以外的任何有伴音或者无伴音的连续相关形象、图像的录制品。前述定义值得商榷。《著作权法》虽然没有定义“录像制品”，但却通过第 40 条体现了“作品”和“制品”的关系，即“制品”是由录音录像制作者使用他人“作品”制作而成的。《著作权法》不是因为录音录像制品较类电影作品的独创性更低，就将其列为邻接权保护的客体。与《著作权法》赋予表演者、出版者和广播组织邻接权的原因相同，《著作权法》是出于对录音录像制作者对传播作品的贡献而对其合理权益给予保护。如果某“成果”的独创性比“作品”低，就将其作为“制品”给予保护，为何没有规定“美术制品”和“摄影制品”？因此，在理解综艺晚会“电视节目”是类电影作品还是录像制品的问题上，应该摆脱《著作权法实施条例》定义的错误影响。另外，如果《著作权法》修改后，将电影作品、类电影作品、录像制品合并为“视听作品”，则前述争论自然消除。多年以来，央视一直制作、发行央视“春晚”的“音像制品”（录像带、DVD）。该“音像制品”正是使用央视“春晚”的“电视节目”（类电影作品）制作而成的录像制品，符合《著作权法》第 40 条对录音录像制品的表述。

三、区分综艺晚会“现场演出”“电视节目”和“音像制品”著作权客体的必要性

在商业开发和司法实践中，针对综艺晚会的开发利用形式和侵权使用方式多种多样，所涉及的著作权保护客体亦不相同。能否准确区分、识别、确定相关开发利用或维权活动所涉及的著作权保护客体，是相关方准确缔结著作权许可、转让等合同文件的前提，也是权利人在维权过程中准确主张权利、正确地适用法律的前提。

（一）许可情境

笔者模拟如下许可情境，并逐一分析各个环节中涉及的著作权客体和相关著作权权利。

环节1（原作品、汇编作品）： 演艺公司A邀请国内外众多演艺明星参与，组织、编排综艺晚会“现场演出”。

因在晚会内容的选择和编排上体现了独创性，综艺晚会“现场演出”构成汇编作品。演艺公司A作为汇编人就汇编作品享有著作权。根据《著作权法》第14条规定，演艺公司A行使著作权时，不得侵犯原作品的著作权。因此，演艺公司A合法创作并无限制地开发利用综艺晚会“现场演出”，需要向该汇编作品中使用的音乐、戏剧、曲艺、舞蹈等作品的著作权人获取汇编权、表演权许可，也需要向全体表演者获取表演者权许可，并约定演艺公司A自行或许可他人开发利用综艺晚会“现场演出”汇编作品无须再行向前述著作权人、表演者权人获取许可。

环节2（汇编作品、类电影作品）： 演艺公司A委托或许可影视公司B在综艺晚会“现场演出”过程中拍摄、制作“电视节目”。

演艺公司A行使其就“现场演出”汇编作品享有的摄制权，委托或许可影视公司B拍摄“现场演出”。影视公司B基于法定是综艺晚会“电视节目”类电影作品的原始著作权人。除法定情况外，当然可以基于约定，出现著作权归演艺公司A所有、归演艺公司A和影视公司B共有的情况。

环节3（类电影作品）： 影视公司B许可电视台C在“现场演出”过程中同步转播“电视节目”，并在“现场演出”结束后可重播“电视节目”。

电视台C要想合法转播综艺晚会“电视节目”，需要向影视公司B就综艺晚会“电视节目”类电影作品获取广播权许可。同时，由于“电视节目”类电影作品是衍生于“现场演出”汇编作品的衍生作品，原则上，电视台C还需向“现场演出”汇编作品的著作权人演艺公司A获取许可。通常情况下，影视公司B为了不受限制地开发利用衍生作品，开展高效、稳定的许可交易，有必要向演艺公司A提前取得许可，无须电视台C再向演艺公司A另行获取许可。实践中，一些纠纷正是因为衍生作品的权利人没有与原始作品的权利人就衍生作品的后续开发利用（许可他人使用衍生作品）进行明确、全面的约定，导致原始作品的权利人向衍生作品的被许可人再行主张权利。

环节4（类电影作品）： 影视公司B许可网络公司D通过其运营的网站在“现

场演出”过程中同步转播综艺晚会“电视节目”，并在“现场演出”结束后通过其运营的网站提供综艺晚会“电视节目”点播服务。

网络公司D要想合法转播综艺晚会“电视节目”并提供点播服务,. 仅向影视公司B就综艺晚会“电视节目”类电影作品获取信息网络传播权许可是不够的。还需明确约定获得通过信息网络实时转播综艺晚会“电视节目”的许可［根据司法实践，对应《著作权法》第10条第1款第（17）项“其他权利”[①]］。由于“电视节目”是衍生于“现场演出”的衍生作品，原则上，网络公司D也需向演艺公司A获取许可。相关情况与环节3相同，在此不再赘述。

环节5（类电影作品、录像制品）： 影视公司B许可音像公司E使用综艺晚会“电视节目”制作、发行音像制品。

音像公司E要想合法制作、发行音像制品，应当向影视公司B就综艺晚会“电视节目”类电影作品获取复制权、发行权许可。由于综艺晚会“电视节目”类电影作品是衍生于综艺晚会“现场演出”的衍生作品，原则上，音像公司E也需向演艺公司A获取许可。相关情况与环节3、环节4相同。

前述许可情境模拟了综艺晚会实际开发利用过程中可能出现的主要情况，具体展示了不同的许可环节所对应的不同著作权客体和著作权权项。实践中，演艺公司A、影视公司B、电视台C、网络公司D、音像公司E的身份很可能全部或部分合并。每个身份又可能有一家机构（专有许可）或多家机构（普通许可）。因此，准确地判断并在相关合同文件中准确地约定著作权客体和所需的著作权权项，可大大提高合同条款的准确性、稳定性和有效性，减少甚至避免不必要的版权交易纠纷。

（二）维权情境

在前述许可情境的基础上，笔者进一步模拟如下维权情境，逐一说明各侵权

①北京市高级人民法院2018年4月20日发布的《侵害著作权案件审理指南》第9.25条。

行为针对的著作权客体和侵犯的相关著作权权项。

侵权行为 1（汇编作品）：观众 F 观看综艺晚会“现场演出”，使用手机对“现场演出”进行拍摄，并将视频上传至视频网站 G 供用户点播，或者通过视频网站 G 提供的实时直播功能，实时转播其拍摄的“现场演出”内容。

观众 F 的行为针对的著作权客体是“现场演出”汇编作品。观众拍摄并上传至视频网站 G 供用户点播的行为直接侵犯了演艺公司 A 对“现场演出”汇编作品享有的摄制权、信息网络传播权，而实时转播“现场演出”的行为则侵犯了摄制权和《著作权法》第 10 条第 1 款第（17）项规定的其他权利。

侵权行为 2（类电影作品）：电视台 H 未经许可实时转播或重播电视台 C 转播的综艺晚会“电视节目”。

电视台 H 的行为直接利用的著作权客体是综艺晚会“电视节目”，即类电影作品。其实时转播或重播综艺晚会“电视节目”的行为直接侵犯了影视公司 B 对综艺晚会“电视节目”类电影作品享有的广播权。同时，亦侵犯了演艺公司 A 对综艺晚会“现场演出”汇编作品享有的广播权。另外，由于电视台 H 转播、复制了电视台 C 的“电视节目”信号，也侵犯了电视台 C 就其播放的广播、电视享有的广播组织权。

侵权行为 3（类电影作品）：视频网站 I 未经许可通过其网站实时转播电视台 C 转播的综艺晚会“电视节目”并在实时转播后提供点播服务。

视频网站 I 的行为直接利用的著作权客体是综艺晚会“电视节目”，即类电影作品。其通过互联网提供综艺晚会“电视节目”点播服务的行为，侵犯了影视公司 B 就“电视节目”类电影作品享有的信息网络传播权。其通过互联网实时转播“电视节目”的行为，侵犯了影视公司 B 根据《著作权法》第 10 条第 1 款第（17）项对“电视节目”类电影作品享有的其他权利。同时，视频网站 I 的前述行为亦侵犯了演艺公司 A 对“现场演出”汇编作品享有的信息网络传播权和其他权利。另外，在广播组织权延及互联网的情况下，视频网站 I 的前述行为也同时侵犯了电视台 C 的广播组织权。

侵权行为 4（录像制品）：音像公司 J 未经许可大量刻录音像公司 E 使用“电视节目”制作的音像制品并销售。

音像公司 J 的行为直接利用的著作权客体是音像公司 E 制作的音像制品，即录像制品。其行为侵犯了音像公司 E 就综艺晚会音像制品享有的录音录像制作者权。同时，音像公司 J 的前述行为亦侵犯了影视公司 B 就“电视节目”类电影作品享有的复制权、发行权，以及演艺公司 A 对“现场演出”汇编作品享有的复制权、发行权。如果音像公司 J 是通过录制电视台 C 转播的“电视节目”并刻录成音像制品，则同时侵犯了电视台 C 的广播组织权。

侵权行为 5（不正当竞争）：视频聚合类网站 K 未经许可在其网站中嵌套网络公司 D 经许可提供“电视节目”视频的页面，或以深度链接方式将网络公司 D 服务器上存储的“电视节目”在网站 K 页面内实现播放。前述过程中，用户无须跳转至网络公司 D 的网站。

根据北京法院系统在知识产权审判过程中普遍适用的“服务器标准”，由于视频聚合类网站 K 并未实施复制、提供、转播“电视节目”的行为，其行为不应当认定为著作权法意义上的侵权行为。但是，其前述行为直接利用了他人享有合法权益的商业资源，在投入很小的带宽等技术成本的情况下，实现了用户通过访问、使用其网站直接收看“电视节目”的效果。另外，其行为增加了网络公司 D 的流量压力和运营成本，却减少了用户对网络公司 D 的直接访问和使用，淡化了用户对网络公司 D 的认知和了解，并使用户跳过了网络公司 D 各级页面可能投放的广告内容，减少了网络公司 D 的经济收益和市场交易机会，直接干扰了网络公司 D 的正常经营活动，损害了网络公司 D 的合法商业权益。最高人民法院在腾讯公司与奇虎公司不正当竞争纠纷一案的判决中指出“正当的市场竞争是竞争者通过必要的付出而进行的诚实竞争。不付出劳动或者不正当地利用他人已经取得的市场成果，为自己谋取商业机会，从而获取竞争优势的行为，属于食人而肥的不正当竞争行为”。[①]因此，影视公司 B、网络公司 D 均可基于各自持有的合法权益依据《反不正当竞争法》禁止视频聚合类网站 K 的前述行为。

前述维权情境模拟了综艺晚会实际维权过程中可能出现的主要情况，具体展

①参见最高人民法院（2013）民三终字第 5 号终审判决。

示了不同的侵权行为对应的不同的著作权客体和著作权权项。在具体的维权情境中，准确地区别和判断综艺晚会“现场演出”“电视节目”“音像制品”对应的著作权客体，对准确主张权利、正确适用法律具有重要的现实意义。

四、结语

“汇编作品”和“类电影作品”是在不同的分类标准下完全不同的作品类型，“录像制品”更是邻接权保护的对象，三者均受到著作权法不同层面和不同力度的保护。对于综艺晚会著作权性质的认定，应当首先明确是针对“现场演出”还是“电视节目”。如果能将“现场演出”“电视节目”和“音像制品”区别看待，不难得出结论：“现场演出”是集合了多种类型艺术作品且在内容的选择和编排上极具独创性的汇编作品；“电视节目”是衍生于“现场演出”且可能符合类电影作品特征的新作品；使用“电视节目”制作而成的“录像制品”亦可同时受到著作权法保护。这些著作权客体可以并存且并不互相排斥。因此，在与综艺晚会相关的经营管理中，各参与方有必要明晰其创作、使用的具体客体并取得全面必要的许可。而在与综艺晚会相关的维权活动中，权利人更需要结合具体的侵权行为，基于其就一项或多项客体享有的具体权利，提出准确、有效的权利主张。

从央视“春晚”看综艺节目知识产权的司法保护

曹丽萍

曹丽萍，北京市海淀区人民法院知识产权庭副庭长。多年来审理各类知识产权民事案件 2500 余件，其中涉及众多疑难复杂有影响力的案件，包括韩寒诉百度文库侵权案、启航商标先用权案、首例浏览器屏蔽视频广告案、脉脉软件抓取微博用户信息案等。2012 年以来，共有七起案件入选历年北京市知识产权保护十大案例，两起入选全国法院知识产权十大典型案件，一起入选全国保护知识产权 50 件典型案例。自 2015 年 8 月起，为《中国知识产权》杂志专栏作者。2017 年与他人合著出版《网络游戏知识产权司法保护》一书。

近年来，文化娱乐产品快速发展，形形色色的综艺节目日益成为人们娱乐生活的重要组成部分。制作综艺节目越来越复杂，从设计或“引进节目版权”，邀请选手、“导师”或嘉宾，到制作成片，通过电视台或各类新媒体直播或发布等一系列环节，不仅需要巨大的人力、财力支持，而且凝结了制作方大量的智力成果。综艺节目制作方寻求知识产权保护意愿非常强烈。较早进入司法保护领域的，是一年一度的综艺盛宴——央视“春晚”。本文通过一起典型的央视“春晚”节目被盗播案，对不同使用方式下的综艺节目，在司法实践中涉及的多个重要问题进行完整梳理，使读者能对此类问题在当下司法实践中所呈现的矛盾与争议有全面了解。

本文分三部分，第一部分为典型案例介绍，这是一起典型的央视“春晚”在直播过程中被盗播而引发的侵权纠纷案件，经历了法院一审、二审阶段，一、二审法院在对直播行为的性质等问题上存在不一致的观点。第二部分为问题整理，本文对综艺节目侵权纠纷中涉及的主要法律问题进行了梳理。第三部分为对前述法律问题的探讨分析。

一、典型案例

央视国际公司诉百度公司，第三人搜狐公司侵害著作权纠纷案。[①]

（一）基本案情

2012 年央视“春晚”（下称“春晚”）是央视编排、制作的节目，于 2012 年

①参见（2012）海民字初字第 20573 号；（2013）一中民终字第 3142 号。

1月22日农历除夕，在央视一套等频道播出。该节目后来还制作成光盘出版发行。

2009年4月20日，央视向央视国际公司出具《授权书》，将其所有电视频道及所含之全部电视节目［包括但不限于现有及今后之综艺晚会（包括但不限于春节联欢晚会、元宵晚会、专题晚会）、访谈节目、体育赛事、社会活动、文化学术专栏、娱乐节目、重大事件报道、影视剧、动画片、纪录片等］授予央视国际公司，在全世界范围内独家通过信息网络（包括但不限于互联网络、移动平台、IP电视、车载电视等新媒体传播平台）向公众传播、广播（包括但不限于实时转播或延时转播）、提供之权利。央视国际公司作为上述权利的独占被授权许可人，有权以自己的名义，对外主张、行使上述权利，可以许可或禁止他人行使或部分行使上述权利；可以针对侵权行为以其自己的名义进行维权。

央视国际公司为证明“春晚”的授权许可使用费标准，出示其与优酷网经营者合一公司的《网络视频技术合作协议》。央视国际公司许可合一公司在2012年4月前，非独家互联网直播、点播央视的相关节目，许可使用费为200万元。

诉讼中，央视国际公司主张现场演出的“春晚”系汇编作品，同时称其在本案中主张的权利系我国《著作权法》第10条第1款第（17）项规定的应当由著作权人享有的其他权利，即授权书中关于授权其通过信息网络向公众广播“春晚”的权利。

2012年1月22日，央视国际公司通过公证处取证到百度网站（www.baidu.com）对“春晚”进行了直播。在百度搜索栏中输入“春晚”，进行搜索，第三项搜索结果显示“百度应用 我的应用”，其下为“春晚”视频播放图标，右侧显示“2012年央视春节联欢晚会 直播”“简介：中国中央电视台春节联欢晚会，通常简称为央视春晚，或直接称为‘春晚’，是中国中央电视台在每年农历除夕晚上……详细 >>”“立刻播放”“来自搜狐视频”，点击“立刻播放”按键，可以在线播放“春晚”，在播放的画面顶部显示“搜狐视频 >2012年央视春节联欢晚会直播”，其下显示“CCTV1综合”，画面右上角显示“搜狐视频直播”。

诉讼中，央视国际公司称百度公司的涉案侵权行为为未经央视国际公司许可，擅自将“春晚”在百度网站上播放，在搜索结果页面下直接提供直播画面，侵害了央视国际公司享有的著作权。对于具体权项，央视国际公司明确系我国《著作权法》第10条第1款第（17）项规定的应当由著作权人享有的其他权利。央视国际公司要求百度公司赔偿经济损失100万元、合理开支5万元。

百度公司称百度网站只是提供搜索服务，并没有提供央视“春晚”节目的转播，涉案搜索结果来自百度应用开放平台的注册用户搜狐公司的服务器，同步播放“春晚”视频是搜狐公司实施的。百度应用开放平台仅向相关注册用户和网络用户提供开放式应用技术对接通道，注册用户的任何应用、资源均可通过百度应用开放平台实现与网络用户的需求进行对接，百度公司并不向网络用户提供内容，也不对注册用户的著作权人身份进行审查。

搜狐公司认可其是百度应用开放平台的注册用户，也认可其通过百度应用开放平台提供了“春晚”在线直播。搜狐公司表示，其通过关联公司飞狐公司在“春晚”直播前夕获得了在搜狐网（www.sohu.com）上以直播和点播的方式传播“春晚”的权利。但是，搜狐公司强调，其并没有许可百度公司在 www.baidu.com 网站上播放“春晚”。

（二）一审判决结果

一审法院审理后认为：根据我国《著作权法》第 14 条规定，汇编作品是指汇编若干作品、作品的片段或者不构成作品的数据或者其他材料，对其内容的选择或者编排体现独创性的作品。

“春晚”现场表演是央视举办的一台由若干个文艺节目组成的大型综艺晚会。其中的文艺节目系由央视组织专业团队从各地报送的众多节目中精选出来，并按照一定顺序和方式进行编排、串联，这些节目涉及音乐、舞蹈、戏剧、曲艺、杂技艺术等多种作品形式，故央视对于整台晚会的独创性主要体现在对报送节目的选择以及对节目顺序的编排上。“春晚”的现场表演符合上述定义，属于汇编作品。央视作为“春晚”的汇编人，对“春晚”享有汇编作品著作权。

根据《著作权法》第 10 条第 1 款第（11）项的规定，广播权是指以无线方式公开广播或者传播作品，以有线传播或者转播的方式向公众传播广播的作品，以及通过扩音器或者其他传送符号、声音、图像的类似工具向公众传播广播的作品的权利。由于央视给央视国际公司的《授权书》中，授予央视国际公司通过信息网络向公众广播“春晚”的权利，系广播权中以有线传播或者转播的方式向公众传播广播的作品的权利。法院因此没有支持央视国际公司主张的其经授权取得著作权项下的其他权利。

由于央视国际公司主张的侵权行为显示在“百度应用”中，“春晚”视频播放图标旁边显示“来自搜狐视频”，搜狐公司也认可其通过百度应用开放平台提供“春晚”的在线直播。因此，法院认为百度公司搜索结果中播放的“春晚”由搜狐公司提供，并非通过接收无线广播信号后再传播或转播，百度公司未侵害央视国际公司对“春晚”享有的广播权，从而驳回央视国际公司的诉讼请求。

该案宣判后，央视国际公司不服上诉。

（三）二审判决结果

二审法院根据上诉意见归纳了争议焦点，主要有：第一，央视国际公司是否有权禁止他人实施对“春晚”进行网络直播的行为；第二，百度公司是否直接实施了对“春晚”进行网络直播的行为。

对于第一个焦点，央视国际公司要有权禁止他人直播“春晚”，应符合三项要件：一是涉案“春晚”构成受《著作权法》保护的作品；二是对“春晚”的网络直播行为属于《著作权法》第 10 条中相应著作权权项所调整的行为；三是央视国际公司对“春晚”享有著作权中的上述权项。

其中，要件一，当事人对于涉案“春晚”构成汇编作品无争议。

要件二，对于网络直播行为而言，如果其初始传播行为采用的是“无线”方式，应适用《著作权法》第 10 条第 1 款第（11）项的广播权予以调整。如其采用的是“有线”方式，则应适用《著作权法》第 10 条第 1 款第（17）项的兜底条款予以调整。

要件三，通过分析央视向央视国际公司出具的《授权书》，可以认为央视国际公司有权禁止他人对“春晚”实施《著作权法》第 10 条第 1 款第（11）（12）（17）项规定的广播、信息网络传播、直播等行为。

对于第二个焦点，根据百度公司提交的证明与搜狐公司合作的后台打印件可知，网络地址与被控侵权页面地址不同，现有证据无法证明百度公司仅对涉案“春晚”直播提供了搜索链接服务。

由于搜狐网站与央视国际公司签订的合同中约定，搜狐网站中提供的“春晚”来源于央视国际公司提供的信号源，而电视节目的信号通常采用的是无线方式，在无相反证据的情况下，法院合理认定搜狐网站提供“春晚”网络直播的初始传播为央视无线传播的信号，也就是搜狐网站提供的网络直播行为属于广播权的调整范围。百度公司未经许可直播“春晚”的行为，构成对央视国际公司广播权的侵犯。二审改判百度公司赔偿央视国际公司经济损失 6 万元。

二、问题整理

通常而言，法官围绕当事人争议焦点对诉争事实进行审理并作出裁判。著作权侵权案件中，当事人的争议焦点主要集中在三大类：第一，权属。原告是否享有诉称的权利，其中包括争议对象是否为可版权的内容，即是否属于著作权法所保护的内容。第二，侵权认定。被告是否实施了侵害原告所称权利的侵权行为。在前两项都成立的情况下，会出现第三类法律责任问题，根据侵权行为具体情况，确定被告应向原告承担的侵权法律责任。

前述案例虽然是涉及综艺节目的早期纠纷案例，但在权属和侵权认定两方面反映出诸多典型问题，许多问题至今仍存在争议。本文对案例中涉及的重要问题进行归纳整理。

（一）综艺节目是否为作品

我国《著作权法》根据保护对象的不同，设定了著作权和邻接权保护体系。著作权对应的保护对象为作品，著作权就是因作者创作作品而产生的权利。邻接权主要是基于作品传播而产生的权利。相较于著作权，邻接权的法定权项内容少，范围小。因此，在著作权纠纷案件中，准确认定原告所主张的是对作品享有的著作权还是相关邻接权，是判断权属问题的第一步。

央视编排、制作的“春晚”能被认定为作品，还是录像制品？如果能被认定为作品，是何种类型的作品，是汇编作品还是影视作品？司法实践中存在将综艺节目作出上述不同性质认定的判决。

（二）互联网传播综艺节目侵犯了何种权利

传统媒体时代，电视台制作的综艺节目，由于传播信号的管控，不容易被外界侵扰，引发纠纷的情形较少。互联网时代，传播技术和传播方式发生了实质性变革，包括综艺节目在内的各种知识成果都能不受时空限制，毫无损耗地得到广泛传播，由此带来大量侵犯知识产权的诉讼纠纷。

由于著作权体系存在庞大、复杂的权项内容，即使原告享有著作权或邻接权，被告的行为是否属于相关著作权或邻接权权项禁止他人实施的范围，也是判断被告是否构成侵权的关键事实依据。如果原告是某小说的信息网络传播权人，被告未经许可将该小说出版成书，则被告的行为显然不侵害原告享有的信息网络传播权。

互联网传播综艺节目的具体方式、情形非常多，存在对应不同的著作权或邻接权权项的情况，如何准确判断某种网络传播行为对应某个权项，实践中存在较多争议。本文通过当前互联网传播综艺节目的常见方式，对可能涉及的侵权认定情形进行梳理。

1. 网络点播

网站经营者（也包括某些网络视频 APP、互联网电视设备经营者等通过网络提供综艺节目的经营者）向用户提供综艺节目，供用户选择点播观看或下载。网站经营者的此种行为，满足我国《著作权法》规定的信息网络传播权所对应的行为要件，实践中，大量案件涉及网站经营者未经许可向用户提供包括综艺节目在内的视频点播服务，对此种行为认定为信息网络传播行为已基本达成共识。

2. 网络直播

通过互联网进行直播，或者“网络实时转播”[①]综艺节目，所引发的法律争议，主要涉及直播行为属于《著作权法》规定的著作权权项所调整的行为，如著作权

①一般认为，转播来自《伯尔尼公约》中的“rebroadcasting”一词。《罗马公约》第 3 条中规定了转播是指一个广播组织的广播被另一个广播组织同时广播。因此，转播通常理解为应“同步”或“实时”，实际也就是“直播”。参见王迁:《著作权法》，中国人民大学出版社 2015 年 3 月版，第 190 页。

中的信息网络传播权、广播权或“兜底”权项“其他权利”，还是录音录像制作者权项下的信息网络传播权？或者，直播行为不属于可受《著作权法》调整的行为，仅能适用《反不正当竞争法》调整？这些问题在司法实践中也多有反映。

3. 网络定时播放

网络定时播放，也包括“轮播”，就是网站经营者预先设定好顺序和播放内容进行播放，用户能获得的内容与其登录该网站的时间点有关。视频网站发展初期，有一部分网站采取该模式提供视频内容，此后，视频网站提供视频节目的形式以供用户点播视频为主。近年来，不少直播平台的主播，为了吸引更多粉丝，对其要直播的内容，包括综艺节目、影视剧、电竞游戏等内容，提前以节目表的形式进行预告，该主播的粉丝或“过路观众”可在预定的时间看到相关内容。

网络定时播放行为曾经引发的争议是其应该适用《著作权法》第 10 条第 1 款第（12）项信息网络传播权调整，还是该款第（17）项“其他权利”调整。当然，经过广泛争论，理论和实务界对此达成共识，由于网络定时播放行为，不满足信息网络传播权的“交互性”要求，即能实现在个人选定的时间和地点获得作品、表演、录音录像制品，因此，不适用信息网络传播权，而应适用“兜底”性的“其他权利”进行调整。[①]

由于网络点播和网络定时播放行为的法律争议较小，本文将在第三部分对网络直播行为适用法律的多方争议展开分析。

另外，因综艺节目引发的纠纷，还有原告以广播组织权被侵害进行主张。对于广播组织权与著作权、其他邻接权之间的关系，也是目前理论和实务界争论的内容。

①北京市高级人民法院（2009）高民终字第 3024 号判决即有相关内容。北京市高级人民法院 2010 年 5 月颁布的《关于审理涉及网络环境下著作权纠纷案件若干问题的指导意见》第 10 条中明确规定：网络服务提供者通过信息网络按照事先安排的时间表向公众提供作品的在线播放的，不构成信息网络传播行为，应适用著作权法第 10 条第 1 款第（17）项进行调整。

三、法律分析

结合以上焦点问题，本文从司法审判视角进行分析探讨。

（一）综艺节目的法律性质

谈到综艺节目的法律性质，应清楚综艺节目是什么。以“春晚”为例，央视对该节目的贡献有两方面，一方面是组织编排“春晚”的现场表演。整场表演中的文艺节目系由央视组织专业团队从各地报送的音乐、舞蹈、戏剧、曲艺、杂技艺术等众多节目中精选出来，并按照一定顺序和方式进行编排、串联，同时配以舞台布置、现场特效等背景环境，现场观众感受到“春晚”是融合了众多不同形式文艺节目的一台精彩纷呈的晚会。该晚会的现场表演在各节目的编排、选择上体现了较高的独创性，“春晚”现场表演作为一个汇编作品是没有争议的。

央视对“春晚”贡献的另一方面是对现场表演、场外花絮、观众表现等诸多内容进行拍摄、剪辑、编排，既有相关场景的重点特写，又有反映整场气氛的各角度场景，甚至穿插了赞助商广告等内容的通过相关设备信号传播，提供给场外观众观看的综艺节目视频。“春晚”节目视频是否也能认定为汇编作品，则是存在争议的。

从司法实践看，引发纠纷的综艺节目，主要涉及综艺节目视频，现场表演引发纠纷的情形极少。

认定综艺节目视频的法律性质，经历了一个过程。初期，对引发纠纷的综艺节目的认识存在误区，将现场表演的综艺节目，混同为场外观众看到的综艺节目视频，因而将用于维权诉讼的综艺节目认定为汇编作品。事实上，同样一台“春晚”，现场观众欣赏到的，与电视机前观众观看的内容存在很大的不同。现场观众更多能感受到表演现场的热烈气氛，但由于座次、角度、注意力等多方面原因，现场观众对每个节目的欣赏效果与电视机前观众欣赏同样节目的效果并不相同。很多特写细节、场外情景等内容，现场观众是无法获得的。这些，是央视的编导等相关人员，通过对演出现场不同拍摄机位形成的画面、晚会相关素材进行选择、剪辑、编排，最终形成“春晚”的声效画面通过相关设备信号传输到广大用户的终端设备中。因此，制作“春晚”视频节目也是智力成果的体现，该智力成果已经脱离了对“春晚”众多节目选择编排的独创性，与汇编作品无关，从而使场外观众看到的“春晚”视频成为受著作权法保护的对象。

北京市高级人民法院 2016 年颁布的《关于审理涉及综艺节目著作权纠纷案件若干问题的解答》第 1 条就对现场综艺活动和综艺节目影像进行了区分，并明确该解答所规定内容仅针对综艺节目影像。①

随之引发的争议，“春晚”视频应当被认定为《著作权法》规定的作品，还是录像制品？一种观点认为是作品，而且应当是《著作权法实施条例》第 4 条第（11）项规定的“电影作品和以类似摄制电影的方法创作的作品”。另一种观点认为应当认定为《著作权法实施条例》第 5 条第（3）项规定的录像制品。②持后者观点的人解释，由于影视作品是一种集约化的权利，吸收了其中编剧、导演、摄影等付出独创性劳动可形成作品的相关权利，成为一项统一归属于制片者的影视作品著作权。《著作权法》第 15 条规定了编剧、导演、摄影、作词、作曲等作者享有署名权以及按照与制片者所订合同获得报酬。只有影视作品中的剧本、音乐等可单独使用的作品，作者才能单独行使著作权。因此，若将综艺节目视频认定为影视作品，则可能影响节目中单个节目、表演本应获得的著作权。

判断综艺节目视频应当认定为影视作品，还是录像制品，关键还要从节目视频本身是否符合法律规定的影视作品或录像制品的要件进行判断，主要考虑视频形成方式，制作者是否付出满足作品要求的独创性劳动。如果综艺节目视频仅是通过录像设备对整场节目进行简单录制，没有镜头切换，也没有多角度表现，将此种综艺节目视频认定为录像制品是可以接受的。类似于“春晚”这样的视频节目，显然付出了较高的独创性劳动，与拍摄一部影视剧没有太大的实质性差异，将之认定为影视作品，是当前理论和实务界的多数观点。③

---

①《关于审理涉及综艺节目著作权纠纷案件若干问题的解答》第 1 条规定：综艺节目，主要是指以娱乐性为主的综合性视听节目，包括但不限于婚恋交友类、才艺竞秀类、文艺汇演类等类型。综艺节目可以区分为现场综艺活动和综艺节目影像。本解答仅对综艺节目影像作出相关规定。

②参见（2009）海民初字第 8629 号央视国际公司诉智通无限公司侵害著作权纠纷案。

③近年中，法院审理了大量湖南快乐阳光公司《快乐大本营》《天天向上》等节目被诉侵权的案件，法院认定此类综艺节目为影视作品。

需要指出的是，录像制作者权为邻接权，权利人主要享有复制、发行、信息网络传播和出租权，权利范围中也没有“兜底”性的“其他权利”。前述案例中，如果“春晚”被认定为录像制品，则央视国际公司就无权主张一、二审判决中分析的广播权和其他权利，但这显然会造成较大的利益失衡。

（二）网络直播行为的法律性质

互联网传播综艺节目引发的争议中，网络点播和网络定时播放行为的性质目前已无较大争议。本文主要讨论网络直播所引发的法律争议。

综艺节目引发的网络直播纠纷，一般是指将电视台播出的综艺节目直播信号，经过采集、转换后通过网络服务器实时提供给网络用户观看。当然，尽管是直播，由于信号转换等技术原因，相比较原节目进度，往往存在一定时间的滞后，无法达到精准的“实时”播出效果。

未经综艺节目制作者许可，擅自直播综艺节目，将产生何种侵权性质是实践中争议较大的问题。主要存在以下观点。

1. 侵害广播权

我国《著作权法》规定的广播权是指以无线方式公开广播或者传播作品，以有线传播或者转播的方式向公众传播广播的作品，以及通过扩音器或者其他传送符号、声音、图像的类似工具向公众传播广播的作品的权利。该权项来自《伯尔尼公约》第 11 条对“广播和相关权”的规定，主要控制三种行为：一是无线广播，二是对广播的转播，三是公开播放接收到的广播。要认定行为属于广播权所控制的范围，除了区别于信息网络传播权涉及的“交互性”，关键在于初始对作品的广播为无线方式。事实上，我国在将广播权引入国内立法的过程中，并没有对广播权作扩张解释，仍应作符合公约意义的理解。

2. 侵害其他权利

“其他权利”是《著作权法》第 10 条中对著作权权项的“兜底”性规定，目的就是对满足因技术等方面的发展而出现现行法律未涉及，但理应由著作权人控制的作品传播利益赋予法律依据。前面提及的网络定时播放就是此种情形。

网络直播环境下，如果综艺节目的初始传播为有线传播，则不满足广播权规定的范围，只能适用“其他权利”。前述案例中，一审法院认定央视国际公司经授权取得通过信息网络传播“春晚”的广播权，但二审法院经过对《授权书》的全面解读，认为央视授予央视国际公司的权利范围不仅包括广播权，还涉及“其他权利”等。

当然，诉讼中，对于被告实施的行为属于广播权范畴，还是其他权利范畴，原告是无法准确判断被告的直播行为初始传播状态的，原告进行初步举证，提出可能的主张意见即可。被告反驳原告主张的，应当提交相反证据并作出解释说明。前述案例中，二审法院根据搜狐网站与央视国际公司签订的合同中约定，搜狐网站中提供的“春晚”来源于央视国际公司提供的信号源，而电视节目的信号通常采用的是无线方式，因此，法院合理认定搜狐网站提供“春晚”网络直播的初始传播为央视无线传播的信号，也就是搜狐网站提供的网络直播行为属于广播权的调整范围。

3. 侵害广播组织权

根据《罗马公约》的定义，广播组织（broadcasting organization）是指通过无线方式传播信号的组织。我国《著作权法》没有对“广播电台、电视台”进行定义，但《广播电视管理条例》第8条第2款规定的广播电台、电视台，是指采编、制作并通过有线或者无线的方式播放广播电视节目的机构。可见，我国的广播组织包含有线广播组织。广播组织权是指广播组织就自己播放的节目信号享有的专有权利。

根据我国《著作权法》第45条的规定，广播组织权被定义为两项禁止性权利：第一项权利是转播权，即有权禁止他人未经许可转播广播组织播放的广播、电视；第二项权利是录制、复制权，即有权禁止他人未经许可将广播、电视录制在音像载体上以及复制音像载体。

实践中，第一项权利引发的争议较多。根据《著作权法释义》，转播，是指一个广播组织的节目被另一个广播组织同时广播。“转播”强调的是“同时”，但不强调是“有线”还是“无线”方式。[①]对《著作权法》第45条中转播权的释义

① 根据《著作权法释义》对第45条的解释，按照《罗马公约》和《与贸易有关的知识产权协议》的规定，“广播”仅指以无线方式，而本项没有规定转播是通过无线还是有线。原全国人大常委会法律委员会主任王维澄同志在其所作的“关于修改著作权法决定”的报告中提道：“决定草案第35条第（1）项规定，广播电台、电视台有权禁止他人未经许可‘将其播放的广播、电视以无线方式重播’。广播电影电视总局提出，目前有线电视发展很快，应增加规定有线方式的播放权。同时要求将上述规定中的‘重播’改为‘转播’。因此，法律委员会建议将该项修改为‘将其播放的广播、电视转播’。”根据这一报告，可以认为转播不仅指无线方式，也包括有线方式。

还提到，广播电台、电视台对取得著作权和其他相关权人许可播放的广播、电视享有播放权，其他广播组织或其他人未经许可转播的，广播电台、电视台有权根据《著作权法》规定责令其停止播放、消除影响、赔礼道歉、赔偿损失。

由于现行法律规定的广播组织权为禁止权，则不少学者认为该权利不含有专有权内容，即无法许可他人行使。司法实践中也有判决作出如此认定。[①]另外，从《著作权法释义》对广播组织权涉及的“转播”看，似乎该权利将行为主体限定在广播组织间，但从解释广播组织有权禁止的行为涉及的主体看，除了其他广播组织，还包括非广播组织的“其他人”。

还有学者认为，广播组织权中的“转播权”，不能控制通过互联网进行的转播。[②]实践中，不同法院的司法裁判在处理涉及互联网的案件中，对原告主张的广播组织权持不同的观点。有否定网络传播电视节目涉及广播组织权的，[③]也有认为网络传播可能涉及广播组织权的。[④]

当前，《著作权法（修订草案送审稿）》对广播组织权进行了修改，将“禁止权”规定为“许可权”。《著作权法（修订草案送审稿）》第 42 条规定，广播电台、

①参见（2010）穗中法民三初字第 196 号。央视国际公司诉世纪龙公司，因被告直播 2008 年奥运比赛起诉该案。法院认定，关于原告在本案中同时起诉被告侵犯其享有的广播组织专有权，根据《著作权法》第 45 条第 1 款的规定，广播电台、电视台有权禁止未经其许可将其播放的广播、电视转播的行为，本条规定的广播组织专有权的行使主体限于广播电台、电视台，法律没有规定允许广播电台、电视台将该权利授予其他主体如本案原告单独行使，因此对于原告在本案中主张其享有广播组织专有权，本院不予支持。

②王迁:《著作权法》，中国人民大学出版社 2015 年 3 月版，第 292~294 页。

③参见浙江省嘉兴市中级人民法院（2012）浙嘉知终字第 7 号民事判决书；（2013）海民初字第 3145 号民事判决书。央视国际公司起诉新浪公司在其经营的网站上直播央视各频道节目，认为侵害了广播组织权，并构成不正当竞争。经过法院释明后，央视国际公司撤回广播组织权的主张，仅主张不正当竞争并获得法院支持。

④参见（2013）杨民三（知）初字第 66 号民事判决书。体奥动力公司诉新赛季足球公司侵权纠纷案，原告经授权，取得了对“亚足联”体育赛事中国地区独家专有实况播放权及后续播放权、IPTV、因特网和手机传播权。原告主张被告未经授权，擅自通过其设立的网站对涉案比赛进行全程网络播放，侵害其合法权益。法院认定中指出，“通常情况下，在体育赛事从主办到赛事直播的整个过程中，会涉及赛事主办者、现场拍摄者、广播组织者等多类主体，涉及……基于播出载有体育赛事节目的广播信号产生的广播组织者权等多项权利。”

电视台对其播放的广播电视节目享有下列权利：①许可他人以无线或者有线方式转播其广播电视节目；②许可他人录制其广播电视节目；③许可他人复制其广播电视节目的录制品。这种设权式规定，是否能理解为被许可人不限于同样也是广播电台、电视台，而可以是任何主体？

结论如果是后者，此种立法形式能切实有效地为广播组织对其播放节目通过互联网传播提供法律保护依据，特别是针对通过互联网直播那些电台、电视台不享有独立版权节目的行为。但随之而来的问题是，对于当前广播电台、电视台所播放的，绝大部分都符合作品或录像制品，或者是《著作权法（修订草案送审稿）》中“视听作品”要求的电视节目，当他人未经许可通过互联网传播，电台、电视台以及作品或制品权利人（也可能就是广播电台、电视台本身）是否可以同时向转播电视节目的行为主体分别主张侵害广播组织权或（和）作品著作权（或制品邻接权）？本文作者认为，如果综艺节目就因为首次播出主体为广播电台、电视台，就能获得双重保护的优待，是没有法律依据的。邻接权本来就是主要对作品传播过程中付出劳动的人给予一定权利保护而设定的权利，但该权利不能等于或大于著作权可保护的范围。本文作者不赞同将网络直播综艺节目的情形，认定为侵害了广播组织权。当然，如果针对广播组织播出的其自身没有著作权或相关权利的节目，能否适用侵害广播组织权则可以探讨。

4. 不正当竞争

对于网络直播综艺节目引发侵权行为的性质，司法实践中还有一种权宜之计，在适用广播权、其他权利、广播组织权，甚至信息网络传播权等争论不休的时候，抛开著作权，干脆适用《反不正当竞争法》调整。[①]本文作者认为，在相关行为明显属于《著作权法》调整范畴的情况下，还是优先适用《著作权法》为宜。北京市高级人民法院 2016 年 4 月发布的《涉及网络知识产权案件审理指南》第 30 条第 2 款“经营者的被控行为系仅属于侵害他人著作权、商标权、专利权等法律明

① 参见（2013）海民初字第 3145 号，央视国际公司诉新浪公司直播央视各频道节目，法院支持原告主张的被告构成不正当竞争行为，适用《反不正当竞争法》第 2 条一般条款。类似的案件还有（2012）海民初字第 15076 号、15079 号，央视国际公司诉时越公司关于被告直播央视春节晚会、元宵晚会等。

文规定的权利情形的，不应再适用反不正当竞争法进行调整”，已经对此予以明确。即使无法确定属于侵害广播权，还是广播组织权，类似于“春晚”这样的具有较高独创性的作品，对他人未经许可实施的网络直播行为，笼统认定为侵害著作权也是完全可以接受的。

（三）法律责任的认定

本案案例中，二审不仅对网络直播行为可能侵害的央视国际公司权利进行了分析，而且通过分析直播涉及的网络地址，认定搜狐公司在百度应用平台直播的“春晚”与诉争“春晚”不同，从而认为百度公司不单纯是搜索链接服务提供者。就当事人广泛关注的侵权赔偿数额，根据《著作权法》的规定，应当先由原告举证其因侵权遭受的实际损害，如果损害无法确定的，再参考被告的侵权获利。只有在前两种方式都无法确定的情况下，才由法院根据作品的知名度、影响力、侵权行为的具体情节、被告的主观恶意程度等具体纠纷中的相关因素酌情考虑。需要说明的有两点：一是涉及互联网侵权的纠纷案件，权利人损失或侵权人违法所得往往没有充分证据证明，大部分案件都需要法院参考相关因素对赔偿数额予以酌定。本案二审作出 6 万元的赔偿正是采用此种方式进行酌定的。二是法院酌定的赔偿数额随着国家加大知识产权保护力度、知识产权保护整体环境要求，近些年来正在不断稳步提升中。